本书以"张锦秋星"命名仪式暨学术报告会这一"文化事件"为契机，梳理了张锦秋院士半个世纪的建筑创作与实践，结合她对和谐建筑及城市特色的理论研究，初步整理出张锦秋院士系统的建筑思想，并汇集新时期建筑界对于"承继与创新"课题的阶段性成果。

谨以此书献给为探索中国建筑创作之路的前辈和探索现代建筑与中国传统文化结合的实践者

天地之间

张锦秋建筑思想集成研究

BETWEEN HEAVEN AND EARTH

INTEGRATION RESEARCH ON ARCHITECTURAL THOUGHTS OF ZHANG JINQIU

序 言

我很早就想写一本关于张锦秋院士建筑创作的书，一是能够总结她的创作思想，二是在写作过程中学习建筑，三是给比我更年轻的建筑师们树立一个标杆，让榜样告诉人们何谓建筑、何谓城市，"钢铁"究竟是怎样炼成的。

老实说，处于一线的建筑师太忙，心灵上还要忍受各种各样的煎熬，很难有一个平静的心，因此写书的事就一再搁置。今年初来自北京的好消息：国际小行星组织把国际编号为210232号的小行星正式命名为"张锦秋星"，她的名字将永载史册，与天地共存。作为张总的学生和助手，跟随张总设计二十年，我感到有责任把张总的一系列作品和建筑思想总结一下。

会后，我和金磊主编提出了一个非常庞大的计划，设想这应是张锦秋研究的集大成，应包罗万象。我院也应建立一个平台，集社会各界的力量研究张锦秋的建筑创作和历程，其成果可以分册出版，不限时间、不限界别、不分老幼来研究这一"文化现象"。我希望能重走一遍张总的创作之路，也把有关中国建筑理论的书再读一遍，进而总结张总的作品和创作思想，在写作中阅读大师。

可是真做起来并非易事。首先时间难以保证，即便有时间也很难保证写作的心境。其次，我是一个不善写作的建筑师，常常为一两篇文字而发愁。

建筑的大跃进、城市的野蛮增长，引无数英雄竞折腰。随着岁月的流逝，西安城中能经得起考验的经典建筑仍是张大师的杰作。这也是我好奇的地方：张总有什么奥秘，能保证经过时间的风雨，三十年之后人们仍交口称赞？我希望揭示这一秘密。

我是1985年读研究生时认识张总的，在她那书堆如山的办公室里，了解西安的新建筑。十年后我非常荣幸地担任她的助手，一同工作、创作，耳濡目染，接受细雨润物式的教导，不仅与她亲历了许多工程实践，而且随时能听到她对建筑、城市的真知灼见。张总的意见当时我并非都赞同，但多年以后，我才能体会其间之远见卓识，每每此时更有敬佩之感。

她对建筑、城市深刻的看法，她对新事物及创新的追求，她对工作的认真和执着，她对真理的坚守，都是值得我们学习和效仿的。她几乎是一个完美的建筑师。所有这些都促使我去努力挖掘这座大山，深游这片大海。

本书是独立研究张锦秋的专集，以专业建筑师的独立视野来研究张锦秋，作为第三者客观冷静地分析她的作品，全书共分五篇。

第一篇：永耀星空　以张锦秋命名仪式暨学术报告会的实录，汇集各界对张锦秋院士的评价。

第二篇：传承创新　本篇汇集"承继与创新"座谈会上全国著名专家学者结合张锦秋院士的创作，对这一永恒主题的发言。

第三篇：探索之旅　本篇汇集了张锦秋院士主要的作品，并作简要的分析。

第四篇：阅读大师　通过对张锦秋院士有关建筑思想的阅读，初步梳理她一系列关于建筑理论的思考。

第五篇：评论集萃　选择了一批有代表性的国内外、业内外对张锦秋院士建筑创作的评论汇集成篇。时间跨度达三十年，除建筑专家外还有文学评论家、文化学者等。

（中国建筑西北设计研究院有限公司总建筑师）

本书是一个张锦秋建筑创作及思想的集成，是一个系统工程，总结一位创作历程达半个世纪的建筑师，需要研读她的作品并读懂其所处的时代。

张锦秋出生于 1936 年，在上海度过了中学时代，在清华立志学建筑也许就是受建设新中国的感召。1966 年来到西安工作，开始了探索中国传统建筑现代化的艰苦历程。

中国有现代意义上的建筑教育和建筑师刚刚百年，所有的建筑教育也都不是一个完善的教育，片面强调创新和形式，崇尚西方，鄙视中国传统文化，缺乏文化自信。实际上过去的半个世纪里，我们大多处于这种氛围之中。这使我回忆起 1989 年关于 20 世纪 50 年代所建陕西建工总局大楼存废问题的学术讨论，那么多专家，只有张总明确表示要保护。所以我常常想，张锦秋的创作是孤独的创作，是在一种不被当下理解的情况下的抗争。二十年来我跟随张总做过工程、参加过学术会议、评过标，每每回忆起来，她总有自己独特的见解和预见，也许当时还不理解，但经过一段时间总能证明她是对的。

建筑创作是一个妥协的艺术，艺术的表达一定要通过建设主体也就是业主才能实现。张总是一个和谐的高手，她尊重各方的意见，像一个将军、导演，带领整个工程朝着正确的方向前进。她的作品不多，但件件是精品，个个是经典。她是一个柔弱的江南才女，是一个慈祥的母亲，但她的作品却保持着阳刚之气。用物极必反、阴阳互补来解释有点牵强，但她确实是用自己毕生的努力守护、守望着中国传统建筑文化。

建筑师是一个建筑的设计者、协调者、组织者，需要是一个有能力、有理想、有见解的高超领导者。张总对新事物保持着好奇心，进入互联网时代，她不仅巾帼不让须眉，而且老年胜过青年，无论微信还是 ipad、ppt，她都样样精通，年近八十仍保持着童年的好奇。她作为专家评委主任，对水立方、广州电视塔这样超前的设计非常支持，至今还在尝试、变换自己的风格。

一个建筑师始终应保持战士的战斗本色。世界上著名建筑师贝聿铭、安德鲁、里伯斯金都是如此。中国的创作生态环境远不如西方，不如此坚持怎么能行呢？张总在平时是一派温良恭俭让的儒家风范，但对于建筑创作她像一位斗士，时时刻刻呵护着自己的儿女。她常说：原则问题不能含糊，为了实现理想要始终坚守，一个作品的完成，实际上就是一个建筑师用自己的智慧与各种力量协调的过程，挑战各种不可能。我们尊重权利的意志和资本的意志，但更要对历史和人民负责，最终统筹协调出一个不失原则的作品来。

一个建筑师如何能保持旺盛的热情投入这么多作品，这样跨世纪地创作？创作一两个成功作品都很难，成为创作的常春藤则难上加难。很多人问我张总成功的秘诀是什么，我的回答是：认真。

张锦秋最讲认真。几乎所有的场合她都有一个笔记本，对于工程的每一步和细部都认真做笔记。

认真和坚守是要付出代价的。首先是考验自我是否能坚守、是否能顶住各方的压力。在一个浮华的社会里，物欲横流，有几个能坚持理想？我随张总参与的几个工程，她都非常坚守原则。钟鼓楼广场，有的同志提出下沉广场的台阶单调，要改丰富些，她坚持认为钟楼周边的建筑都应是背景，绝不能喧宾夺主；陕西图书馆的绿化，是她冒着严寒一棵棵指定保留的树木，至今还旺盛地生长着；曲江宾馆甲方要求外墙采用市面上流行而不耐久的材料，她数次以质量为重说服业主最终保住品质。这种认真有时甚至是在剑拔弩张的情况下的坚守，可以说没有她的认真，建筑不会有今天的效果。

建筑是异常艰苦和矛盾纠结的艺术创作，它是要用大量的社会财富成就建筑师的梦想，这就要求建筑师努力做一个全才，活到老学到老，始终保持童心，保持一颗好奇心，同时又要有过人的韧性和耐力，还要有准确的判断力和社会责任感。

张总对文学的爱好，使她的作品具有更多的诗意和浪漫。她的散文很优美，也很感人。她在何梁何利颁奖仪式上简短的致辞、张锦秋星命名仪式上的发言都感人肺腑。她也是一位真正的诗人，在具有深厚历史的沃土上书写混凝土的诗。

一座长安城，半部中国史。它是中国活的历史博物馆，见证了历史大剧在此潮起潮落。它给所有设计师一个巨大的舞台，考验着设计师的能力与智力。

张总对西安的理解也是深刻和富有远见的，她也许对这个城市的某一方面研究不是最深的，但她一定是对西安了解最全面和最系统的学者，她对西安的绿色生态、山水环境、历史轴线、遗产保护、发展定位了然于心。从青龙寺空海纪念碑院开始，她的作品就试图建立与城市自然和历史环境的关系，寻找唐诗的意境。她的每一个作品都在寻找与城市的关系、与历史的关系，在长安城这个时空坐标系中定位。陕西省图书馆位于西安城市的中轴近旁，我们大部分人可能追求的是形式，张总则首先考虑它在城中的位置，要把一个重要的现代文化建筑放置在应有的位置，然后找出它与城市历史的关系。大唐芙蓉园是在唐城曲江的一次主题公园创作，张总把这一梦回大唐的项目定位为"三国演义"而不是三国志，形象而通俗地解决了创作的理论问题。

陕西省博物馆和西安市博物院的选址都是建筑与城市结合的经典案例，"城市文化孕育建筑文化，建筑文化彰显城市特色"。

张总对中国传统建筑的热爱和对这片热土的眷恋始终如一，她继承了梁思成的思想，对中国传统文化的复兴具有与生俱来、刻骨铭心的责任。她不仅在实践中创作一系列作品，而且在理论上也试图总结，她提出的中国传统的时空观、美学特征、和谐建筑和特色城市的思想是其厚积薄发的思考。

她中学时代是在上海度过的，渴望成为一个文学家，她又出自一个建筑世家，从大上海到中国文化的中心北京学习建筑和城市，然后到西安实现她的理想。早在 20 世纪 70 年代，她就顶着被批的风险设计了华清池大门，在全盘西化的背景下设计了陕西历史博物馆和唐华宾馆，她是主动的守望，不是被动的承接，是承继而不是简单的继承。

在设计方法上，张锦秋也是独特而具有中国特色的。我们常常延续的是西方的方式，采用分解的方式，参考类似的建筑，像做奥数习题一样，提出若干种解决方式，但张总的设计更像一个国画大师布局谋篇，她是从大环境来考虑建筑单体，以整体的思维来思考建筑，以大景观的模式来设计，以中国山水的意境来创作，无论青龙寺还是黄帝陵，无论陕西历史博物馆还是西安博物院，她总能从大环境找到设计的依据，并升华到一种意境，陕西历史博物馆的雄浑、西安博物院的灵秀都与所处的环境息息相关。从她的设计作品中，我们能体会到她对中国传统美学的应用。

传统与现代争论了百年，我们还没有厘清我们所要走的建筑之路。我努力地写这本书，就是想从张锦秋在西安创作的这个点上总结中国百年来的建筑创作，通过她的实践和后人的评价，揭示我们将要走的建筑之路。

陕西历史博物馆在它建成后的近三十年，屡获各类大奖和称号，标志着对她创作的世纪肯定。中国自有现代意义上的建筑师，传统与现代之争从没有停止过。吕彦直、杨廷宝、梁思成、张镈、戴念慈、张锦秋是在漫漫长路上的探路者。如果说吕彦直、杨廷宝、梁思成等第一代建筑师是中国传统建筑现代化的开创者，张镈、戴念慈是卓有成就的继承人，那么张锦秋就是中国建筑现代化的坚定的实践者，是中国第三代建筑师的领军人物，她与方兴未艾的中国第四、第五代建筑师，正朝着这一方向并肩前行。张总的作品跨越时代、超越时空，既有形似又有神似，是研究中国现代建筑师不可多得的宝库。她走出了一条具有鲜明个人特色的中国建筑创作之路。

中国建筑理论在梁思成、刘敦桢等先辈的努力下，建立了科学系统的框架，许多专家不断补充，但职业建筑师少有贡献，唯有张院士既有实践也有理论，她最早梳理出西安的古城保护理论和方法，最早提出"和而不同"的和谐建筑思想，并开创性地总结了中国传统空间的美学意境。

从以上分析来看：张锦秋院士是一位中国建筑传统与现代结合的忠诚继承者，理论与实践相结合的探索者和持之以恒的践行者。进入新时期，文化自信和文化自觉又摆在中国建筑师的面前，我们又处在一个历史的峡口。中国建筑现代化、现代建筑地域化是永恒的课题，建筑应回应此时此地、此情此景，满足人的多元需求，提升城市和环境的品位。我们回过头看看她的创作之路，似乎这位智慧老人早就沿着这条道路持续探索了许久。

虽然我进入建筑界已近三十年，但仍是一个新兵，不敢妄评张总的作品，我总想再等一等，有时间把张总的作品再独自安静地考察一遍，查阅有关书籍、访谈当事人再写出自己的感受，这样给后人的启迪更多一些，与历史的真实也更相符。但由于我个人才疏学浅，只能利用碎片化的时间尽可能还原一个完整的张锦秋，我想这已不是我个人的责任，而是完成时代和行业赋予我们的使命。这仅仅是一个开始。在此抛砖引玉，衷心希望广大学者来研究这段历史和张锦秋本人，为中华文化的复兴添砖加瓦，共同迎接我们的"文艺复兴时代"。

本书第一篇由鲁梦瑶执笔，第二篇根据录音整理，第三、第四篇由赵元超执笔，第五篇由策划、编著者选编，全书由赵元超统稿。西北院华夏所提供了作品的全部资料，除署名外摄影为成社、陈溯、曾建、杨超英。在初稿时，西北院安军、曹辉提出了宝贵的修改意见。李照博士为全书成稿做了大量基础性的编辑工作，博士生王龙，硕士王亚茜、李晨、蒋涵完成了大量的资料收集工作，张总秘书艾学农也为本书收集了资料，在此一并感谢。

全体参编人员把此过程当作一个难得的学习过程，张锦秋院士严谨的治学精神和学术态度深深感染着每一位参与工作的年轻同仁，作为后辈学生，我们也由衷地表达了对老一辈建筑师的敬意。

梁启超在清华大学讲学时曾引用《易经》的两句话相赠："天行健，君子以自强不息；地势坤，君子以厚德载物。"之后清华把"自强不息、厚德载物"当作自己的校训。张锦秋院士始终铭记在心，践行着这一精神，仰望星空、脚踏大地，在天地之间书写着混凝土的诗篇。我们以《天地之间》为书名，既是向前辈致敬，也是对后辈的勉励。

赵元超

2015 年 9 月

后记 / 二八六

附录 / 二八〇

张锦秋学术历程 / 二八〇
张锦秋作品年表 / 二八一
张锦秋获奖作品 / 二八二
主要参考资料 / 二八四

第五篇　评论集萃
——国内外、业内外对张锦秋的建筑品评 / 二二七

目录

第一篇 永耀星空

——『张锦秋星』命名仪式暨学术报告会纪实 / 〇一二

第二篇 传承创新

——『承继与创新』学术座谈会实录 / 〇二五

唐风初现 / 〇六〇

铸就经典 / 〇六八

融入城市 / 〇八八

大象无形 / 一六六

第三篇 探索之旅

——张锦秋建筑作品实践集锦 / 〇五七

第四篇 阅读大师

——张锦秋城市建筑思想评析 / 一九三

建筑创作 / 二〇二

空间意识 / 一九九

建筑文化 / 一九五

城市设计和城市特色 / 二〇六

长安文化与遗产保护 / 二〇八

思想背景和理论基础 / 二一二

第一篇 永耀星空

——『张锦秋星』命名仪式暨学术报告会纪实

二○一五年五月八日上午，『张锦秋星』命名仪式暨学术报告会在张锦秋院士重要的代表作品唐大明宫丹凤门遗址博物馆隆重举行。『张锦秋星』的命名是对其建筑思想及作品的肯定，也是对探索中国特色之路的建筑师的鼓舞。对于提高建筑文化的自信与自觉，提高建筑师的影响力都有深远的意义。本篇真实记录了此次大会的盛况。

公元 2015 年 5 月 8 日。

大明宫丹凤门阊阖气象，清风翩跹，千人齐聚。

仰望悠悠长天，俯瞰古都大地，西安大明宫丹凤门遗址博物馆这座磅礴大气、余韵隽永的恢宏建筑，与满场宾朋一道，激动、喜悦而庄重地见证：以它的设计者——中国工程院院士、中国建筑西北设计研究院总建筑师张锦秋命名的小行星，从此闪耀星空！

2015 年 1 月 5 日，国际小行星组织发布命名公报宣布：

中国科学院紫金山天文台于 2007 年 9 月 11 日发现的、国际编号为 210232 号小行星，经国际小行星命名委员会批准，正式命名为"张锦秋星"，并刊入《国际小行星历表》，永载史册。

（210232）张锦秋星　国际命名公报

M.P.C.91792　　　　　　　2015　JAN.5

The MINOR PLANET CIRCULARS/MINOR PLANETS AND COMETS are published,on behalf of Division F of the International Astronomical Union, usually in batches on or near the date of each full moon, by: Minor Planet Center, Smithsonian Astrophysical Observatory, Cambridge, MA 02138, U.S.A.

Copyright 2015 Minor Planet Center Prepared using the Tamkin Foundation Computer Network

NEW NAME OF MINOR PLANET

(210232)Zhangjinqiu = 2007 RV119

Discovered 2007 Sept. 11 by PMO NEO Survey Program at XuYi.

Zhang Jinqiu (b.1936) is an architect and academician of the Chinese Academy of Engineering.She has been recognized by the industry as a leader in applying Chinese traditional architectural design to contemporary architecture.

（210232）张锦秋星

中国科学院紫金山天文台 2007 年 9 月 11 日发现于盱眙观测站。

张锦秋（1936 年出生），中国工程院院士，建筑设计大师，她是建筑业中将中国传统建筑艺术应用于当代建筑的领军人物。

喜讯传来，业界沸腾！为共襄盛事，进一步弘扬科学精神，弘扬张锦秋精神，弘扬中国建筑设计的主流价值观，陕西省人民政府、何梁何利基金、中国科学院紫金山天文台、中国建筑学会、中国建筑工程总公司共同组织，由中国建筑西北设计研究院承办的主题为"弘扬建筑文化，激励创新精神"的"张锦秋星"命名仪式暨学术报告会在古都西安举行。

上溯 19 世纪，意大利天文学家皮亚齐在西西里岛发现一颗小行星，命名为"谷神星"。自此，小行星命名成为世界公认的崇高殊荣，具有至高无上的严肃性、唯一性和永久性。宇宙中，小行星是唯一可以根据发现者意愿进行命名，并经国际组织审核批准而得到国际公认的天体。中国科学院紫金山天文台作为我国首个现代天文学研究机构和世界著名的天体探测研究基地，自成立至今，以我国杰出科学家的名字命名过的小行星仅有四十余颗。这串辉煌的历史名单包括祖冲之、张衡、钱学森、杨振宁、李政道、邵逸夫……他们是中华民族各个领域的杰出人物，是中华大地薪

火相传的精神财富，让他们的名字与日月同辉，与天地交融，是向他们以及他们的卓越贡献表达敬仰的最高方式。

"张锦秋星"的诞生，是人类文明对于一个建筑师最崇高的赞美，这是建筑界的百年荣耀，是人与天地、建筑与星空的世纪之和！半个世纪以来，张锦秋秉持中国文化的自觉和自信，孜孜以求地在传统与现代相结合的创作道路上探索、前行，在中国历史文化的首善之都，怀着对祖国的忠诚、对民族文化的挚爱、对艺术与科学的追求，不断开拓、创新、求实、奉献，以她大气恢宏却又细腻柔美的的建筑创作，赋予这座城市独有的魅力和灵魂，创作了一系列具有震撼力和感染力的精品力作。她和她的创作理念、建筑作品，将为我们点亮夜空，指引我们继续追寻和坚守具有文化传统和时代精神的建筑家园。

（二）

5月8日，出席命名仪式的重要领导和嘉宾包括陕西省人民政府副省长王莉霞，何梁何利基金信托委员会主席评选委员会主任朱丽兰，中国科学院紫金山天文台党委书记、副台长张丽萍，中国工程院副院长徐德龙，故宫博物院院长单霁翔，原建设部副部长宋春华，国家住房和城乡建设部总规划师唐凯，中国建筑工程总公司总工程师毛志兵，陕西省人民政府副秘书长胡保存，国家科技奖励工作办公室副主任陈志敏，中国工程院院士崔愷，陕西省科技工委副书记张书玲，陕西省住房和城乡建设厅总工程师高小平，中国建筑学会副理事长兼秘书长、国际建筑协会理事周畅，中国建筑西北设计研究院院长熊中元，中国建筑西北设计研究院党委书记王振海，中国建筑西北设计研究院总建筑师赵元超，此外还有全国科技界、工程设计和建筑界的专家学者，西安高等院校、科研院所、设计单位以及新闻界人士近千人参加。

何梁何利基金评选委员会秘书长、国务院国资委原监事会主席段瑞春先生主持仪式，中国建筑西北设计研究院熊中元院长致欢迎辞。

熊中元（院长）在致辞中说，张锦秋院士在西北院扎根近五十年，主持完成了一系列重大工程项目，无私地培养了一批批设计人才，她把自己一生献给了西北院，这个大集体承载着张锦秋院士的光辉。她主持设计的作品，闪耀着民族文化"以创新为核心"的创作精神，凝聚着建筑理论创新和探索的成果，传承着民族文化的自信，为建筑设计开创了新境界。"张锦秋星"的命名是对大师个人成就的最大肯定，也是对西北院美好前景的充分激励，西北院人将永远感受她的荣光、传承她的精神！

朱丽兰（何梁何利基金信托委员会主席、评选委员会主任、科技部原部长）向大会首先介绍了何梁何利基金和中国紫金山天文台合作申请小行星命名的过程。她说：

何梁何利基金，是香港爱国金融实业家本着爱祖国、爱科学、爱人才的高尚情操，胸怀"在中国的土地上，建立中国的奖励基金，奖励中国的杰出科技工作者"的崇高愿景，共同创建的香港社会公益基金。1997年香港回归祖国，朱镕基总理挥毫为何梁何利基金题词："高谊可风，功在当代，泽被永远"——这是对何梁何利基金价值最精辟的概括和最深刻的诠释。自成立以来，何梁何利基金坚持"公平、公正、公开"的原则，共评选产生了21届科学与技术奖得主。这一奖项是目前国内规模最大、权威最高的科技大奖，被称为具有中国特色的"诺贝尔"奖，奖励长期致力于推进国家科技进步、贡献卓著并获得国际高水平科技成就者。2010年10月20日，何梁何利基金2010年度颁奖大会在北京钓鱼台国宾馆举行，中共中央政治局委员、国务委员刘延东出席大会，为2010年度"何梁何利基金科学与技术成就奖"获得者张锦秋院士颁奖。

张锦秋成为何梁何利基金历史上第一位获得该奖的女性。

一位女性建筑大师何以构建出如此刚毅雄浑、荡气回肠的庞然大物？这是一个有趣的问题。答案也许与性别无关，而取决于创作者的学术观点、创作态度和人生积累，以及对于专业的自信和热爱。

家庭的言传身教，使张锦秋从小获得了对于美的感知，尤其是对于风景、建筑的辨别能力。1961年，张锦秋在清华大学留校攻读建筑历史与理论专业的研究生，师从中国现代建筑史上的开创性人物、建筑学家、建筑教育家梁思成先生。早在20世纪30年代，梁思成就高瞻远瞩地审视了中国建筑在世界建筑发展潮流中的地位和去向，不仅把建筑作为工程技术，还在文化层面上进行分析。张锦秋深受老师的影响。

梁思成倡导民族形式，对于生搬硬套、穿靴戴帽的"半吊子"建筑很是反感，认为一个东方古国的城市，在建筑上如果完全失掉自己的艺术特性，在文化表现及观瞻方面是可悲和痛心的。在第二次世界大战中，正是梁思成向美国提出了保护奈良和京都的建议，它们才得以免遭狂轰滥炸留存至今。这种国际视野和远见，以及创造"中而新"建筑的目标，都深深印在张锦秋心中，成为征途的明灯。

读研期间，张锦秋参与了两次大规模的学术考察活动，第一次在北方考察历史遗迹、古建、园林，第二次在南方主要考察园林。这两次考察触动了张锦秋，她发现一个可以古为今用的广阔领域：中国古典园林。经过思考，她的研究生论文研究方向放弃了跟随梁思成作《营造法式》的构造研究，转而研究中国园林，学习关于古建园林的系统知识，并完成了硕士研究生论文。

女性的柔弱与建筑的恢宏之间，始终存在着令人着迷的反差和张力，这不过是一种表象。中国古典建筑当中，蕴藏在精妙布局之中的民族意念和"人的感受"，通过意境表达出来，凝固中国绘画美和文学美，这是中华建筑艺术的永恒瑰宝。对于中国建筑师而言，有一个永远不能回避的问题就是对民族文化的自我认同。正是对这一问题的深刻理解和研究，她对中国传统建筑文化具有一种发自肺腑的热爱，在半个多世纪的不懈探索和逐渐积累中，一位女性建筑师才能在复杂的局面中果断抉择，表现出非凡的韧性和耐心。

1978年，以阿倍仲麻吕纪念碑的成功设计为嚆矢，张锦秋在建筑设计界脱颖而出，她以女性特有的细腻设计了这座依岗面湖、绿茵环绕、挺拔亲切、唐风十足的建筑物，自此，一个个构思精妙的设计从她

笔下迸涌而出。1986年，创作唐华宾馆、唐歌舞餐厅和唐艺术陈列馆（简称"三唐工程"）时，她大胆探索，将中国园林建筑传统手法与建筑现代功能结合，在集中、紧凑、高效之间渗入浓郁传统风味。之后的陕西历史博物馆，更是这种探索的浓墨重彩之笔。张锦秋通过寓古于新、寓新于古、古今并存的多层次结合手法，着力传统布局与现代功能的结合，传统审美与现代观念的结合，使博物馆最终成为陕西悠久历史和灿烂文化的象征，回应了中国建筑百年来最重要的问题：传统如何继承，现代建筑如何发展。而在技术上，张锦秋反对两种极端态度：一个极端是对西方技术的顶礼膜拜，另一个极端是过分沉溺狭隘的民族地域主义而不能自拔。她采取的是一种颇具现代性理念的技术策略，不仅用了现代的钢筋混凝土结构，还全面采用现代化配件和材料。这种判断或者胆识，在今天乃至未来，值得不断深思借鉴。20世纪末，兴建钟鼓楼广场是西安旧城更新的一项重点工程，张锦秋通过开发利用城市中心广场的地下空间，营造出充满生活气息的公共空间，凸显钟鼓楼的建筑和文化，被西安人称为城市的"客厅"。这是成功的城市心脏手术，也是张锦秋在"城市设计"之路上趋于成熟的重要标志。尊重城市，尊重城市历史，使城市建筑与城市风貌相协调，利用现代技术和手段解决现代城市生活产生的各种问题，应当成为建筑师们遵循的原则。之后的各类城市设计作品，根据不同性质和环境，更是呈现出多元化的创新特色。

21世纪初，哈佛大学设计研究生院院长、著名建筑与城市设计家彼得·罗先生在美国麻省理工学院出版的《承传与交融》一书中，用相当的篇幅对张锦秋的作品逐一进行分析，并评价道："摆脱了20世纪80年代修正论思潮对建筑评论和批判的影响，建筑师们能转而探讨中国传统建筑设计语言在当代表达的可能性，近年来，他们中的代表人物是张锦秋，她是第三代中国建筑师的领头人"。这些年来，在建筑领域百花齐放的繁荣创新中，出现了不少媚俗求异的"乱象"，加剧了城市病，使人很难从整体上寻找到美感。这是建筑的危机，是城市规划的危机，最终将

造成城市建设的趋同和失调，导致城市文化灵魂的失落。城市的建设，永远是一种理想与追求下的创造性劳动，建筑师必须深入生活，了解大众的喜怒哀乐，把自己的精神引入更高的境界，提高设计水平，并在设计实践之中不断领悟和体现出文化自信、文化自觉和文化自强。

我们真的需要再多走一走，看一看，宝塔山下、延河之滨，质朴大方的延安革命历史纪念馆傲然伫立，看大象无形、庄严肃穆的黄帝陵祭祀大殿苍古雄浑，看曲水环绕、亭阁叠织、淡泊优雅的大唐芙蓉园重现盛世情怀，看气势如虹、飞檐通透的世园会天人长安塔熠熠生辉，就会有新的感悟。这些设计以传承弘扬华夏文化为宗旨，体现了对于中国文化发自肺腑的敬意。张锦秋凭着自己对传统建筑文化研究的深厚功力，使每一位步入其中的宾客都收获"走进历史、感受文明"的精神享受。张锦秋说，大家常常评论自己做的工程大气，但那并不是自己的大气，而是汉唐文化的大气。一位大师，并不会将偏好或者兴趣凌驾于处理城市和建筑的关系之上，它们的不朽，在于把握和控制纷繁复杂的表象，在艺术表达的汪洋恣肆与科学理性的严谨之间，在变幻无常的现代建筑思潮和中国传统建筑理念之间，找到近乎完美的平衡。美学上，讲究虚实相生、时空一体、情景交融；营造上，追求建筑、规划、自然坏境三位一体，达到和谐城市、山水城市的境界，以人为本、天人合一、和谐共生，这是中国古典建筑的精神气质，也是张锦秋致力并达到的创作境界。

2014年，何梁何利基金评选委员会和中国科学院紫金山天文台友好协商，由何梁何利基金提名，由紫金山天文台向国际小行星委员会正式提交了"张锦秋星"命名申请。

朱丽兰主席在仪式现场宣读了"张锦秋星"命名公报后说：

这份公报，已经发给世界各国天文台，这颗具有中国符号、科学技术和工程设计特色、何梁何利基金光彩的"张锦秋星"将永载史册！

光荣属于我国建筑设计大师张锦秋同志！光荣属于中国科学院紫金山天文台创新团队！光荣属于何梁何利基金及其优秀获奖科学家！光荣属于中国建筑西北设计研究总院和陕西省以至全国科技工作者和工程技术人员！

（三）

张丽萍（中国科学院紫金山天文台党委书记、副台长）代表中国科学院紫金山天文台向张锦秋院士和中国建筑西北设计研究院表示热烈祝贺。她称小行星是太阳系的重要天体，在探讨太阳系起源、演化和生命的起源方面，乃至对未来的宇宙资源开发，都具有重要意义，小行星命名更是值得后人回顾、传承、拓展的事情。张锦秋院士是中国工程院院士、我国著名的建筑学家，是建筑界中将中国传统建筑艺术应用于当代建筑的领军人物。她设计了很多传承民族精神、展现时代风貌、实现科技创新与艺术创作完美结合的卓越作品。2010年张锦秋院士荣获何梁何利基金授予的科学与科技成就奖，而今国际小行星命名委员会又将210232号小行星命名为"张锦秋星"，体现了国际社会对张锦秋院士科技成就的表扬，张锦秋院士荣获小行星国际命名乃是实至名归，人们将通过"张锦秋星"的命名来表达对她的崇高敬意！目前，在宇宙星空中包括"张锦秋星"在内约有120多颗经过国际批准，以我国杰出人名、地名和成就命名的小行星，这是我国天文学家深空探测的丰硕成果。

国际210232号"张锦秋星"发现者的代表、中国科学院紫金山天文台盱眙观测站站长赵海斌研究员向大会汇报了这颗小行星的发现经过和运行情况。

2007年9月11日晚，中国紫金山天文台盱眙观测站的研究员通过近地天体望远镜，在距观测点1.68亿公里处发现一颗小行星，即日获得了国际小行星中心给予的临时编号。很快，卡塔琳娜天文台、莱蒙山天文台、美国林肯实验室、Lowell天文台、Pan-STARRS等六个天文台站，陆续观测证实了她的存在并计算出精确轨道，这颗小行星已经符合国际新小行星获得永久编号所需具备的全部条件。2009年3月，国际小行星中心给予她"210232号"国际永久编号，确认中国紫金山天文台拥有她的发现命名权。

"张锦秋星"处在火星和木星轨道之间，绕日运行椭圆轨道的偏心率为 0.238，轨道倾角为 3.04 度，轨道半长径为 2.67 天文单位，到太阳的平均距离为 4.01 亿公里，绕太阳一周需 4.36 年。这颗小行星的运行速度很快，平均每日以 158 万公里的高速奔腾前进，由于到地球的距离通常有几亿公里，同时地球也在以每秒 29.8 公里的速度绕日运行，因此从地面看去，"张锦秋星"在星空中显示出缓慢的移动。"张锦秋星"到地球的距离最远可达 6.46 亿公里，最近时只有 1.55 亿公里。

小行星的研究对于揭示太阳系的演化、生命的起源和深空资源的探测和利用具有重要价值，紫金山天文台对"张锦秋星"的发现与命名，对今后关于这颗小行星的研究、探测、应用具有前驱和开拓意义。我们期待未来的某一天，人们登上"张锦秋星"，遥望自己居住的星球，追忆大师的卓越贡献，在更加广阔、深邃的未知空间里探测奥秘，开发资源，建造生活，造福人类。

杨捷兴（中科院紫金山天文台小行星命名委员会副主任）、汪琦（秘书长），也是国际编号 4431 号"何梁何利星"的发现者，向张锦秋院士赠送行星科学资料。赵海斌研究员向张锦秋院士赠送了展示"张锦秋星"在太阳系位置、轨道和运行动态的光盘。

张锦秋在接过科学资料和光盘后，发表获奖感言。她说：

我怀着无比激动的心情参加今天的命名仪式。我从未盼望在宇宙中翱翔，因为我的工作必须根植于大地；我从未幻想自己会发出光芒，因为我一直在阳光的照耀下才得以成长。天上的星辰对我来说遥不可及。今天太空中有了一颗"张锦秋星"，这于我已经

远远超出了奖励、光荣的意义，而使我的精神得到了一次升华：我，一名中国建筑师将与宇宙同存，永远眺望着中华大地繁荣昌盛演进着人类文明。这种感受真是前所未有。为此，我首先要感谢三秦大地的哺育和父老兄弟提供的创作平台，使我和我的团队能实现一个个小小的梦想。我要感谢何梁何利基金评选委员会，是你们给了我最高层次的奖励并向紫金山天文台提出了命名推荐。我要感谢中国科学院紫金山天文台，是你们向国际行星中心做出了提名申报工作。当然，我对紫金山天文台盱眙天文观测站的专家们怀有特别的敬意。没有小行星的发现，谈何小行星命名？210232 号小行星的发现是一个漫长而谨慎的过程，你们付出了艰辛而持久的努力。天文学和建筑学都是古老的学科。你们在无限宇宙中观测研究已知的星体，探索追寻未知的奥秘，我们建筑师则是在历史的长河中为提高人类的生活质量不断探索，构建更加美好的家园。我们工作的领域有着天壤之别，但我们矢志科学的精神是一致的，我们用自身的智慧和坚守以身许国的情怀是一致的。天地何其大，与君共勉之。

今天在座的有我的老领导，有多年共事的同事和朋友们，有共同奋斗的年轻人。过去我们的工作得到了大家的指导、支持和帮助，现在一并致谢。我深深体会到，我们的建筑师不仅要有正确的价值观，要有文化的自尊、自觉、自信，并且要脚踏实地，服务社会，服务大众才能得道多助，大家完成的是共同的事业。

苍穹中一颗星辰以中国建筑师命名，这光荣属于中国的建筑界，属于古老而新生的陕西，属于焕发青春的古都西安，属于正在为"一带一路"奋斗的西部建筑工作者。

谢谢大家！

掌声久久回荡，全体起立，向张锦秋院

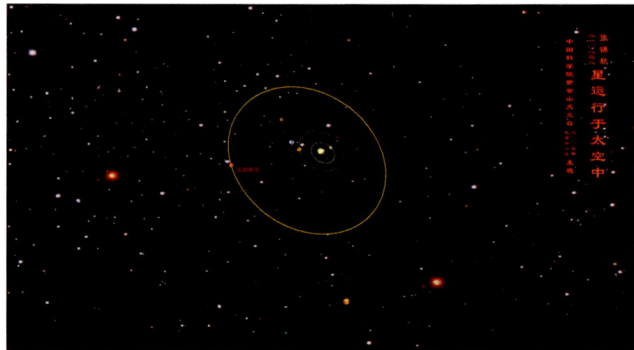

士表达最深的敬意！

宋春华（原建设部副部长）代表中国建筑学会向张锦秋院士表示热烈的祝贺，他说，"张锦秋星"的命名可以概括三句：一是惊天动地，二是实至名归，三是熠熠生辉。这一命名应当惊动天上的星辰，让地球上的中国人，特别是中国广大的建筑师为之雀跃。张锦秋院士是新中国自己培养出来的优秀建筑师的代表，她立足于西安，扎根西北院，潜心从事建筑理论研究和建筑设计实践，探索如何彰显东方之都的灵魂和特色，一面勇于吸收国际的先进技术，一面善于继承和发扬本民族的优秀建筑文化传统，突出本土文化的特色，努力通过科学与艺术的统一、传统与现代的结合、建筑与城市的融合，创造出具有中国文化特色和时代风貌的和谐建筑，开创了"延续盛唐文化、重振东方之都"的"新唐风"之路。她特别专注于中国传统空间艺术的"神"和"意"的发掘，在传承的基础上，提出了系统的建筑空间处理的原则和方法，如"天人合一"、"虚实相生"、"时空一体"、"情景交融"等，为如何继承祖国建筑优秀遗产、推动建筑科技的创新作出了贡献，她的创新理论和设计成果在中国建筑界产生着重大的影响。这颗熠熠生辉的新星，是张锦秋院士的光荣，是她的团队和西北院的骄傲，更令中国广大的建筑师引以为自豪。这次命名必

将激励中国当代的建筑师认清我们的责任和使命，提高文化自觉和文化自信，增强开拓创新的能力，提升国家城市规划和建筑设计的质量和水平，为我国的转型发展、建设和谐社会和诗意的栖居环境贡献才智。天上的"张锦秋星"与地上张锦秋的作品，将永远交相辉映、光彩照人！

单霁翔（故宫博物院院长）在致辞中讲到，没有脚踏实地站在祖国的大地上耕耘，就不可能光耀星空。没有一个当代建筑师像张锦秋院士一样，如此深刻地影响一座城市的文化风貌和城市生活，张院士和她的团队用自己的智慧为普通民众进行创作，使西安成为最少奇奇怪怪建筑的城市，从而不断呈现端庄、大气、磅礴的气势。

单霁翔院长深有感慨地谈及举行命名仪式的大明宫。大明宫是长达 240 年中国政治文化中心的所在地，1961 年被公布为全国重点文物保护单位。张锦秋院士和文化遗产保护领域、规划领域、建筑领域的同仁一起，在陕西省、西安市政府的领导下，参与了一场人类社会有史以来最为壮阔的遗址保护行动，地上 350 万平方米的建筑，其中 150 万平方米的城中村，100 万平方米的棚户，40 万平方米的 83 个企业和单位，在 10 个月内搬离，仅仅一年时间，遗址得到妥善安置，这创造了一个奇迹。大明宫丹凤门向北望去，比故宫博物院大 4 倍的遗址公园诞生了，这个过程引起多少非议、多少质疑、多少批评，但都被承受了下来。今天，大明宫被联合国教科文组织列入世界遗产名录，这个过程证明"张锦秋星"能够光耀神州，是当之无愧的！

单霁翔院长说，2014 年，习近平总书记在出席文艺工作座谈会时讲到，要创造中华传统文化复兴的城市建筑，不搞那些奇奇怪怪的建筑。贯彻总书记的讲话精神，就应该向张锦秋院士看齐，更多地到西安来，看看张院士创作的建筑作品。她是全国建筑界、建筑师的骄傲，是我们永远学习的榜样，我们为此而骄傲。

徐德龙（中国工程院副院长）代表中国工程院、代表周济院长向张锦秋院士致以崇高的敬意和热烈的祝贺。在致辞中，徐德龙院士评价张锦秋院士是我国

建筑工程界杰出的科学家和建筑设计师，为我国建筑工程科技事业的发展倾注了毕生的心血，在"现代建筑创作的多元探索"方面、"在有特定历史环境保护要求的地段和有特殊文化要求的新建筑创作"方面、"在古迹的复建与历史名城的保护"等方面进行了不懈的探索，提出了"天人合一"的环境观、"和而不同"的建筑观、"和谐建筑"的创作观，并始终坚持传统与现代相结合、科学与艺术相统一的创作道路，其作品具有鲜明的历史和地域特色，同时注重将规划、建筑、园林融为一体，开创了新时期具有唐风、唐韵建筑风格，享誉海内外。

　　徐德龙院士回忆自己在西安建筑科技大学任校长的16个年头间，感受到了张大师待人的温润儒雅，治学的严谨沉静，设计的决断果敢大气。她完成一项工程创作的三部曲：一是动手创作前要认真调查研究，占有全部资料，将问题想透，通常要写一本笔记；二是在工程实施的过程中，要深入第一线，全程跟踪，指导并研究解决各种工程技术细节问题，记第二本笔记；三是工程竣工使用后要不断跟踪，认真总结反思，完成第三本笔记和几篇学术论文。因而，她的作品是心血的结晶、思想的凝练，具有永恒的生命力和震撼感，既有文化"基因"、"时空"特质，又有艺术之大美。在"大洋怪"建筑现象盛行的今天，张大师对真善美的坚守令人由衷地钦佩。一系列传承民族精神、展现时代风貌、彰显地域特色的经典之作，见证着张院士作为我国一代建筑大师的高尚情操和风范！徐德龙院士评价古都西安之于张锦秋，正如巴塞罗那之于高迪，广袤星空中的"张锦秋星"，是张锦秋院士的骄傲，是中国工程科技界的骄傲，更是广大女科技工作者的骄傲。

毛志兵（中国建筑工程总公司总工程师）在致辞中，代表中国建筑工程总公司和官庆董事长向张锦秋院士表示崇高的敬意和由衷的祝贺。"张锦秋星"的命名不仅是对张锦秋学术成就的肯定，也是对她多年来倾注全部热情为西安城市保护与建设作出突出贡献的肯定，更是全体中建人的一份殊荣，是中国建筑的骄傲。她的作品为现代建筑的地域化、地域建筑的现代化，为弘扬民族文化、促进中国传统建筑文化的伟

大复兴树立了新的时代标杆。她全身心追求着建筑与城市的和谐，建筑与自然环境的和谐，进而追求着人与人、人与城市、人与自然的和谐，她的思考、她的探索赢得了广泛的尊重和崇高的荣誉。

唐凯（中华人民共和国住房和城乡建设部总规划师）宣读了住房和城乡建设部陈政高部长专程发来的贺信。贺信中说，张院士从事建筑设计工作近60年，不探索中国建筑文化的发展，着眼于促进历史文化与当代生活的和谐、人与城市的和谐、人与自然的和谐、人与人的和谐，以期达到历史文化遗产保护与现代城市建设的共生与良性循环。她继承中国传统建筑特点，在建筑形式和建筑空间构成上追求传统风格与当代功能需求的结合，把传统美、自然美、技术美以及时代美有机结合起来，把东方文化和西方文化精华有机结合起来，向世界展示了中国建筑的历史底蕴、灿烂文化和勃勃生机。张院士的作品典雅、细腻、求实，深受公众赞誉，她在建筑设计中追求的传承与创新，为当代中国建筑镌刻下民族的魂魄。

　　陈政高部长指出，今天，面对建筑领域一些贪大求怪、城市风貌特色缺失的现象，弘扬中华民族文化之精髓、探索中国建筑风格之传承是十分重要的，找到当代中国建筑之方向是当代中国建筑师的历史责

任。城市的灵魂在于文化，城市的魅力在于特色，城市发展的过程就是对文化沉淀的选择、继承和创新的过程。每一个时代的建筑设计代表人物，都致力于科学地协调解决众多矛盾，创作符合时代的精品，满足人乃至城市发展的实际需要。张锦秋院士是当代中国建筑师的代表，学习她坚持将中国与现代结合的创作实践，对于我们重新寻求城市文化魂脉、加强文化自觉和自信具有重要的意义。"张锦秋星"的命名是一项国际性、永久性的荣誉，张院士在城市建设与建筑文化方面所作出的卓越贡献也将载入史册。希望"张锦秋星"的命名激励和带动建筑工作者奉献创新，在社会发展建设的时代浪潮中，正确处理城市功能与城市文化的支撑关系，正确处理世界文化与民族情感的衍生关系，正确处理历史传统与时代发展的传承关系，为实现中国建筑的伟大振兴，为中国梦、建筑梦书写崭新的历史篇章。

王莉霞（陕西省人民政府副省长）受陕西省省长娄勤俭先生的委托，代表陕西省人民政府最后致辞，表达了陕西省人民政府对于张锦秋院士荣获小行星国际命名的衷心祝贺以及对全省建筑工作者的亲切关怀和热情期待，也表达了对本次会议的主办单位、承办单位和全体与会来宾的衷心感谢。她再次高度评价张锦秋院士的一系列卓越作品，与西安众多的古迹遗存相得益彰，极大提升了陕西省的文化厚度和城市形象，为历史名城西安的文化保护与现代发展探索出一条建筑设计的新模式。张锦秋院士获此殊荣是建筑界的骄傲，更是陕西的骄傲，"张锦秋星"的命名不仅是国际社会对于张锦秋院士成绩的肯定，也是对广大建筑师的肯定和鼓励，对于提高建筑文化自信与自觉、提高建筑师影响力、鼓励广大科技工作者勇攀科学技术高峰具有重要意义。王莉霞副省长希望西北建筑设计研究院继往开来，再接再厉，培养出更多的像张大师一样的巨星，发挥旗帜引领作用，带动陕西省建筑业创造新的辉煌；希望更多的科技工作者能够向张锦秋院士学习，创造出更多优秀作品，迸发出更加耀眼的光芒！

陕西省科技厅、陕西省建设厅和诸多的高等学校、

建筑大师以及著名人士纷纷发来贺信和贺电，共同祝愿"张锦秋星"永耀星空！

（四）

千人登楼共襄盛世。命名仪式，无异于一场精神洗礼。自城门东侧马道临风而登高，尽眺古城，远望南山，仰对苍天，立于天地之间，人、建筑、城市、历史，瞬间融为一体，无人不感动、不震撼。天有时，地有气，材有美，工有巧，大明宫被誉为"中国宫殿建筑的巅峰之作"，被文物考古界誉为"盛唐第一门"的丹凤门规制之高、规模之大均创都城门之最。今日，西安人遥望丹凤门，自豪感油然而起。这座凝聚大师心血的作品，恰如天地之间的建筑隐喻，彰显着建筑的文化力量，将星空、建筑与大地连贯为一。

为弘扬科学精神，普及科学知识，"张锦秋星"命名仪式的学术报告会由中国科学院紫金山天文台季江徽研究员做专题报告，报告的题目是"行星科学与深空探测"，主要讲述了深空探测方面的重要科学问题，国际和我国在天体探测方面的进展和成果。在专题报告之后，仪式安排现场互动环节，张锦秋院士和季江徽研究员进行了天地对话并热情地回答了在场人员提出的问题。

提问一：王勃的滕王阁序中有"星分翼轸，地接衡庐"，是否天上的星星和地上的城市相互对应？

季江徽：这些小行星主要是和太阳系的形成有关，在早期太阳系里面，它是有一个比较大的球状星云，它经过快速的自转，在中心形成我们今天的太阳，当时叫做原始太阳，它周围有一些物质叫做行星台，行星台主要是由一些气体、物体组成的，慢慢就形成小行星、大行星。

提问二：当近地天体威胁我们地球的时候，我们有没有办法改变它的轨迹，避免危害我们的安全？

季江徽：这个问题也是大家非常关注的，将来我们地球的安全受到威胁了该怎么办？相信这是一个全世界科学家都要来想的事，我们的望远镜现在也加入了国际的网络，发挥了非常重要的作用，我们在地面上的作用，就是不断地监测和发现。当这些天体有可

能来撞击的时候，我们可以发射飞船，去探测它们，我们也可以采取一些手段，如爆破。

提问三：建筑是凝固的艺术，对于现在科技的发展，传统的中国建筑怎么能和科技结合起来？

张锦秋：这个话题要是说起来就很宽泛了。总的来说，建筑是服务于人的工作、生活、发展的。社会在发展，时代在前进，人的需求、功能也在随着时代的发展而发展，所以我们首先在建筑功能上要现代化，尽量采用先进的科学技术。不同类型的建筑功能不一样，这个是服务于功能的科学技术。另外，建筑本身的形成、构成的手段随着时代的发展，在材料、结构和计算理论等方面也是在进步，特别是信息时代，现在出现很多非线性的设计，这在过去是不可能的，过去建筑都是几何形体。为什么现在会出现非线性建筑？因为技术发展了，手段不一样了，它就能做出之前不能做的事情。所以科学技术的发展在建筑现代化上面，我想就是两个方面，一个是功能，一个是它本身的建构手段。建筑师本身不是发明这些科学技术的人，建筑是实用艺术，建筑师只是能够运用这些技术。所以艺术和技术的结合，并不是要去发现一个什么公式或者发现一个什么材料、去发明一个声光电的设施，不是这样的。建筑师有足够的艺术修养，有很好的信息，能选用恰如其分的、适合于本地区的项目甚至于选用适合建筑经济与投资条件的先进技术，来跟我们的艺术构思结合起来。我想就是这样的。

提问四："张锦秋星"国际认证公告里面有一段您的简介，说到您是将中国传统建筑风格应用于当代建筑的领军人物，请问对这个介绍您自己怎么看？

张锦秋：把中国的传统艺术用于现代的建筑建设，这是我始终追求的一个目标，不同的阶段有不同的课题，但是说领军人物实际上我是不敢当的，不说国外，就是在中国，在这方面同样有很多这样的建筑师。

提问五：不管是我们建筑学学科还是天文学学科，尺度和时间这两个概念都是非常重要的，所以请教两位关于时间和尺度有什么样不同的心得？

季江徽：宇宙就是讲时间和空间。我们刚才讲到大行星、小行星，包括太阳系的形成和诞生，它是一个时间演化，是有一个时间轴的。再回到我们的建筑，在地球上人类有很多的文明，比如说金字塔、长城，包括张大师有非常多的杰作，它们应该是比较好地把时间和空间结合在一起来完成的这样一些巨作。

张锦秋：这个问题问得很好。天文时空是整个宇宙大自然的时空，我们建筑的时空是以人为尺度的时空，因为建筑不像宇宙苍穹这么宽泛，建筑是为人服务的，有了人才逐渐有建筑，没有人的时候是没有建筑的，其历史跟人类的历史是不可分的，这是时间的概念。空间的概念就是以人为尺度的空间，大到城市，小到一间房间，或者是一块园林里面的石头等，这个是以人的尺度来衡量的，所以我想我们和天文学的差别在这里。

提问六：射电观测是可以白天进行的，但天文台大部分光学观测，天文学家都是在晚上工作，天文台包括发现"张锦秋星"这样的工作都只能在夜间进行吗？

季江徽：这也是一个非常好的问题。天文学小行星观测基本上是在夜间进行的，所以天文学家其实值夜班也是非常辛苦的，他们付出了巨大的劳动。您刚才讲到天文除了去发现这些天体，还包括我们的星系，包括去研究宇宙学。假如我们去研究太阳，我们可以在白天，无论是从光学还是从射电都是在白天进行的。

提问七：作为建筑行业的领军人物，张大师和专业的天体研究方面的一些老师可能都会面临一个问题，就是张大师是在创造某一段或者某一个时间点的历史。

张锦秋：这个题目还是比较难回答的。我们都知道，人生有限，你就是再长寿也要服从自然规律，必然有走掉的一天，所以人生是有限的。我觉得怎么使用这个时间，从两个层次来说。一个时间要用到它应该用的地方去，时间才有意义，我们人正常的生活，为了健康的锻炼，需要的休息，这都是必不可少的。另外一个很重要的就是你的事业，你的事业投入多少时间？我记得我年轻在中学的时候，看过高尔基有一本书，专门写时间，时间是每一秒都在过去，人生有多少个嘀嗒嘀嗒？你怎么在有限的人生当中合理地来支配嘀嗒嘀嗒嘀嗒，这是一个很难说清楚的事情。

锦秋星” 命名仪式暨学术报告会

主办：陕西省人民政府　何梁何利基金　中国科学院紫金山天文台
承办：中国建筑西北设计研究院

中国·西安

链 接

(210232)张锦秋星　国际命名公报

M. P. C. 91792　　2015 JAN. 5

The MINOR PLANET CIRCULARS / MINOR PLANETS AND COMETS
are published, on behalf of Division F of the International Astronomical Union
usually in batches on or near the date of each full moon, by
Minor Planet Center, Smithsonian Astrophysical Observatory, Cambridge, MA 02138,
U. S. A.
MPC@CFA.HARVARD.EDU (science)　Phone 617-495-7273/7444/7244　(for emergency use only)
World-Wide Web address ......　ISSN 0736-6884
Timothy B. Spahr, Director　Gareth V. Williams, Associate Director
Syuichi Nakano and Andreas Doppler, Associates
Copyright 2015 Minor Planet Center　Prepared using the Tamkin Foundation Computer Network

NEW NAME OF MINOR PLANET

(210232) Zhangjinqiu = 2007 RV119

Discovered 2007 Sept. 11 by PMO NEO Survey Program at XuYi.

Zhang Jinqiu (b. 1936) is an architect and an academician of the Chinese Academy of Engineering. She has been recognized by the industry as a leader in applying Chinese traditional architectural design to contemporary architecture.

(210232) 张锦秋星

中国科学院紫金山天文台2007年9月11日发现于盱眙观测站。

张锦秋（1936年出生），中国工程院院士，建筑设计大师，她是建筑业中将中国传统建筑风格应用于当代建筑的领军人物。

小行星国际命名公报

证　书

谨以我台发现的国际编号为二一〇二三二号的小行星誉名为“张锦秋星”，刊佈于世，永载史册。

中国科学院紫金山天文台
二〇一五年一月

CERTIFICATE

We solemnly announce that the asteroid discovered by this Observatory and numbered 210232 internationally, be named in honour of Zhangjinqiu .It is hereby made known to the world and which will go down in history forever.

Purple Mountain Observatory
Chinese Academy of Sciences

2015年6月16日冲日时，（210232）张锦秋星距离地球2.87亿千米
（210232）张锦秋星到太阳的平均距离为4.01亿千米

(210232) 张锦秋星空间轨道参数
（2000.0黄道及春分点）

吻切历元时刻：	2014年12月9日零时（历书时）	
轨道半长径：	2.6704160	天文单位
轨道偏心率：	0.2377281	
近日点角距：	265.39888	度
升交点黄经：	125.24021	度
轨道倾角：	3.04182	度
平近点角：	216.03807	度
绕日运行周期：	4.36401	年

铜匾

证　书

谨以我台发现的国际编号为二一〇二三二号的小行星誉名为“张锦秋星”，刊布于世，永载史册。

中国科学院紫金山天文台
二〇一五年一月

CERTIFICATE

We solemnly announce that the asteroid discovered by this Observatory and numbered 210232 Internationally, be named in honour Of Zhangjinqiu . It is hereby Made known to the world and which Will go down in history forever.

Purple Mountain Observatory
Chinese Academy of Sciences

证书

贺　电

尊敬的张锦秋院士：

顷悉国际小行星中心最近发布的国际新小行星命名公报中，中国科学院紫金山天文台2007年9月11日发现的，国际编号为210232号小行星，已于2015年1月5日荣获国际小行星命名委员会批准，正式命名为“张锦秋星”。

张锦秋院士是中国著名的建筑设计大师，设计了许多传承民族精神、展现时代风貌的优秀作品，实现了传承与发展，科技与艺术的完美结合，成为建筑业界中将中国传统的建筑风格应用于当代建筑的领军人物。2010年张锦秋院士荣获何梁何利基金“科学与技术成就奖”，2014年何梁何利基金向我台推荐小行星命名，值此“张锦秋星”荣获国际命名之际，我们谨向您致以最诚挚的祝贺！

衷心祝愿（210232）张锦秋星永远闪耀在宇宙星空之中！

中国科学院紫金山天文台
2015年1月30日

紫金山天文台的贺信

贺　信

尊敬张锦秋院士：

欣悉何梁何利基金评选委员会2014年7月向中国科学院紫金山天文台推荐，中国科学院紫金山天文台正式提出命名“张锦秋星”的申请已获国际批准，何梁何利基金评选委员会及基金同仁，特向您致以热烈的祝贺和崇高的敬意！

国际小行星中心在最近发布的国际新小行星命名公报中宣布，中国科学院紫金山天文台2007年9月11日发现的、国际编号为210232号小行星，已于2015年1月5日荣获国际小行星命名委员会批准，正式命名为“张锦秋星”。这项命名体现了国际社会对您作为中国传承建筑应用于现代建筑的领军人物，实现传承与发展、科学与艺术完美结合系列卓越设计作品的肯定和褒扬。这不仅是您的光荣、您创新团队的光荣，而且是何梁何利基金获奖科学家的光荣，也是何梁何利基金评选委员会和全体同仁的光荣。

在这喜庆时刻，我们衷心祝愿（210232）“张锦秋星”永远闪耀在浩瀚宇宙星空之中！

何梁何利基金评选委员会
2015年1月30日

何梁何利基金评委会的贺信

中华人民共和国住房和城乡建设部

贺　信

欣悉张锦秋院士因在建筑领域的杰出贡献而获命名“张锦秋星”之荣誉，在此谨向张院士致以衷心的祝贺和崇高的敬意！

张院士从事建筑设计工作近六十年，不断探索中国建筑文化的发展，着眼于促进历史文化与当代生活的和谐、人与城市的和谐、人与自然的和谐、人与人的和谐，以期达到历史文化遗产保护与现代城市建设的共生与良性循环。张院士继承中国传统建筑特点，设计创作中在建筑形式和建筑空间构成上追求传统风格与当代功能需求的结合，把传统美、自然美、技术美以及时代美有机结合起来，把东方文化和西方文化的精华有机结合起来，向世界展示了中国建筑的历史底蕴、灿烂文化和勃勃生机。张院士的作品典雅、细腻、求实，深受公众赞誉。她在建筑设计中追求的传承与创新，为当代中国建筑镌刻下民族的魂脉。

今天，面对建设领域一些贪大求怪、城市风貌特色缺失的现象，弘扬中华民族文化之精髓，探索中国建筑风格之传承是十分重要，找到当代中国建筑之方向，是当代中国建筑师的历史责任。

城市的灵魂在于文化，城市的魅力在于特色，城市发展的过程就是对文化积淀的选择、继承和创新的过程。每一个时代的建筑设计代表人物，都致力于科学地协调解决诸多矛盾，创造符合时代的精品，满足人乃至城市发展的实际需要。张锦秋院士是当代中国建筑师的一位代表人物，学习她坚持将中国传统与现代相结合的创作实践，对于我们重新寻求城市文化魂脉，加强文化自觉和自信具有重要的意义。

“张锦秋星”的命名是一项国际性、永久性的荣誉，张院士在城市建设和建筑文化方面所做出的卓越贡献也将载入史册。希望“张锦秋星”的命名激励和带动建筑工作者奉献创新，在社会发展建设的时代浪潮中正确处理城市功能与城市文化的支撑关系，正确处理世界文化与民族情感的衍生关系，正确处理历史传统与时代发展的传承关系，实现中国建筑的伟大振兴，为我们的中国梦、建筑梦书写崭新的历史篇章！

陈政高

2015年5月8日

住建部陈政高部长的贺信

中共陕西省委科学技术工作委员会

贺　信

尊敬的张锦秋院士：

欣悉国际小行星中心在2015年1月5日国际命名公报中，将中国科学院紫金山天文台2007年9月11日发现、国际编号210232号的小行星正式命名为“张锦秋星”。

您是我国首批中国工程建设设计大师，中国工程院首批院士，“梁思成建筑奖”、“何梁何利基金科学与技术成就奖”、“陕西省科学技术最高成就奖”获奖人，主持设计了西安大雁塔景区三唐工程、陕西历史博物馆、西安钟鼓楼广场、陕西省图书馆和美术馆群体建筑、黄帝陵祭祀大殿、大唐芙蓉园、曲江遗址公园、西安世界园艺博览会天人长安塔等众多有巨大社会影响的工程项目，形成了传统与现代相结合，规划、建筑、园林溶为一体的设计思想。这次“张锦秋星”国际命名，再次彰显了您卓越的学术艺术成就。省委科技工委、省科技厅对您荣获这一重大国际荣誉致以最热烈的祝贺和崇高的敬意！

祝愿“张锦秋星”永远闪耀在祖国和宇宙星空！

中共陕西省委科技工委　陕西省科学技术厅
2015年2月16日

陕西省科工委的贺信

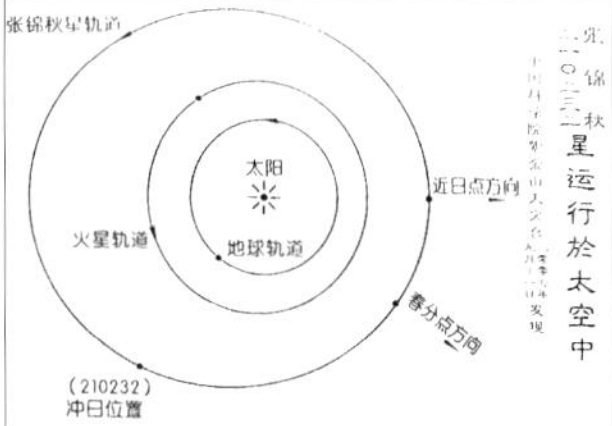

VENTURI, SCOTT BROWN AND ASSOCIATES, INC.
4236 MAIN STREET, PHILADELPHIA, PA 19127-1696
TEL: 215 487-0400   FAX: 215 487-2520   www.venturiscottbrown.org

Robert Venturi FAIA, Int. FRIBA, Emeritus   Denise Scott Brown RIBA, Int. FRIBA

May 4, 2015

Madam Jin Qiu Zhang
China Northwest Architectural Design and Research Institute Co. Ltd
98 Wen Jing Lu, Jing Kai Qu
Xi'an City, Shaanxi Province
P.R.China 710018

Dear Jin Qiu Zhang,

It's hard to believe it was ten years ago when we first visited the beautiful city of Xi'an and met you. We have fond memories of our lecture there and time spent with you.

It's such a pleasure to know that the International Astronomy Authority has named an asteroid after you and we're so honored to be invited as your guests for the event. How wonderful it is to see a female architect being recognized for her accomplishments, and in such an unusual way! Sadly, our old age prevents us from making the trip to attend in person.

Please accept our warmest congratulations from Philadelphia and our hearts will be with you in Xi'an on May 8th.

With warm, collegial greetings,

Robert Venturi

Denise Scott Brown

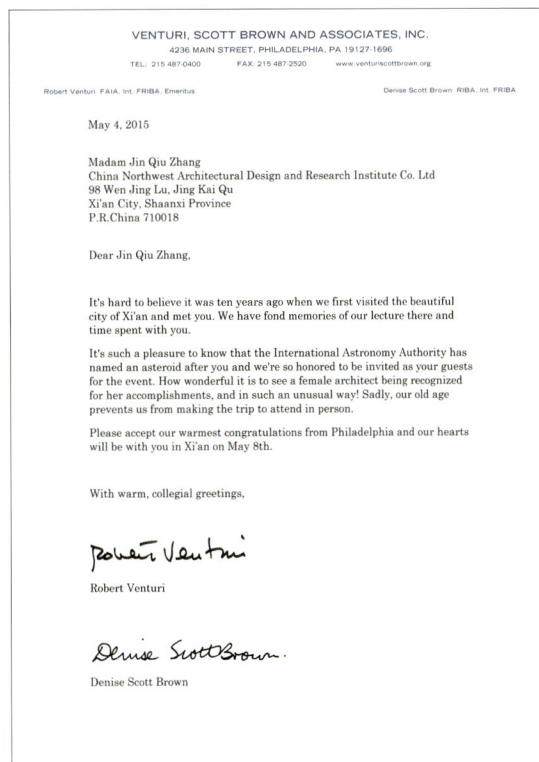

著名建筑师文丘里与夫人著名建筑师布朗的贺信

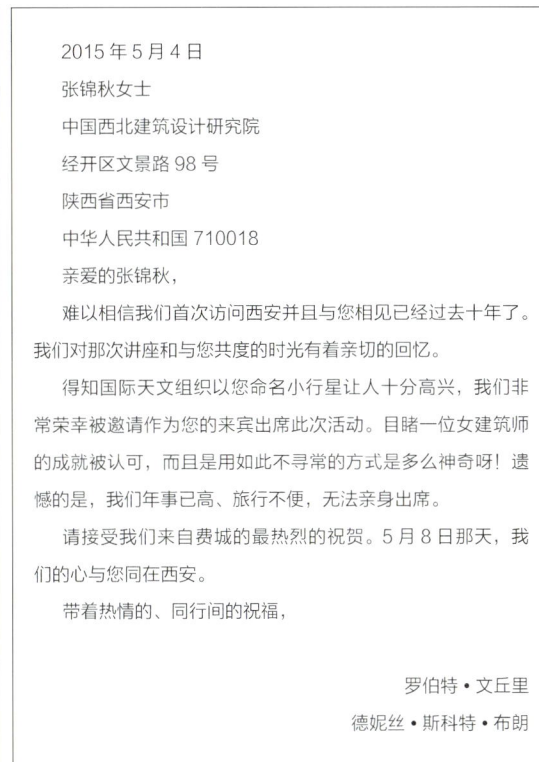

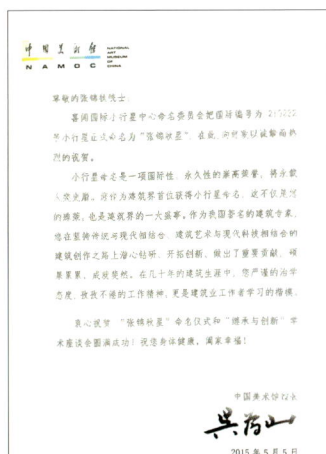

2015 年 5 月 4 日

张锦秋女士
中国西北建筑设计研究院
经开区文景路 98 号
陕西省西安市
中华人民共和国 710018

亲爱的张锦秋，

难以相信我们首次访问西安并且与您相见已经过去十年了。我们对那次讲座和与您共度的时光有着亲切的回忆。

得知国际天文组织以您命名小行星让人十分高兴，我们非常荣幸被邀请作为您的来宾出席此次活动。目睹一位女建筑师的成就被认可，而且是用如此不寻常的方式是多么神奇呀！遗憾的是，我们年事已高、旅行不便，无法亲身出席。

请接受我们来自费城的最热烈的祝贺。5 月 8 日那天，我们的心与您同在西安。

带着热情的、同行间的祝福，

罗伯特·文丘里

德妮丝·斯科特·布朗

中国美术馆馆长吴为山的贺信

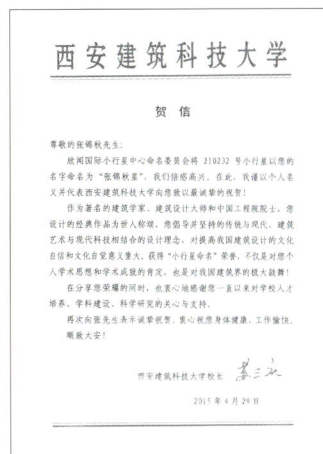

西安建筑科技大学校长苏三庆的贺信

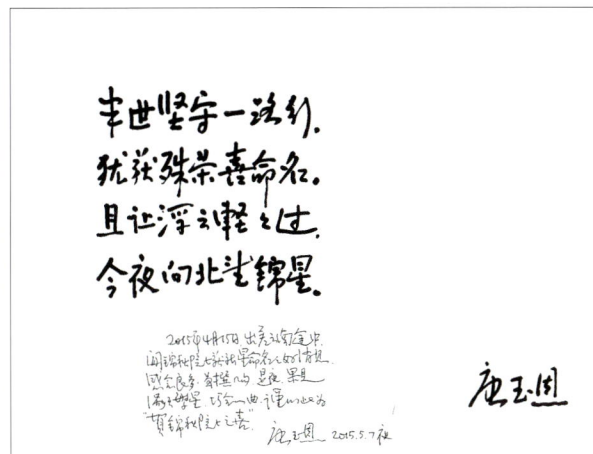

全国工程勘察设计大师唐玉恩的贺信

第二篇 传承创新

—— 『承继与创新』学术座谈会实录

以『张锦秋星』命名仪式暨学术报告会为契机，二○一五年五月八日下午，中国建筑学会在西安组织召开了『承继与创新』学术座谈会。全国建筑界专家，学者齐聚一堂，以中国建筑创作中对现代与传统结合的探索为核心，结合建筑创作的现状，发展中的困惑及创作的出路等方面展开广泛讨论。本篇根据学术座谈会录音整理。

周畅（主持人）

中国建筑学会副理事长　秘书长

《建筑学报》主编

周畅： 各位领导、各位专家，承继与创新学术座谈会现在开始。首先我给大家介绍一下参加我们座谈会的几位领导和专家：原建设部副部长宋春华先生，中国工程院院士、全国建筑设计大师"张锦秋星"殊荣的获得者张锦秋先生，故宫博物院院长单霁翔先生，中国建筑工程总公司毛志兵先生，参加今天会议的还有中国建筑界著名的院士、大师及专家学者，我们陕西省西安市建筑界、文化艺术界以及相关部门的领导和专家。

这次会议我们还得到了中建西北院的大力支持和协助，西北院的领导和同志们为了此次会议做了很多前期的筹备工作，提供了周到的服务，在这里我首先代表中国建筑学会对各位专家的光临表示热烈的欢迎，对中建西北院为会议所做的前期筹备工作和周到的服务表示衷心的感谢！

今天上午我们参加了"张锦秋星"的命名仪式暨学术报告会，在今天下午会议开始之前，我也代表中国建筑界的所有同仁，并以中国建筑学会的名义，在此提议我们向张锦秋院士致以热烈的祝贺和崇高的敬意！

"张锦秋星"不仅是张锦秋院士的光荣，也是对中国建筑师的肯定和鼓励，提升了中国建筑师的社会地位和国际影响。张锦秋院士 50 多年如一日，扎根三秦大地，情系西安热土，坚持传统与现代建筑的结合，建筑艺术与现代科技的结合，传承民族精神，展现时代风貌，实现了科技创新与艺术创作的完美结合。传统与现代、东方与西方、承继与创新是我国建筑师永恒的话题，是我们几代建筑师的不懈探索和追求，今天我们借"张锦秋星"命名典礼在西安举行学术座谈会，就中国传统建筑文化、传统建筑理论在当代建筑中的应用、中国建筑文化的自信和自觉、建筑创新与创作等课题进行学术研讨，以推动中国建筑创作的

健康发展，为中国建筑未来的发展集思广益，为传统与现代结合的探索之路进行理论上的探讨，相信今天下午的学术座谈会一定能为我国的建筑理论和实践提供好的意见和建议。得知张锦秋获此殊荣，美国著名的建筑大师文丘里夫妇特地向张锦秋院士发来贺信表示祝贺，首先我们请中建西北院赵元超总建筑师为我们宣读文丘里夫妇的贺信。

　　亲爱的张锦秋，

　　难以相信我们首次访问西安并且与您相见已经过去十年了。我们对那次讲座和与您共度的时光有着亲切的回忆。

　　得知国际天文组织以您命名小行星让人十分高兴，我们非常荣幸被邀请作为您的来宾出席此次活动。目睹一位女建筑师的成就被认可，而且是用如此不寻常的方式，是多么神奇呀！遗憾的是，我们年事已高、旅行不便，无法亲身出席。

　　请接受我们来自贵城的最热烈的祝贺。5 月 8 日那天，我们的心与您同在西安。

　　带着热情的、同行间的祝福。

　　　　　　　　　　　　罗伯特·文丘里

　　　　　　　　　德妮思·斯特克·布朗

崔愷

中国建筑设计研究院总建筑师

全国工程勘察设计大师

中国工程院院士

崔愷： 张锦秋先生获得了小行星"张锦秋星"的命名，我觉得这是我们建筑界一个非常值得庆贺的大喜的事情。上午参加活动我有很多感触，尤其是听到张院士的发言，听到宋部长的发言、贺词和单院长的发言，我觉得很有感触，我觉得这件事情是一个非常重要的历史文化事件，怎样来看待中国建筑文化今天这样一个时期应该发挥的作用？

今天"张锦秋星"的事情给我一个启发，重新思考天、地、人的关系，上午几位致辞当中都点到了：如何看待我们的大地？如何仰望我们的天空？在时空上怎么能够建立我们人类的历史和宇宙的历史的关系？看上去是一

个非常开放性的思维，但是又很具体，具体到张院士以毕生的辛勤工作对陕西西安以及对我们中国建筑文化作出的贡献，一个具有史诗性的宇宙承载的纪念。

这让我重新想到一句老话，就是天人合一，张院士的名字永远跟天地同在，我觉得这件事情实际上是非常有纪念性的。当然我也觉得张院士之所以有这样的一个荣誉、这样的贡献，实际上是因为她每天做的事情，她50年做的事情都在追求天人合一的状态。上午在对话当中，张院士回答提问的时候讲到时空的尺度问题，实际上虽然宇宙非常大，但是具体到我们建筑师的工作，就是为人的服务，而人的空间、人的尺度以及人的时间和历史的概念，我觉得这一点实际上也是张院士多少年来对建筑、对环境、对宇宙这样大话题的思考当中非常朴素和简洁的一个诠释。同时让我们想到我们建筑师工作的意义，这些都是让我特别有感触的。

我一共有三次到西安来专门学习张院士的作品，记得那一年是黄帝陵轩辕殿的参观以及座谈会，那一次也看了大唐芙蓉园。第二次是2011年参观张院士在西安园博会里面的长安塔，也是非常值得回忆的一次学习。今天是第三次。我觉得三次的学习，实际上让我们觉得有一种要接过接力棒的责任。张院士在高龄中仍然坚持在一线工作，但毕竟人的生理变化自然会到休息的状态当中，我觉得我从第一次来学习张院士作品的时候，就提出特别希望西北院在张院士的领导下培养出传承张院士创作精神和文化精神的一个创作团队，所以我每次见到赵元超就会聊到这个话题，后来我想一想这事不是西北院的事，实际上是中国建筑界的事，实际上就是我们这些人的事。我今天坐在这也有这样的责任，我们参加这样的活动、这样的学习，不再是仅仅作为一个小学生来看，马上这个接力棒要传到我们的手里。

中央提出文化自觉、文化创新，会使我们在这样一个历史时期重新思考建筑师的工作。现在建筑界也有一些新的气象，因为单院长在这里，我也借此机会谈点看法。两个月之前我们到故宫参加单院长召开的会议，给我们五位建筑师布置任务，当时就提出来一个观点，在今天这样的时候，对我们中国建筑文化的创新是不是有一些新的操作的办法，不再采用一般的市场的招投标，也不再崇洋媚外，一来就搞国际竞赛，而是能不能让我们这些中国一线的建筑师拿出自己的本事来、拿出自己的智慧来，一起来切磋？我觉得非常好。前不久我们刚刚提交了一个方案，实际上就是我们对此理念的贡献，我们特别希望通过大家共同的努力，故宫能够建设得好，能够代表我们今天文化创新和文化传承的责任，我觉得这一点是非常重要的，让我们重新回到这样一种建筑文化人共同探讨中国文化的事情，因为历史上是有过的，包括在以往的国家重大项目当中，从天安门广场建筑群、毛主席纪念堂，包括北京图书馆、北京火车站，都是我们的前辈在那样一个时期由全国各地的专家一起来研究。所以我对单院长的引导非常的支持，给我们这样一个平台我们能不能做什么，能不能做得更好。

因为我自己也快60岁了，我们在院里每天除了应对不同的项目之外，是不是也可以做一些文化方面的事情？今年开始，中国建筑设计研究院把老的施工图展示出来。第一个展示的就是戴念慈院士当年做的施工图，非常精彩，我们把图纸扫描后在院里办展览，请退休多年的老同志跟年轻人一起开座谈会，包括一些老工程师，都一起开会。我们有这么多的国内设计院，条件都改善了，是不是可以有一些展览？不仅仅是为了向客户展览我们的作品，而是应该把这样的一个展览变成文化传承这个阶段必须要做的事情，让年轻人不要眼睛都盯着外国建筑师做的，要看看我们的前辈所做的事情。这些工作也得到了建筑界、媒体、学会的支持，也得到了很多同行的支持，庄院长就希望我们很快把这个展览放到清华办一下，也有其他的地方跟我们联系，当然我想这仅仅是一个开始，希望将来各个院之间，把老图纸拿出来展一展，各个院互相交流，这个可能也是一个不同的意义。

今天的活动是在西安，让我想起现在中央和国家的战略部署，"一带一路"的发展。孟建民大师曾与我说：中国建筑界面对中央提出来的"一带一路"的发展能做些什么？甚至提到建筑学会以及同行业的朋友能不能找时间讨论，关于"一带一路"建筑界怎么去做？我首先想到在中国的西部怎么发展？前些年都是在东部，这几年西部也在发展，但是现在国家给的这样一个方向会给西部带来更好的发展、更大的发展。说到展望未来，我们更应该看到西部文化的根基是什么？这些文化的根基不仅仅是我们自己的，还牵扯到历史、牵扯到很多民族、很多国家，所以这个真的值得思考、值得想象。未来我们可以投入一些精力来研究。当然也特别希望在这个过程中，中国的建筑文化能够有一个创新，所以我想今天就借此次机会简单地讲一讲我的想法。

唐玉恩
上海现代建筑设计（集团）有限公司
资深总建筑师
全国工程勘察设计大师

唐玉恩：上午参加了隆重的"张锦秋星"命名仪式，我觉得这是一个不同寻常的荣耀，对我们来说也是不同寻常的分享，我对张院士取得的成就表示由衷的高兴和祝贺，这也是对中国建筑界，包括中国女建筑师终生荣誉的一个肯定。我们通常得的是工程奖、科技进步奖和我们平常说的行业奖，终于有这样一个社会的国际行星命名组织的认同，我觉得这是不同寻常。

我一直相信，现在也得到了印证，从第一代中国建筑师在西方留学，接受了现代建筑学教育，回国之后就一直在探索中国建筑现代化。如何继承我们厚重而丰富的中国传统文化，这是一个古老的课题。实际上放眼看一看，国际上所有有悠久历史的国家在发展过程中接受工业化、现代化文明冲击的时候，印度、埃及、墨西哥，包括我们中国，在接受西方文明的同时，一定深深地摄取自己传统文化的营养、魅力。如何发展这一命题，确实是几代建筑师纠结甚至于可以说在某些程度上进行抗争而一点一点发展来的。第一代建筑师首先在中国建筑稍有自主发展条件的时候，就作过努力。当时在那样的历史背景下，在经济跟现在不可同日而语的水平上，中国举行的一些著名的大建

群的竞赛招标，也是强调了弘扬国粹，当时是用了这么一个口号，但是实质内心还是希望在现代化进程的同时，传承中国的传统文化。手法、技术跟以前的做法已经很不一样，我觉得那个时代的建筑师们一点一点追求打下了一定的基础，从南京中山陵，一直到上海江湾地区的特别市政府大楼部分的建筑群，我觉得这是前辈们的努力，以不同的手法、不同的技术进行各方面的探索。这方面是一代一代的传承。今天到西安来看，已经是蔚然成风，既有时代特征，又吸取了为当代社会服务的所有的要求，达到了这些要求，都能那么完善，同时还始终牢记我们这片大地建筑文化之根，我觉得这是非常不易的一个努力，尤其是在这样一个快速发展的浪潮当中，能够坚守，真是非常钦佩。

我们国家的国土相当宽广，确实就像张院士上午的发言和回答问题当中提到的，各个地区确实也有很多丰富精彩而值得当地建筑师们研究的成绩，有很多好的传统，有很多好的工匠做法、材料，包括一些细部，长久地反映出当地人们的乡愁。我觉得每个地区都有。我们在座的很多建筑师、领导在这方面已经作了很多的努力，相信像张院士上午所谈到的，各个地区会有不同的手法、不同的表现，它们都很和谐地立在自己的那片大地上，它们生根在中国的国土。当代建筑师当然有这样一个责任，对这样一个长久的命题，及时跟上建筑发展的现代化，还需要今后继续努力。在我们这样一个建筑队伍中，我也是提点自己的建议。在今后的建筑创作中，我们是否可以更多地尊重历史、尊重城市、尊重环境，把我们的新建筑跟特定的地区、文化、历史和环境结合在一起，这一点是我们今后创作的一个方面，当然创作有很多的方向，我觉得这是其中一个很重要的方面。

下面我想给大家简单汇报一下我们上海现代建筑集团这些年在这些方面也作了一些努力。从2006年开始，以我们院为主，集团还有一些其他的院，资料都归在集团的档案室，大概有一百多个项目，是保护和修缮历史建筑的图纸。在这一百多个项目当中，既有江南传统的建筑，也有手工铅笔绘的花窗，也有一些近代建筑，因为对上海地区来说，近代建筑也是宝

贵的历史遗产。我们挑选了 20 个项目编成一本书《共同的遗产》。这本书是 2009 年出版的，我们也分赠了在座的许多建筑师和专家，可以看到这些技术资料实际上也是遗产。我们把这个作为一个很重要的课题来做，集团非常支持。在上海地区，因为各方面的原因，包括举办世博会的机遇，我们参与了外滩地区的国家重要文物鉴定单位的保护修缮和再利用，如和平饭店、外贸大楼等，有的项目我也积极出书给各位参考指教。这些说明针对自己的地域，对历史建筑文化的认识是当代建筑师应该做的一个工作，我们应该加强它。在创作新建筑的同时，保护历史建筑并不是把它都当青铜器供着，还有一个利用的问题，也需要使用新建筑适应时代的设计手法，要结合起来，要符合国际通用的原则，同时还能够适应当代的生活。

倪阳
华南理工大学建筑设计院副院长　总建筑师
全国工程勘察设计大师

倪阳：我想从侧面谈一谈我对张院士的看法和认识。我跟张院士认识的时候应该是 1988 年，当时搞了一个发布仪式，1988 年到现在 20 多年了，您那时候跟我现在的岁数差不多，因为您是当时唯一的一个女建筑师，而且我导师跟我说以后要搞传统建筑一定要找她。后来我们广州市有一个园艺馆的方案，我有机会真的来拜访张院士，我在拜访之前，也对张院士的一些生平、作品都好好地看了一下。在说的过程中我有一个想法，我看了她的生平包括她的为人，可以用一个词来表达，我觉得张院士可以说是书香门第，包括她的先生也具有儒雅风范，她表达出来的为人包括做事的方式都有一种高贵的气质，很有教养、很有担当、有自我的意识，我觉得这些东西在我跟她接触过程中印象特别深。举个例子，我们是后辈，上次我过来说要跟张院士见面，约了她，后来她说到北京开会了，可能时间上有问题，因为我那

边时间也有问题，我挺不好意思地就跟张总的秘书艾学农老师说我也改不了，看看张院士能否安排一下。当时她从北京开会回来还要去见她的先生，她的先生在疗养院，我们把时间调整之后，张院士特别安排了时间，她中午赶回来，下午我们见面了，晚上还请我吃饭，我觉得特别不好意思，我觉得她的为人真的太好了，我再次感谢。今天上午说她是领军人物，但是她不觉得自己是领军人物，认为每个人在自己的行当都做得非常好，所以我觉得她的品质特别高尚。还有一个担当责任，比如鼓楼的保护，她认为很重要，需要去开发、去保护，但是政府没有钱，我知道这件事完全是张老师一个人"忽悠"成的，把没有的一件事搞出来的，而且确实保护下来，后来政府说没有钱，她说可以通过一些低强度的隐蔽性的开发，做一些商业的工程，用这个钱保护整个区域，做的这些事，她从中肯定得不到什么，对她也无所谓，无非就是出于一种担当，是应该做这件事，而且要把这件事做成，这件事给我比较深的印象。

我觉得张老师有一种自由的意志，她应该是非常自信、大气，包括她的作品非常宏伟大气，显示出一个设计师的思想，她在某些方面非常坚持自己既有的思想，敢于对甲方不同的意见说不，能够坚持自己的思想是非常可贵的，因为我们很多时候都会为了一些工程而作出妥协，现在非常缺乏这种态度。

庄惟敏
清华大学建筑学院院长
清华大学建筑设计院院长　总建筑师
全国工程勘察设计大师

庄惟敏：今天非常高兴受邀来参加如此重要的活动，应该说还是很激动的，一方面是上午张先生的讲话，还有各位的发言，张先生的讲话让我非常激动，当时心潮澎湃。我跟张先生接触这么长时间，以往都是在方案探讨或者在教学层面，张先生是非常和蔼、非常谦和的。但是这一次我体会到了张先生发自心底

的那样一种责任感的彰显，特别让我感动。另外我也感到特别光荣的一件事是，张先生是我们清华老一辈毕业的校友。今天中午我第一时间把这个消息给我们学校发了一下，我说一定要讲一下，这是我们清华的光荣，当然也是我们建筑学院的光荣，因为张先生除了是我们校友，1954年进的清华，1966年研究生毕业，现在又是我们的兼职教授，多年来培养了很多的研究生，所以应该是我们学院特别值得骄傲的一件事。我这么说有点狭隘，因为张先生上午的发言，让我有了一些感慨，我想结合今天这个题目说一点自己的感想。

其实我觉得这是一个文化的圣地，至少是文化层面的，让我们一下子注入了非常重要的正能量，它是一个文化自信的表现。从习总书记2014年9月对我们国家城镇化建设过程中一些现象给予批示以后，我觉得它的重点实际上不是形式问题，奇奇怪怪是造型上的问题，习总书记提到的是文化的问题。为什么现在的青少年都关注动漫，都热衷于韩剧？说到底是一个文化问题。包括我们自己的学生，包括我们的下一代，其实很难把他们一下子从这样一种状态里面抓回来，他就要看这个动漫，他就喜欢人家这些东西，我觉得这是一种文化，这种文化的力量远远高于形式。在这个层面上，这件事情让我觉得是文化自信的一个回归，非常非常重要。刚才元超念的文丘里的贺信，又让我吃了一惊，作为后现代建筑大师能够远隔万里发来贺信，而且贺信里面讲的这些话，让我觉得这是一个西方的、具有代表性的、建筑文化人物对中国建筑文化的一个肯定，我觉得这件事情上升到这个高度非常重要。应该说全球对中国当代的文化，包括建筑文化在内，越来越有了新的认识，这是一个非常重要的事件，这个事件将成为在西方对中国建筑、中国文化逐渐认识的过程中的一个非常重要的记载。

第二个就是自觉，上午单院长的讲话，包括刚才崔总说的，我也觉得文化自觉现在至少在我们这些大师、领导、专家的脑子里已经形成了一个态度，我也感到非常高兴。因为我们作为建筑师，觉得确确实实真的开始有人把这件事拿出来说了，敢于理直气壮地

说中国的建筑师在创造中国的文化，在对中国文化思考的基础之上来创造我们的建筑，无论是投标的形式，还是邀请建筑师参与的方式，这个文化自觉的体现自上而下非常重要。很多文化的状态可能是分散的，你太强调自下而上，往往在这种情况下是实施不了的。

第三个是文化建筑的文化表现。我非常同意崔总刚才说的，崔总的观念就是要总结张先生的创作，不应该单纯地说她是中国传统建筑的再现，它实际上是中国建筑文化在当代的一种再现，应该总结它，如果说建筑界能够把这件事当作一个重要的事情来总结。现在我们很困惑，凡事就是中国传统、中国文化，到底中国建筑创作怎么体现文化，我们把这些案例，把张先生做的这些过程，加以分析、加以分解、加以提炼，我觉得这件事情就非常好了，我想这件事肯定不是张先生一个人做，可能可以做一个课题，与其说泛泛地讲中国传统文化的发展之路，倒不如把一些现在公认为非常成功的、在世界上公认为优秀的、带有中国文化特色的建筑案例拿出来分析，把这些手法拿出来分析，把它作为一种非常值得学习和借鉴的例子。我想这个要拿一个题目来做的话非常有意义。关于文化表现的另外一个方面，就是建筑教育。我们现在的建筑教育基本上是比较常规化的一套东西，西方古代史、西方近代史、中国古代史、中国近代史。能不能说我们今天建筑师创作的东西就是在做中国文化的弘扬和传统，不要按着时间段说历史，在建筑教育层面也可以尝试多增加一点对中国当代文化、中国文化的建筑表达，我们也可以研究研究，在建筑的教学层面上，是不是可以作一点探讨，让年轻的学生们看到中国的建筑不是装在传统的筐子里面看，今天我们还有很多非常新的、让人眼睛一亮的、让世界瞩目的当代的建筑？我看到西安建筑的本身完全有全新的建筑表达，为什么不能让学生们看一看？我觉得这些东西特别值得去研究的，在教育层面是值得研究的。

这三个方面对我们的感触是非常深的，我想说一句话，中国建筑创作的创新，其实就是中国当代文化的创新，或者说中国文化创新里面很重要的一块应该

是有中国文化建筑表达的理念，这一点也是我们的一个历史重任，我也很愿意在这个层面跟着前辈的足迹添砖加瓦。

单霁翔
故宫博物院院长
中国文物学会会长
中国建筑学会副理事长

单霁翔：今天，难得和这么多位年轻的建筑大师在一起开会，非常兴奋。多年来，经常参加文物界召开的会议，与一些年逾古稀的老专家在一起讨论，当然谈论的话题也很不一样。今天的座谈会有一个非常现实的题目，即"承继与创新学术座谈会"。关于继承与创新的问题，无论在建筑界，还是在社会上，讨论了很多年，可见解决这一问题很难，但是也有人认为并不是很难，我想关键是文化立场和文化理念的问题。

大约是在 1986 年 4 月，应中国建筑学会戴念慈先生邀请，日本建筑学教授大谷幸夫先生到中国进行学术交流，先后在建设部、天津大学、陕西建筑学会和同济大学做学术报告。我受中国建筑学会的指派全程担任翻译。大谷幸夫教授是日本著名建筑学者，在建筑理论方面造诣较深，他的学术报告内容即为"关于传统与现代化问题"，即以自己创作的建筑作品为例，谈继承与创新的问题。当时他年满 60 岁，即将退休，感慨很多。我在路上问他，为什么你设计的这些建筑一看就是日本建筑形式，一看就有自己的建筑艺术风格？对此他不以为然。他说我是土生土长的日本人，从小就接受日本的传统文化教育，感受日本的山水风光，生活在日本的民居建筑里，那么我画出的每一笔线条，就不可能是别国的。例如日本经常发生地震，气候比较潮湿，在建筑设计时就必须加以考虑，柱子粗壮一些，低层空透一些，这些来自于生活体验。我理解大谷幸

夫教授是在说，在建筑设计创作实践中，只要在尊重当地文化传统、地理环境、社会风俗的前提下，满足现代建筑功能需要，设计出来的内容就一定是属于这个城市的，属于自己的，属于当代的建筑设计作品。听了这一番话，我又觉得继承与创新的问题，倒是一个并不复杂的事情。

今天我们共同参加了"张锦秋星"命名仪式，使我们今后愿意更多地仰望天空，感受中国建筑事业发展的未来。在仰望的时候，也会引发更加深刻的思考。我在上午的大会发言时说到，当代中国恐怕没有哪个建筑师对一座城市的文化风貌，有如此深刻的影响，原因就在于张锦秋教授设计的每一座建筑，都充分尊重西安的传统文化和地域风格，所以一看上去就知道是为西安创作的建筑，是张锦秋教授设计的建筑。拥有这样的文化立场和文化理念，就不可能设计出"奇奇怪怪的建筑"，就必然形成自己独到的建筑风格，长期坚持创作，不但影响着城市风貌环境，也影响着社会民众审美，还影响着城市领导决策。每当和陕西省和西安市领导谈起城市文化特色保护时，他们都对张锦秋教授的建筑设计十分赞赏。因此可以说当代建筑师是可以处理好继承与创新的关系，是可以大有作为的。在今天会场上，能够看到这么多拥有优秀建筑设计作品的杰出年轻建筑师，就说明中国建筑设计充满希望。

但是，有时又感到继承与创新的问题确实非常复杂，在现实中很难处理。我想原因在于，今天处于信息爆炸、知识爆炸的时代，太多的思潮、主义、风格、理念不断涌来，包围着建筑设计人员，应接不暇，难以判断。的确，今天是需要强化学习的时代，基础理论要学习，国际经验要学习，但是当前最需要学习和掌握的是我们自己民族的传统文化，最需要了解和回应的是广大民众的文化诉求。尊重这两个方面，就不怕处理不好继承与创新的关系。

举个例子，昨天我在陕西历史博物馆做了一个专题报告，谈到故宫博物院近年来为什么文化创意产品受到人们的喜爱和追捧。一年半以前，国务院领导有一个批示，希望故宫博物院借鉴台北故宫在

文化创意产品方面的经验，使我们开始关注故宫博物院文化创意产品的研发和营销。我在国家文物局做了十年局长，检讨起来那时的确不太关注文化创意产品的研发，认为文化产品营销不是博物馆的主业。但是也一直有一个疑问，就是中国大陆有4000多座博物馆，难道就创作不出来比台北故宫的那颗"白菜"、那块"肉"更有人气的博物馆文化产品？文化创意产品的研发真的就那么难吗？百思不得其解。故宫博物院经过一番研究和学习借鉴，开始"脑洞大开"。原来搞好博物馆文化创意产品的研发，必须做好"四个结合"。

四个结合就是：第一，博物馆文化创意产品的研发要深入研究人们的生活，并与其需求结合，不能自以为是，认为自己的文化产品历史性、知识性强，观众就一定喜欢，这是一厢情愿。必须详细了解今天人们生活方式的变化，人们"碎片化"的时间如何度过，人们接受信息的手段等，只有了解人们的文化需求，才能赢得文化市场。第二，博物馆文化创意产品的研发要深入研究本馆的文物藏品，首先汇集和吸纳历代专家学者已有的藏品研究成果，同时组织深入挖掘文物藏品的文化内涵，这是研发具有本馆特色的文化创意产品的必由之路。第三，博物馆文化创意产品的研发要避免闭门苦思冥想，建立开放式的创意平台，公开提供本馆的文物藏品信息，邀请和吸纳对博物馆文化有深刻了解的社会各界优秀创意人才参与，保障创意人才的文化权益，及时针对优秀文化创意设计签订合作协议。第四，博物馆文化创意产品的研发要注重成果转化，好的文化创意要转变为高品质的文化创意产品需要不懈努力。通过文化创意精品制造，与具有文化理念和社会信誉的生产企业，建立起相对稳定的合作关系，有利于不断提升文化创意产品的质量和信誉。

以上"四个结合"，是学习他人经验，结合自己实际，研发和营销故宫文化创意产品的体会，由于用力过猛，到去年8月底，故宫博物院已经累计研发具有故宫特色的文化创意产品6754种，年销售额达到7亿人民币，同比大大超过相关博物馆。如今经常看

到观众，特别是学生们排队购买故宫文化创意产品时的喜悦。由此也进一步体会到，只要坚持"四个结合"，优秀的文化创意产品就会层出不穷，不断满足社会公众的文化需求。

当代建筑创作是否也有"四个结合"的问题。即与满足人们的社会生活需求相结合，与挖掘中华优秀传统文化相结合，与鼓励中国建筑师发挥创作才华相结合，与建立优秀建筑设计作品不断涌现的体制建设相结合。近年来，习近平总书记对城市文化建设、建筑设计创作多次提出明确要求，中国建筑事业迎来了令人鼓舞的好时期。应该抓住机遇，努力建立起具有中国特色的建筑文化理论体系和实践机制。

刚才，几位建筑设计大师都谈到了故宫博物院近日组织的方案征集活动。长期以来，国内各个城市在建设大型公共建筑的时候，往往采取国际招投标的方式征集方案，认为只有这样才够国际水准。于是一些外国设计机构积极参与其中，在对所到城市的历史、环境、人文等方面缺乏深入了解的情况下，自以为是地选取一些所谓"中国符号"，采取易于吸引决策者眼球的"奇、怪、特、洋"的方案，参加方案招投标，居然屡屡得逞。我认为这样的做法，不利于真正繁荣建筑创作，反而给"奇奇怪怪的建筑"提供了市场，不利于涌现具有中国特色的优秀建筑设计作品，反而使中国建筑师一次次失去很好的创作平台。

今天我们终于有一个机会，做一次尝试。经过国务院批准，故宫博物院在北京市海淀区规划建设故宫博物院北院区，也可以把它称为"新故宫"。规划设计总用地62公顷，规划建筑设计总面积125000平方米。故宫博物院北院区建筑设计，以体现民族传统、地方特色、时代精神、故宫元素为指导思想，维护与保持故宫博物院在世界博物馆界的地位和形象。鉴于故宫博物院北院区项目的重要性和影响力，建筑设计方案必须能够代表当今博物馆最高设计水平。为实现这一目标，故宫博物院采取了一系列新的规划设计方案征集和评审的尝试。

在规划设计方案征集方面，首先，我们征集中国建筑师的方案，因为中国建筑师更了解博大精深

的故宫文化。其次，我们征集中国建筑设计大师的方案，因为故宫博物院作为世人瞩目的世界一流博物馆需要优秀的建筑设计方案。再次，我们征集年富力强的中国建筑设计大师的方案，因为故宫博物院北院区设计时间紧任务重，再其后，我们征集年富力强的中国建筑设计大师本人的方案，因为故宫博物院愿为中国建筑设计大师施展才华搭建平台。在上述原则下，故宫博物院此次邀请了 5 位年富力强的中国著名建筑设计大师，以本人名义带领团队进行建设项目方案设计，从而获得了 5 个优秀的建筑项目设计方案。

在规划设计方案评审方面，不采取现场评审、通过投票产生中标方案的方式，而是通过一系列的评议，广泛征集利益相关者意见的方法。一是召开建设项目设计方案说明会，5 位建筑设计大师向评议专家、单位员工和新闻媒体详细介绍方案。二是召开吴良镛教授、傅熹年教授、张锦秋教授等 9 位著名专家参加的评议会，从建筑规划设计方面进行评议。三是召开故宫博物院学术委员会全体会议，从使用功能方面进行评议。四是召开故宫博物院志愿者、观众代表和故宫员工代表的座谈会，从观众使用需求方面进行评议。随后，我们先后邀请文化部部长、国家文物局局长、北京市主管副市长、北京市规划委员会主任、海淀区委区政府领导对故宫博物院北院区建设项目方案进行评议。在综合上述一系列评议意见的基础上，根据文化部领导的意见，将故宫博物院北院区建设项目方案上报国务院。

刚才，谈到了故宫博物院文化创意产品研发和营销的体会，也谈到了故宫博物院北院区建设项目方案征集的体会，实际上，就文化理念和工作方法来说，有很多共同性和共通性。联想到新中国成立以后，我国有很多民族工业产品广为人知，例如飞人牌缝纫机、飞鸽牌自行车、北京牌电视机等，但是，改革开放以后，日本的电器产品进入中国市场，一时把中国的家用电器产品市场冲得七零八落，不少著名品牌企业和产品无影无踪。但是，十多年后，中国的一些新兴电子企业崛起，日本家用电器又开始退出市场。这是一个阵痛与复兴的过程。无论是在 20 世纪 30 年代，还是 50 年代、80 年代，中国城市都出现了不少优秀建筑设计。近 20 年来，我国建设规模迅速增加，建筑设计市场异常繁荣，但是优秀建筑设计的比例却在持续下降。

我国建筑设计的春天来得晚了一些。改革开放已经 30 余年，中国建筑师早已积累了丰富的设计经验，完全有能力独立承担任何复杂的建设项目。但是，目前建筑领域"时装风"、"克隆风"盛行，不少城市都在"打造"所谓标志性建筑，在建筑形式上盲目追求"奇、特、怪、洋"。正是由于建筑设计方案征集机制和评审机制的"千篇一律"，加重了中国城市文化面貌的"千城一面"，促成了当今各种"奇奇怪怪的建筑"大行其道。我认为，今天城市建筑形象不尽如人意的原因，在很大程度上并不是创作能力问题和专业技术问题，而在于社会环境和决策机制，同质化的文化导向和低俗化的审美趣味，将会使有远大抱负的中国建筑师在创作中步履艰难。在这一情势下，更加需要全社会对于中国建筑文化的理解和对于中国建筑师的关注。

今天，中国建筑师有能力承担起 21 世纪中国建筑创作和建设任务，优秀建筑设计作品必将大量涌现。我们还希望能够给优秀建筑师和他们的优秀建筑设计树碑立传。最近，在马国馨院士的领导下，中国文物学会 20 世纪建筑遗产委员会组织开展 20 世纪优秀建筑遗产评选，在座的多位建筑设计大师都参加了这项活动。我们就是希望通过评选活动，在社会上形成尊重中国建筑师，保护 20 世纪优秀建筑遗产的共识。

最后，我用张锦秋教授的一段语录结束发言。她说："先人的智慧给我们以启迪，有助于我们建筑师开阔设计思路，提高创作境界。在国际化的浪潮中，一方面勇于吸取来自国际的先进科技手段、现代化的功能需求、全新的审美意识，一方面善于继承发扬本民族优秀的建筑传统，突显本土文化特色，努力通过现代与传统相结合、外来文化与地域文化相结合的途径，创造出具有中国文化、地域特色和时代风貌的和谐建筑。"

梅洪元
哈尔滨工业大学建筑学院院长
哈尔滨工业大学建筑设计研究院院长　总建筑师
全国工程勘察设计大师

梅洪元： 以上各位专家都作了精彩的发言，我也有同感，张院士的作品应该说是这种民族的精神、这种民族的魂脉的一种典范，特别是对中国传统文化的传承和发展作出了巨大的贡献，是我们学习的榜样。看会议的主题，我想谈一点感受。因为关于传统与现代、东方与西方继承和创新，是长久以来的一个话题，当然在不同的时期我们有不同的理解。我自己在做一个建筑师的同时也从事建筑教育，在这几年间看到一个现象，我们现在的青年学生、青年建筑师他们的创作水平来讲，确实是有了很大的提高，而且他们这种视野也应该说是开拓了，而且对当下的这种国际思潮的了解也是很充分了，当然这里边表现出一个问题，就是他们很少去向中国的传统学习，把这种兴趣点放在了追求建筑的形式、追求视觉冲击力，刻意去表达复杂的建筑形态，在这个方面，我觉得是走入了一种误区。这样一种现象可能是多种因素造成的，但是我觉得它还主要与当下的社会环境，特别是我们的教育模式有很大的关系。刚才庄院谈到这个问题，我非常赞同他的观点，因为西方传统文化的传承是依赖于宗教的传播，我们国家传统文化的传播主要依靠学校的教育，中国高校传统文化的教育缺失，是导致大学生对于传统文化了解缺失的一个重要原因，在我们建筑教育体系当中，对于传统文化的缺席不仅限于史论的层面，还非常缺少把这种文化的内核和外延紧密起来的环节，必然导致学生对传统文化知识的匮乏和对传统文化意识关注的不足。青年学生走到这个行业来成为一个青年建筑师，要经过一个很长的时间去摸索、去体验，在向前辈学习当中关注这种传统与创新的问题，所以我觉得这是一个很突出的问题。当然我们知道传统与现代、东方与西方、继承与创新是共生共进、相辅相成的。我们在过度关注现代与西方创新的时候，我们的思想体系自然失去了自己的土壤。

日本有很多方面值得我们学习，实际上日本的现代建筑文化主要是"二战"以后开始发展的，他们对待外来文化的态度，经历了引进、模仿、转化、折中、交融、共生的阶段。外来的建筑都是物质层面的，经过日本这个民族特有的模式和结构方式，已经转变为日本特有的文化元素，成为世界建筑文化的一个重要组成部分。而这些也是日本建筑教育体系当中的重要组成部分，他们特别重视从学生时代就开始培养建筑师文化自觉、文化自强、文化自信方面的意识。不管怎么说，至今为止，日本建筑师已经拿到了六次普里茨克建筑奖，得奖的次数仅仅少于美国（8次），我想这个肯定不是一个偶然现象，应该说源于他们40年来不懈的坚持。归结起来，不仅我们现在在岗的建筑师应该高度关注传统与现代、东方与西方、承传与创新的问题，更重要的是强化我们在教育环节中对于承传与创新能力的培养、素质的培养。我认为这也是至关重要的。因为建筑在发展，时代在进步，我们一代一代的青年建筑师在成长，不能够上岗之后再去关注问题，应该从教育的初始就开始关注。

孟建民
深圳市建筑设计研究总院有限公司总建筑师
全国工程勘察设计大师

孟建民： 今天参会感受到一种榜样的力量，可以说我们现在正处在弘扬建筑文化的大好时机，"张锦秋星"的命名，可以说对我们建筑界是一个巨大的鼓励，除了是张院士个人的巨大荣誉，也是我们建筑界一个非常大的荣誉，感受到榜样的力量。我对张院士的印象。我感觉张院士是我们建筑界德艺双馨的突出代表，我经常有点事情就请教张院士，我总感觉到她心中充满大爱之心，感受到她对后辈的慈祥和关爱，我每次请教张院士，都有这样的亲身感受。张院士的作品，我也非常同意上述几位的观点，他们说张院士的作品比较细腻、比较精致，我在心里面就在补充，同时又非常雄浑、大气，不仅仅是有女建筑师的精致和细腻，同时也具有建筑大家的气势，我们从大明宫丹凤门、长安塔、陕西历史博物馆、黄帝陵祭祀大殿一系列作品当中都能感受到。每次来开座谈会，都是一种新的感受，都能从中体悟到承传中国传统文化的时候怎样去探索和创新。用六个字来概括张院士的建筑创作给我们的启示。一是坚持。坚持这个词太重要了，我最近写了一篇《做一个有限的建筑师》，不要什么都会做，就做我坚持那个专业的那一段，这样的话才能把这个东西做得又精又好，什么都会做的话就会做得很杂，什么也做不精，做有限的建筑师是我更佩服的人。二是探索。不仅仅是简单的对文化的一种传承，这当中有创新，我们从长安塔可以看出来，和现代艺术的完美结合，这都给我们非常深刻的启示。三是检验，通过实践检验我们的坚持、我们的探索，它的意义、它的价值。

张院士今天在座谈的时候，对我们后辈谈了个人的人生体会，人生是短促的，但要把这个时间安排在有价值、有意义的事业上，这个对我个人的体会是最深的。

朱小地
北京市建筑设计研究院有限公司
董事长　总建筑师

朱小地：我想谈谈个人的看法：我跟张大师的接触并不是很频繁，但是一直关注着张大师在西安一系列项目的发生发展的过程，从最早的陕西历史博物馆到大唐芙蓉园再到后来的黄帝陵，还有长安塔，还有丹凤门一系列的项目，我觉得张大师走了一个完全不同于别人的道路。张大师获得这样的成就，我觉得是独特的，或者说是不可复制的，是一个非常的文化现象。我们古人讲天时地利人和的完美结合。所谓天时，我们西安的从唐或者唐以前发展过程的悠久文化，在盛唐时期这样一种在全球范围内的经济和政治地位以及我们当今中国发展的变化，在今天是完美的一种匹配，我觉得我们现在整个经济社会政治文化心态是和大唐盛世以及从那个时候发展过来的具有唐风的建筑形式或者这种方面的探索是结合在一起的，所以它是具有天时的概念。所谓地利就是西安是13朝古都、中国文化文明代表性的城市，在这样一个特定的城市范围内，同时在地上的遗存没有的情况下，张大师在这样一个环境下坚持探索，这不仅是建筑的价值，也是文化的价值。和我们北京不一样，北京连整个城市的遗存都留下来了，在其他的地方简单的复制是不可取的。所谓人和，以张大师为代表的，我认为是文化人的一个层面，不仅仅是在专业层面，在行政层面、技术层面各方面相互支撑，走过了几十年的探索道路，这个也和我们中国在近现代史上出现的几次中华传统建筑的复兴是不同的。在20世纪二三十年代我们讲到"民族的固有形式"，在解放初期讲到"民族形式、社会主义功能"，到了90年代，在首都北京出现"传统风貌、地方特色、时代精神"，我认为是完全不同的。我刚才讲到三点都应该是在政治意识形态上的一种对建筑艺术的反向推动。以张大师为代表的西安建筑设计的探索，具备了文人的特点，对传统文化的情怀造就了这样一种持续的探索，所以我认为取得这样的成绩是巨大的、突出的、唯一的，所以我觉得才有了"张锦秋星"这样一个成就，不可复制、不可重启。我认为只有一颗星星就是"张锦秋星"。

"张锦秋星"的命名，会在中国建筑界引起巨大的反响，这个反响是否又出现了这样一种态度，即对传统建筑、传统文化的探索？张大师的作品是当代建筑，而不是简单的传统建筑，如果我们讨论的话题还是停留在传统的回忆层面上，我认为我们还没有理解张大师。也就是说，探讨中国传统建筑的设计理念在当代表达的可能性方面，我觉得张大师给我们行业做了一个表率，这个表率是一种可能性，可能性的成功，而不是唯一性。我们在这样一个非常重大的成就面前，考虑的是我们各自面对的生存环境、城市以及文化背景等方面，可以有不同的表达形式，这种表达形式的核心在于我们不断的探索。从某种意义上讲，我觉得张大师的思想，她考虑的问题，有可能超越了我们现在简单的此时此地的一个氛围，这一点是给我最深印象的。

由"张锦秋星"引出来的、引起我们讨论的是：中国现代建筑的理论体系是否可能从传统文化发展而来的历史课题，非常值得我们深思。梁思成先生在《为什么研究中国建筑》这篇文章里面写到，一个国家的建筑如果完全失去了自己的特征，其代表的实质就是文化的衰落，研究古建筑的目的，不仅在于提升中国传统建筑的发展，更在于提升中国的传统艺术和文化，这一点是特别明确地指出的。我们目光的焦点不仅仅要落在建筑领域这个方面，实际上它是在一个历史文化的领域的大背景下，去考虑我们每个行业如何反映中国传统文化的问题。

如果我们站在一个时间的维度去思考承继与创新，我觉得最重要的是发现真实的东西，是因为我们头脑中存在太多假的东西，以至于我们已经习惯于将这些认为是真实的存在，把假的当成真的，以至于我们说话的时候都已经侃侃而谈，说假话都认为是说真话，我觉得这对哪一种文化都是悲剧。我们讲的话，我们所谈的文化的自觉、自信、自强，都应该是在全球化的语境下讨论我们的自强、自信、自觉，如果没有这样的概念，我们认为是盲目的自大，这将使我们回归到什么时代呢？这真的是我所担心的，我认为张大师在西安做了 50 年的真正的执着的追求者，恰恰是真诚地、真实地对待我们传统的存在和她探索传统和现代表达方面的可能性，这就像头顶上的星辰一样，任何的虚假的东西都不可能存在，或者说都会变成历史的笑话。

汪孝安

上海现代建筑设计（集团）有限公司
华东设计院总建筑师
全国工程勘察设计大师

汪孝安：我有一个感想，一方水土养一方人，张大师今天的成就是建立在对这方水土的热爱上的。张大师上午的发言，有着非常深厚的感情表达。张院士及其西北院的团队根植于西安大地，我觉得我们所感受到的不仅仅是中国建筑文化元素的呈现，更是一种传统建筑文化环境的创新性的保护，并且也形成了一个很好的文化自觉的学术氛围，所以我想也借此机会向张院士所取得的一系列成就及其获得今天这样的殊荣表示敬意！

中国建筑师前仆后继，只为探索中国文化的传承与创新。中国第一代建筑师就有不少的佳作，我们现在在全国各地都有很多的遗存，近些年来也有很多的探索性的佳作问世，我也常常在思考一些相关的问题，我本人觉得传统与现代建筑并不是一对矛盾的形体，尤其是中国的传统建筑，它的建筑要素、它的梁墙的建构逻辑、它与自然融合的空间组合理念、它的人性化建筑材料的构建，如砖瓦、木材、石材和细部的技术，与现代建筑空间的建构逻辑和理念有着异曲同工之妙。我们在一些中国传统建筑保护和再利用的项目当中结合现代的技术与手法，使得中国传统建筑也同样能够传递出独特改良的现代建筑精神，我们在全国各地中国建筑师的一些实践中是可以看到这样一些闪光点的，这也充分说明传统建筑完全能够有效地与现代的生活方式、现代的建筑技术、现代的建筑文化形成和谐的对话关系。而中国传统建筑的空间组合理念、人性化的建筑材料、精致的构造技术等，我也觉得完全可以在现代建筑创新的实践中得以传承，就像现在张大师和她的团队正在做的，而我们所说的创新的技术则完全是建立在对这种中国传统建筑文化的热爱的基础上。

崔彤

中国科学院建筑设计研究院

副院长 总建筑师

崔彤：整个一上午都沉浸在一种前所未有的氛围当中，有的时候感觉真的叫日月同辉，这种感受不仅是超越时空跨度的感觉，而且是一种超越建筑领域甚至触摸深空科学的东西，一下子使我们的专业神圣起来。我在中国科学院工作时间太久了，科学家经常问建筑学也要学八年吗，这个也是一个学科吗？我们评审方案中，每个科学家都要品头论足，我们中国科学院大学里面的校长还在问，建筑学专业真的要在大学里面成立下去吗？当时我们一下觉得建筑学似乎已经远离了我们科学的队伍，今天上午这种感觉又回来了，所以我觉得是一种跨越时空的氛围。

张院士一直的奋斗目标或者她个人实践的经历，为祖国工作 50 年，不仅工作了 50 年，我觉得工作得非常让人羡慕、精彩，真的是让我们觉得浑身有了劲。其实由于特殊的建筑实践机会，张先生的作品成了我们工作团队真正的榜样，无论是我们在长安街做的三个项目，还是在海外做的大使馆和文化中心，都涉及中国性和文化性的问题，我们虽然没有当面向张先生讨教，但实际上您的作品是我们默默学习的建筑语言，而且吸纳了许多。前前后后在您的思想体系当中，我觉得有些东西尽管说不可复制，虽然作品不可复制，但是这种精神、这种方法、这种理念、这种一致性的中国建筑探索之路，比如您曾经说过时空一体、技艺合一、天人合一、和而不同等，这一系列东西会引发连锁性的思考。比如技艺合一这一点会引起大家非常多的思考，引发我们不懈的追求。在当今的情况下，张先生的作品是现代、当代中国建筑，也是当今世界的现代建筑，当然它有传统的基因，因为传统是活动的、是运动的。

我感同身受的是我们如何传承、学习、吸纳。张先生创造的不仅是建筑群，甚至是一座城市、一个国家所需要的主流建筑，当然也有人说把这种建筑叫官式建筑。我们如何在这种主流建筑当中去发展我们曾经失去的很多东西？我们曾经在课堂中非常悲观地告诉我们的学生我们建筑学已经死亡了，我们应该向地产学习，我们大张旗鼓地在课堂中叫地产建筑学，我们不要再谈建筑了，它们一切都是引导着我们；之后我们又告诉学生我们要像政治家学习，政治建筑学，一切建筑都没有用，社会主导这一切，我们可以去向政治妥协；但是，我觉得长时间的探索会告诉我们——中国建筑还在，中国的建筑学还在。中国的建筑学是不是能够发展成为一种从 5000 年变化一直到今天的、完全不同于西方的建筑，还依然存在？其实我们所有这些年轻的建筑师或者是稍稍长于我们的建筑师有意无意都是有一种中国建筑文化的自觉和自信，无论多少，无论小建筑还是大建筑，一条街还是一个规划，就说明中国的建筑犹如一个种子，这个种子从过去拿到今天还可以不断地生长、发芽，也可以长在国外。我相信有一天所有的人都会向朝拜我们大唐长安一样，我相信中国的建筑可以不断地去发展和壮大。再次感谢，也非常荣幸参加这样的盛会。

谢小凡

中国美术馆副馆长

谢小凡：我谈的第一个问题是唯有真实才可以打动一切，张先生做到了。很久以来我参加会议都没有那么感动，而今天我差一点三次落泪，我也克制住了我的热泪盈眶，所以这次使我对张先生的认识进一步加深了，加深了我对她的理解，她没有因年龄的增大而放弃往前走，她曾经给我讲述了她作为央视大楼方案评委组成员的经历，让我至今难忘。虽然有很多政治上的因素，但是我们一定要把政治标准和艺术标准割裂开来看，不能混为一谈。这让我意识到，真实是自觉的前提，自觉是艺术的前提。在建筑是科学还是艺术的问题上，张先生自觉继承了梁先生、莫先生的精神和行为，所以如果张先生代表着技与艺合一的话，我便肤浅地给张先生解读为形技和神艺——形式上的技术和精神上的艺术，这才有了陕西历史博物馆这样的传世佳作。她仰仗对梁先生和莫先生的继承，也仰仗于韩先生对她的帮助。由于张先生这种形式上的技和精神上的艺的相互结合，必然在市场机制体制下，导致建筑是一个尴尬的角色。我也曾经做过相关的调研，如果我们用市场的机制，如果不把设计师和业主这样的名词和代号合二为一，优秀的作品将永远是一个猜测，用经济的尺度来度量一个纯粹精神上的世界，这样是出不了好作品的，建筑师必须和业主充分地沟通、结合，这好比爱情，是互相的欣赏，只有这样才可能诞生优秀的作品。世界上的案例太多了，无法一一列举。所以刚才有的发言当中就说到了体制性的问题，实际是要反思用经济的问题解释精神的问题。招投标的体制带来了问题，但千万不要关闭我们的国门，大家一定要记住，改革开放是我们的基本国策，今年的7月1日，15年WTO的保护期结束，之于建筑界将是一片国外设计作品，你不能忽略这个事情，金融界、建筑业也经常有，所有的行业你将会面临世界的开放带来的压力，这是我给在座建筑师的一个提醒。

建筑是一个集体，所以实现创作理想有难度，你一定要通过花公共财政的钱或者花纳税人的钱来达成一个关于对建筑的理想。当艺术家很简单，画张画，做一件雕塑是可卖可不卖，建筑师是一定要卖，一定要卖这件事情就马上表现为建筑师是在限制下的拓展，纯粹的艺术家是没有边界的，他可以做行为艺术、观念艺术、装置艺术，而建筑师一定要卖，他是限制中的拓展，你做鞋的不能做帽子，那么在这样的情景下，我们的建筑师就比一般的艺术家、

比我们的艺术工作者难度更大，这个难度天生筑就了选择职业建筑师这样一个具有集体概念的行业在身份上的艰难。我向来说优秀建筑一定是精英文化的产物，我们评标也是请吴良镛先生来当评委，没有错，但是评出来了老百姓给你取外号，我们都是在体制下诞生的产物，评委没有错。我每次来拜见张先生，张先生给我写手书的评语，这么多年我都记得，假如不能解决建筑与艺术的结合，即便走遍整个西安城，也就只有像张锦秋大师这样的作品给我们留下难忘的印象，大量的是不能给我留下印象的建筑，所以我觉得这样一个情形，一定是需要精英文化。我今天谈话的界限和定义是建筑、是艺术，所有谈话都是在这样的一个前提之下。

我要谈的第二个问题在于，在这样一个大的尴尬的背景下，建筑师又遭遇着现代性的挑战，因为我们不能回避网络时代，也不能回避技术的革命，这样一个创新建筑到了今天有成为艺术的可能性，它就是最高目标，是指向创新。技术革命已经解决了复制性的东西，复制这个东西太容易了，所以探索和创新是我今天在张先生的获奖感言和致辞当中听出的底气、素质、真实。在探索和创新这个问题上，凡是全世界全人类的政府都是如此。政府是怎么形成的？就是把大家不愿意管的闲事找一个机构管起来，从最早的希腊城邦开始就有政府，所以说政府是管闲事的一个机构，只有政府的存在，效益才能提高，政府的愿望是消减个人的差异性，统一人们的精神指向，推动艺术往前发展。但艺术的创新又会出现问题——既然要创新，就面临可选择的稳固体系，往往会选择复制。因为经验对他来说很有意义，前人这么做的，我们再这么做不会错，稍微有点冒险或往前走一步就会受到来自各个方面的阻力。所以我在这一点上一定要说，张先生的历程，历经风雨，饱经沧桑，才练就了她真实的心态，只要有了这样的真实心态，在传承、复制、创新这样的多种选择的道路上，都会作出一种真实的选择，为此我为张先生获得"张锦秋星"的命名感到骄傲和光荣。

周文连
中国建筑设计集团执行总经理

周文连： 我来自中国建筑的中建设计集团，张院士也是我们中国建筑的一面旗帜，"张锦秋星"闪烁的不光是张锦秋自身的光芒，也闪烁着中国建筑的光芒。中国建筑的愿景是扩展幸福空间，核心价值观是品质保障，价值创造，这在张锦秋身上得到了充分体现。谈几点感想：

一是建筑创作需要自信。目前很多人谈建筑创作文化与自信问题，我认为建筑创作自信应该来自于一个人的价值观，如果没有正确的价值，就没有好的建筑创作。张院士为什么这么多年坚守具有中国传统文化内涵的建筑创作，坚守传统建筑风格的研究？这来自于张院士对中建品质保障、价值创造核心价值观的坚守。

二是这种自信来自能力。如果你没有这种创作实力，实现这种建筑创作或者坚守你的自信也是不可能的。张院士对传统建筑创作的坚守，来源于多年来知识的积淀和能力的再造。

三是建筑自信来自于勇气。来源于你对一个项目的承担责任，敢拼才有佳绩。说到这里，介绍一下中国建筑在建筑创作上这两年的进展。我们在国际众多大牌设计师参赛的大赛中勇于拼搏，实现了有三个自主知识产权的机场（郑州、重庆、青岛）方案中标。而且重庆机场我们不光中标了方案，整个设计总包也由我们中建负责。"走出去"在国际上，中建上海院也在科威特体育中心国际招标当中一举中标，方案颇有创意，目前已正式签订设计合同。这一切均源于中建建筑师敢于担当的勇气。

四是自信来自于和谐的团队，来自于良好的创作环境。中建正在努力打造适于建筑创作的环境。因为建筑师都需要依托一个单位，在单位利益和个人利益发生冲突的情况下，你能不能坚守自己的意愿是非常重要的。中建在这一点上充分尊重了张院士的意愿，尊重了建筑师的创作热情，提供了良好的创作条件。

五是建筑创作需要灵感，精品建筑更需要积淀，这就是中建提倡的专业化。如果你没有这种积淀的话，你就不能得心应手，就不能全面创作，就做不成优秀作品。要坚守，要持之以恒地长期坚守。不能今天这样，明天那样，或者今天想一个题目，明天换一个题目，要坚持正确的方向。每个单位可以根据自己的特长，选择合适课题，集中力量专研集成，才能有所作为。如中建西北院赵元超总建筑师团队在行政办公建筑这一专题就树立了典范，中建给他的团队确立了专题研究方向，总公司出钱，院里配套。相应也承接了十几个同类的项目，形成了丰厚硕果，目前研究已经结题。同样，积淀也来自于专业和职业。为什么有些房地产公司在住宅设计研究方面，很有特长，甚至超过了设计师，源于他们非常注重专研。中建中海的品质为什么这样高，他们产值不是第一，但却连续多年保持行业利润最高，原因是他们在房地产设计研究方面下了非常大的工夫，而且形成了系列标准，无论是户型也好，景观也好，材料也好，都有自己的标准。这样做，无论张三做李四做，做出来的产品在社会都可以叫得响。积淀形成的标准，成就了精品项目与工程。

六是创作支撑发展，科技引领未来。张院士的创作让我们感受到在传统建筑当中还需要有新的东西，包括材料都是新的，用钢结构来表现传统建筑，其本质就是一种创新。当时做长安塔时中建毛志兵总工程师跟张院士介绍，我们中建的钢结构技术水平已达到一个高度，无论什么形状、什么形式，我们都可以实现。张院士毅然将塔的施工任务推荐给了中建钢构，采用了钢结构。又如中建的清水混凝土，也是中建科技创新的成果。刚开始张院士对清水混凝土不敢使用，但当看到中建施工的清水混凝土后，张院士和赵元超总建筑师看到了亮点，在浐灞商务行政中心也开始大胆采用。

七是未来发展需要专业技能，我们的建筑更需要职业建筑师。建筑师创作是一个综合过程，不仅仅是一个方案，奇奇怪怪的建筑不能长期存在下去，我们需要有职业建筑师，更需要有较强策划能力，有对功能、造型、材料掌控能力，对设备和其他专业有了解能力的职业建筑师，需要有既懂得管理又懂经营的职业建筑师。

单军
清华大学建筑学院副院长　教授

单军：我今天特别激动地见证了"张锦秋星"的隆重命名仪式，我自己也是张院士的学生，从我 20 年前博士论文研究的时候，张院士就给予了我很多的鼓励。我想讲几个超越：

第一个，张先生对西安城市的影响是超越了建筑，从文化、思想、价值观的层面上深刻地影响了一座城市。为什么这么说呢？因为我也仔细看了张先生送给我的院士访谈录，当一个城市中的一个刻印章的师傅看到张院士名字的时候说我免费送、当打车的司机说因为是张院士所以我不收钱时，这对一个城市来说不光是一个物质性的现象，而是到了一个城市中的市民都自发地在心里对张先生产生尊敬和敬仰。我觉得这个是非常少见的，一个人影响了一座城市，一个建筑师能够扎根在一座城市，是超越了建筑学本身的东西。

第二个，对地域性的超越。中国建筑师越来越多，这是好事，但是我觉得最重要的是要把中国古老的东方智慧和中国当代建筑城市化复杂的智慧传播给世界，我的很多学生来西安主要是看张先生的作品，这个影响是超越地域的。之所以能够超越地域，很重要的就是张先生提到了和谐建筑，我理解和谐是不需要建构的，所谓永恒性就是因为传统也是动态的，原来

的传统在一定的时代跟城市、环境是和谐的。张先生的作品实际上是强调了一种当代性，是和谐建筑师把传统延续到今天，适合今天的社会，如果这个作品不跟当代的社会发生关联，也不会产生那么大的社会影响，这是我对张先生说的和谐建筑的理解，对传统的动态不断和谐的呈现，达到一种永恒。

第三个，承继的问题，刚才说到中国建筑要输出，其实我觉得当代中国在政治上和经济上影响越来越大，今年蒙古人民共和国给我们清华派了 15 个蒙古族学生，要我们培养他们 10 个硕士、5 个博士，我想以后中亚那条路上还有很多国家，这说明我们在政治上和文化上的一些影响。原来我们一直在说国际视野和中国根基，在 20 年前我们说起来中国根基和国际视野是两个层面的，但是今天看来，我觉得中国根基和国际视野完全是一个层面的，所以说到承继的问题，在高校对学生来说，我认为他们的国际视野不差，但是中国根基确实需要去增加，而教育不光是传统的。我们去年大量在线课程，清华推出了两个全国开放，上万人选中国建筑史，西方特别喜欢，这是中国第一次把中国建筑史拿到西方，他们觉得非常好，今天有一个统计说已经有几万人在选择，成为全球在线课程的前几十名。

王贵祥
清华大学建筑学院教授

王贵祥：在两天之前听到这个消息，我就觉得非常兴奋，张先生是我们的前辈，是我们的老学长，在当学生的时候就是我们的偶像，我认为她是中国建筑界的骄傲，同时也是西北院的骄傲，是陕西的骄傲，在很大程度上我觉得她是清华的骄傲，也是我们中国建筑学科的骄傲。因为学科上张先生也是梁思成先生的学脉下培养出来的，但是她的发展空间要大得多、

宽阔得多，西北大地给了她非常好的条件，所以这种骄傲我觉得在很大程度上，对于过去的一些老先生也是一个非常大的抚慰。

我想谈两个体会。张先生在沿着一个脉络在走，这个脉络就是好几代中国建筑师在做的。中国建筑师有很多各种各样发展的可能，但是至少有一种可能应该有人去做，就是中国的现代的，中国的现代的更早的是梁先生开始，梁先生在介绍他的国家图书馆的最早方案的时候，他非常兴奋，当时手舞足蹈，他说我站在大明宫台阶下，我就想象大明宫的雄伟，我就想象我们国家图书馆应该是这样的。当年他是以大明宫为蓝本做了一个国家图书馆的方案，那时候我就觉得这里面有一种几代人的冲动在里面，要创造中国的、创造现代的，当然前代的创造有当时的局限，但是那也是一个创造、一个过程。我觉得后来张先生的唐风建筑实际上在延续这样一个学术思路，就是要创造中国的、创造现代的，比如我们所在的曲江宾馆，我进入感觉有很多浓厚的现代感和中国感，它是思维、空间的现代又有非常强烈的中国感，一直到张先生的黄帝陵，我看到这个材料以后，我在那站了很久，我对古典有一种情节，如果作品有古典感觉的时候，再有中国味，那时候就有一种肃穆、宁静、庄重、简单，这是最好的诠释古典和中国的结合，我就有一种特别沉醉的感觉，所以我觉得张先生真是实至名归。她也是我们中国建筑界的骄傲，至少在探索中国的现代的这条路上为我们晚辈作了一个尝试。在我们清华这样一个血脉下，我们有这样一个前辈学者也是我们的骄傲，这是第一个感受，就是几代中国建筑师从梁思成到张锦秋先生几代人的努力。

第二个体会，前几天在海南的时候，我就说起过一个概念，我觉得西方建筑提出六个基本要素，我们往往只记住了三个，西方的建筑理论综合了世界西方哲学和西方建筑的主要概念以后，筛选出了六个基本概念：形式、功能、结构、意义、意志、文脉，但是我们大多数情况下只关注了三个：形式、功能、结构，对应三个原则：坚固、实用、美观。如果只有坚固、实用、美观，一切的建筑只要符合这三条。看着

好看，坚固耐久，很方便、很好用，这就是好建筑，当然大量的建筑起码符合这三条，但是还有几点，我觉得其中一个叫意义，建筑一个复杂的符号，首先我们是中国的，这是一个意义，然后我们是西安的，这是一个意义，它应该富含各种意义，要向世人说我是哪一个地方的哪座建筑，它有意义在里面，就不是坚固、实用、美观或者是形式、功能、结构所能够覆盖的，在这一点上张先生确实很坚持地在说我在做中国的、我在做西安的、我在做唐风的，这是我们中国人最值得骄傲的时代，这是我觉得非常钦佩的一件事情，在理论上她达到这样一个境界，她就能够坚持这样的事情。但是还要有一点就是意义，这个意义当然可以用其他手法表达。还有就是意志，我们中华民族到了这样一个时刻，应该不应该有我们自己的意志，我们要表达我们民族的东西，我们民族振兴，这种意志怎么表达，就像现代主义开始起来要排除传统的也是一种意志，不同的文化都有自己的意志在里面，我们中华民族在当代的时刻，不管你是做非常前卫的还是非常带有传统的，甚至有我们的文化内涵的，那么这个意志是代表一种精神取向。我今天上午比较赞成一句话，在对整个西安的建筑审视中，那种大唐的厚重感是能够感受到的，这是经过张先生为首的团队多少年努力的结果，尽管城市发展得很快，但是没有丢弃那种中国传统的厚重感，这是意志在起作用，有这种意愿在里面。还有一种是历史延续，历史时间的延续、空间的延续，比如在西安的语境下，在西安的环境下，有古城墙，有钟楼，有鼓楼，有这么多历史遗迹，这本身就是一个语境，这种语境下，我们说的话要相对厚重一点、相对中国一点，当然又是现代，要符合现代的语境，这三点我觉得放在理解张先生的建筑作品上，我认为可能是更深刻一点，当然我自己是根据我自己读的这些书，我一直很感慨，我自己又觉得距离这个太远，虽然我们的血脉是一样的，但是她最终是既有理论也有研究，也有大量的创作，而且创作的水平达到这么高的成就，是我们永远达不到的，但是我觉得我可以体会她的思想，我们可以把这个授给学生。

汤桦
深圳汤桦建筑设计事务所有限公司
总建筑师

汤桦： 我个人想谈两个感想。一是关于现代建筑和传统建筑。因为我们这一辈人，包括刚才发言的各位专家，基本上都是在"文革"以后接受的一种现代主义建筑的教育，在我们工作的过程中，特别是刚开始的时候，基本上是把现代建筑和传统建筑对立起来的，好像是两个东西了，它不是一个事情，谈到传统建筑就是把它作为一种遗产、作为一种优秀的传统，仰视在那里，不怎么碰它，纯粹作为一种审美，而我们在实践中大量做的就是所谓的西方的现代建筑，包括我们的形式语言都是那套东西。但是后来在逐渐的实践过程当中，我们看到了很多历史上包括后来张先生在她的实践中给我们带来的一些具有传统形式的现代建筑，这个是对我们这一辈人相当大的一个冲击，因为当时我们接受教育的时候，基本上把现代建筑理解为一种功能主义的建筑，纯粹的功能，后来我们在更多的学习过程当中，我自己发现，实际上我们的传统建筑也是一种功能主义，包括我们古典建筑，每个构建都有它的作用、意义，都有它在建筑里面特殊的含义，它不是一个装饰性的东西，每个东西都有它的意义，从这个意义理解，传统建筑和现代建筑一点都不矛盾。如果我们从另外一个方面理解的话，确实，历史上很多东西或者说我们今天的很多东西在历史上早就奠定了，比如我们的思想史，整个的中国文化在春秋战国时期就已经奠定了它的全部结构和精髓，后面无非就是演绎和发挥而已，当然这是对历史的一种非常重要的转变。

二是技术与情怀的问题。因为从今天的建筑设计的技术、手段来看，跟张先生的年代已经非常不一样了，我们有如此先进的技术手段、电脑，各种模拟的仿生技术，但是在技术的背后有一个东西更加重要，就是情怀，如果没有这个情怀，或者没有一种理想，那么一个建筑是没有灵魂的。从今天看张先生的建筑，读她的书、听她的演讲，我深深体会到作为一个建筑师、作为一个建筑学的学徒也好，这一点是更加重要的，除了我们掌握所有的技巧以外，一个具有充分的理想主义的人文情怀的内心、一个灵魂是作为建筑师更加重要的一个组成部分。

王建国
东南大学建筑学院教授

王建国： 今天张院士获得这样一个荣誉，我觉得是众望所归，给了我们一个仰望星空的机会。我自己有一个体会，今天的承继和创新两个字，我觉得非常好地表达了张先生50多年来的追求和她设计创作的精华，她把这两点结合得非常好，浑然一体。我今天早上看了会议的通知，在西安的城市里面有19项重要的建筑都是由张院士亲自和西北院的团队来完成的，一个女性建筑师对一个城市的历史发展、有这样一个完整的、体系性的贡献，我觉得在中国是很少见的。传承与创新是一个非常经典的话题，其实我们过去讲了很多，也是一种道路的探索，到后来创作的风格来自民间，其实一直没有停止过对这个问题的探索，当然我个人认为张先生的作品应该讲，是在有一个非常坚实、厚重的理论指导下成体系性的作品的呈现，对三秦大地、西安做出了这么一个完整的体系，我觉得这个是绝无仅有的。我们在西安到处走能够体会到张先生作品的很多精华，或者说她创作的环境等，环境是我们体会最终的结果。环境结果的创造出来首先有一种对地域的把握和理解。一般通常国际上也是按照罗西的观念，包括后来国内很多学者的观念是分两类，一类是相对比较正统的，或者说文本化的，或者说主导的文献所记载的，第二类是来自比较乡土的或者来自民间的，事实上这两种体系一直是世界上所有城市发展的模式，两者没有一个说哪一个都涵盖了，而另外一个没有，我们城市当中百分之八九十的建筑体现出整体性的感觉，但是也有一些重要的代表一些集体意志的或者一些相对来说文化层面相对高一些的公共建筑。所以我觉得以地域为基础，这样的一个概念理解，不能仅仅把它限定我们只是对乡土的理解。对地域的理解，如果现代建筑发展有一些问题的话，我认为主要的思想就是想用文明来取代文化。文明是一个非常大的概念，它可能是建立在一个技术科学发展的人类的共同性的基础上，但是文化是多元的、是多底蕴的，它是不同的，我们今天讲的千城一面也好，讲的地域概念也好，我认为主要是与文化这样一个概念相关。

张先生的作品，文化为魂。我参加过长安塔评议，张先生用的钢结构。我也去看过黄帝陵，也参加过一次关于大明宫这一带的评议会，当时有一个创新型的广场设计，所有的这些东西，我感觉到这些设计都是一般的建筑所没有的文化的、内在的追求在里面，这一点给我很深的印象。创新一直是贯穿于张先生作品的始终，这是她成功的真谛。

常青
同济大学建筑与城市规划学院建筑系
主任 教授

常青： 我认识张锦秋老师时还是个刚上大学不久的毛头小伙子，那时张老师也才四十出头，已是一位睿智干练、意气风发的知名女建筑师，我们小辈们心目中的偶像。她的成名作阿倍仲麻吕（晁衡）纪念碑，就坐落在交大家属院我家斜对面的兴庆宫公园里。记得我的一幅水彩作业画的就是这个作品，还得了美术课的高分。画这幅画时只是感到这座纪念碑有种陌生的美感，与所见的同类古典纪念碑都不一样，以后才

知，那是把北齐义慈惠石柱的神韵和其上中国最早的梭柱图像融合的创意设计。此后从陕西历史博物馆到大唐芙蓉园，在这些唐风建筑创作中，都可感受到张老师以虔诚的价值观和坚韧的持久力，把古典韵味拿捏、发挥到了出神入化的境地。

张老师的这些作品让我们领悟出，在现代建筑中运用传统母题或元素，需要具备两种品质。一是要经典，我们在国内外看到太多的仿古建筑，大多平庸乃至不伦不类，又有几个能达到张老师陕西历史博物馆那样的经典高度呢。二是要有新意，这里想起19世纪法国伟大建筑师维奥里特·勒·杜克的一句话："非为存留而守护，但为创造而再现"。这里的"再现"，不只是"复原"，而是要有新意，在现代建筑中体现出古代经典的精气神。我认为张老师就是我们这个时代中国的勒·杜克，她把现代的理念和技术与古典的形式相融合，在中国现代建筑的多元探索中独树一帜。

张老师作品给予我们从传统走向未来的重要启迪，我以为主要有两点：第一，尊重传统的建筑一定要亲地、在地，即使古代名胜只剩下遗址，也要在地去体会，在心底下去载量，通过各种搜证功夫，找到历史遗风的感觉。第二，一切原创都源于某个原型，对原型理解的深度决定了原创的高度。只有把经典的原型研究透了，才有可能原创出新的经典。张老师以她半个世纪的不懈努力做到了这一点，这值得我们后辈好好学习和借鉴。

最后，再强调下老一辈建筑家们所追求的"传承、转化、创新"的极端重要性。在我们这个社会高速发展的转型期，我以为似乎还要加上"保护"一词。在"保护、传承、转化、创新"四个概念中，"保护"和"传承"是前提性的，也是创造的约束条件，坚持了这两点也就守护住了全球"在地"的文化身份和价值观；"转化"和"创新"则是选择性的，如何践行，见仁见智，难点和关键点之一，是如何将那些使我们获得身份认同的优秀传统活在当下，留给未来。从这个意义上，张老师"从传统走向未来"的思想是意味深长的。

韩冬青
东南大学建筑学院院长 教授

韩冬青：今天有机会参加这样的文化盛事，分享张先生带来的喜悦，非常激动，和大家的心情是一样的。借此机会谈一点个人学习张先生理论和创作留下的印象非常深刻的东西。我在读研的时候就看到张先生当时在学报上发表的一篇文章，谈论的主题就是我们今天谈论的主题：现代建筑怎么在传统中得到发现。张先生讲四对关系，一是天人关系，二是时空关系，三是情景关系，四是中国特有的虚实关系。如果说我们有哪些过去的经验启迪，这个对我们建筑师来讲，从设计的对象角度来说，用这几个方面去理解我们先人的智慧，我觉得它是有一种超越时代的意义，这个是对我特别大的启发。因为中国自己文化的东西非常浩瀚，怎么能够去相对地做一个整体的把握？我觉得四个方面的关系是非常高屋建瓴的。

另外给我一个很有启迪的，我不太记得清楚是在哪篇文章里面看到的，大意是建筑师如何能够做到这一点，就是能够做到用作品把过去优秀的产品和未来联系起来，我印象中非常深刻的是建筑师要做两个功课，一个是你要有工匠的精神。你要能够落得下来，其实现代的说法大概叫技术理性，要精通材料、构造这些。后来张先生一句话说："有的时候她觉得自己更像是一个提笔写作的文人，作为建筑师要有一种非常浪漫的人文情怀"，这一点又是超越了技术理性的，建筑师作为文化的实践者、传播者，它跟别的行当相比，建筑师这个行当在这一点上的特色，或者是说它的难度，我觉得也是难在这两点的结合上，不仅要有工匠的精神，这个最基础的东西，还要有人文的情怀，这是我们作为一个听众听到这两个好像不觉得那么难，但是如果要做到我觉得是非常不容易的，可能是需要终生的努力。

对我自己来讲，我自己的一个思考，我觉得我们今天讲文化的传承或者是讲创新，其实无论你怎么说，我觉得一切工作的基础都是对自己文化的理解，当然我赞成在世界格局下理解我们自己的文化，其实怎么做？根基都在这个理解上，我觉得现在最大的问题，除了我们价值观本身的导向上可能有一些误区，假设说我们现在有了很好价值观的判断之后，我们能做到了，我觉得从我自己这一代人的感觉来讲，我们这一代人在如何理解过去的文化问题上面的缺失是非常大的，而这个东西就造成知识上面的很大缺失，知识上面的缺失使得你的情怀够不上，使得你的理想的境界不是很容易够得上，那我觉得这个是非常值得客观去面对的，好像很难简单地作一个号召、简单地看一两本书就解决问题，我特别呼吁也愿意就这个问题跟各位同行和我们这个行当里面的各位同辈、晚辈去共勉，如果我们愿意沉下心来去学习我们自己文化的话，我们才有可能像前辈那样作出一个比较好的贡献。谢谢各位！

王洪礼
中国建筑东北设计研究院有限公司总建筑师

王洪礼：建筑学人对于"张锦秋星"命名感觉骄傲和自豪，关于这个话题，我个人认为继承主要是创造的一个基础，创新是对继承的一个升华，没有百分百的继承，也没有百分百的创新。从继承和创新上来看，张先生这么多年的坚持很好地传承了这个观念。如果说继承，我们继承什么？我们认为主要是继承思想、精华。张先生在多年的创作当中，她的思想得到大家的认可，特别是古人天人合一的思想，张先生的观点："天人合一、虚实合一、情景交融"，要继承它的精华，中国的历史建筑也好，西方的历史建筑也好，都有很多精华的地方，我们在继承的过程当中，应该站在历史的角度看待当时的作品，我们可以从它的规划布局、建筑功能、形式、材料，包括技术、构造、人文艺术多方面进行分析，作为创新来说，是站在现代的角度看待这个创新。继承也好，创新也好，实际上是一个载体，项目是最有说服力的，但是项目又是最难的，包含很多的方面，最后共同打造成这样一个项目。载体我认为最主要的还是人，以张先生为例，是最典型的代表，只有有了这样思想的人，有了这样创意的人，有了这样理论基础的人，她才能设计出好的项目，才能把握住这样好的项目。张院士本人就是这种项目和人合二为一的范例，包括前面已经讲的技艺也好，传统与现代也好，能够非常完美的统一。实际上张院士作为建筑学人也好，一个是项目，一个是人，作为张院士本人的思想，我们作为晚辈来说也有责任、有义务把她的思想传承下去，广泛地传播下去。2013 年辽宁省建筑年会当中就请了张院士给我们做主题讲座，同时也为我们辽宁省的首批优秀建筑师颁奖，并且单独照了相，对辽宁省的优秀建筑师也是很好的鼓励，同时对她的思想的传承作了很好的报告。今天在上午重要的时刻，一颗新命名的行星已经翱翔在星空，我们也期待在未来的几年之内，或者在未来的时期，我们新的建筑之星也能够第二次上天，我们也期待着这一天。谢谢大家！

钱方
中国建筑学会建筑师分会副理事长
中国建筑西南设计研究院有限公司总建筑师

钱方： 因为我跟张院士同属中建总公司一个系统，虽然没有在张院士的手底下干过，但是在一个系统会有交流，深深感受到张院士的个人魅力。世界的存在实际上是一种辩证的存在，命名"张锦秋星"，一个是宇宙的尺度，另外一个是人的尺度。我从张院士的作品到她的人品，以及她在创作当中的理性和情怀，

看到了辩证的因素在里面，而且给我的启示是，千里之行，始于足下。我还向张院士讨教过关于古代建筑设计的内容，因为有些项目确实拿不准怎么做，看张院士是不是有些什么窍门，但是从她给我的指教和接触过程当中，我认为张院士完成的作品确实是一种"遗产"，我个人认为我看到更多的是她的人品宝贵的一面。理论与创作践行的一种高度，我认为这个源于张先生对传统文化深深的热爱，她对传统的热爱是融入血液当中的情感，只有这种融入，也只有在创作过程当中的一种充分的享受，才会有今天这样的一个成就。所以这也会鞭策我们年轻的这一代人，在今后的学习和工作过程当中，是不是更多地吸收传统好的东西，因为只有真正把这个功底融入血液里面才能创造出更多更好的设计作品，所以说在这里我特别感谢张院士给我们年轻一代树立了这么好的一个榜样，而且也是我们中建的一个骄傲。再次祝愿张先生身体健康。

金磊
中国文物学会 20 世纪建筑遗产委员会副会长
《中国建筑文化遗产》《建筑评论》总编辑

金磊： 康德说："永恒之女性，引导我们飞升。"我虽不是建筑师，但从工程设计美学讲，"张锦秋星"的出现是中外设计界的大事。由社会对建筑的不理解，我想到多年前曾看到科学院的科学史杂志和科学文化杂志，它展示了 20 世纪科技史重要的 100 篇重要文献的时候，竟找不到一篇是建筑学的，我觉得实在是不应该，它暴露了学界对建筑科学性的漠视，然而今天"张锦秋星"刷新了这个纪录，让业界乃至社会懂得，天上的群星中有闪烁的"建筑星"。本人有幸从 2005 年给张院士建议编书，让她从不同意到同意，最终出了《长安意匠——张锦秋建筑作品集》七卷本，现在想起来这件事实在有意义，感谢张院士。现在看来，在倡导书香社会的形势下，张大师用她强烈的社

会责任感、历史使命感及旺盛的设计原创力，不仅用好建筑为城市留下美好"时空"，更用著述书写下能启蒙一代代建筑师的文化创新观。从编书传播建筑思想的角度看，正是她特有的文化气质与追求，使她能将建筑作品与著作表述融为一体，让业界及社会感悟到她作品简约其行、和谐其境、高尚其志，也在国内外建筑界竖立起思想者主张、文化大家的跋涉，成为行动者收获的楷模。

"张锦秋星"的诞生还让我们想到：何为一个成功的建筑师？仅靠才气的作品虽能构建奇伟，却常常少了生命恒久的温度；用心血铸就的作品，倘没有灵性般云絮的飞扬，恐难见天空的深邃与湛蓝，张大师是能将两者交融并奉献出厚重建筑篇章的人。其可贵之处源自她用心性滋养出有文化内涵的建筑创作，如靠"超然之境"使审美体验豁然贯通，学养、涵养、修养，使她能承受寂寞、潜心创作、真知净智；她有"笃实之悟"，所以时至今日还凭借特有的勤勉与创作激情，一项项提升着自己作品的文化内涵与思想深度。

刘克成
西安建筑科技大学建筑学院院长　教授

刘克成：我到西安 35 年了，在张先生的指点下有经常的学习机会，我也经常去请教她，今天听了诸位的讨论，我觉得收获颇多。张先生有几点对于一个学生来说是极其重要的。一是张先生有一个非常强的民族自信心，立足根本来做建筑，其实我们在过去的几十年里面，经常怀疑是不是我们的文化不够好，我们的国家不够好，我们这个城市不够好，然后各种原因使得我们放弃自己立足的那块土地和根本，我觉得张先生能够立足根本，返本而求，这是非常了不起的。二是张先生有一点是取法其上。实际上在一个非常丰富复杂的文化脉络中，她有相当多的作品是跟唐文化

相联系的，在中国建筑传统文化里面，她最重视的是中国最正统的中国传统文化，取法其上才能形成张先生的作品所体现出来的泱泱大气、堂堂正正的那样一种气势，这个是非常重要的。三是我借用前几天我到中国美术馆去看画展时里面的一句话，我觉得用在张先生这里也特别合适。"知其正，求其变"。正是指中国传统的东西，但是张先生其实一直是在谋求创新，是一个当代的中国建筑作品，但是是在"知其正"的情况下才"求其变"，这个实际上说，也是为我们年轻一代来学习、来掌握自己的道路提供了一个非常好的借鉴。黄宾虹先生的绘画，现在正在中国美术馆展出，里面有一句话是"浑厚华滋民族性"。我也是拿这个来想象。我认为张先生的作品，包括她的为人，其实也是具有这样一种气质的。如果说我把它演绎一下，张先生的名字和张先生事务所的名字结合在一起，是"华夏锦秋本民族"。

和红星
中国建筑学会常务理事
原西安市规划局局长

和红星：我首先讲的第一句话就是祝福、祝贺。1986 年开始跟随着张老师直到今天，从学校搞西部建筑又到规划局，一路走来，感受最深的就是在规划局当副局长、当局长期间，这些年酸甜苦辣，但是无怨无悔，今天终于让我们这颗"星"上天了，我从来没有见过张老师掉眼泪，今天张老师非常激动，而且语言非常真切，确实反映她真诚的心，这是我说感谢、其实更是感动。我曾经也写过一篇文章，锦秋与西安，一个人与一座城，今天这个梦实现了。

建筑师的春天来了，说心里话，我们建筑师辛辛苦苦一辈子，今天能够得到回报。关键时刻，习总书记能够对建筑有一段批示，建筑文化的缺失，"三要三不要三体现"，我当时看完那段话非常兴奋和激动，

当时我就和宋部长提到要写一个东西，现在基本上完稿，即将印刷，最后起名叫"筑·城市设计"，经过半年的努力，书刊合一即将在中国城市出版社发行。

既然建筑师的春天来了，如何借这个东风让它越吹越响？任何文化都是一个系统，通过网络把我们建筑师的创作传出去，弘扬广大建筑师的作品、文化的产品，文化的世界、文化的现象更有一种文化的精神，在这里体现建筑师的心灵。

我退休以后，城市的文化不做了，现在我到农村去了，通过多年规划局长的生涯，我对规划的感情越来越深。三年前我应邀当了袁家村的顾问，很小的一个村落，再看今天的发展。现在我把我的硕士生、博士生都带到农村，他们在农村做事情，了解农村怎么发展，很多不科学的行为导致了很多隐患，不得不请我们这些正规军进去，这样我们建筑师的思路就要更换，要重新转型。怎么转型？乡村规划、乡村建筑师怎么进入农村？新型城镇化袁家村是就地城镇化的一个典范。今年5月29日在上海复旦大学中国城市规划学会和上海规划学会要举办一个论坛，给我半小时讲讲袁家村的模式，我正在备课。今天的建筑师不仅仅是"将"，应该跳出这个圈，也是创造城市的主人。建筑师下一步怎么走？我们不是天天画图，不是设计、出图、消费，我们通过转型，可以创造更多更大的社会效应。

将来大家有更多的机会把心中的梦想、把中国文化美好的积淀，通过中国建筑的方式来给大家充分展现出来。中国的建筑是世界级的水平，希望我们中国建筑某一天整体走向世界的时候都是世界级的，这样就实现了传承和文化很好的结合。

赵元超
中国建筑西北设计研究院有限公司
总建筑师

赵元超：作为东道主，欢迎建筑界的新老朋友。今天我们都满含热泪见证了这个时刻，这一时刻我想到了四个字："天道酬勤"。我们跟随张院士，就像围绕行星的小卫星一样，更加坚定了我们的信心。对张院士作品的解读，我又想到四个字的概括："大道至简"。

宋部长有一句话让我印象非常深刻，"张锦秋星"的命名应该是一个惊天动地的"文化事件"，我希望"张锦秋星"的命名应该是划破建筑创作漫漫长夜的启明星，我们在座的建筑界的人应该产生更多的"星"形成一个群星灿烂的局面，共同迎接又一个建筑创作春天的到来。

毛志兵
中国建筑工程总公司　总工程师

毛志兵：今天的承继和创新的主题，恰巧证明了我们张院士所走过这样一个道路，这样一个路径，是符合这样一个规律的，因为我们老讲继承和创新，老在找一种实现它的现实路径怎么走。我想张院士通过多年的实践证明这是一种最佳的、有效的表现方式，

熊中元
中国建筑西北设计研究院有限公司　总经理

熊中元：承继和创新，应该说承继才有了生命的基因，创新才有了生命的活力，这一点我觉得在张院士的建筑里面得到了充分的体现，这些作品都充满了活力、包容、现代。这一次"张锦秋星"的命名更重

要的一点证明了建筑师可以获得社会的尊重和认可。如果说我们创作环境还不太自由的话，如果社会给我们建筑师多一份信任、认可、尊重的话，可能会激发我们建筑创作的更多自信，只有自信才能创作出无愧于这个时代的伟大作品。

宋春华
原建设部副部长
中国建筑学会名誉理事长

宋春华：上午我们成功地举行了"张锦秋星"命名仪式，大家都非常激动和感动，大家记忆深刻。紧接着下午这个座谈会，也很有意义，座谈会的主题是"承继与创新"，标题中这两者是并列的，实际重点是研讨新时期、新形势下如何繁荣建筑创作，主题词还是创新。今天参加会议的专家大多是我国当代建筑设计的实力派，是建筑学科的带头人和精英，大家的发言可能侧重点有所不同，汇集起来，应该是建筑设计领域里关于"承继与创新"方面的主流集体发声。大家以张锦秋院士为榜样，从她五十多年来"承继与创新"的建筑设计生涯中感悟到，只有根植于本土文化的沃土，只有埋头勤奋地耕耘，才能汲取传统文化中的营养和精髓，并融入当代的建筑创作，推出具有时代精神和创新意义的精品力作。

大家也结合当前我们在"承继与创新"方面的问题和不足，进行多方位的深度思考，提出了一些很有见地的看法和建议。"承继与创新"是个老话题，但是常议常新，因为这个命题看似简单、清晰，但深入下去，特别是结合实际操作去考量，又觉得是挺复杂的，绝不是单纯的建筑师创作过程，涉及管理体制、决策机制等方面的一些问题，"承继与创新"是离不开业主和当局的。这里需要达成一个基本的共识，就是"承继与创新"的主体应该是建筑

师。因此，就我们自身而言，建筑师在"承继与创新"的过程中必须树立起主体意识和责任感，要清楚地知道，建筑师是通过建筑设计的执业过程向社会提供服务并实现一种文化表达，这是很神圣的职业，对此我们要怀有虔诚和敬畏，要秉持坚守和执着，不可失职失责，不可浮躁图虚名，那些唯业主之命是从，只为赚快钱或急于成名，成了名又怕被别人忘了的人，是很难在"承继与创新"的路上健步前行的。当然，"承继与创新"还会涉及一些诸如技术和理论层面上的问题，今天很高兴听到了几位搞理论的教授、专家的发言以及跨界业者的高见，像谢小凡先生，他曾做过中央美院美术馆的甲方，现在是新的国家美术馆的甲方，我们之间曾有过一次交流，很有意思，他会从业主的角色、甲方的角度分析建设方对设计创新的关注以及如何做好与设计主创的磨合和配合。总之，"承继与创新"是大家共同关心的课题，对这个问题的讨论应该扩大范围，除了业内执业建筑师和建筑学家，还要有跨界的业外的专家学者；除了主流的大型的综合性设计院，还要有所谓体制外的小型民营设计机构，它们多数在设计创新上有追求有成果；除了本土建筑师外，还欢迎有境外留学和从业背景的海归者及境外设计机构……我们要有更多的研讨与交流，共同探讨"承继与创新"的新话题，把我们的建筑设计做得更好，提高到一个新的水平，更好地适应社会的转型发展和经济运行的新常态，为社会奉献出无愧于时代要求和人民期许的优秀建筑作品。

沈迪
上海现代建筑设计（集团）有限公司
副总经理　总建筑师

沈迪："张锦秋星"的殊荣是我们整个建筑界的光荣，它让我们认识到建筑设计也可以追求永恒。

本次座谈会的主题是"承继与创新"，让我想起今天上午站在举行命名典礼的丹凤门城楼上，远眺大明宫遗址公园，听着公园的由来及历史变迁的故事，情不自禁有沧海桑田的感叹。岁月如水，当她洗尽铅华将先人的历史辉煌整体地呈现给人们时仍然拥有如此巨大的魅力，我们由衷地感受到，今天我们在思考"承继与创新"这一命题时，面对承继的历史和传统一定要有发自内心的敬重态度，在建筑创作的实践中对天地与自然也必须充满敬畏之心。我想可能这是先祖们在建设大明宫时所秉持的思想理念，也应该是我们今天搞建筑设计创新的出发点。

在承继和创新问题上，张院士建筑设计实践告诉我们，在传统建筑文化的继承和时代再现上，传统建筑文化"神"的继承与发扬光大虽是建筑创作最为关键和核心的要求，然而传统建筑的"形"也不应被忽视，不能把传统建筑的"神"与"形"简单地割裂开来。传统建筑的神形兼备有时也是必要的，尤其在西安这样到处都是历史遗迹的古城，事实也清晰地摆在我们面前，当传统建筑的"神"与"形"两者统一并结合在一起时，古城风貌的保护与再现就有了基本的保障。

在承继和创新问题上，张院士五十多年不懈的坚持和努力探索的设计实践让我们看到了一位建筑师的思想与理念可以对一个城市建设发展具有的非凡影响力，正是在这种影响力的驱使下，不但西安古城风貌得到了很好的保护，很多历史的遗址、遗迹在城市发展中也被发现、被恢复，非常不易地被保存了下来，盛唐的遗风生动地展现在今天世人的面前，我们在感叹这些古迹宏大气势的同时，切身感受到了传统建筑文化和技术的伟大和精妙，所有这一切对我们建筑界也产生了很好的教育意义。正是张锦秋先生几十年在建筑设计领域辛勤的耕耘，才能让建筑师站在秦川大地上，抬头仰望星空，畅想我们的历史与未来。

周恺
天津华汇工程建筑设计有限公司董事长
总建筑师
全国工程勘察设计大师

周恺： 张锦秋先生是我国首批设计大师，她的学术造诣极高，设计成果丰富。数十年来，张先生一直勤恳努力，扎根三秦大地，创作了许多具有鲜明地域特色的代表建筑。如陕西历史博物馆、"三唐工程"、群贤庄、陕西省图书馆、美术馆、黄帝陵祭祀大殿、大唐芙蓉园、延安革命纪念馆、丹凤门遗址博物馆、西安世园会天人长安塔等一系列作品。张先生设计的每一座建筑，都充分尊重西安的传统文化和地域风格，长期以这样的理念坚持创作，既形成了自己独到的建筑风格，更影响了城市的整体风貌，对西安、陕西，乃至整个中国的建筑文化都是巨大的贡献。

由于地域关系，我与张锦秋先生的交集并不算太多，大都是在一些项目评审及会议的场合遇见，但是先生非常平易近人，态度诚恳，对我们晚辈也极为关照，有好的经验也乐于与我们分享，我就曾数次收到张先生寄来的最新作品集，在此要对先生表示感谢。

张锦秋先生在设计中一直关注与坚持传统文化与现代建筑的结合，事实上，继承与创新我们厚重而丰富的中国传统文化，一直是我国几代建筑师不懈追求与探索的大课题。在这一点上，我所在的天津华汇工程建筑设计有限公司也在不断努力。这些年来，我们立足天津，参与了全国各地的项目建设，但不论是哪个地区的项目，我们都会在设计之初，充分发掘当地环境因素，协调生态特色、地域文化与建筑之间的关系，强化建筑设计概念、强化建筑的建造、关注建筑的真实性，将现代文明与本土文化相融合。力求在中国传统建筑文化在当代建筑中的应用、中国建筑文化的自信与自觉、建筑创新与创作等方面向以张先生为代表的前辈建筑师学习。

最后，我谨代表我的设计团队再次向张锦秋先生获得行星命名表示衷心的祝贺，这是所有中国建筑人的骄傲。

王树声
西安建筑科技大学建筑学院教授

王树声：作为晚辈能参加今天的"承继与创新"学术座谈会，十分荣幸！

"张锦秋星"的命名，既是张先生个人的荣誉，也是中国建筑界的光荣！张先生以对中国建筑传承与创新的杰出贡献为当代中国建筑学人树立起一面旗帜，勉励我们在任何时候都不能忘记中国建筑文化的根基，任何情况下都应坚持根植于中国文化的现代创新！

我本人在西安学习、工作，自大学时代就有幸聆听张先生的报告，有更多的机会学习张先生的作品，后来，多次向张先生、韩先生请教，得到二位先生的教诲，让我受用终生！今天，我结合对张先生建筑创作与学术思想的学习，谈自己一点体会。

1. 张先生对中国文化怀有真挚的感情，具有中国文人的深厚学养和文化底蕴，这是她建筑创作的根基。张先生对中国文化是一种发自心底的真感情。今天上午在她感人肺腑的致辞中，大家都体会到了这个"真"字。建筑不仅有工程技术的属性，更有文化的属性。建筑师对建筑的理解和创作自然受到文化底蕴的影响。正是因为对中国文化的"真"，张先生不仅能从一名建筑师的专业角度把握建筑，更能从中国文人的角度深刻地理解建筑、创作建筑。始终把建筑创作放置在文化的坐标中进行价值判断，并不是仅仅局限在建筑本身，因此，张先生的建筑艺术中始终蕴含着一种"弘道"精神，一种文人的高度和境界。

2. 张先生的创作始终根植于西安的城市脉络。我本人的研究侧重城市，从我自己的体会，每一个城市都有特殊的脉络，例如历史脉络、山水脉络、感情脉络、生活脉络、文化脉络等，城市脉络的交织点、凝聚点往往就形成城市的标志性空间，成为城市文化的孕育之地。中国传统建筑与城市都特别强调"昭文"，重视通过城市的标志建筑和关键地段来传递一种文化理想和价值观念，把生活在这里的人的感情调动起来，使之成为凝聚人们生活和感情的场所，进而获得城市精神文化坐标的意义。张先生的建筑创作始终与西安城市脉络紧密地联系在一起，善于从博大深沉的城市脉络中寻找建筑的形式和意义，通过现代创作进一步揭示、强化和发展这些隐藏在城市背后和人们感情中的城市脉络，从而使得建筑与人、与城市更加紧密地联系在一起，引导城市文化和市民生活追求更高的境界。我想这就是张先生深受西安市民爱戴，她的作品能够历久弥新，与城市同久远的真正原因。因此，张先生的代表作品虽然孕育在西安，但根植于城市脉络，凝聚并激发市民感情生活的建筑创作理念具有普遍性意义。

3. 以"张锦秋星"命名为标志，启示我们必须创新中国的建筑教育。张先生的成就与她的建筑教育背景是分不开的，离不开她对中国文化和建筑传统的深厚研究。但今天的建筑教育，对中国自身传统的学习远远不够。我们常常讲传承中国建筑文化，但如果没有对中国文化的自信，没有足够的中国建筑文化底蕴，面对国际建筑发展潮流，就很难有融会的底气和创新的能力，容易停留在建筑表面。当然，如何改进对建筑传统的学习，也需要全新的思考。

梁锦奎
原西安市政府副秘书长
西安市规划委员会顾问

梁锦奎：张锦秋院士是世界级的建筑大师，德艺双馨。在专业和艺术上，她是中国古典建筑和园林艺术精华的传承者，同时又是创新者，表达了中国当代建筑师的人文理想和社会担当；在人品和魅力上，她是中国知识分子敬业和奉献精神的杰出代表，体现出中华优秀儿女的传统美德，得到了全社会的普遍认同和尊重。她的作品遍布祖国大地，她的名声已经翱翔太空，是西安的骄傲，是中国的骄傲，作为建筑艺术，也是人类的骄傲。"张锦秋星"的命名，名至实归，当之无愧。

张锦秋大师把美丽人生和杰出作品都呈献给了西安，为古都增添了新的辉煌和荣耀。作为西安原住民，我深知这份情谊的珍贵。

西安虽然是周秦汉隋唐等十三朝故都，但自五代以后繁华不再，凋敝沉寂达千年之久。20 世纪 20 年代，鲁迅先生来西安讲学，顺便为计划创作的长篇小说《杨贵妃》做一次实地考察，获取创作的灵感。然而，关中大地荒凉破败的景象令他失望至极，后来他在给日本友人山本初枝的信中写道：来陕西见到的一切，使他"费尽心机用幻想描绘出的计划"彻底破灭，以至于"一个字也未能写出"。我读鲁迅生平与著作多年，每想到此事，便觉"情何以堪"，愧疚难言。便是到 80 年代初期，西安仍是步履蹒跚、老态龙钟：歌坛"西北风"流行，"黄土高坡"似乎成了西安的写照；电影《红高粱》的场景，被外地观众看作西安的模样；小说《废都》的问世，更让西安背上恶评，连央视主持人都敢公然嘲笑"八百里秦川尘土飞扬，三千万懒汉怒吼秦腔"。多亏改革开放和西部大开发，西安才重获天时地利人和，开始迎来"古城换新颜"之大好际遇。张大师的作品，成为西安"重振汉唐雄风"的标志。三十多年来，从大雁塔景区"三唐工程"、陕西历史博物馆、青龙寺空海纪念堂、黄帝陵轩辕大殿、钟鼓楼广场，到曲江大唐芙蓉园、世园会长安塔、大唐西市、大明宫丹凤门、临潼华清宫广场，每一项建筑都给西安带来辉煌与荣耀，令市民振奋，令外地羡慕，令国人自豪，成为"中华民族伟大复兴"的一条得力注脚。如今的西安，一扫千年颓势，焕发勃勃生机，古代文明与现代文明交相辉映，老城区与新城区各展风采，人文资源与自然资源相互依托，山川秀美，古风浓郁，远景恢宏。这一切，都与张锦秋先生的典范作品和专业秉持密切相关，功莫大焉。

美国著名学者刘易斯·芒福德说过："建筑是永恒的文化舞台。"他还说："城市的构筑物，假若不能悦人眼目、动人心弦，那么尽管大量使用技术力量，也不能挽救构筑物的无意义。"我是学汉语言文学、艺术出身，不懂建筑，对张大师建筑作品的理解更多地是从历史和文化内涵的角度去解读。1994 年第一次读到她主持建造"三唐工程"后写的《雁塔伴侣》，便被文中奥妙的空间艺术和美学造诣所折服，从此开始注意阅读大师的后续作品和有关访谈，惊喜不断。

许多建筑需要经过岁月河流的冲刷才能成为历史性建筑，但有的建筑一诞生就是历史性建筑。这自然是由于这样的建筑承载着历史的重托，开辟了历史的新篇章。"三唐工程"就是这样的建筑。

众所周知，从唐代以后除了翻修的明城墙，西安就再也没有像样的建筑。新中国成立后，西安市委礼堂、陕西建工总局两座所谓"大屋顶"的仿古建筑刚刚出现就受到严厉批判，建筑界"谈古色变"，流弊久远。20 世纪 80 年代西安终于有了第一个中外合资项目"金花饭店"，总算在广袤的建筑"沙漠"中出现了第一小片"绿洲"，尽管吸引大家目光的仅仅是建筑外面那金色的玻璃幕墙。后来又有了一批屋顶用绿色琉璃瓦装饰的现代建筑，一时为许多建筑仿效。

与此同时，国务院批复了西安第二版城市总体规划，明确提出西安在今后的建设中"要保持古城风貌"。市里领导及时提出"保护古都风貌要保护古建筑，突出古建筑"，于是有了古建周边限高的法规。但符合西安古都风貌的新建筑究竟应是什么样子，说实话，当时从省市领导到普通市民，大家都很茫然。正是在这个时刻，张大师主持设计的"三唐工程"让全市人民耳目一新、精神振奋。这一组建筑匠心独运，巧夺天工，充分表现中国经典的空间关系理念和园林山水布局，通过众星捧月、奔趋呼应的建筑和意境丰富、韵味饱满的庭园，映衬、烘托恢宏雄伟的古塔，形神兼备、刚柔相济，与大雁塔周边文化历史环境浑然一体并锦上添花。特别是"三唐工程"中的唐华宾馆堪称世界"中国风"的开山之作，成为典范。正是从大师"三唐工程"的创作中，我才悟出"万事万物与环境和谐相生"的道理。我在一篇文章中写道："如果不看整体环境，那么，万里长城只是砖石而已，秦兵马俑只是土偶而已，张大师的唐华宾馆只是饭店而已。一旦能够从全局视角看问题，这些杰作的气象大不相同。""两点成一线"，"三唐工程"和陕西历史博物馆建筑的杰出贡献在于为西安历史文化名城保护指出了方向。在张大师的带动和影响下，西安有了一大批与城市风貌和谐的建筑，使西安以崭新的形象重新崛起于中国城市之林。

我还清楚地记得那一天，凤凰卫视实况转播美国总统造访西安、举行入城式的场景，画面上古城墙绵长的垛口和西面天空火红的晚霞，令西安的古都风貌彰显无遗，给全世界观看电视的人留下深刻的印象。这个场景带来的启示就是：西安城市的标志建筑必须对外展示自己独有的历史文化特色，才有魅力，才能众望所归，不负世人。

这里还想就"新唐风"谈点我这个圈外人的看法。20世纪90年代西安提出"重振汉唐雄风、再开丝绸之路"口号之后，关于西安的建筑风格曾有过几次讨论，比较一致的看法是应当主要体现盛唐气象的建筑风格。遗憾的是，代表西安历史辉煌的标志建筑如周代丰镐两京、秦阿房宫、汉长安未央宫，都只留下遗址，曾经享誉世界的精美、壮丽的唐代木构建筑包括唐大明宫宫殿、寺庙现已基本无存。如何在西安今后的建设中体现大唐风貌，无疑是一个大课题。

唐代佛教寺院林立的恢宏景观如今只能在敦煌莫高窟壁画中看到；西安慈恩寺大雁塔西侧门楣上还保留了唐代佛殿式样的石刻图，弥足珍贵。经梁思成、林徽因先生实地考证，国内现存唯一的唐代木构建筑是建于公元857年、唐大中十一年的山西五台山佛光寺大殿，这就使建于公元607年的奈良法隆寺（又名斑鸠寺）成为当今存世最早、也是最大的木构建筑，因此有人提出"中国唐代建筑在日本"的说法。具体地说，寻找中国隋唐建筑的式样，只有到日本奈良、京都。这确实令人感叹！

但是，去过奈良、京都的人都会发现，日本现存的古建筑，并没有完全照搬中国。走进奈良、京都各个寺院，都能看到房屋上那伸张很远的飘檐、硕大的斗栱、

过于华丽的装饰，这是典型的日本风格。另外，寺院的整体布局不对称、不完整，建筑的体量、尺度也非中国固有建制。连由中国鉴真法师主持、由来自扬州及高丽匠人参与建造的唐招提寺也不例外。日本近代著名建筑史学家关野贞（1868~1935年）在1929年所著《日本建筑史》中明确指出：日本的唐式建筑，并非纯正的中国隋唐式样。他在书中写道：日本"在上古所建造的建筑中，引进了中国、朝鲜等大陆建筑，逐渐形成和大陆建筑有所不同的我国所特有的建筑形式"，比如由于纬度、气候和地震频发的原因，日本建筑物"需要加深出檐"、保持通透、采用轻质建材等。关野贞是日本建筑界泰斗，他的论述有相当的代表性。

因此，当今世界只有张锦秋先生开创的"新唐风"系列建筑，才真正继承和代表了中国隋唐建筑的宏大气象和优秀传统。我所理解的"新唐风"是对唐代建筑优秀传统的继承和创新，其创新点在于准确地把握时代精神并与历史及环境和谐统一，追求"神似"与完美，并非只拘泥"形似"。据我所知，"新唐风"的提法出自吴良镛院士的文章，张大师并未刻意求之，她更认同"和谐建筑"的理念。作为圈外人的看法，与传统结合、与实地结合，甚至与"甲方"需要结合的仿唐式建筑，是"和谐建筑"，也是"新唐风"，这样说似乎更容易为普通市民接受。正是通过张大师大唐芙蓉园、曲江池遗址公园、法门寺殿堂、华清城等系列建筑的实践，国人感受到了与奈良、京都不一样的纯正中国隋唐建筑的风范和气度，成功地解决了西安如何彰显历史文化特色的难题，增加了全市人民的自豪与自信。

最后再说一件张大师的继往开来、承古创新之作——世园会的"长安塔"。

当年有幸参加了关于"天人长安塔"设计的国际评审会。我曾感慨地说："作为一个建筑家，一生能够设计、建造一座塔，一座具有标志性意义的塔，是最大的荣耀！法国著名建筑物很多，都比不上埃菲尔铁塔对巴黎的影响作用。西安唐代建了大雁塔，成为西安的标志性建筑，千年不衰。如今借世园会的举办新建长安塔，也一定会对后世产生极大的文化影响。"张大师主持设计的"长安塔"不仅是园子里最大的亮点，是东北城郊

最大的亮点，更是新西安的最大亮点。我曾乘坐直升机从空中俯瞰园景，最美丽的是园中的水景，最壮观的自然是长安塔。它俨然是全园的核心，全园的灵魂，像是乐队的总指挥，统摄着整个园子的韵律和脉动；同时，它又是全园的标志，雄浑大气，升华了西安作为"华夏故都、山水新城"的理念。没有长安塔，整个园子的建筑便显得零乱无章。长安塔的造型雄浑大气，简朴高雅，得到各方一致好评。

黑格尔评述艺术形象时喜欢用"这一个"的特定概念，以示与众不同。长安塔就是典型的"这一个"：它的造型、尺度、材质和工艺制作，只属于这里；其他现存的古塔，如果移位摆放在这里，都会变得不伦不类。我这里还想说一点，长安塔将给这里带来长久的安详。塔这种佛教特有的建筑传入中国两千年，一是造型中国化了，二是内涵也多样化了。除了舍利塔、藏经塔及各种纪念塔，中国民间更看重的是风水塔，保一方平安。长安塔地处泾渭浐灞四水交汇之地，立宝塔镇水，符合中国社会传统心理。这也是张大师为祝福西安美好远景的一份厚礼。民族的，就是世界的，张大师充满浓郁中国古典特色的建筑，正帮助西安走向世界。

张锦秋大师的成就不仅表现在她的"和谐建筑"理念和艺术成就上，还表现在对城市规划和重要建筑设计的"把关"和审议上。一方面，她敬重师长、尊重同行、提携后生、赤诚待人的品格风范堪称楷模；另一方面，她坚持原则，秉持职业道德，以理服人，不徇私情，得到大家的信服和敬畏。这也是张大师为西安作的特殊贡献，一般不为人知，需要在此点明。许多项目，都可能存在设计与最后成品不一致的情形，这往往是设计方迁就建设方的结果。但到张大师这里，一旦设计通过，就不能随意变更。仅举两个例子就够了：没有大师的坚持，大唐芙蓉园和大唐华清城就不会是现在的样子。

张锦秋：今天下午我们这个会议开得非常好，就像刚才宋部长说的，在座的都是我们现在建筑第一线面临创作的领军人物，不管是在什么性质的单位，所以大家谈的很多看法，我就赶紧记，怕记不下来，我觉得都谈得很好，当然我首先是感谢大家来，这是对我们的支持、对陕西省的支持、对中建西北院工作的

张锦秋

中国建筑西北设计研究院有限公司总建筑师
全国工程勘察设计大师
中国工程院院士

支持。因为刚才周秘书长已经说了，会后组织学术刊物报道这样一个重大活动，我觉得这个很有意义，今天大家的发言那么好，一定要让更多的人共享，我也没有更多的话要说了，除了感谢还是感谢。

周畅：今天上午各位参加了"张锦秋星"的命名仪式，今天下午我们又在这里召开了承继与创新学术座谈会，来自建筑界、艺术界的专家学者，结合"张锦秋星"的命名和中国建筑文化的承继和创新这个议题，都发表了自己很好的观点，专家们一致认为张锦秋院士扎根西部50多年，创造了多座传统文化与现代技术相结合的优秀建筑作品，传承了民族精神，体现了时代风貌，她的作品影响了西安、影响了全国；她的品行感染了我们的行业，也感染了西安的市民。张锦秋院士获得"张锦秋星"命名是众望所归，也是实至名归，是对她一生精神和创作的充分肯定，也是对中国建筑师的肯定和鼓励。专家们结合各自的工作实践，进行了多学科的甚至是跨界的交流，对建筑文化的传承和创新进行了研讨，从建筑创作思想、建筑设计体制、建筑教育、中外文化的交流等方面，都作了很好的表述，并且提出了很好的意见和建议。对于我们贯彻落实中央领导同志对建筑的批示精神，坚持文化自觉和文化自信、传承文化传统、体现时代精神都有很重要的参考和借鉴意义。中国建筑学会将把今天的座谈会回去以后作为一次整理和专题报道，以期在建筑界引领正确的建筑导向，提升中国建筑师的社会地位，为我们国家和社会的经济发展作出我们建筑界应有的贡献。最后再次感谢各位领导、各位专家来参加我们今天的座谈会，再次感谢中建西北院对我们会议的支持和帮助，谢谢大家！

第三篇　探索之旅

——张锦秋建筑作品实践集锦

本篇收录了张锦秋院士近半个世纪的建筑作品，完整展现了她建筑创作的心路历程和坚持中国传统文化在当代应用的坚定信念，清晰表现了她在现代与传统结合方面的持续探索和追求。方案及正在实施的工程未被收录。

阿倍仲麻吕纪念碑
西安碑林区　1978年

陕西历史博物馆
西安雁塔区　1983~1987年

扶风法门寺工程
宝鸡　1987~2001年

敦煌国际大酒店
敦煌　1992年

1970　　　　　　　　　　　　**1980**　　　　　　　　　　　　**1990**

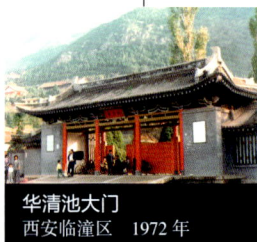

华清池大门
西安临潼区　1972年

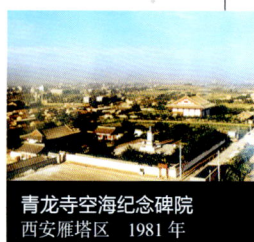

青龙寺空海纪念碑院
西安雁塔区　1981年

大雁塔风景区"三唐"工程
西安曲江新区　1984~1986年

华清宫唐代御汤遗址博物馆
西安临潼区　1990年

大慈恩寺修建规划、
玄奘三藏法师纪念院
西安雁塔区　1995 年

西安博物院规划及西安博物馆
西安碑林区　1996~2001 年

大雁塔南广场
西安曲江新区　2000 年

中国佛学院教育学院
舟山　2004 年

西安世界园艺博览会天人长安塔
西安灞桥区　2009 年

西安国际会议中心·曲江宾馆
西安曲江新区　1994~1997 年

群贤庄小区
西安曲江新区　1999~2001 年

大唐芙蓉园
西安曲江新区　2003~2004 年

唐大明宫丹凤门遗址博物馆
西安未央区　2009 年

2000

2010

西安钟鼓楼广场及地下工程
西安莲湖区　1995~1996 年

中国科学院地球环境研究所
西安高新区　1999 年

黄帝陵祭祀大殿（院）
延安　2002 年

延安革命纪念馆
延安　2004~2006 年

曲江池遗址公园
西安曲江新区　2007 年

北岛——爱丽丝大厦
西安莲湖区　1993 年

陕西省文体信息中心规划及
省图书馆、美术馆
西安碑林区　1995~1997 年

大唐西市
西安莲湖区　2006 年

华清宫文化广场
西安临潼区　2008~2010 年

唐风初现

1966 年春，张锦秋院士从已不宁静的清华园来到喧嚣的长安城，此时已是而立之年的她，初步具备了中国传统建筑系统的理论知识。她未曾想到，此后其研究生论文会被付之一炬，也未曾想到，这里是她建筑人生的大舞台。

1972 年她开始第一个独立建筑作品的创作——华清池大门。虽然是一个小品建筑，但从此推开了唐代建筑文化的一扇门。随后的阿倍仲麻吕纪念碑、青龙寺空海纪念碑院规模虽小，但内涵丰富、意义重大。这些作品的创作体现了张锦秋院士理论与实践的结合，小试牛刀，好评如潮，坚定了她走传统建筑与现代技术结合的创作之路。

华清池大门

城市肌理　　100m

"文化大革命"后期的1972年，西安旅游逐渐复苏，华清池成为了旅游的热点，吸引了不少国际友人前来参观，当时的革命委员会下令修建华清池大门。华清池，亦名华清宫，位于陕西省西安市临潼区骊山北麓，南依骊山，北临渭水，历史文献及考古发掘的资料证明，华清池具有6000年温泉利用史和3000年的皇家园林建筑史。对于这样一个大门，如何设计？张锦秋院士回忆道："建筑的风格形式要跟它的功能和历史文化背景统一，不能是两张皮。建筑的形式不是天上掉下来的，首先要弄清是什么功能、什么性质、什么文化背景，你才能考虑形式。华清池因唐代历史故事而知名，做这个大门，不能设计成一个普普通通的公园大门，还是要反映华清池的历史。"

这一项目具有两层意义。第一层意义在于它预示着张锦秋"新唐风"建筑的开始，解决了为什么要采用唐代建筑风格的理论问题。临潼华清池是唐代著名的苑囿，有丰富的故事和浪漫的传说。尽管当时批判复古主义的浪潮还未平息，但这一符合逻辑同时具有恰当形式的设计很难否定。另一层意义体现了张锦秋院士对中国传统建筑的热爱，特别是对唐代建筑文化精神的钟情。这一大门的成功设计打开了张锦秋通往传统文化与当代结合的探索之门。

深厚的文化底蕴和丰富的历史知识，使她对待每一个项目都要求出师有名，行之有据，"小题大做"。这与她具有清华研究生背景的研究能力有关。虽然当时没有"地域产品"的分类，实际上她已经开始对建筑地域化、场所精神的思考。应该说这一创作是一个中规中矩的传统建筑形式，以现在的观点审视，尺度合理、亲切宜人、方便实用，即使在五十年后的今天，仍然是一个合宜得体的建筑。

有趣的是五十年后张锦秋院士创作的一项大手笔的城市综合体——大唐华清城，其中一条轴线就正对着这个大门，完成了自身的和谐与呼应。这条轴线的起点是大门，还是广场上的"春寒赐浴"雕塑的对景。从时间上，大门是起点；从空间上，广场的雕塑艺术是起点。一个建筑师时隔五十年能在同一地点完成两个作品，并不多见。这也许喻示创作就是一个"圆环"，本身就没有起点和终点。

大门实景照片

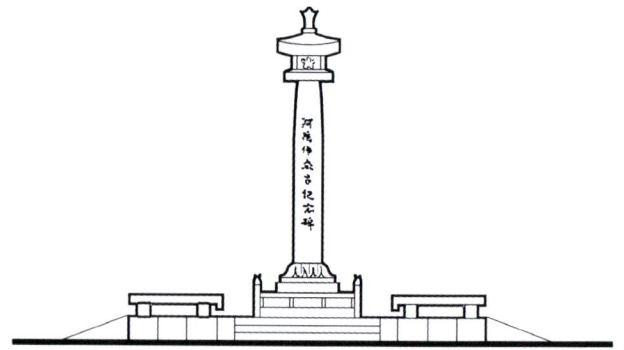

纪念碑立面图

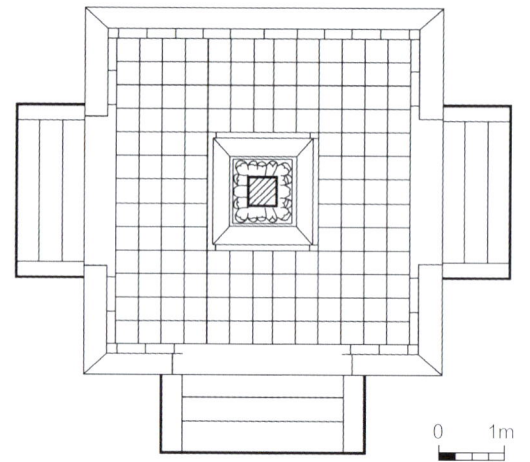

纪念碑平面图

纪念碑实景照片

阿倍仲麻吕纪念碑

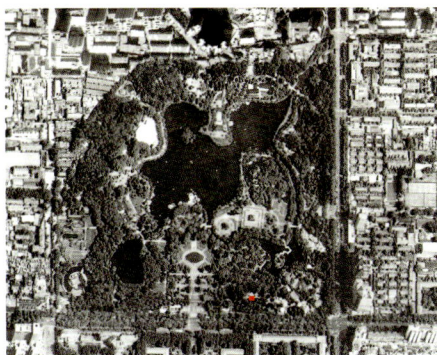

城市肌理　　　　　　　　　　200m

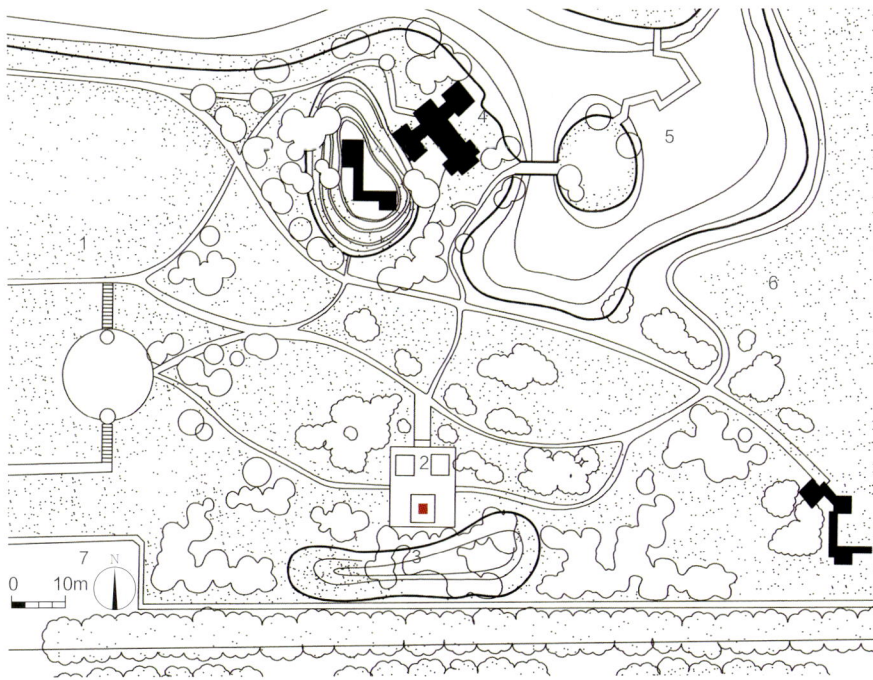

1. 通公园大门干道
2. 纪念碑
3. 土山岗
4. 长庆轩
5. 曲桥湖
6. 儿童游戏场
7. 公园围墙

0　　10m

阿倍仲麻吕纪念碑总平面图

阿倍仲麻吕，中国名晁衡，8 世纪来中国留学并终老长安的中日文化交流使者。纪念碑选址在环境优美的唐兴庆宫公园内。纪念碑采用了脱胎于义慈惠柱和唐石灯的方形石造纪念柱。柱头刻有象征中日友好的梅花和樱花，柱身做"卷杀"处理，刻有晁衡的《望乡诗》和李白的《哭晁衡诗》。柱基础四周栏板刻有日本遣唐使船的浮雕。务求做到远望有优美的纪念柱造型，近观有耐人寻味的诗文碑刻，凭吊、游览有优雅宜人的环境。

阿倍仲麻吕纪念碑是张锦秋院士作品中规模最小的一个，作品强调心灵上的沟通与交融，使人感到余味无穷。创作不仅涉及相地选址、建筑设计，还涉及雕塑艺术、文学诗词、环境塑造。这是她的一个完整的建筑实践，从这个建筑小品中我们能够看到她认真严谨的态度和理性的设计方法。"不积跬步，无以至千里"，我们可以从这个建筑小品的设计中深刻地体会出这句古语的含义。建筑从来不是单纯的工程技术，它承载着文化和历史。建筑创作若能反映历史、结合文化，也许会产生更强烈的艺术感染力。

项目于 1979 年建成。获 1981 年国家建工总局优秀工程奖。

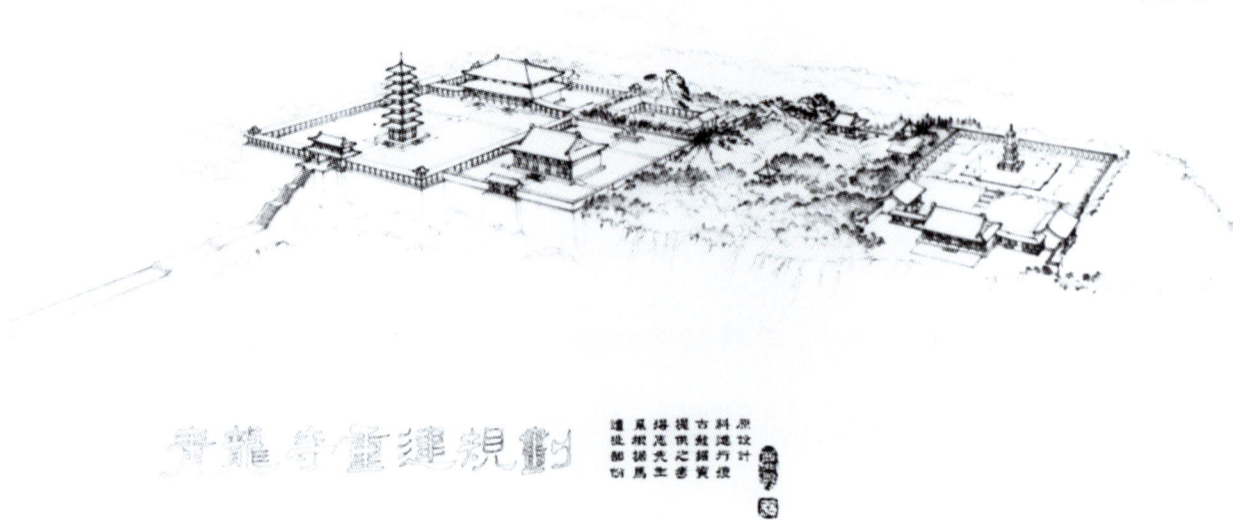

效果图（张锦秋手绘）

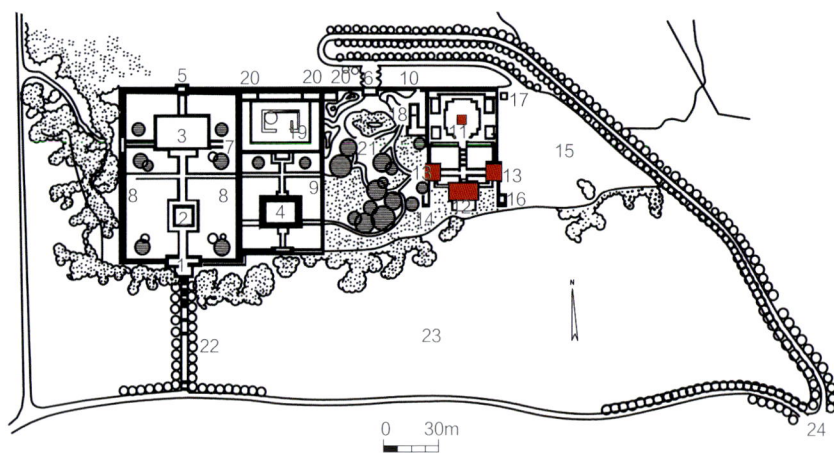

青龙寺（重建）规划总平面图

1. 一号遗址　　　13. 门
2. 二号遗址　　　14. 厕所
3. 三号遗址　　　15. 停车场
4. 四号遗址　　　16. 司机休息
5. 后门遗址　　　17. 机井
6. 六号遗址　　　18. 管理处
7. 七号遗址　　　19. 客舍
8. 回廊遗址　　　20. 辅助用房
9. 院墙遗址　　　21. 园林
10. 北墙遗址　　　22. 台阶道（远期）
11. 空海纪念碑　　23. 铁炉庙村
12. 陈列厅　　　　24. 西影路

0　30m

碑院落成时山本忠司题词

青龙寺空海纪念碑院

城市肌理   200m

空海纪念碑院鸟瞰

青龙寺空海纪念碑

青龙寺极盛于唐代中期。当时有不少外国僧人在此学习，尤其是日本僧侣。著名的"入唐八大家"中的六家：日本的空海、圆行、圆仁、惠运、圆珍、宗睿就受法于此。尤其是空海拜密宗大师惠果为师，深得密宗真谛，回日本后成为开创"东密"的大师。因此，青龙寺是日本人心中的圣寺，是日本佛教真言宗的祖庭。

青龙寺位于长安游览胜地乐游塬上，寺建于隋，毁于宋，著名诗人李商隐曾在此写过"夕阳无限好，只是近黄昏"的诗句。1963年起开始考古发掘，20世纪70年代末，应日本的请求，西安市政府决定启动青龙寺（重建）规划并修建空海纪念碑，1982年由张锦秋院士作出青龙寺重建规划。空海纪念碑院为第一期工程。碑体由日本著名建筑师山本忠司先生设计，他接受张锦秋建议并请她代为增加设计了碑周的石栏板，将四个实心石球开通为四个石灯。中方承担纪念碑选址和碑院设计。碑院在总体上做到因塬就势，成景得景，建筑形式上着意仿唐，力求法式严谨，风格纯正。建筑环境上小中见大，追求院、碑一体。

青龙寺空海纪念碑院是在青龙寺遗址上建设的传统建筑，既要符合总体规划，又要营造纪念的氛围。建筑只有422平方米。为了创作出体现唐代建筑魅力的作品，张锦秋院士专程带领设计团队到佛光寺、南禅寺考察，从历史文献中查找依据，确保整个设计扎根于环境，收到了得体合宜的效果。

青龙寺空海纪念碑院是张锦秋设计的第一个群体建筑，具有完整的院落、门廊、陈列厅、庭院等。虽然她自谦为仿唐，但设计中已采用了很多现代的手法，使中国传统建筑更加简洁、洗练，标志着张锦秋院士在将中国传统建筑艺术应用于现代建筑这条道路上坚实的开端。项目于1982年建成。

三个建筑，一个是门，一个是碑，一个是院，都是在风景区，都与唐代建筑文化有关，都是建筑小品，但小项目、大构成。三个不同的体裁，使张锦秋院士结合工程实践对长安城、唐代建筑文化有了深入、细致的理解，也初步形成了她的设计态度、设计方法，为下一阶段的创作完成了理论和实践的积累。

庄严肃穆的纪念气氛（张锦秋手绘）

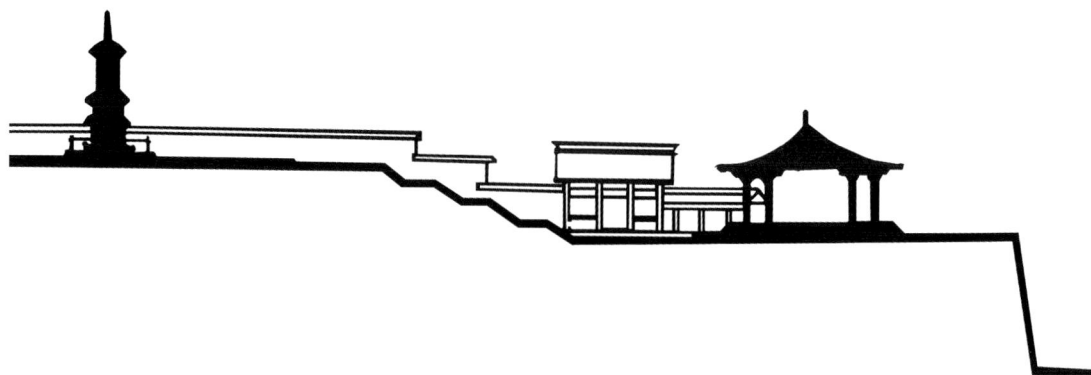

碑院空间关系示意

空海纪念碑院落成时全景

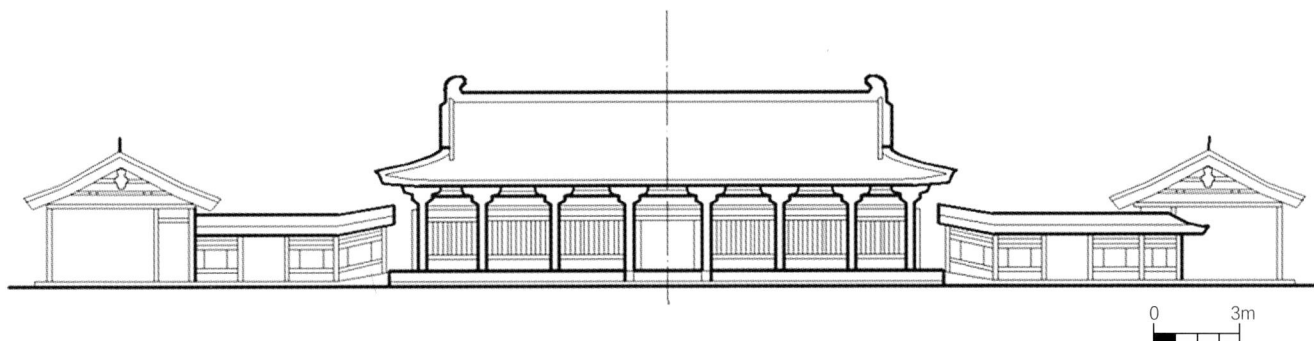

南、北立面图

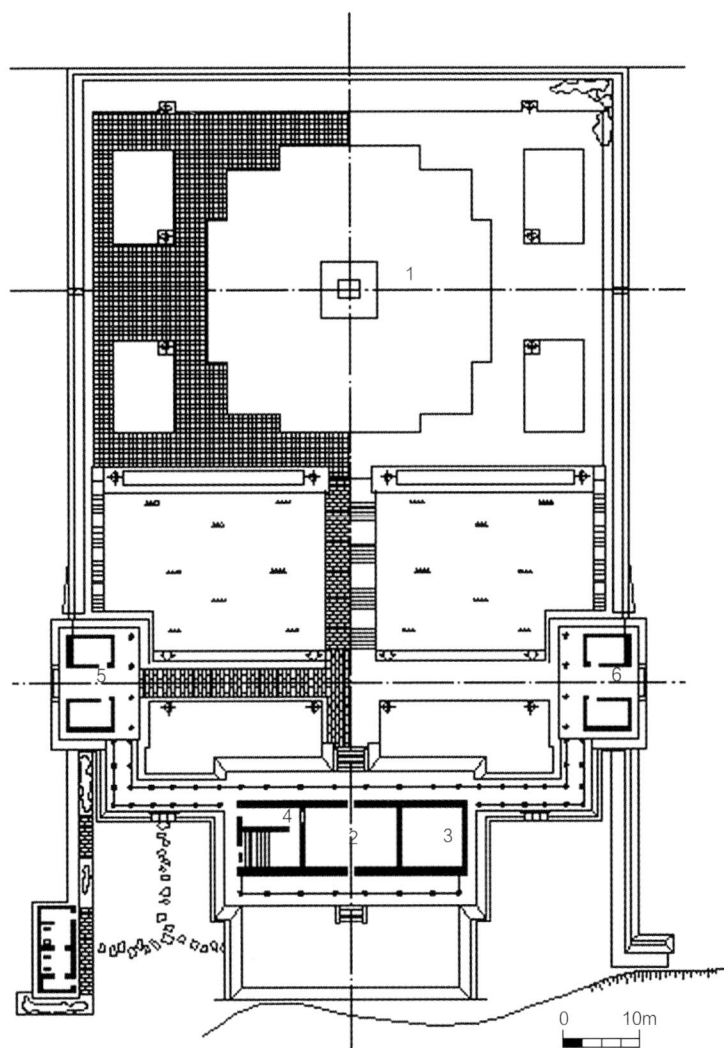

1. 空海纪念碑
2. 接待厅
3. 陈列室
4. 服务间
5. 西门
6. 东门

纪念碑院平面图

铸就经典

  1979 年开始拨乱反正，之后改革开放，全国迎来了一次思想大解放，张锦秋院士也迎来了建筑创作的春天。

  如果说华清池大门、阿倍仲麻吕纪念碑、青龙寺空海纪念碑院是张锦秋院士工作初期唐风建筑的牛刀小试，那么 20 世纪 80 年代初"三唐"工程和陕西历史博物馆的设计则是她建筑创作中具有重大意义和里程碑性质的建筑探索。"三唐"与陕西历史博物馆展现了不同于阿倍仲麻吕纪念碑展现的女性般的细腻，呈现出一种雄壮和大气，标志着"新唐风"建筑创作的成熟。此后的一系列项目都显示出"新唐风"的魅力，也使得张锦秋院士的建筑作品在西安这座古城大放异彩，极大地彰显了西安的城市特色和文化追求。

  张锦秋院士在这一时期铸就了一系列的经典之作，她的作品一脉相承、一以贯之、自成体系。

陕西历史博物馆

城市肌理

150m

轴线对称、主从有序、中央殿堂、四隅崇楼
（张锦秋手绘）

1. 主入口
2. 基本陈列
3. 专题陈列
4. 临时陈列
5. 接待、报告厅
6. 购物、餐饮
7. 业务用房、库区
8. 图书馆
9. 行政用房
10. 文物保护实验楼
11. 职工入口
12. 后勤入口
13. 地下停车场
14. 预留发展用地

陕西历史博物馆是国家"七五"计划的重点建设项目，是我国 20 世纪 80 年代首座在设计上突破了传统博物馆模式而兼具研究、科普、会议、购物、餐饮、休息等文化活动中心综合功能的现代化大型国家级博物馆。考虑到陕西历史上鼎盛时期为唐代，而盛唐建筑博大、恢宏、开放的气质与我们中国当代的时代精神一脉相通，这组现代建筑融入了浓郁的唐风。设计在"象征"上反复研究，最后决定在建筑艺术上借鉴"轴线对称、主从有序、中央殿堂、四隅崇楼"的章法，概括出中国古代宫殿的空间布局和造型特征，用以象征历史文化的殿堂。建筑风格上采用唐风与现代建筑的结构、材料、色彩、手法的结合，从而塑造出一组唐风浓郁而又简洁、明快，具有时代气息的城市标志性建筑，成为陕西悠久历史和灿烂文化的象征。

距唐大雁塔 1 公里的陕西历史博物馆，以中国传统宫殿意象，表达陕西悠久的历史和灿烂的文化。1985 年我上研究生时它的主体已完，进入脚手架遍布的内部，丝毫感受不到它是一个传统建筑，我当时

陕西历史博物馆总平面图

0   30m

对三个圆形采光窗的印象特别深刻。三十年过去了，它仍是西安最好的现代建筑，足见张总定位的准确。三十年后的今天，我想不出比这更恰当的形式来表达这一意匠。我曾好奇地寻找当时征集的其他方案，这一方案是当之无愧的最佳方案。

张总一直认为陕西历史博物馆是现代建筑的多元表达，虽然采用了唐风，但这是一次传统建筑现代化的过程，用现代材料和技术，建造了当时全国最先进的博物馆。

为了突出中国传统空间的意识，在总体中设计了一系列院落，最精彩的是入口的庭院。尽管博物馆序厅采用了重檐庑殿顶的最高形式，但如果直接面向广场和街道，既不雄伟，也没有群体的感觉，更没有意境。张总巧妙设置一个前庭，先进一个院子再进主楼。小中见大，渐次展开，移天缩地，让参观者更能体会到空间的序列。

建筑的色彩极为典雅，像一幅淡雅的山水画。材料选择适度简朴，毫无矫揉造作之感，建筑细部精致、尺度合理，绿化小品配置得当，几乎是一个完美的设计。尤为感动的是围墙设计也精益求精，尺度、细部工艺都完美无缺，现在看来都难以超越。陕西历史博物馆作为西安的一个地标永远铭刻在几代人的记忆中，已成为西安新的遗产。

项目于 1991 年竣工，获 1993 年建设部优秀设计二等奖、1993 年国家优秀勘察设计铜奖、1993 年中国建筑学会首届建筑创作奖、1996 年被《96 国际获奖作品集》（《Award Winning Architecture International Yearbook 96》）列为优秀作品、1996 年载入《弗莱邱建筑史》（《Sir Banister Fletcher's A History of Architecture》）、2009 年新中国成立 60 周年中国建筑学会建筑创作大奖、2009 年新中国成立 60 周年百项经典工程。

陕西历史博物馆鸟瞰

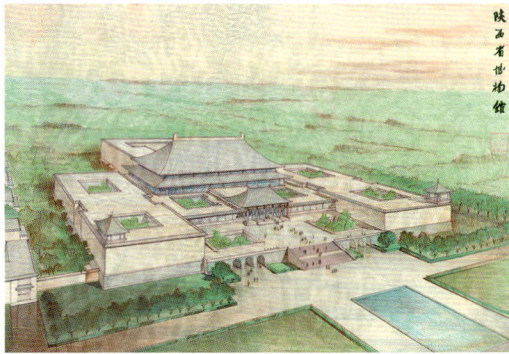

陕西历史博物馆部分其他设计方案图

方案渲染图（张锦秋手绘）

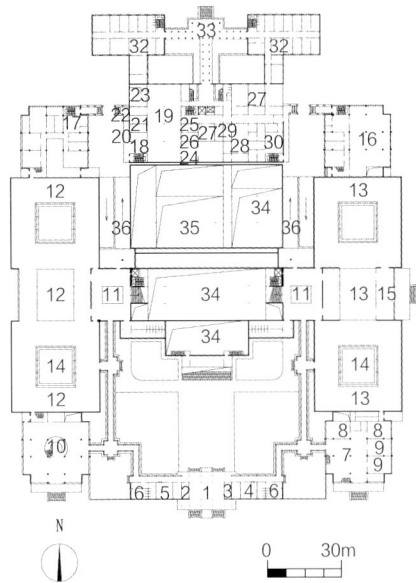

1. 大门	19. 晾置间
2. 售票	20. 登录
3. 小件寄存	21. 清洗
4. 群工接待	22. 干燥
5. 治安保卫	23. 熏蒸
6. 厕所	24. 暂存库
7. 门厅	25. 休息
8. 贵宾接待	26. 更衣
9. 教室	27. 文物修整
10. 文物商店	28. 摄影配套用房
11. 休息厅	29. 资料检索
12. 专题陈列厅	30. 消防中心
13. 临时陈列厅	31. 业务楼门厅
14. 水庭	32. 文保实验楼
15. 东门	33. 北门
16. 图书资料楼	34. 机房上空
17. 行政楼	35. 文物库上空
18. 文物入口	36. 坡道

首层平面图

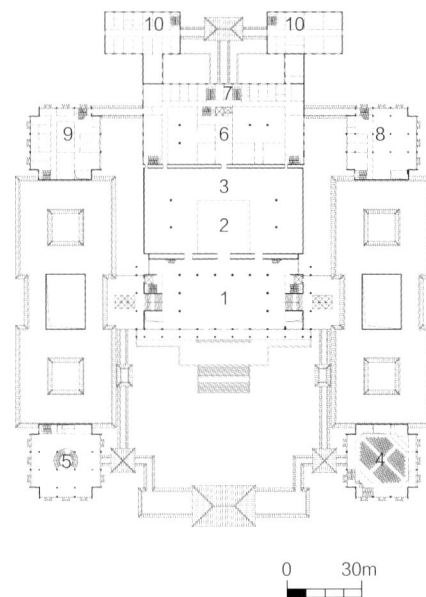

1. 序厅
2. 中央陈列厅
3. 基本陈列厅
4. 报告厅
5. 冷饮小吃
6. 文物库区
7. 业务用房
8. 图书资料楼
9. 行政楼
10. 文保实验楼

二层平面图

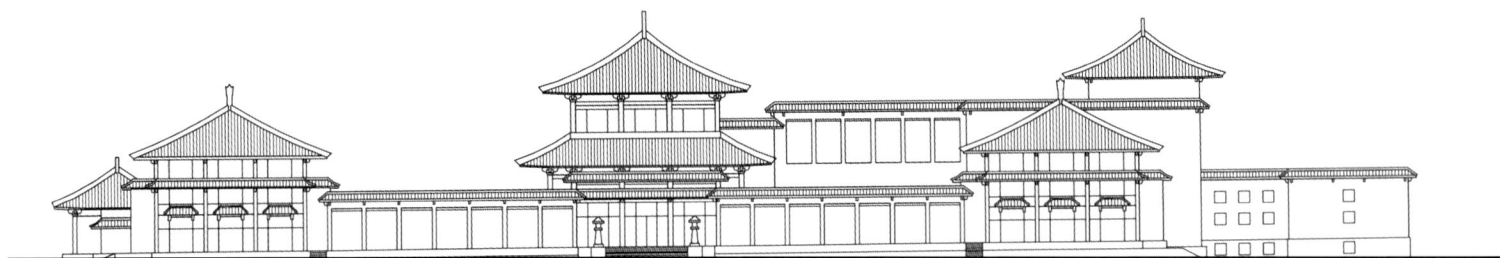

东立面图

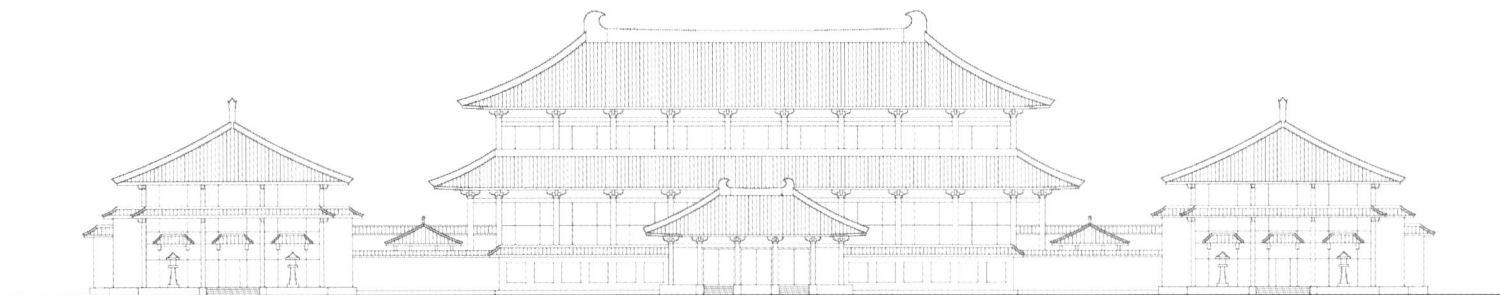

南立面图

左图：从临时陈列厅屋顶俯瞰主庭院

右上：陕西历史博物馆主入口

右中：主庭院回廊

右下：序厅内景

大雁塔风景区"三唐"工程

唐华宾馆、唐歌舞餐厅、唐艺术陈列馆简称"三唐"工程，是 20 世纪 80 年代中期大雁塔风景旅游区的启动项目。建设基地西部与大雁塔所在地慈恩寺仅一路之隔，中部距文物保护单位大雁塔 308 米处有唐代慈恩寺东界墙遗迹。根据当时文物保护法，此界墙以西为文物保护环境协调区，东为环境影响区。张锦秋院士根据"理解环境、保护环境、创造环境"的理念进行设计，始终运用我国传统的空间理论并将其与现代生活结合，形成以雁塔高耸、"三唐"奔趋、雁塔刚健、唐华幽深为特色的刚柔相济、虚实相生的园林化格局；又借景古塔，以景寓情，把塔影组织在各组建筑的主景之中，创造意境，从而使这组时差一千多年的建筑群和谐统一而又气韵生动，创造了充满历史文化情趣、舒适文明的旅游环境。这是张锦秋院士传统与现代结合、探索和谐建筑的第一个较大的项目。

唐华宾馆是张锦秋院士应用中国传统建筑理论设计的一个大型园林式宾馆，为曲江新区的发展奠定了基调，是对时空一体、天人合一、情景交融、彬彬有礼传统意识的具体体现，完美体现了她的天人合一的环境观、和而不同的创作观。

宾馆建筑群外部充分考虑与慈恩寺的和谐，内部则以大雁塔为主题组织空间并充分体现现代化宾馆的使用要求，整个建筑诗情画意、步移景异。经过近四十年的时间考验，如今绿树成荫，鸟语花香，已与环境融合在一起。唐华宾馆和同时期的阙里宾舍一样，是 20 世纪 80 年代的重要创作，也是现代中国的经典之作。

项目于 1988 年建成，获 1991 年陕西省优秀设计一等奖、1991 年建设部优秀设计二等奖、1992 年国家优秀设计铜奖、1996 年载入《弗莱邱建筑史》（《Sir Banister Fletcher's A History of Architecture》）、2009 年新中国成立 60 周年中国建筑学会建筑创作大奖。

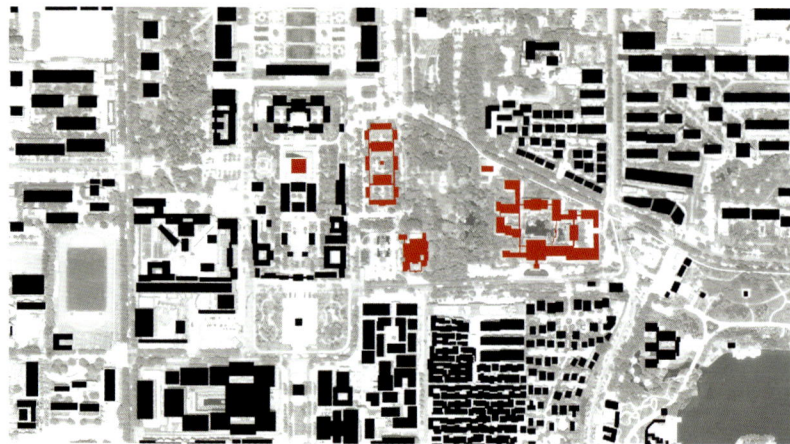

城市肌理

100m

三唐工程总平面图

1. 唐华宾馆　2. 唐歌舞餐厅　3. 唐艺术陈列馆　4. 曲江春晓苑　5. 大雁塔

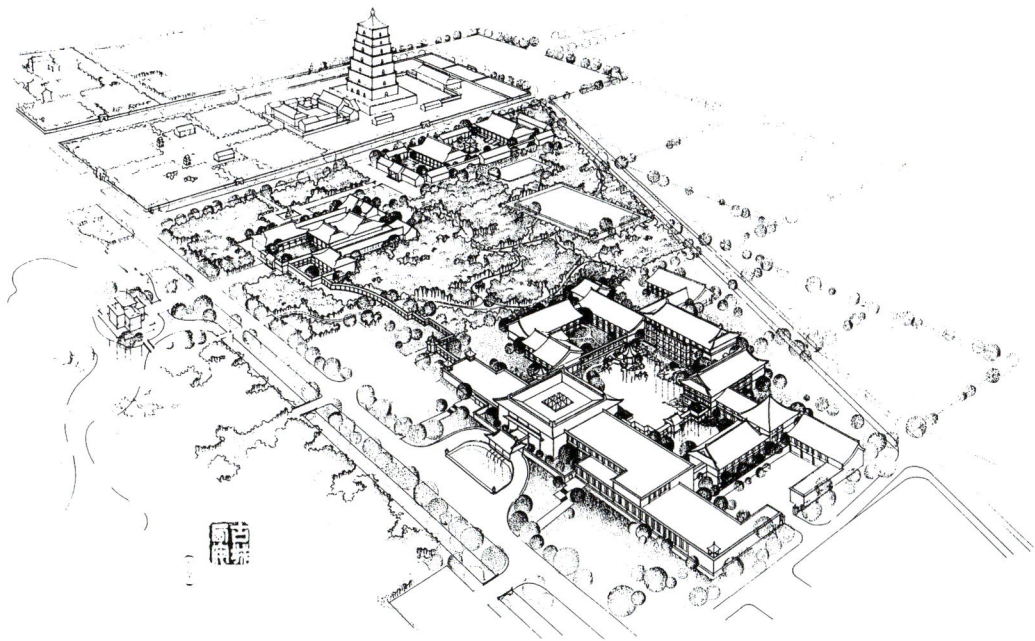

方案鸟瞰图（张锦秋手绘）

从唐华宾馆庭院眺望大雁塔

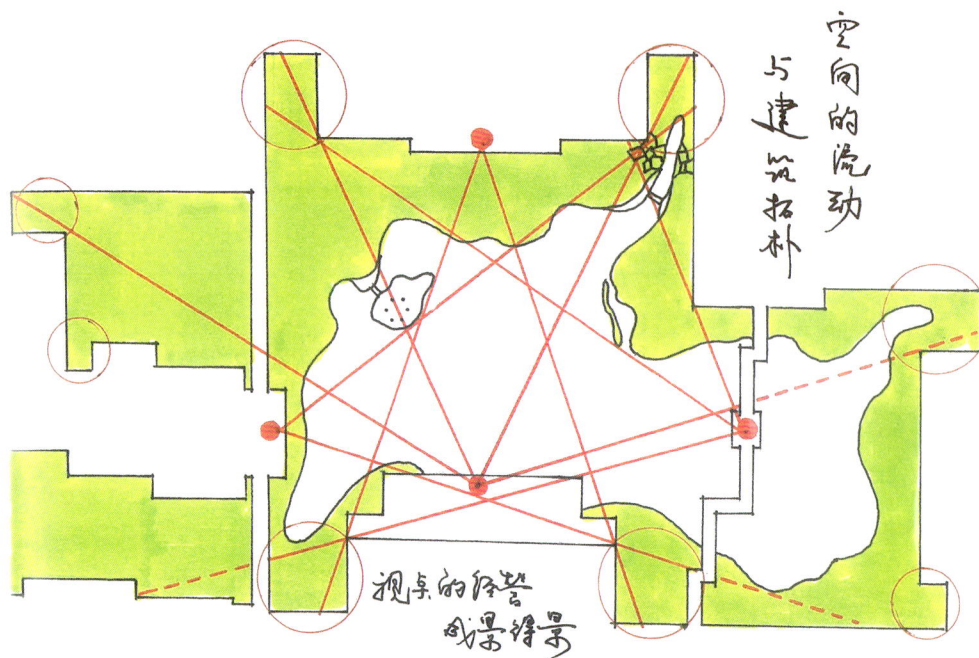

空间流动节点（张锦秋手绘）

唐华宾馆南立面图

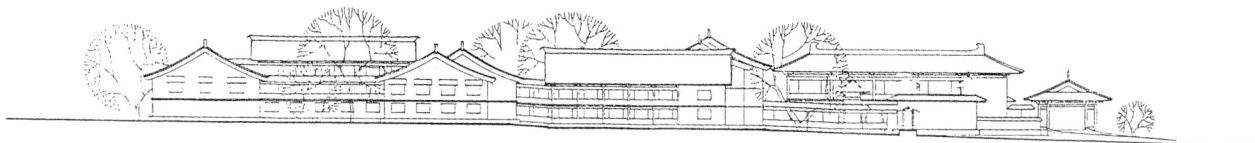

唐华宾馆西立面

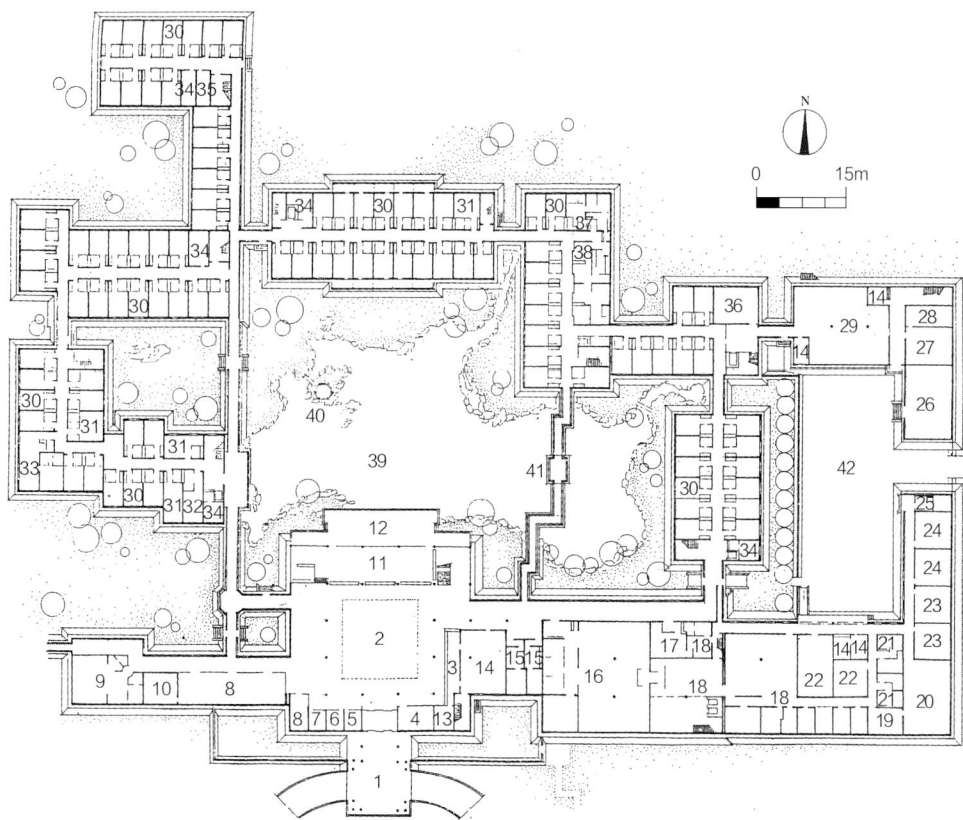

唐华宾馆首层平面图

1. 门廊
2. 大厅
3. 总服务台
4. 行李房
5. 衣帽间
6. 邮电
7. 银行
8. 商店
9. 迪斯科舞厅
10. 库房
11. 茶室
12. 平台
13. 电话广播机房
14. 办公
15. 厕所
16. 中餐厅
17. 和风餐厅
18. 厨房
19. 职工厨房
20. 职工食堂
21. 职工浴厕
22. 库房
23. 职工更衣
24. 职工宿舍
25. 门房
26. 空调机房
27. 维修间
28. 器材库
29. 洗衣机房
30. 双床间客房
31. 二床间客房
32. 伤残人客房
33. 三套间客房
34. 服务间
35. 备餐间
36. 服务中心
37. 女浴室
38. 男浴室
39. 山池
40. 岛亭
41. 水廊水榭
42. 后院

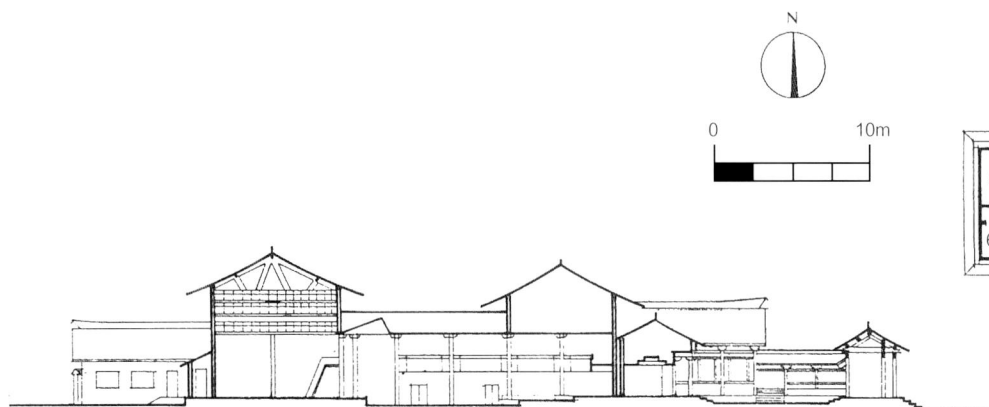

唐歌舞餐厅剖面

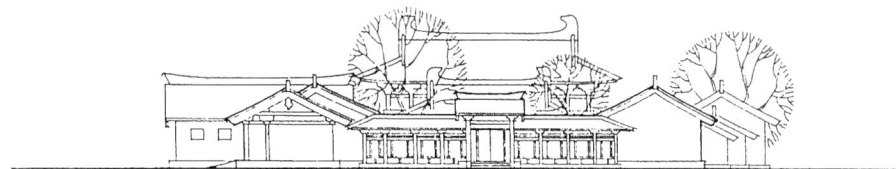

唐歌舞餐厅南立面

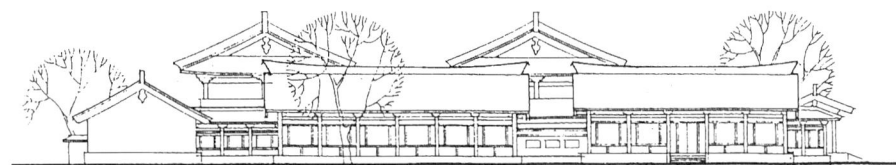

唐歌舞餐厅西立面

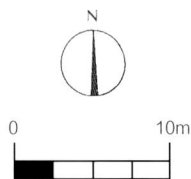

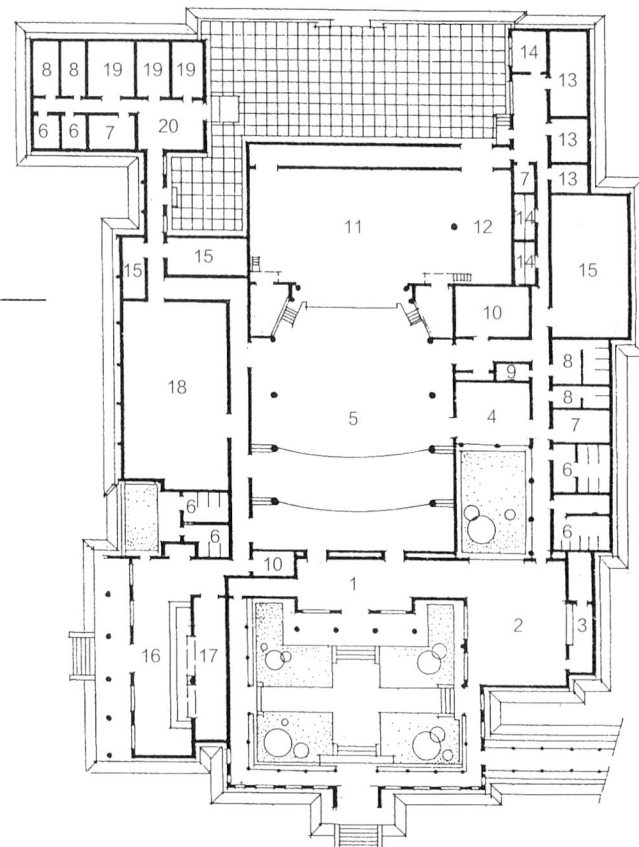

唐歌舞餐厅平面

1. 门厅	6. 厕所	11. 舞台	16. 快餐部
2. 休息厅	7. 办公	12. 侧台	17. 备餐间
3. 存衣	8. 工作人员更衣	13. 化妆间	18. 厨房
4. 贵宾休息	9. 服务间	14. 休息	19. 冷藏间
5. 餐厅	10. 库房	15. 机房	20. 验收

唐华宾馆组图

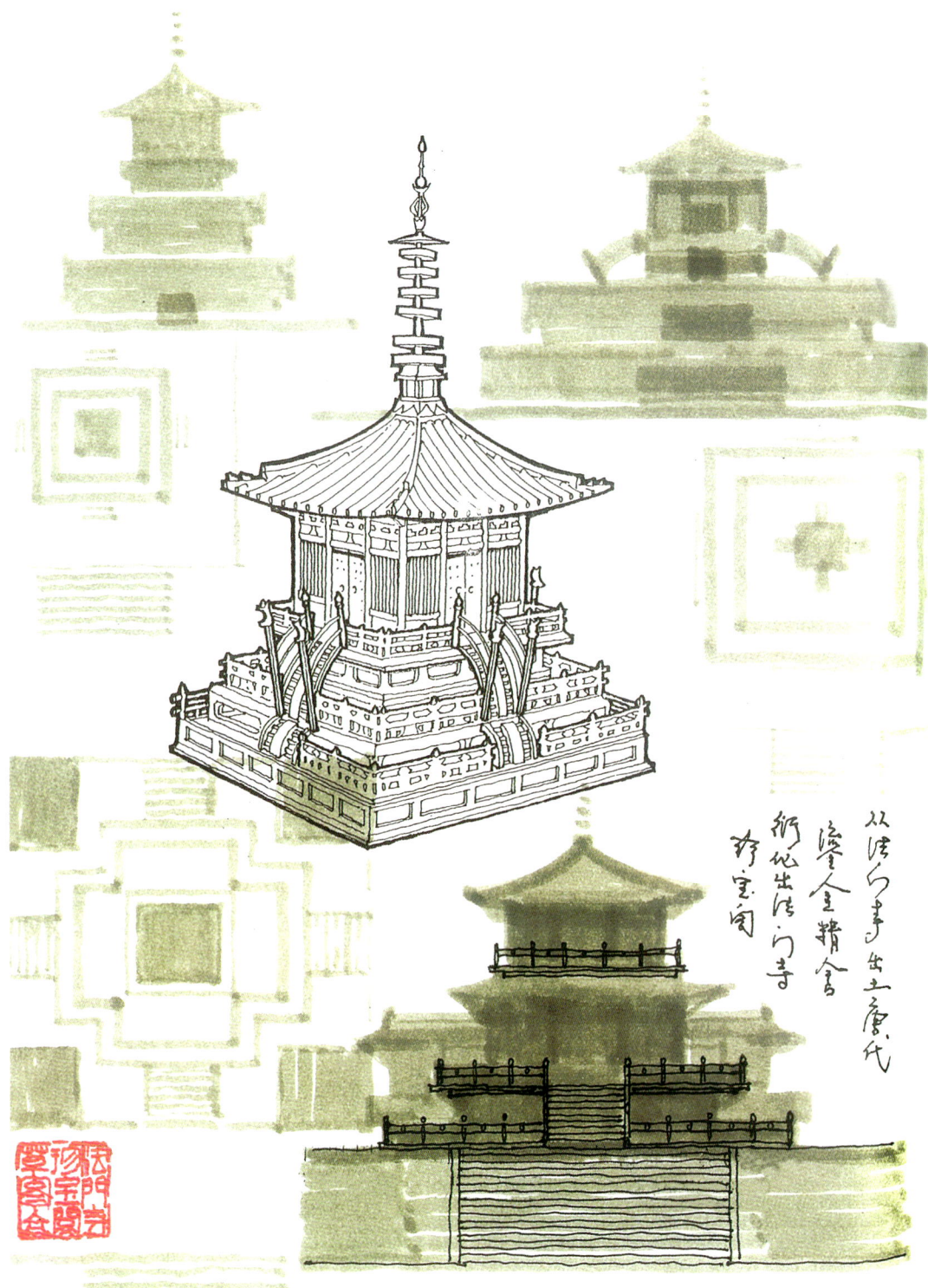

从法门寺出土唐代
鎏金精舍
衍化出法门寺
珍宝阁

设计立意（张锦秋手绘）

扶风法门寺工程

城市肌理   200m ▭

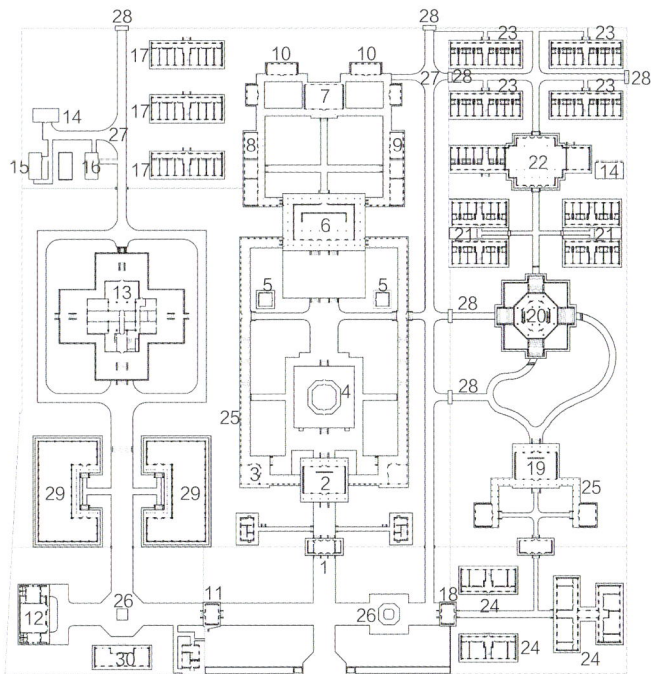

1. 山门	16. 水泵房
2. 铜佛殿	17. 办公楼
3. 经像流通处	18. 门头
4. 真身宝塔	19. 玉佛殿
5. 钟鼓楼	20. 千佛殿
6. 大雄宝殿	21. 客房
7. 藏经楼	22. 餐厅
8. 念佛堂	23. 僧房
9. 客堂	24. 素菜馆
10. 方丈院	25. 廊子
11. 博物馆大门	26. 纪念幢
12. 多功能厅	27. 雕塑
13. 珍宝阁	28. 便门
14. 锅炉房	29. 东西展馆
15. 配电房	30. 茶室

扶风法门寺总平面图   0   30m

法门寺自古以珍藏释迦牟尼真身舍利于宝塔中而著称，唐代为其鼎盛时期。由于年代久远，寺衰塔倾。1987年在修复倒塌的法门寺真身宝塔时，发现塔下地宫内藏佛指舍利等珍贵文物，政府与佛协提出重建法门寺，工程由此而起。在保护、展示地宫的前提下，按皇家寺院的高规格对法门寺历史上占地范围进行全面规划，采用了中、东、西三院并进的大格局。中院以塔为中心设计了典型的唐寺廊院。东西二院的主建筑珍宝阁、千佛殿形式不同而同高，与宝塔共同彰显出寺院的宏大气势。主殿大雄宝殿位于宝塔之北、中院中轴线上，庑殿屋顶，斗栱宏大，出檐深远，回廊环绕，取得了庄严凝重的效果。全寺建筑群形体变化灵活，轮廓丰富。整个工程建筑采用青灰瓦、赭红梁柱、灰白墙，不施彩，风格古朴典雅、庄重大方。

法门寺珍宝阁是根据法门寺出土的唐代鎏金精舍为原型创作的一个微型博物馆，建筑造型轻盈别致、空灵大气；真身宝塔则是在原塔的位置，以近年倒塌的塔的测绘图外形为依据，设计了一个钢筋混凝土的筒中筒结构与扩大的箱形基础，为地宫的保护和展示创造了条件又满足抗震要求。把搜集到的原塔墙砖铺贴于外筒外壁，以尽量展示古塔风貌。

张锦秋院士再次发挥了大景观的优势，各种庭院灯造型优美、古朴典雅，对气氛的烘托起到了很好的点缀作用，成为作品密不可分的组成部分。

项目一期工程（中院、西院）获1991年陕西省优秀设计二等奖，全寺建成后获2009年新中国成立60周年中国建筑学会建筑创作大奖。

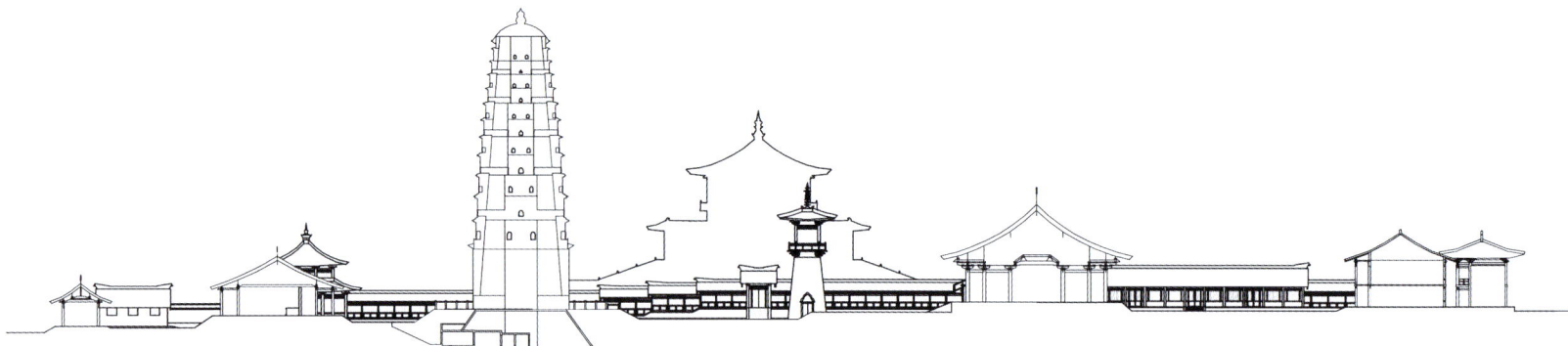

剖面图　　　0　　10m

法门寺全景

从珍宝阁平台看大雄宝殿

从珍宝阁平台看真身宝塔

中院回廊

西院西展厅外观

法门寺鸟瞰

华清宫唐代御汤遗址博物馆

　　华清池位于临潼区骊山北麓，建于唐华清宫故址上。南依骊山，北临渭水，东距西安30公里。自周幽王修建郦宫至唐代几经营建，先后有"骊山汤"、"离宫"、"温泉宫"。李隆基诏令环山列宫殿，宫周筑罗城，赐名"华清宫"，亦名"华清池"。安史之乱后，建筑残存无几。宋、元、明、清至民国逐渐衰败。新中国成立后，几经扩建，始具现今规模。

　　唐御汤遗址博物馆是一组保护和展示华清宫内皇家御汤的遗址博物馆。遗址总占地4200平方米，其地坪低于现华清宫游览地坪1.5~2.4米。设计着意保留这一地形高差，以反映历史变迁之巨大。每个展厅覆盖一个汤池遗址。建筑的形制亦根据遗址上留存的柱础而定，呈唐风。通过每个展厅的剖面设计妥善安排了汤池遗址、参观平台和室外台基标高的关系，从总体上组织了高低错落、系统完整的参观流线，在华清池中也形成了一组具有历史文化风情的成景、得景的景观建筑。

　　1982年，华清池被列入全国重点风景名胜区。同年2月，西安事变旧址五间厅被列为全国第二批重点文物保护单位。1996年，国务院公布华清宫遗址为第四批全国重点文物保护单位。1998年，跻身百名"中国名园"之列。

城市肌理
100m

华清宫唐代御汤遗址博物馆总平面图
0　　30m

1. 华清路
2. 骊山
3. 御汤遗址博物馆
4. 公共沐浴区
5. 五间厅区
6. "九龙汤"区
7. 温泉宾馆

1. 序馆（原禹王殿）

2. 馆前平台

3. 下沉式庭院

4. 海棠汤陈列厅

5. 莲花汤陈列厅

6. 秦汤遗址

7. 温泉总源

8. 太子汤遗址

9. 星辰汤及偏殿陈列厅

10. 尚食汤陈列厅

11. 保留大树

0　　　　10m

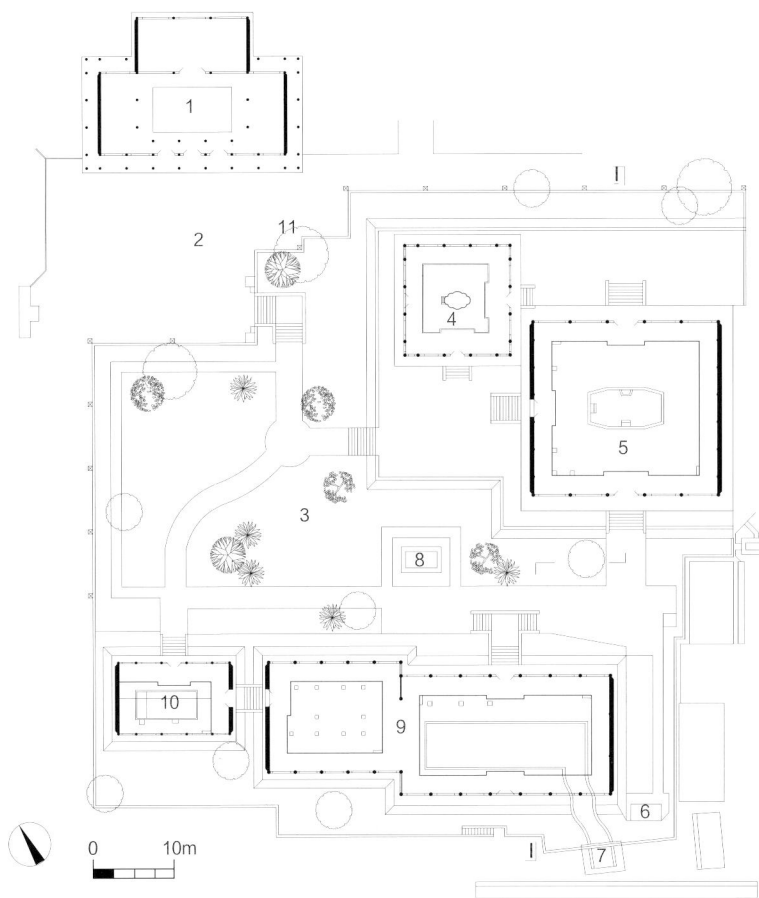

华清宫唐代御汤遗址博物馆首层平面图

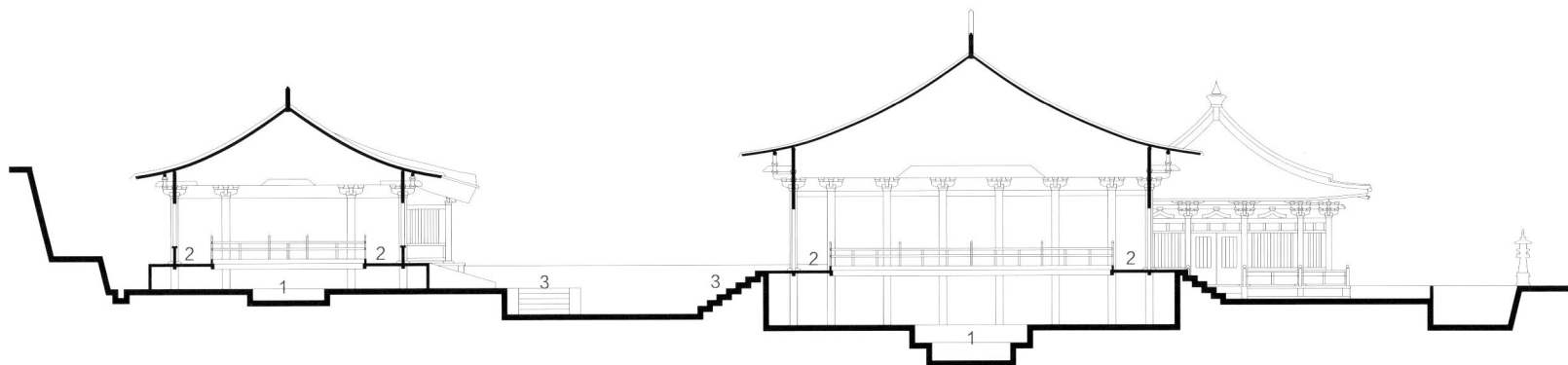

1. 汤池遗址

2. 参观平台

3. 室外台基

0　　　　10m

华清宫唐代御汤遗址博物馆剖面图

自西侧俯视全景

从馆前平台看海棠汤、莲花汤陈列厅

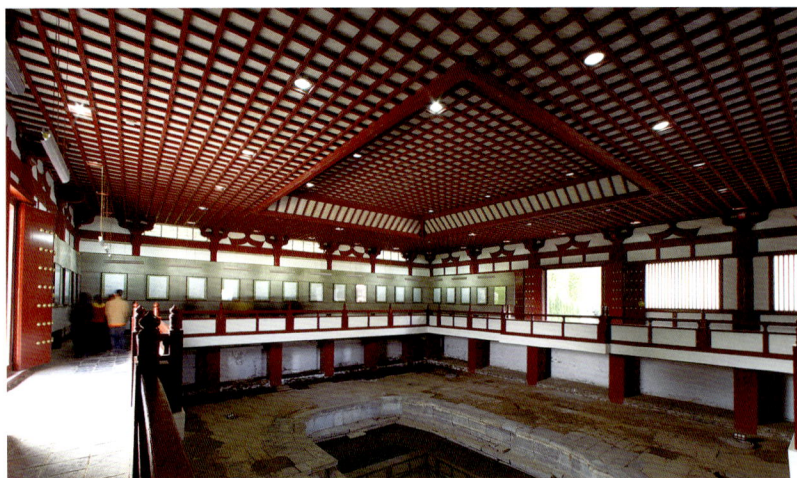

莲花汤内景

从偏殿陈列厅平台看太子汤遗址及莲花汤、海棠汤陈列厅

华清宫唐代御汤遗址博物馆鸟瞰

融入城市

一个成熟的建筑师是关注城市的建筑师，张锦秋院士所有的作品都与这座城市的环境密不可分。她曾说："当我们规划一座城市的文化环境建设时，首先要解决好这座城市文化的宏观取向，或者简称为文化定位问题。这是一个战略性的研究课题"。对历史的责任感和对城市建设的预见性使得张锦秋和她的作品熠熠生辉。1991年张锦秋获首批"中国工程建设设计大师"称号，1994年遴选为中国工程院首批院士。

对城市环境的关注是张锦秋院士创作的一大基点，早在20世纪90年代她就提出"城市文化孕育建筑文化，建筑文化彰显城市特色"的观点，主张建筑创作应因地制宜、因材制宜。她直面城市发展问题，结合古城的保护和发展，创作了一批既保护城市风貌，又闪耀着时代精神的作品。钟鼓楼广场及地下工程是她以城市设计的观点在西安中心做的一例"心脏手术"，是她从建筑单体转向城市设计的标志，其中也包括对更广阔的时空的思考。陕西省图书馆、美术馆是她在大型文化建筑中进行现代建筑地域化的尝试；大唐芙蓉园和曲江池遗址公园是她对中国传统园林的新诠释；群贤庄是她在人居建筑方面的探索。

2000年12月18日，中国首届梁思成奖颁发给国内包括吴良镛、齐康、莫伯治、关肇邺等在内的9位建筑师，张锦秋是其中唯一的女性建筑师，这是对张锦秋的建筑创作的极大肯定和鼓励。她本人也于次年出任西安形象大使。就像巴塞罗那的高迪一样，我们同样可以说西安是"锦秋的长安"。

敦煌国际大酒店

城市肌理

100m

客房楼及酒店入口实景

　　该项目位于敦煌市中心，为中外合资三星级宾馆。考虑到敦煌在汉唐盛期即为中西文化交汇之地，故大酒店的建筑风格亦以传统与现代结合为特色。结合功能合理分区，平面布局为C形。南段为七层客房楼，内含宾馆入口及停车场，北临内花园。北段为地上二层，地下一层为后勤及动力中心。中段为公共服务设施。建筑平面较多采取弧形。以象征手法，通过弧形实体与空间、抽象化的"重楼"、月牙形水池以表现沙漠、莫高窟与月牙泉的流畅、浑厚、质朴的风格。由于敦煌地处沙漠，旅游季节骄阳似火，故吸取本土民居的经验，客房均采用洞窗，适应当地气候条件。项目于1996年建成。

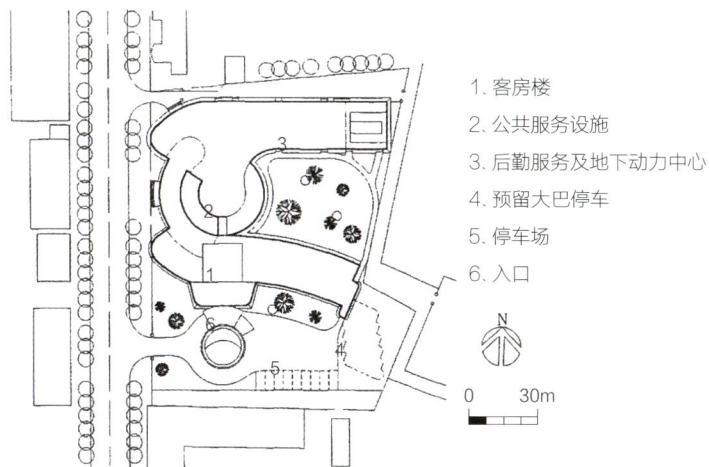

1. 客房楼
2. 公共服务设施
3. 后勤服务及地下动力中心
4. 预留大巴停车
5. 停车场
6. 入口

N

0　　30m

总平面图

效果图（张锦秋手绘）

北岛——爱丽丝大厦

该项目位于西安古城南北干道之北大街上，南临西华门，是城市规划中允许建高层的 20 个点之一。设计考虑了西安北大街从钟楼到北门的城市设计，位于北大街西华门十字西北角的北岛——爱丽丝大厦与东北角的项目以双塔出现，对钟楼或北门形成框景，也是北大街街景起伏的节点，丰富了城市街道的天际线。建筑本身采用浅灰色玻璃幕墙，顶部采用轻盈的不锈钢坡顶造型，楼座入口设拱板，裙房沿街为骑楼、拱形门窗，均意在与古城历史文化协调，消隐建筑本身的体量。项目于 2000 年建成。

城市肌理
200m

总平面图
1.A 座　2.A 座入口　3.B 座　4.B 座入口　5.室外停车场　6.卸货口
7.商场入口　8.二期 C 座、D 座　9.北大街　10.西华门大街

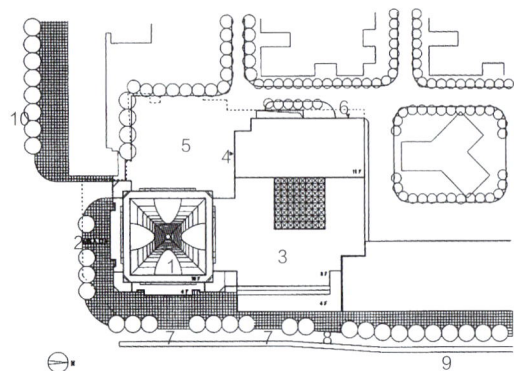
大厦建成实景

方案效果图

大慈恩寺修建规划、玄奘三藏法师纪念院、大雁塔南广场

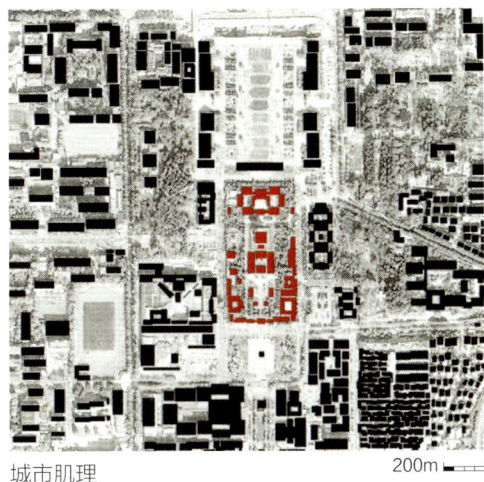

城市肌理

200m

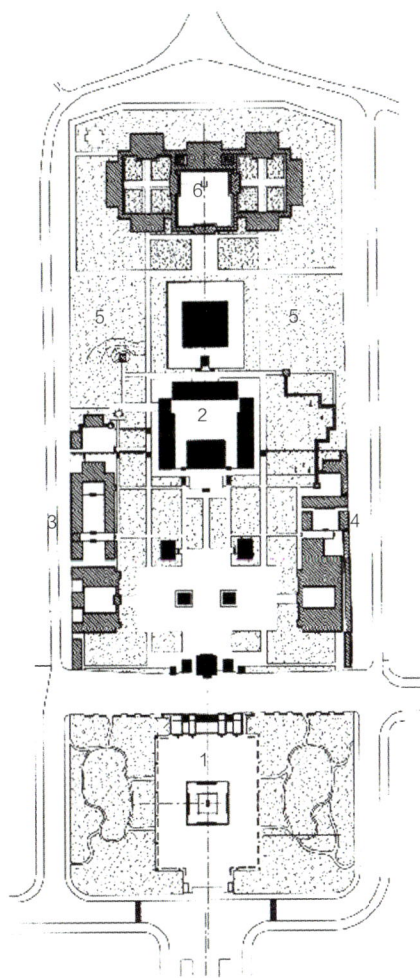

总平面图

1. 大雁塔南广场　2. 寺庙原有中轴庭院　3. 僧人用房
4. 旅游服务用房　5. 寺庙园林　6. 玄奘纪念院

慈恩寺为唐代皇家寺院。至 20 世纪 90 年代初，寺庙仅存唐大雁塔及塔与山门之间的清末民初的寺庙建筑群，环境破败，设计简陋。1993 年张锦秋院士接受委托，通过规划设计实现保护文物、完善功能、协调风格、增加绿地、优化环境的目标。全寺规划了中、东、西三路。塔体两侧为寺庙园林。塔北为相对独立的玄奘纪念院。根据国家文物局的规定，塔南的新增建筑为明清风格，塔北新增建筑取唐代风格。1995 年玄奘纪念院的设计充分体现了盛唐建筑风格，并根据用地形状，采用国内已无实例存在的横列三院式布局，三个庭院一主二次，取材于敦煌壁画中象征弥勒佛居住的兜率天宫。

20 世纪末新建的大雁塔南广场，基地东西宽于南北进深。以玄奘像为中心的纪念广场设在中部，使其尺度与大雁塔适应，仅占用地三分之一。东西侧为地形起伏的自然风致园林，保证周边的旅游项目与古刹的前序空间之间有较为清净、祥和的过渡。

作为项目的总设计师，张锦秋院士曾多次就玄奘纪念像的表情、神态与艺术家进行探讨，并巧妙处理了雕塑与塔互为映衬的关系，使名人、名塔相得益彰。当我们看到玄奘法师像就会想到那个家喻户晓的故事。雕塑艺术、佛塔、纪念院三位一体，各类艺术彼此尊重、情景交融。如今这一雕塑与大雁塔一同成为了新的地标。

项目于 2001 年建成，获 2001 年陕西省优秀设计一等奖、2002 年建设部优秀设计二等奖、2002 年国家优秀勘察设计铜奖。

玄奘纪念院中院

玄奘纪念院西院

规划设计实施后的整体环境

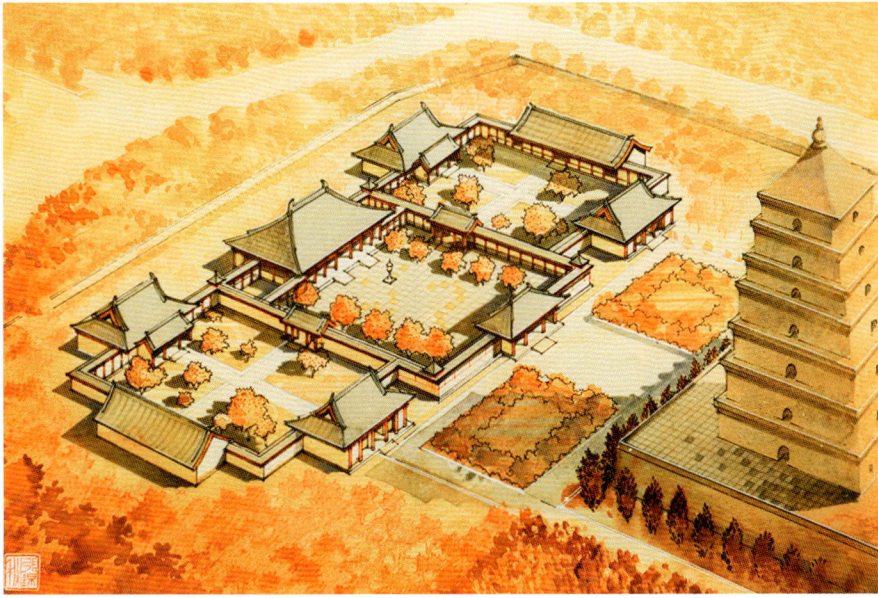

玄奘纪念院方案效果图（张锦秋手绘）

玄奘法师雕像与大雁塔

大雁塔南广场

西安国际会议中心·曲江宾馆

西安国际会议中心·曲江宾馆选址在西安南郊曲江旅游区，是 20 世纪 90 年代西安市为迎接西部大开发按照国际标准兴建的一组园林化、现代化的公共建筑。总体布局撷取了"曲江"意向，采取以水体为主景的园林化格局。建筑以二至三层为主，环湖布置。湖的西、南两面为客房群楼，构成静区。湖的东、北两面是国际会议、健身娱乐、餐饮等公共活动的动区。建筑造型简洁明快，随功能之不同，建筑自然呈平面错落和高低起伏的变化。楼间有游廊连接，起组织交通和丰富景观的作用。曲江宾馆功能完善，特色鲜明，较好地体现了城市特质，强化了城市功能，美化了城市环境，适应了城市发展的需求。2012 年张锦秋院士坚持增建了贵宾楼及宾馆室内更新，进一步完善了曲江宾馆的功能。这是张锦秋院士结合中国园林与现代建筑的新的尝试。

项目于 2000 年建成，获 2003 年陕西省优秀设计一等奖、2003 年建设部优秀设计三等奖。

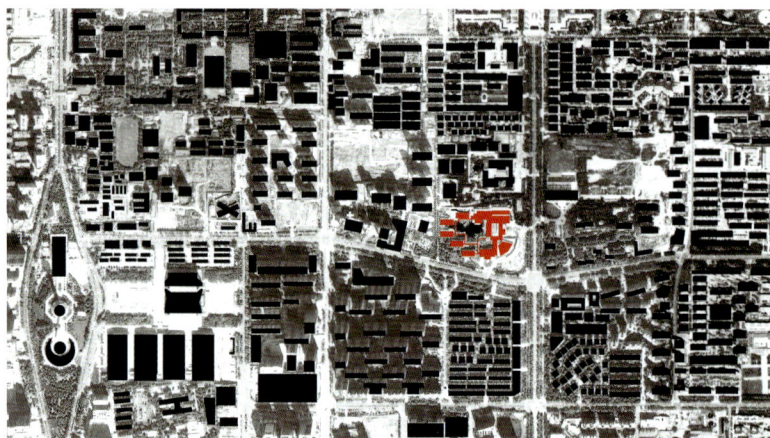

城市肌理　　　　　　　　　　　　　　　　　200m

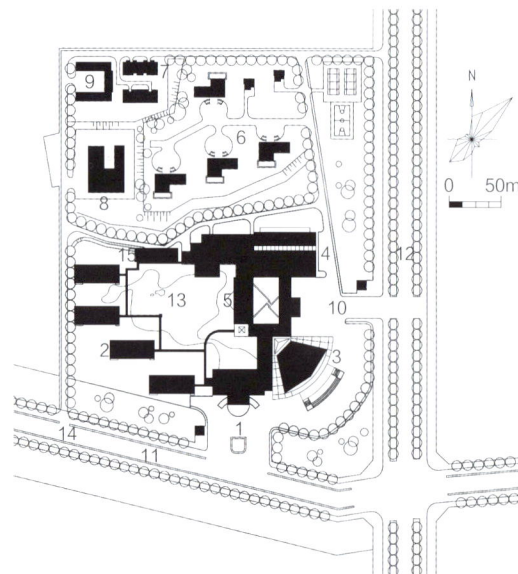

曲江宾馆总平面图

1. 主入口
2. 客房区
3. 会堂
4. 游泳馆
5. 餐饮 娱乐
6. 高级客房区
7. 职工宿舍
8. 动力中心
9. 辅助用房
10. 次入口
11. 规划路
12. 雁塔南路
13. 中心水院
14. 后勤入口
15. 二期扩建之贵宾楼

1. 大堂　　　　16. 小餐厅
2. 客房楼　　　17. 接待
3. 贵宾楼　　　18. 游泳池
4. 会议室　　　19. 桑拿
5. 商店　　　　20. 更衣沐浴
6. 休息厅　　　21. 消防防控
7. 门厅　　　　22. 戏水池
8. 会堂　　　　23. 中餐厅
9. 办公　　　　24. 主食库
10. 商务　　　　25. 副食库
11. 管理室　　　26. 水院
12. 大餐厅　　　27. 水池
13. 备餐　　　　28. 湖面
14. 厨房　　　　29. 曲廊
15. 服务

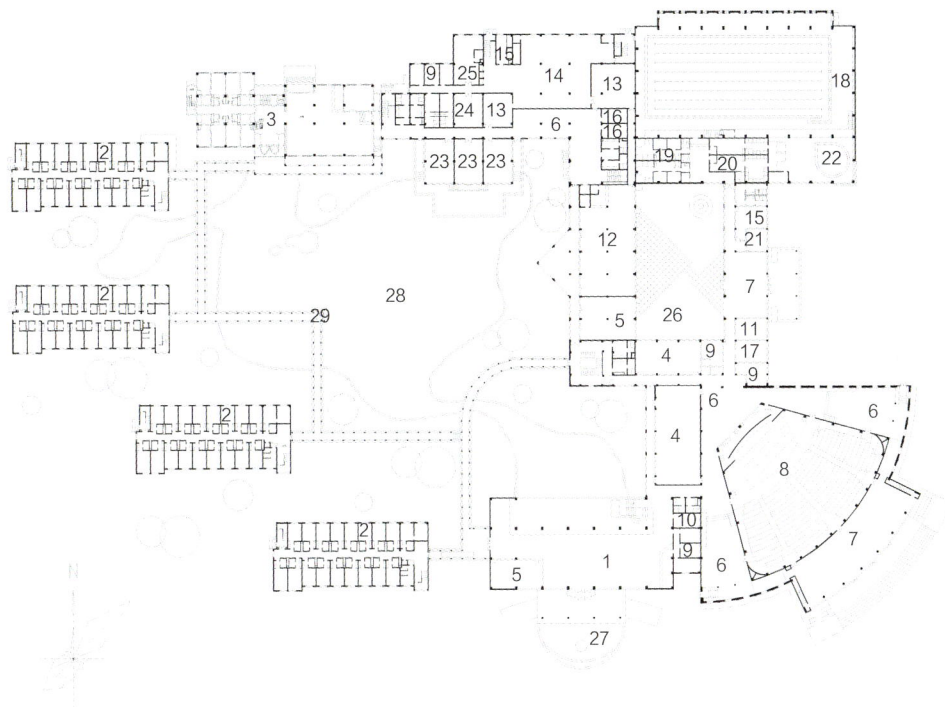

曲江宾馆首层平面图　　　　0　　30m

以水体为主的园林化格局

大堂茶吧实景一

大堂茶吧实景二

自助餐厅内景

庭院实景一

庭院实景二

1. 钟楼
2. 鼓楼
3. 商业楼
4. 绿化广场
5. 下沉广场
6. 下沉式商业街
7. 地下商城
8. 塔泉
9. 西大街
10. 北大街
11. 北院门回民街

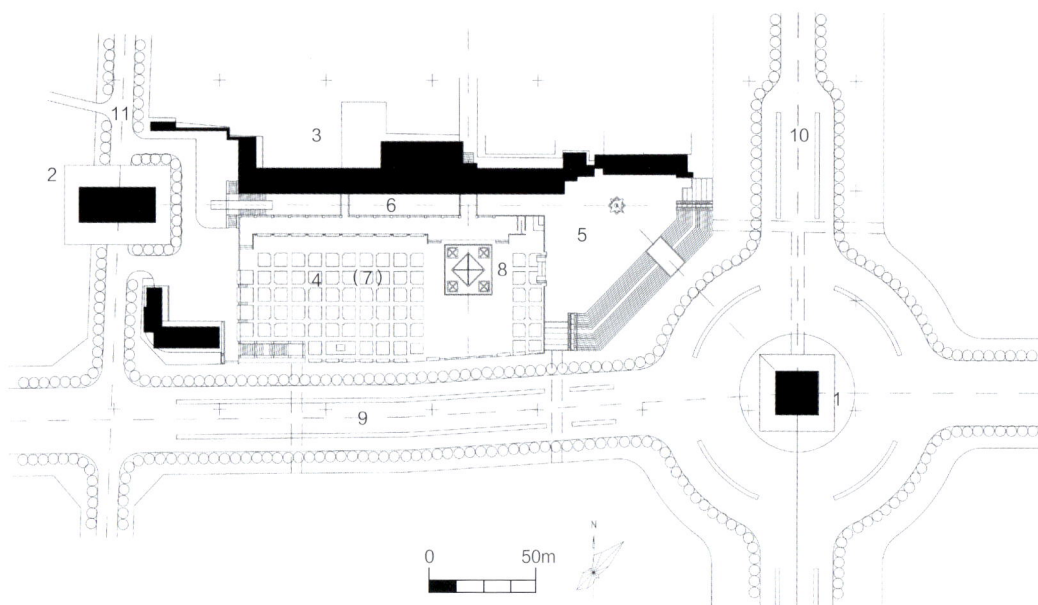

西安钟鼓楼广场总平面图

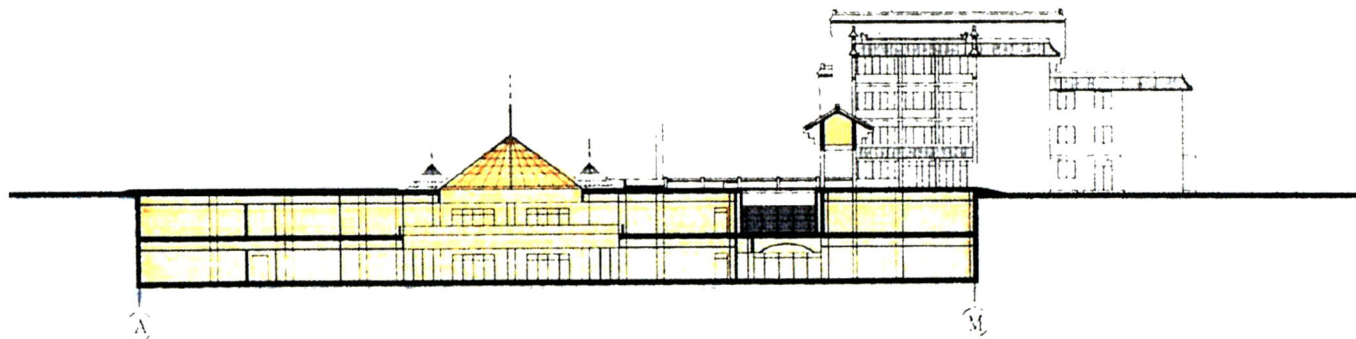

地下空间研究

西安钟鼓楼广场及地下工程

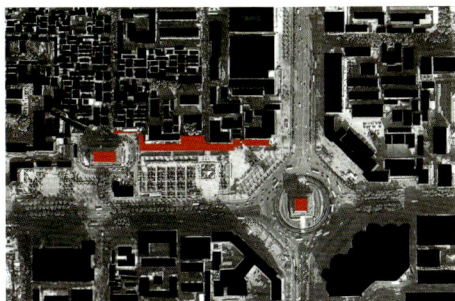

城市肌理　　　　　　　　　　50m

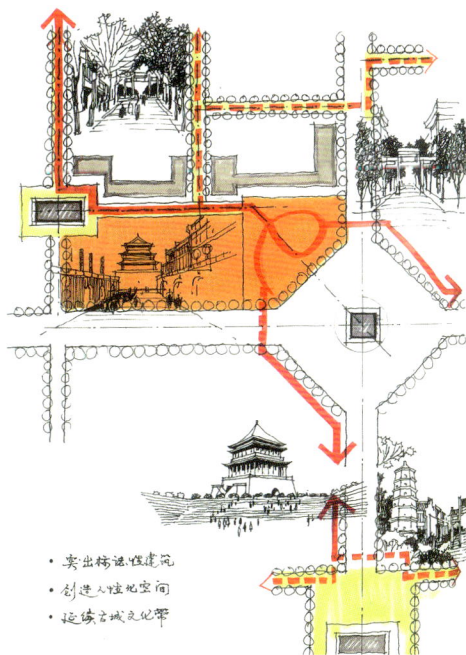

设计立意（张锦秋手绘）

　　钟楼、鼓楼是古城西安的标志性建筑，也是国内现存规模最大的明代钟鼓楼建筑。钟楼、鼓楼是我国北方城市的重要节点和特色，位于城市中心，以晨钟暮鼓报时。西安的钟鼓楼比例端庄、色彩华丽、气势宏大，二者相互衬托，相得益彰，构成了一道特有的风景线。1953年西安市第一轮城市规划确定钟楼和鼓楼两个广场，1983年的城市规划又将这两个广场合二为一，拟在钟鼓楼之间开辟一片富有地方特色的绿色休闲广场。

　　1995年开始设计建造的西安钟鼓楼广场是一项通过城市设计实现的古迹保护与旧城更新的综合性工程，包括绿化广场、下沉式广场、下沉式商业街、地下商城、商业楼。设计力求展现这两座14世纪古建筑的形象，使其历史内涵和地方特色得以充分发挥。环境艺术的设计沿着"晨钟暮鼓"这一历史意味浓郁的主题向古今双向延伸，环境中设置了城史壁、王朝柱、时光雕塑、塔泉、花钟等环境艺术品。在广场的处理上吸取了中国大型园林划分景区、组织景观、成景得景的经验和手法。在空间处理上吸取中国传统的空间组景经验，与现代城市外部空间的理论结合，组织了地上、地下、室内、室外融为一体的立体混合城市空间，为古城西安提供了一个接待国内外来宾的城市客厅。

　　钟鼓楼广场及地下工程是张锦秋院士走向城市的扛鼎之作，在此她强调的是城市空间，着重于各种开放空间的营造，而对新建筑则采用了低调背景式的处理。钟鼓楼广场及地下工程的成功在于总体的成功、城市设计的成功。

　　设计凸显了晨钟暮鼓这一主题，使这一历史景观共时于同一空间，在地下和北侧创造了大量的商业空间，极大提高了城市品位和开发价值，并且把各种交通流线，各类城市商业、城市开放空间安排得井井有条。解决了这些基本问题后，她又着力在艺术上提升和丰富空间环境，整个绿化工程是棋盘式格局的隐喻，在广场中不仅有时光雕塑、城史壁，还有记录西安十三朝古都的王朝柱，可惜这些设施因各种原因未能实现，使这一优秀工程没有达到预期的影响力。

　　该工程的另一重要特点是它的复杂性，考验着建筑师的协调能力。整个工程涉及的方面很多，每一方都有各自的利益和诉求，整个设计过程就是在处理矛盾事务中对和谐建筑理论中关于"和而不同，唱和相应"的应用。陈植总建筑师称赞该工程是一首莫扎特的音乐，当然这台交响乐的指挥和导演就是张锦秋院士。

　　钟鼓楼广场已是西安重要的城市客厅，是西安城市保护和发展的典范工程，它提供给我们重要的经验，为后续的建设和开发提供了借鉴。

　　项目于1998年建成，曾作为1999年世界建筑师大会参展项目，获2000年建设部优秀规划二等奖。

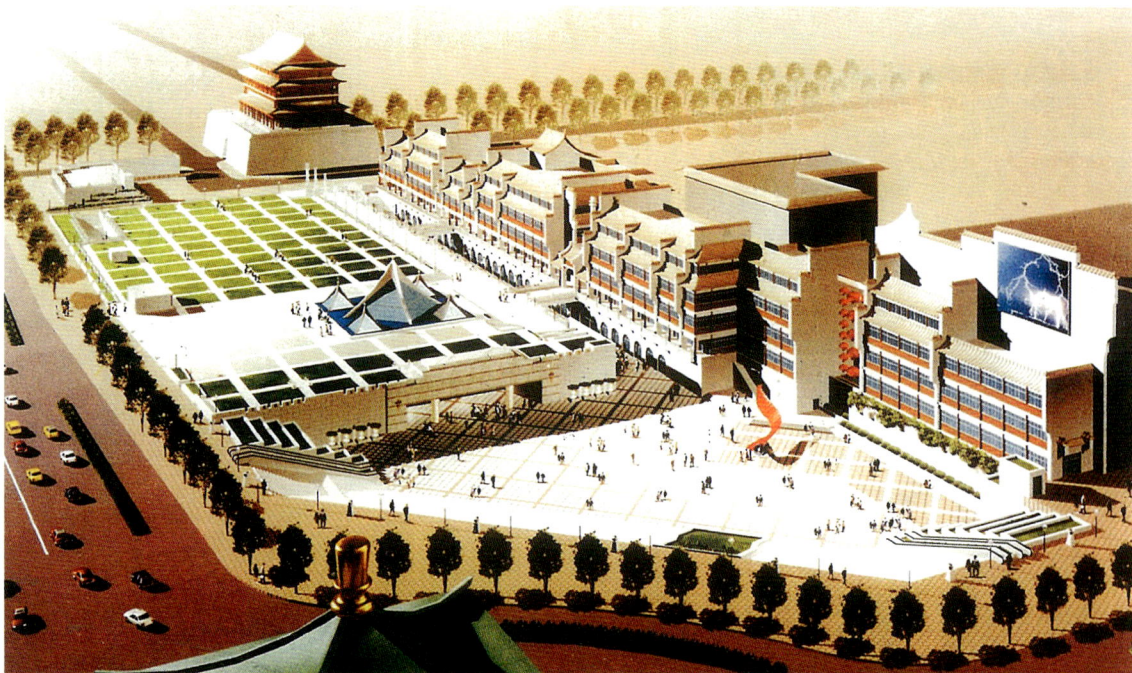
方案效果图

20 世纪 90 年代建成后实景

20 世纪 50 年代的钟楼，由南向北望

20 世纪 60 年代的钟楼，由西向东望

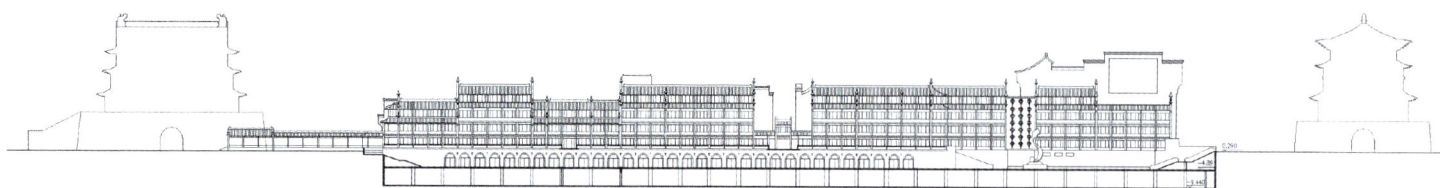

下沉街剖面图一

0   25m

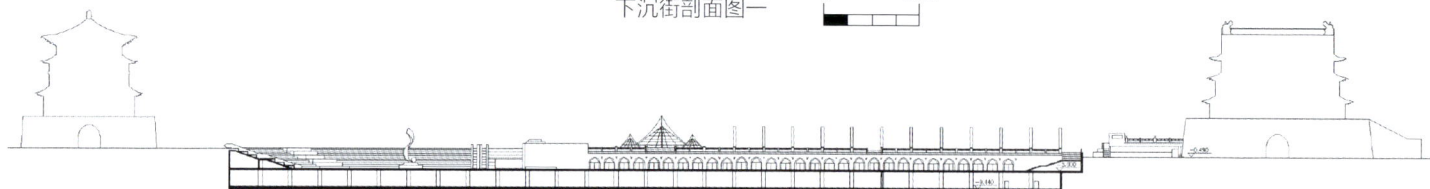

下沉街剖面图二

0   25m

从广场看鼓楼

第三篇　探索之旅

城市肌理

200m

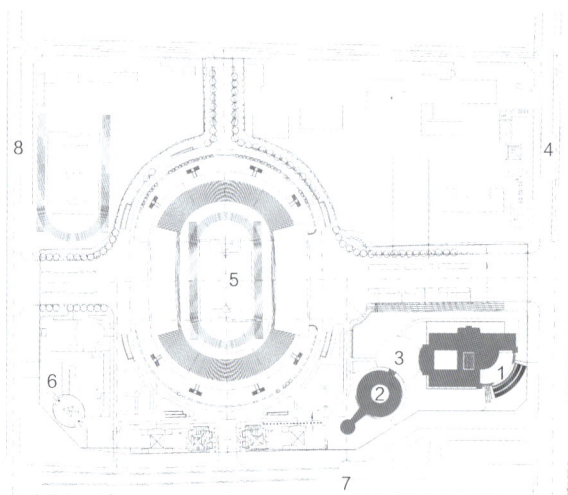

1. 图书馆
2. 美术馆
3. 文化广场
4. 长安路
5. 体育场
6. 信息大厦
7. 南二环
8. 朱雀路

区位图

陕西省图书馆、美术馆实景鸟瞰

陕西省图书馆、美术馆

20 世纪 90 年代中期举行了在陕西省体育场以南沿二环路的陕西省文化体育信息中心规划竞赛，按照中选方案，实施了全部项目。陕西省图书馆与美术馆就是该中心的重要组成，位于西安城市中轴长安路与南二环交口的西北角，在总体布局上保留了基地高于城市道路 4 米的地形特征，因为这一高地曾是唐长安城内有名的"六爻"中的第五爻，尊重这一历史地貌更有利于创造特定的文化环境气氛，在建筑艺术上追求典雅、文化品位和现代感。

由于基地局促，两馆之间采取高低错落布局，图书馆高踞坡顶，美术馆嵌于坡下。图书馆面向东南的主入口结合地形组织了一个极富文化氛围的半开敞空间。建筑檐部的形象具有一种飘逸、向上、充满活力的感觉。空廊的柱头、起翘的屋檐均抽象自汉代石造建筑构件，隐喻着中国最早的图书馆出自汉长安。美术馆为直径 60 米的圆形建筑，中心部位为四层通高的雕塑大厅，周围提供了开敞的展廊、尺度各异的展厅等。两个建筑通过采用相同的材料和色彩，相同的符号，如弧面、拱窗等的处理，在坡顶上共享圆形广场，在观感和功能上成为有机整体。

张院士在看完地形后，把图书馆、美术馆的选址调整在长安路与南二环的交叉口，这是她对城市特色研究和对城市深入了解的一个深思熟虑的决定。她认为要体现一个城市的文化特色，重要的标志性建筑应沿主要干道和城市节点布置，这不仅是中国传统城市的营造特色，同时也被美国城市学家凯文·林奇关于城市意象的理论所验证。让图书馆和美术馆伫立在汉唐历史的高地上更具有象征意义。作为一个建筑师，张锦秋院士总能站在一个高度，也是她

的过人之处。她要求每一个项目首要的是姿势，是态度，是正确的定位、定性。

她认真研究过图书馆的功能，对藏、借、阅的流线认真梳理，坚持图书馆一定以自然通风为主，提出了可以自然通风和具有良好功能的工字型平面，由于地处道路转角，在临道路侧形成半圆的转角，设置主要入口。建成二十年来，不知从这里走出了多少读者，它为喜欢读书的人营造了一个阅读和交流的场所，在喧嚣的商业社会开辟了一方净土。

建筑形式她主张具有典雅的现代主义，富有浪漫色彩，同时在装饰上又强调汉代的色彩、肌理，柱廊的尺度都是她一一画图，做出样板后再全面施工。她具有丰富的工地实践，这是她在研究生时就有的经验，因此对每一细部她都会到现场感受，做出样板后才最终确定。

对于这些文化建筑，她坚持雕塑、书法的一体化设计，亲自选择罗丹的思想者放在图书馆的大台阶上，图书馆内部则悬挂六幅碑刻，亲自选定古今中外有关治学的名言，请陕西的著名书法家书写，塑造了浓郁的读书氛围。陕西省图书馆、美术馆设计于 1995 年，二十年过去了，它仍是西安南二环最具文化品位、传统特色和现代精神的建筑群。

作为张院士的助手，我全程参与了文体科中心的规划和图书馆的设计，最大的体会是跟随张大师设计过程本身就是一个建筑师再培养、再教育的过程。

项目于 2001 年建成，获得 2003 年陕西省优秀设计一等奖、2003 年建设部优秀设计二等奖。陕西省图书馆获 2004 年全国优秀勘察设计铜奖。

1 图书馆
2 美术馆
3 文化广场
4 长安路
5 南二环

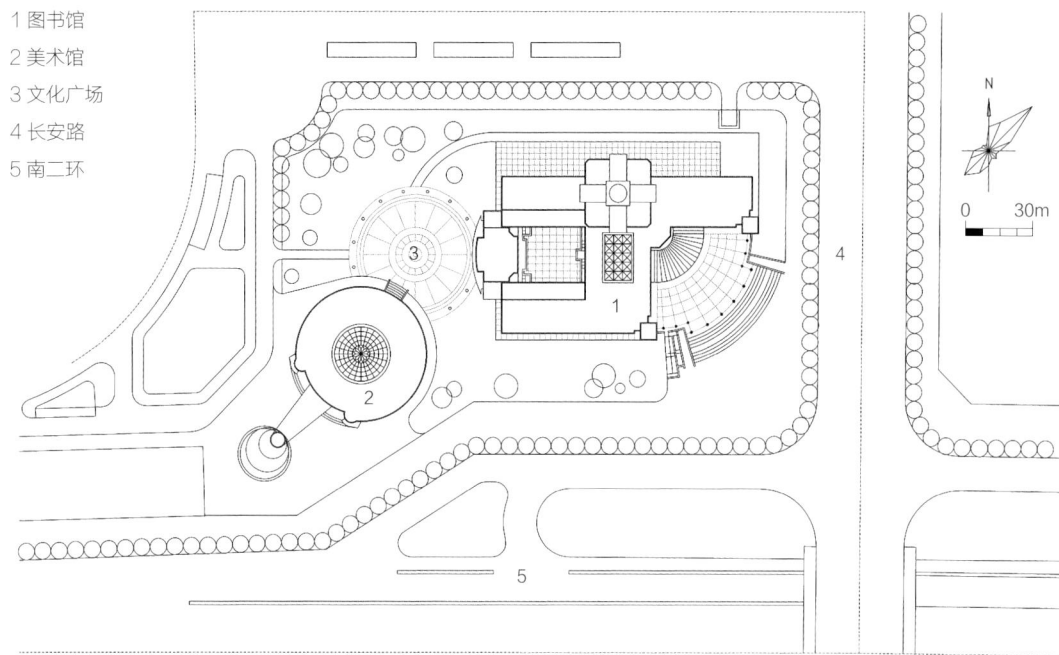

图书馆与美术馆总平面图

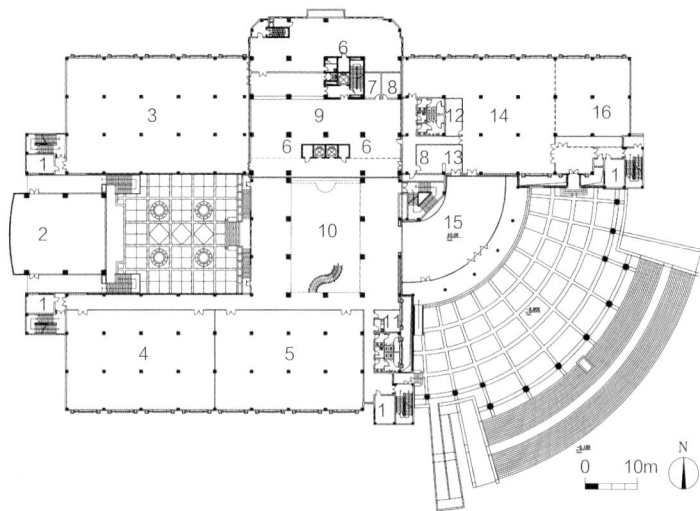

图书馆一层平面

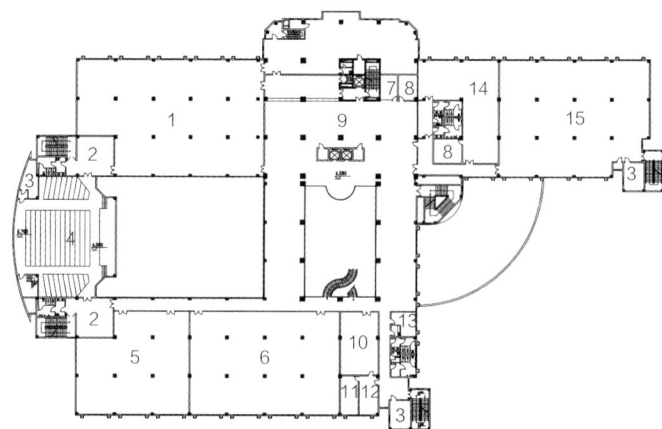

图书馆二层平面

1. 风机房	7. 咨询	13. 存包
2. 多功能厅	8. 管理	14. 报纸
3. 外借库	9. 目录厅	15. 门厅
4. 中文期刊	10. 中厅	16. 图书展销
5. 外文期刊	11. 复印	
6. 配电	12. 办公	

1. 外借库	6. 中文社科阅览	11. 馆长
2. 休息厅	7. 咨询	12. 接待
3. 风机房	8. 管理	13. 复印
4. 报告厅	9. 目录厅	14. 内部参考
5. 中文自科阅览	10. 会议室（兼接待）	15. 文艺阅览（外借）

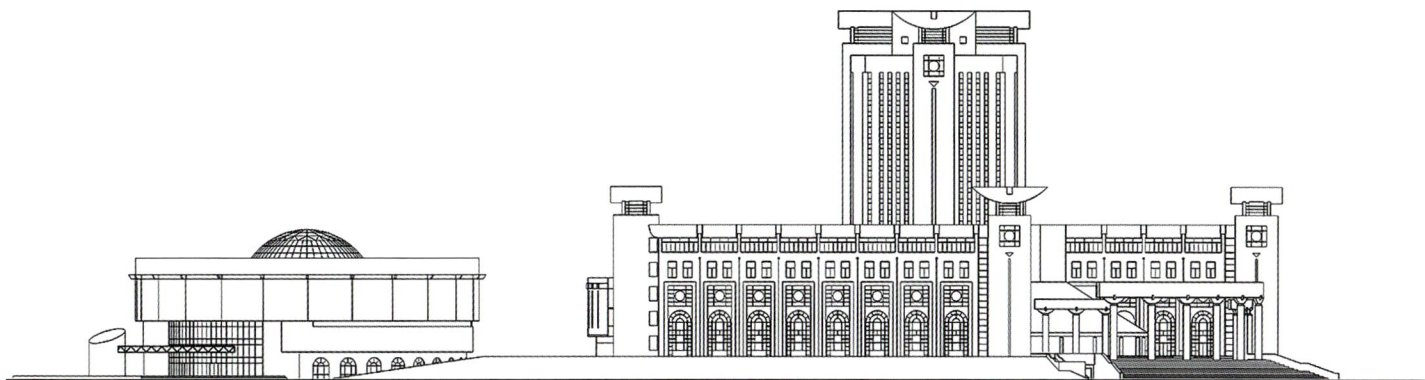

陕西省图书馆、美术馆南立面图　　　　0　10m

入口门廊

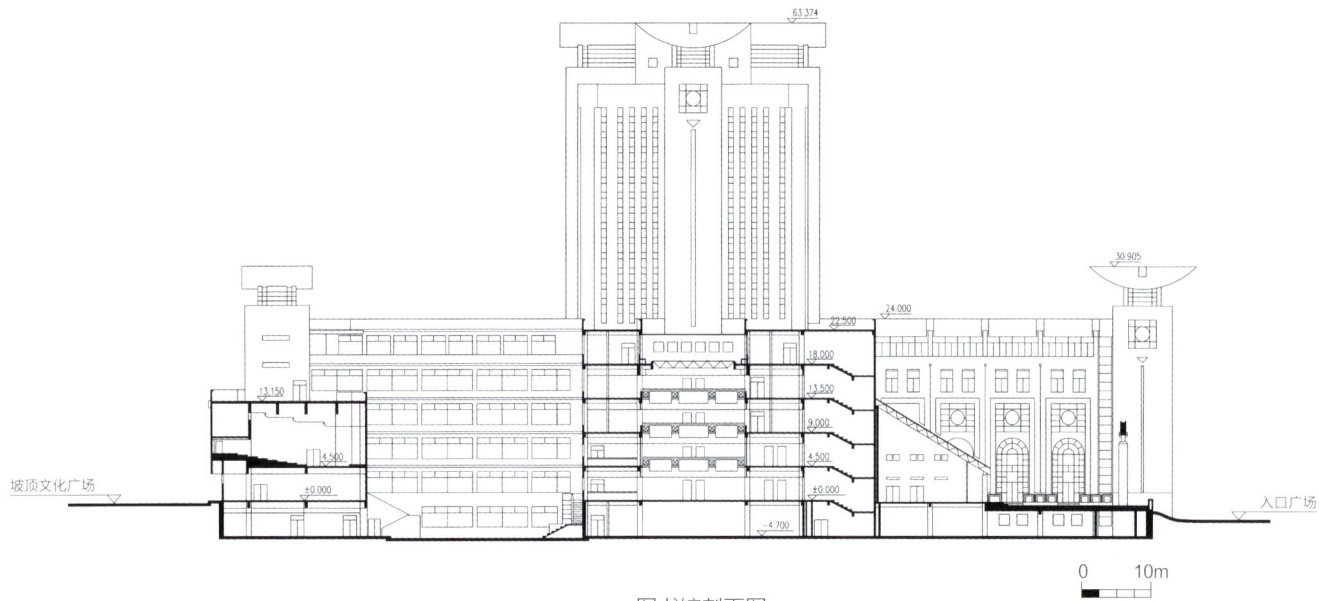

图书馆剖面图

坡顶文化广场

入口广场

0   10m

左上：图书馆门厅内景

左下：图书馆内庭院

右图：图书馆大厅

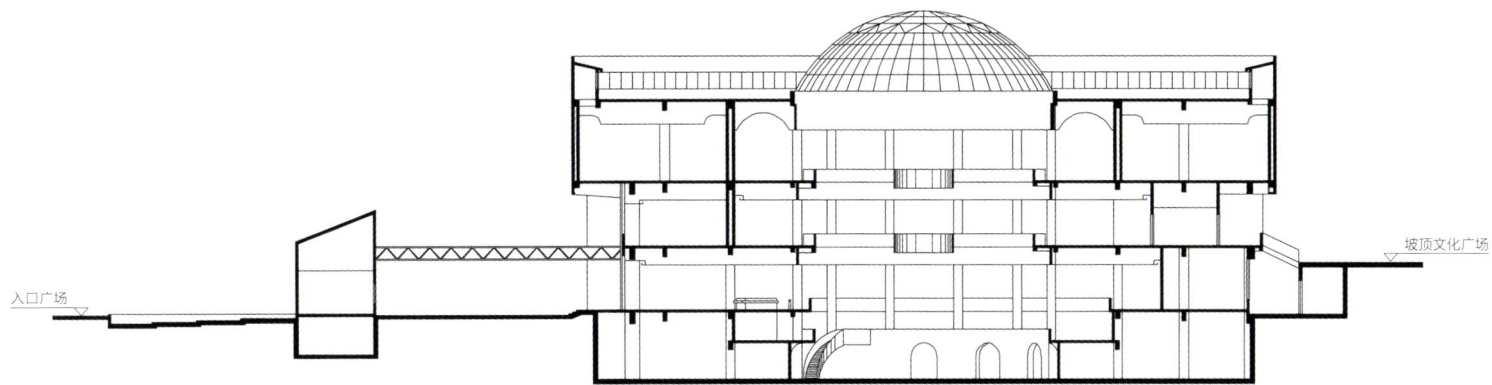

美术馆剖面图

0   10m

入口广场

坡顶文化广场

从西面看美术馆

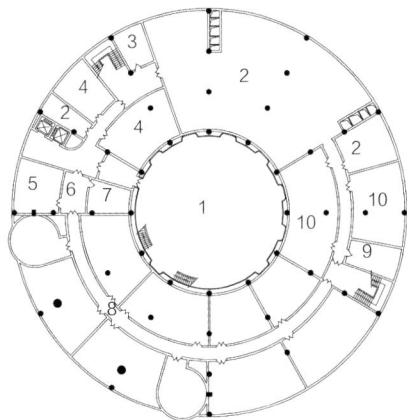

地下室平面图

1. 中心展厅
2. 设备机房
3. 库区值班室
4. 暂存厅
5. 陈列工作室
6. 缓冲区
7. 管理室
8. 藏品库
9. 办公室
10. 行政库

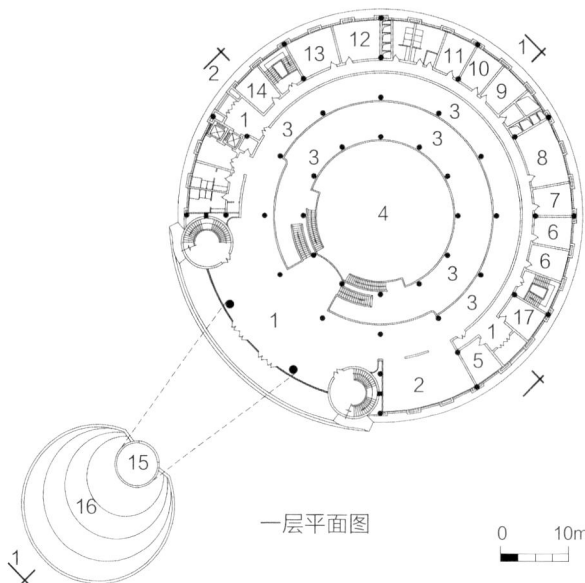

一层平面图

1. 门厅
2. 休息厅
3. 展廊
4. 中心展厅
5. 中心控制室
6. 办公室
7. 接待室
8. 会议室
9. 装裱室
10. 修复
11. 摄影
12. 熏蒸室
13. 鉴定编目
14. 资料征集
15. 票亭
16. 跌落水池
17. 值班室

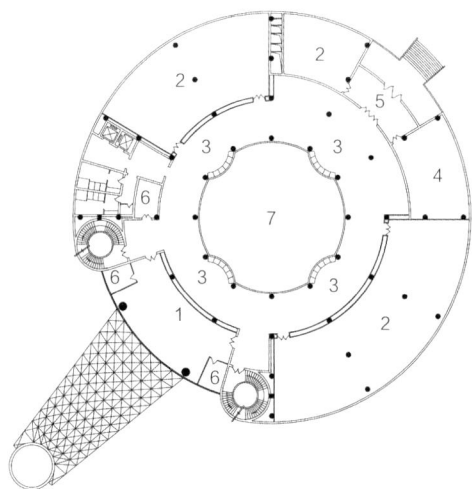

0   10m

二层平面图

1. 会议厅
2. 展厅
3. 休息廊
4. 活动室
5. 门厅
6. 工作室
7. 中厅上空

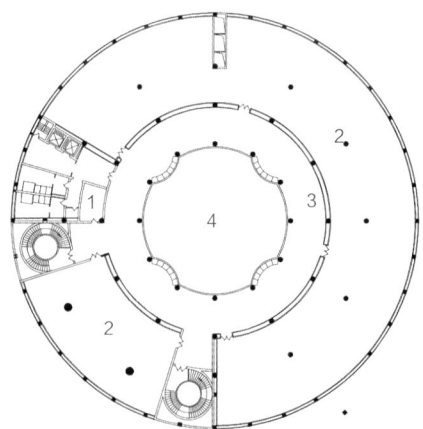

三层平面图

1. 工作室
2. 展厅
3. 休息廊
4. 中厅上空

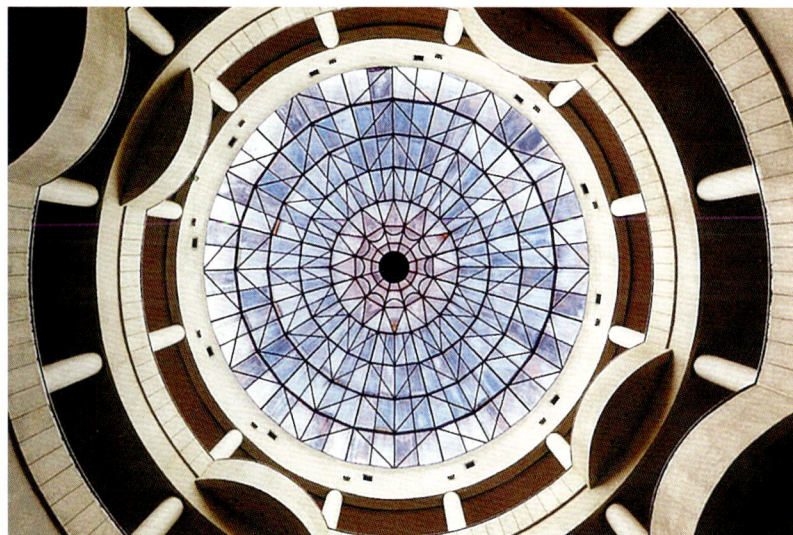

左上：一层、夹层展廊
左下：中心展厅

右上：三层展厅
右下：中厅上空

西安博物院

西安博物院是以唐小雁塔为标志，形成荐福寺古建筑群、博物馆、公园三位一体的博物园区。新建的博物馆选址在场地西南角，与小雁塔保持了良好的视距。博物院总体规划以寺庙中轴南端的山门为博物院之正门。因而在布局上博物馆入口向东朝向中轴线，以处理好与寺庙建筑群的关系。北面利用人工湖水为界，使博物馆有相对独立的环境，又与公园互为景观。建筑构成借鉴传统"明堂"，注重全方位形象完整的手法，并体现"天圆地方"的传统理念。方形台座和馆体厚重敦实。从中有一圆形玻璃大厅拔地而起，隐喻着新的历史萌生于厚重的历史积淀之中。整座建筑的色彩、风格与小雁塔和谐共生。

张锦秋院士的建筑创作注重场所精神，每一项目都要与所处环境协调，西安博物院注重与小雁塔的总体关系，而且体现小雁塔的俊秀与新建筑的秀美，在艺术精神上达到形合、意合和神合。这时的创作已经摆脱了纯粹的唐风，开始追求一种新的表现手法，更加现代、洗练。项目于 2008 年建成。

城市肌理　　　　　　　　　　　　100m

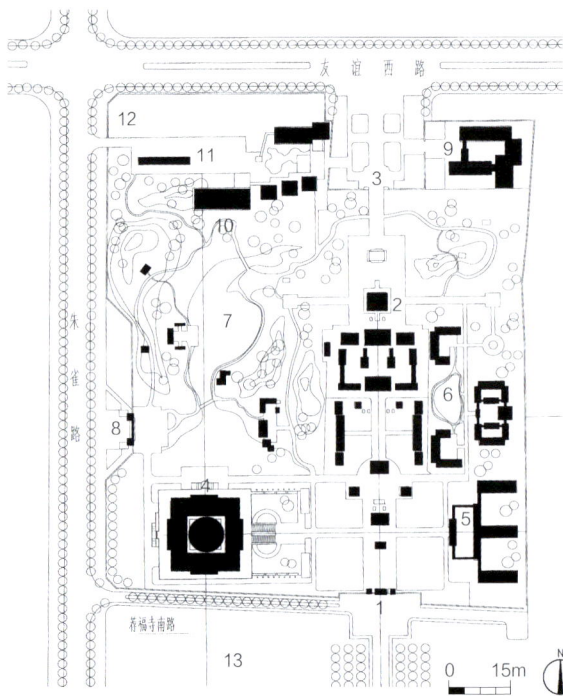

1. 南大门（寺庙山门）
2. 小雁塔及原寺庙建筑群
3. 北大门
4. 市博物馆
5. 文物库及辅助用房
6. 民俗博物馆
7. 小雁塔公园
8. 公园大门
9. 管理部门
10. 餐饮、商业
11. 动力中心
12. 后勤入口
13. 控制用地

0　　15m

西安博物院规划总平面图

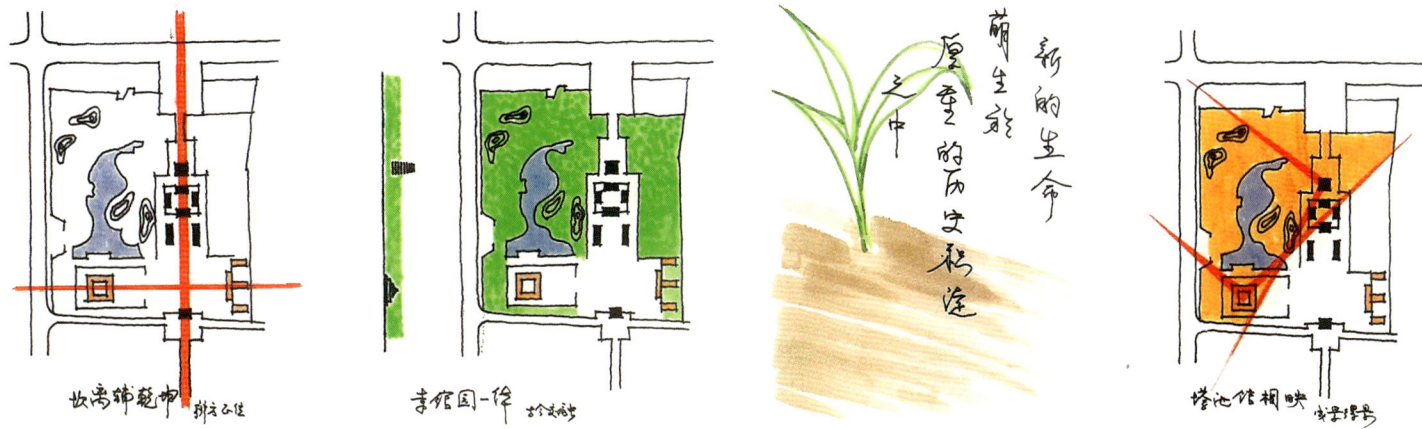

设计立意

市博物馆与小雁塔

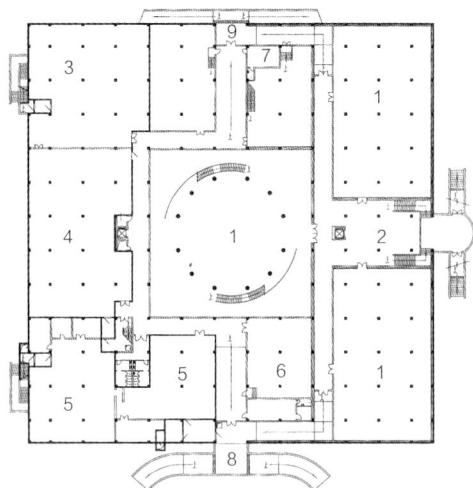

地下层平面图

1. 基本陈列 2. 休息厅 3. 铜器库 4. 瓷杂库
5. 等级文物 6. 临时周转 7. 值班 8. 库区主入口 9. 库区次入口

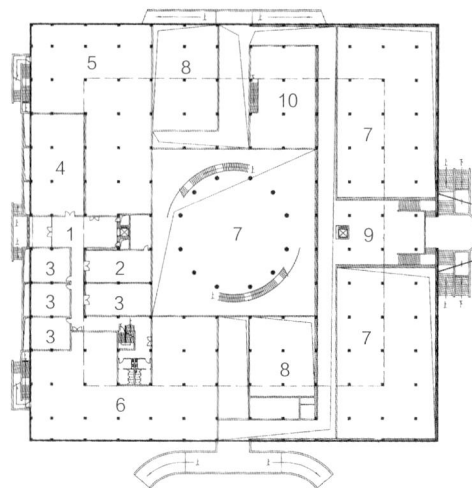

地下夹层平面图

1. 办公门厅 2. 接待 3. 管理 4. 陈列部 5. 字画碑帖库
6. 陶器库 7. 基本陈列上空 8. 文物库上空 9. 休息厅上空 10. 文物库

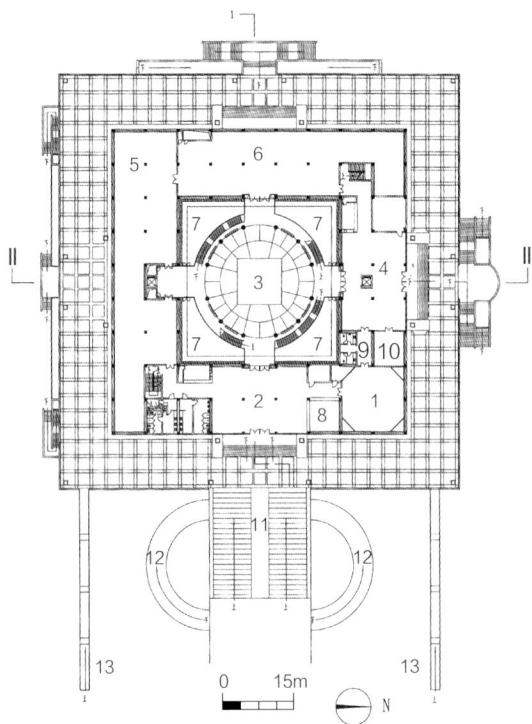

首层平面图

1. 报告厅 2. 东门厅 3. 中央大厅 4. 北门厅
5. 基本陈列 6. 临时陈列 7. 室外展院 8. 纪念品商店 9. 控制室
10. 贵宾接待 11. 主入口台阶 12. 库区入口坡道 13. 残疾人坡道

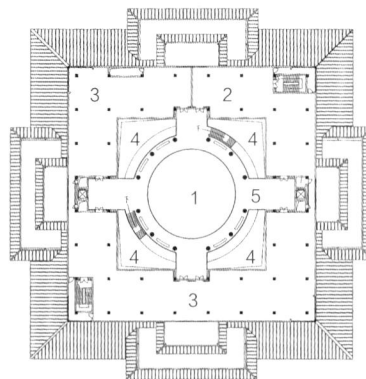

二层平面图

1. 中央大厅上空 2. 精品陈列 3. 基本陈列 4. 室外展院上空 5. 环道

西安博物馆东入口广场

中央大厅

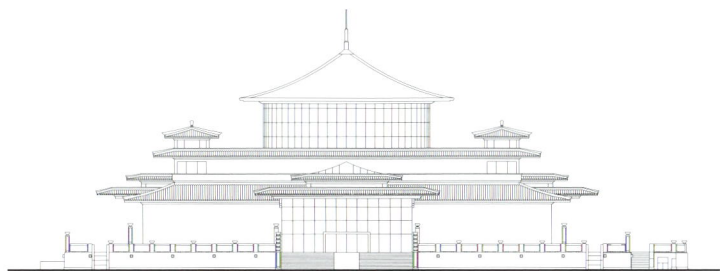

东立面图

0   15m

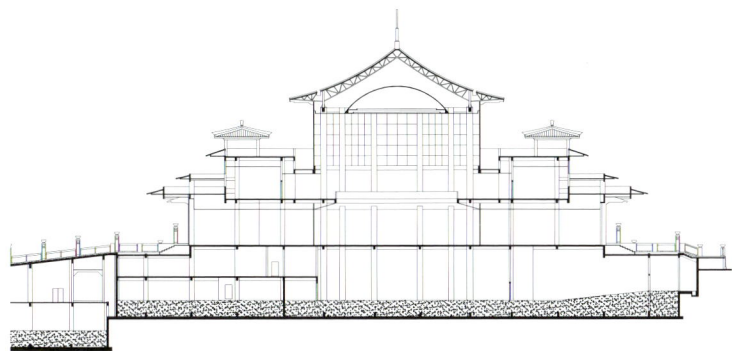

剖面图一

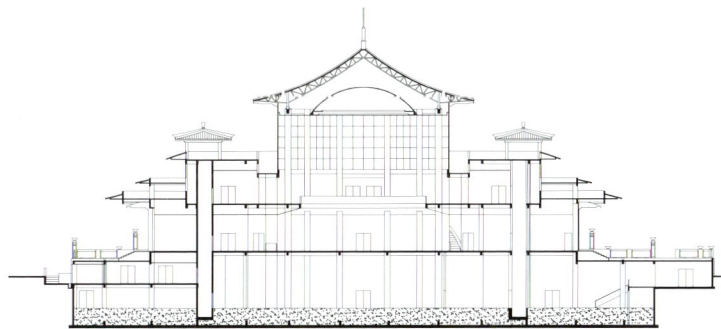

剖面图二

右上：二层展厅
右中：地下中心展厅
右下：地下层休息厅

群贤庄鸟瞰图

城市肌理

100m

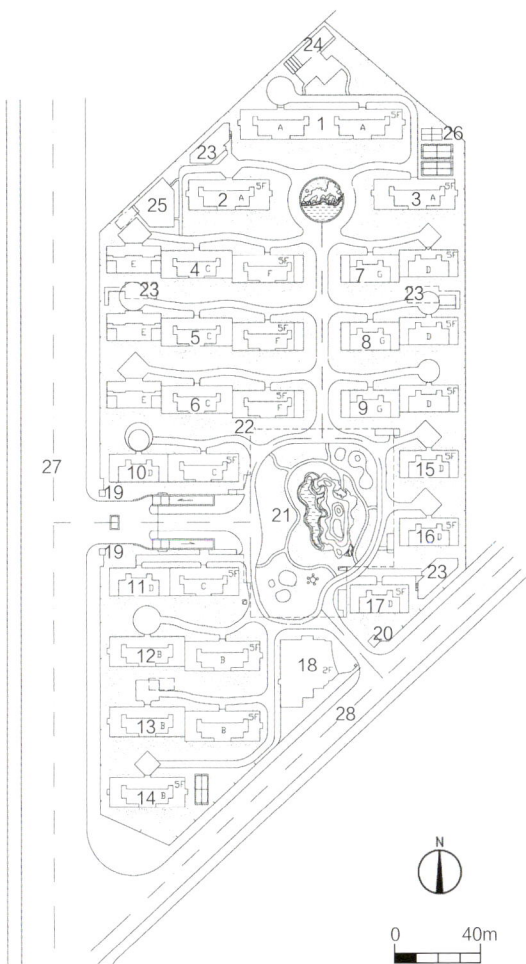
群贤庄小区总平面图

1-17.住宅（5F） 18.公建（1-2F） 19-20.门卫 21.中心花园（地下车库（2F）） 22.地下车库 23.半地下自行车库 24.花房 25.篮球场 26.乒乓球场 27.唐延路 28.群贤路

群贤庄小区

　　群贤庄小区在规划立意之初，张锦秋院士认为要从文化上融于古都西安，体现西安特色。她重点把握了四个环节：首先是群贤庄的命名，群贤庄位于盛唐长安王公贵族、文人雅士聚居的群贤坊遗址之上，据说这里也曾是大诗人李白、才女上官婉儿的居住之所，故此这座建在"风水宝地"上的现代小区，沿用了群贤之名；设计在考虑建筑功能现代化、审美情趣现代化的同时，在内部空间、外部空间和建筑艺术造型三个环节上精心处理，坚持传统与现代结合，考虑到人们对于现代居住环境中的生活方式、习俗、情趣、品位的关注；吸取我国传统四合院住宅内外有序、动静有别的特点，进行各户的平面布局；建筑艺术造型上，则是通过与功能空间相结合的体型变化、坡屋面的处理、天然石材的饰面和铺砌，以及阳台栏杆式样的选择，创造出简洁、质朴、自然的建筑艺术形象。群贤庄住宅没有用一个唐代建筑的符号，也没有其他的附加装饰，建成之后却被居民广喻为"新唐风"，这实在是取其精神的缘故。同时，设计还超前地采用了多项绿色节能技术。

　　这是张锦秋院士少有的人居类项目。群贤庄占地不大，看似漫不经心，布局简单，丝毫没有设计的痕迹，实则匠心独运，整个空间跌宕起伏、山回路转、错落有致，在简单的环境中巧妙地营造出中国山水画般的诗情画意。建筑朴素典雅，处处体现人文情怀。整个小区环境有一种静谧的世外桃源的氛围。

　　这是平凡中的灿烂，体现一个建筑师的功力，展现出大匠的风度，也表现出张锦秋院士创作范围的广度和深度。这组具有传统居住气息的现代建筑，或许与她少年时居住上海的经历有关，与她长期对中国园林的考察有关，是生活体验的一种综合表现。

　　项目于2002年建成，获2002年4月建设部住宅产业化促进中心"AAA"级认证、2003年建设部优秀设计一等奖、2004年全国优秀勘察设计金奖、2004年中国建筑学会建筑创作佳作奖、2009年新中国成立60周年中国建筑学会建筑创作大奖。

四季群贤庄

屋顶花园

中心花园与瀑布

中国科学院地球环境研究所

城市肌理

100m

中国科学院地球环境研究所位于西安南郊西安高新技术开发区内，东临唐城墙遗址公园。为创造良好的绿化环境，设备及后勤用房设在实验楼的地下室中。按功能构成将建筑分成三个体部，实验用房构成主楼，公共性质的用房作为前楼，公寓作为后楼。三者体量、高低各异，在实验楼东端合成一半开敞庭院，丰富了空间层次，塑造了高低错落有致的建筑形体。整组建筑简洁、朴实、体现科学研究建筑的精致之美。项目于2001年建成。

N

0   30m

总平面图

1. 门卫 2. 门厅及会展 3. 实验楼 4. 接待、值班
5. 下沉小院 6. 绿地 7. 科技一路 8. 沣惠南路

从东南侧绿地上看实景

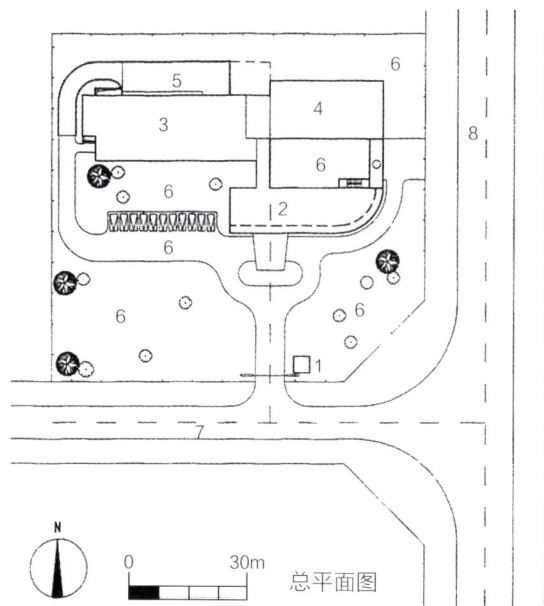

从东侧道路上看实景

华清宫文化广场

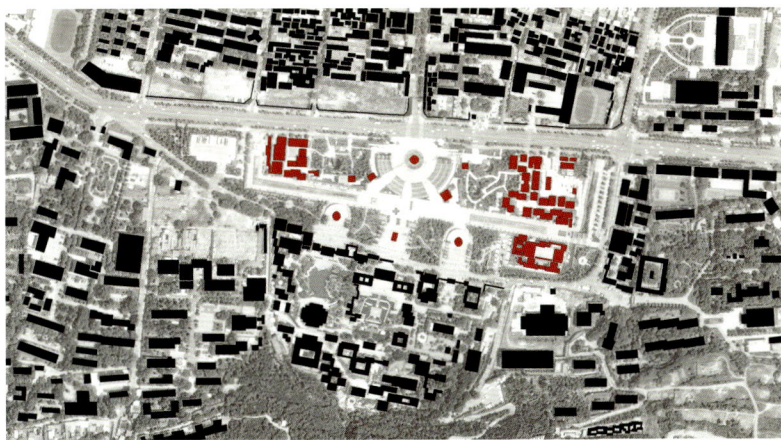

城市肌理

100m

华清宫文化广场（后甲方更名大唐华清城）位于西安市临潼区，这里有著名的唐华清宫遗址，由于大诗人白居易描述唐明皇李隆基与杨贵妃的缠绵爱情与政治悲剧的《长恨歌》，华清宫更是蜚声中外。

唐华清宫遗址包括离宫宫城、禁苑与昭应县城三部分组成，本项目正处于昭应县城南部和离宫北宫墙外的县宫过渡地带。整个基地在沿华清宫的华清路与西安至秦兵马俑的快速干道书院街之间，东西长810米，南北宽50~200米不等，呈不规则楔形，面积达12公顷。

根据"华清宫遗址保护规划要求"：华清宫与昭应县城之间地块为一般保护区，是禁建区，只能用作城市公共绿地；沿昭应县城遗址是禁建区，只能用作城墙保护展示区；书院街以南，昭应县城城墙带圈内用地为建设控制地带，可作为文化休闲服务区，建筑控高为9米。如何统一考虑这一系列的因素，塑造和谐的整体，的确考验建筑师的创造力。

方案规划特点：保护"城—宫—苑"的唐代城市空间格局和保护并展示重大遗址；保护基地内南北高

差10米的地形地貌特征；优化华清宫与骊山风景区北侧的生态文明环境、历史文化环境和旅游服务环境，营造临潼"中国御温泉之都"的城市形象；为临潼区市民提供生态化、人文化、现代化的休闲广场。规划布局为以长恨歌广场为主的四位一体广场群，唐昭应城墙遗址保护展示区，自然生态化园林区，地下开发、地上传统布局式商业区，将传统与现代完美结合，将旧城区与风景区自然衔接。

张锦秋院士在正对城市干道的轴线上设计了一个弧形空间，这个城市广场的中心布置了以长恨歌为主题的大型雕塑，以骊山为背景，成为控制场所的中心，创造出具有独特魅力的诗意空间。

从长恨歌广场放射出三条轴线，分别与华清宫内的三条轴线相对，并在节点处分别布置了春寒赐浴雕塑、霓裳羽衣雕塑与温泉铭雕塑；在中心广场两侧布置了大面积公园绿地，更远的两侧设计了高低错落的商业街；以华清宫北侧的唐昭应县城墙和城门遗址为背景，在华清宫门前形成了沧桑的历史氛围，提升了城市环境的历史感。在保护环境的前提下，通过约6万平方米的地下空间开发，为必要的商业服务设施创造了条件。

华清城为不同的人提供了不同的空间场所和不同的感受。每当夜幕降临，它就成为《长恨歌》情景剧的序曲，同时也成为当地老百姓休闲活动的舞台和游客恋恋不舍的漫步场所。

张锦秋院士感慨地回忆，这是她最难的一个设计。也是张锦秋院士第一个作品诞生的地方，开发商曾宣传：大唐华清城是她的封山之作，实际上建筑师的创作像一条射线只有起点、没有终点。创作像一个立体的环，周而复始，螺旋上升。项目于2012年建成。

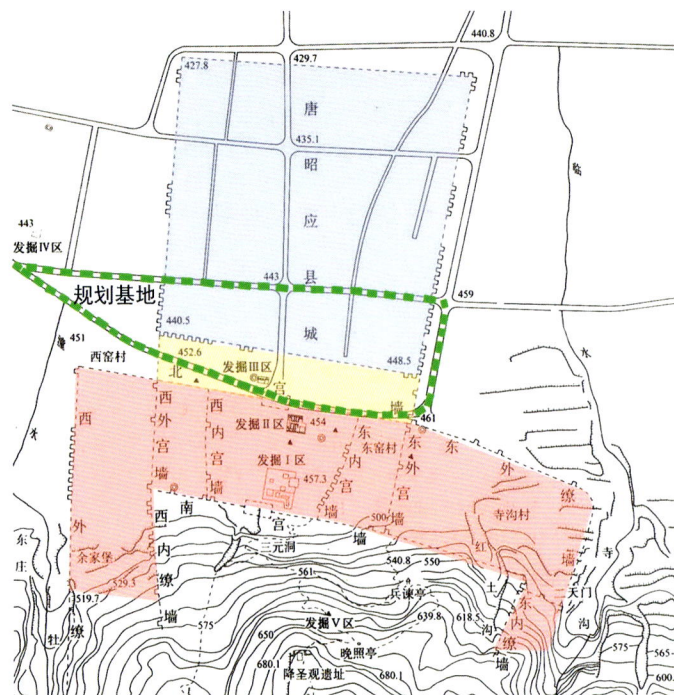

唐华清宫和唐昭应城历史地图

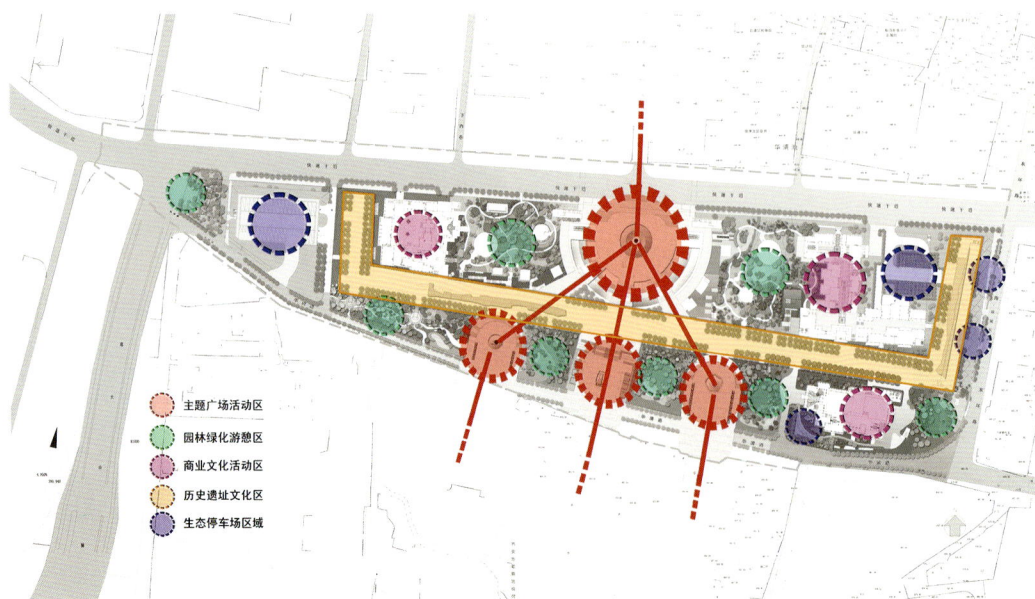

主题广场活动区
园林绿化游憩区
商业文化活动区
历史遗址文化区
生态停车场区域

功能分区图

总平面图

1.长恨歌广场　2.霓裳羽衣广场　3.温泉铭广场　4.春寒赐浴广场　5.西苑　6.东苑

7.唐昭应县城墙遗址保护带　8.西区车库　9.生态停车场　10.东区商业街　11.西区商业大院　12.华清餐厅

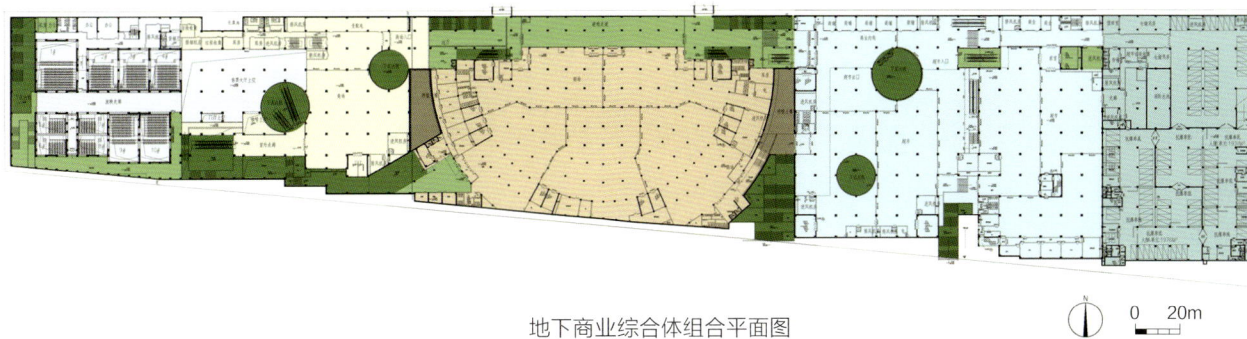

地下商业综合体组合平面图

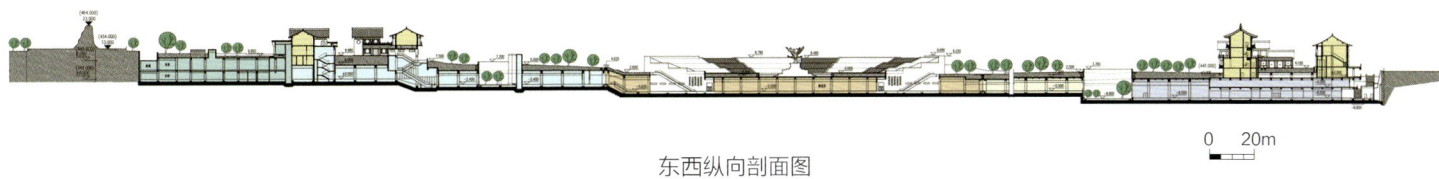

东西纵向剖面图

近看水幕墙

地下商城下沉庭院

地下商城屋顶公园

骊山脚下的长恨歌广场

春寒赐浴广场

霓裳羽衣广场

东部城墙遗址保护带

唐昭应城墙遗址保护带

华清城实景鸟瞰

大唐芙蓉园

大唐芙蓉园位于大雁塔东南 500 米处的唐文化旅游区内，是一项以唐文化为内涵，以古典皇家园林格局为载体，因借曲江山水、演绎盛唐名园、服务当代的大型主题公园。建筑面积 8.7 万平方米。全园规划力求做到历史风貌、现状地形和现代旅游功能三者结合，采用了盛唐苑囿的山水格局：南部冈峦起伏、溪河缭绕，北部湖池坦荡、水阔天高。全园占地面积 610000 平方米。

建筑布局体现了皇家园林明确的轴线及对应对位关系，主从有序、层次分明。构成以自然景观为背景，以建筑为核心，配置景点或景区。全园四大功能区，大、中、小共 40 多个项目，相互因借，成景得景。全园建筑取唐代风格，建筑形象丰富，种类繁多，同时兼有宫廷建筑的礼制文化和园林建筑的艺术追求。三个标志性建筑西大门、紫云楼、望春阁与大雁塔遥相呼应。人们入园游览，颇有"走进历史、感受人文、体验生活"的乐趣。

大唐芙蓉园表现了张锦秋院士园林规划的设计能力，近千亩土地、四十组园林建筑她能一气呵成、随心所欲、胸有成竹地完成，为我们展现了一幅天人合一的美好画卷，非常真切地再现了唐代皇家园林的风貌，它让西安人有了一次做"唐人"的自豪和骄傲。大唐芙蓉园是融建筑、园林、诗歌、雕塑于一体的大设计、大景观，是张锦秋院士在曾经诞生过唐诗的地方续写的空间的诗篇。

这是她长期研究中国园林建筑的结果，翻开她关于留园的空间布局分析和颐和园后山环境特色的研究，再反过来看大唐芙蓉园，如果没有扎实的理论积累、丰富的建筑实践，我们就不能感受到一个完成度如此之高的现代园林，也就提供不了这样一处感受唐代文化的场所。

最近我专程去山西朝拜了仅存的唐代建筑佛光寺，也仔细参观了中国最大的木构建筑应县木塔，它们的雄壮、简

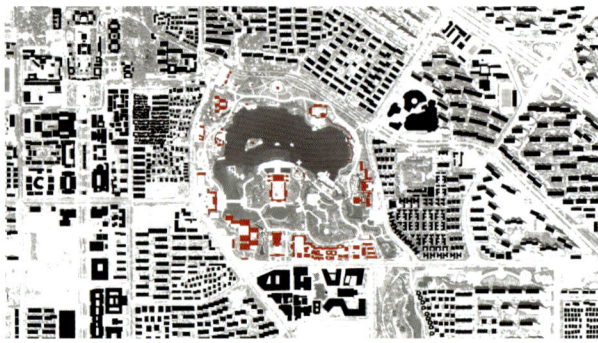

城市肌理

200m

约令人震撼，仍能看到一个伟大王朝的缩影，在芙蓉园我也能感到这种精神，有一种梦回大唐的激动。但我同时也有一种悲伤，佛光寺的西北角已明显塌陷，应县木塔也在倾斜，如再不采取措施，我们的后人将不会有我们的眼福，此时我能理解梁先生把佛光寺称为国宝中的国宝的含义。

中国是一个保守的国家，但对所谓复古主义批判得毫不留情，同仇敌忾。我们的态度是立足传统面向未来，但对自己优秀的文化整理再现，不能一概否定、不分青红皂白地斥为"假古董"，甚至否定其创作价值。我们可以断定再过一百年芙蓉园也应是遗产。中国的许多遗产如岳阳楼、黄鹤楼莫不如此。一窝蜂修仿古一条街，固然不对，但不加分析地对复古主义进行批判，对北京"夺回历史风貌"进行嘲讽，我认为政治大于学术，感性代替了理性。

项目于 2005 年建成，获 2005 年陕西省优秀城市规划设计一等奖、2006 年建设部优秀城市规划设计一等奖、2007 年陕西省优秀设计一等奖、2008 年全国优秀工程勘察设计行业一等奖、2009 年全国优秀工程勘察设计银奖、2009 年新中国成立 60 周年中国建筑学会建筑创作大奖、2009 年第二届中国环境艺术 (设计奖) 最佳范例奖。

总平面图

0 20m

1. 西大门
2. 南门
3. 北门
4. 东门
5. 凤鸣九天
6. 紫云楼
7. 御宴宫
8. 曲水流觞
9. 唐集市
10. 宿舍
11. 寻经径（唐诗林）
12. 诗魂（雕塑）
13. 茱萸台
14. 马球场用地
15. 芙蓉桥
16. 儿童天地
17. 儿童智乐（雕塑）
18. 龙丹
19. 陆羽茶社
20. 曲江亭
21. 杏园
22-1. 北码头
22-2. 南码头
23. 办公、职工食堂
24. 牡丹亭
25. 柳岸春晓
26. 梅花谷
27. 赏雪亭
28. 芦花飞雪
29. 贵妃汀
30. 丽人行（雕塑）
31. 仕女馆
32. 彩霞亭廊
33. 玫瑰园
34. 桃花坞
35. 芳林苑
36. 芳林桥
37. 花渔港
38. 观澜台
39. 焰火岛
40. 双亭
41. 大喷泉（水幕电影）
42. 竹里馆
43. 紫气东来亭
44. 动力中心
45. 1号地下车库
46. 3号地下车库兼人防
47. 公厕
48. 停车场
49. 花圃用地

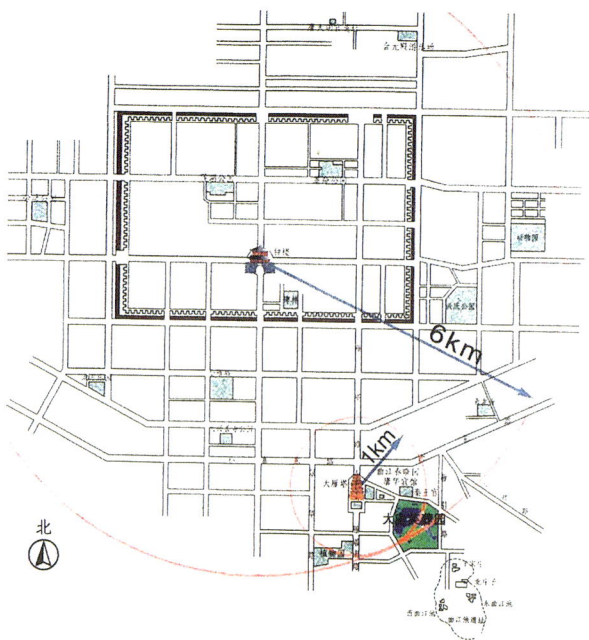

城市区位图

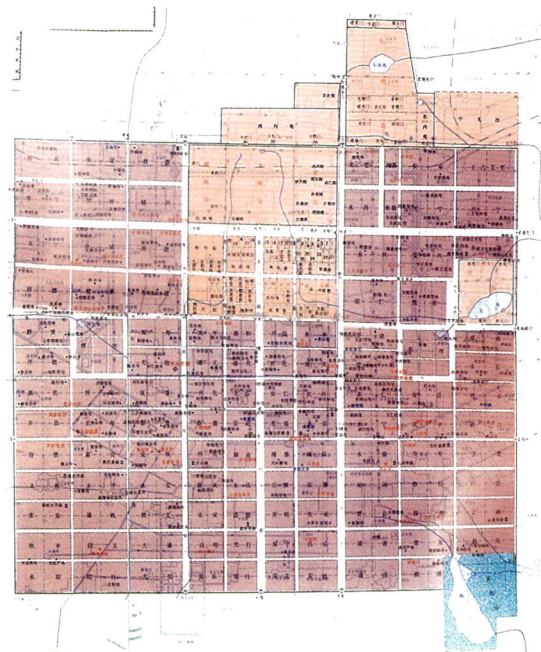

唐长安历史地图

曲江新区区位图

地形（竖向）控制图

芙蓉园全景

西大门

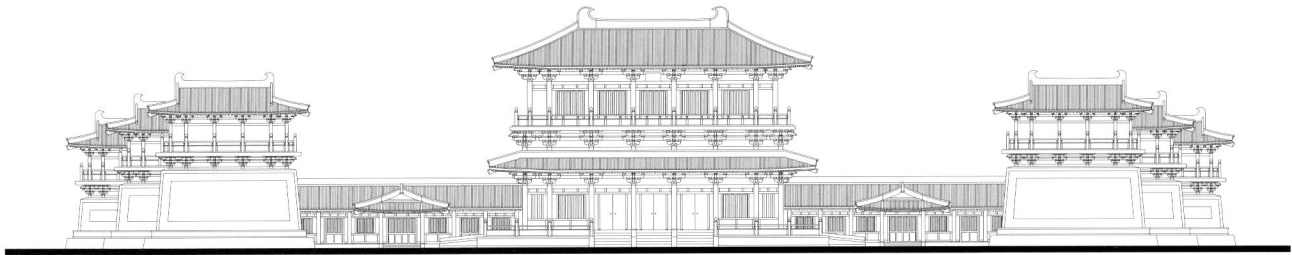

西大门西立面图

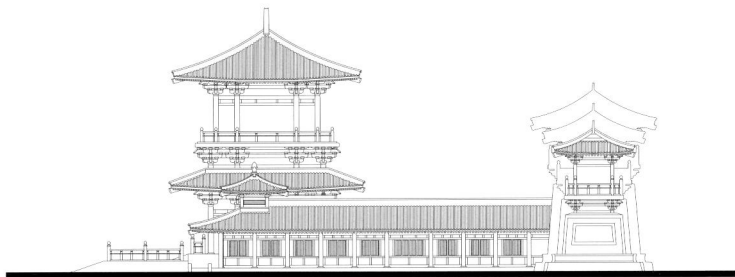

西大门北立面图

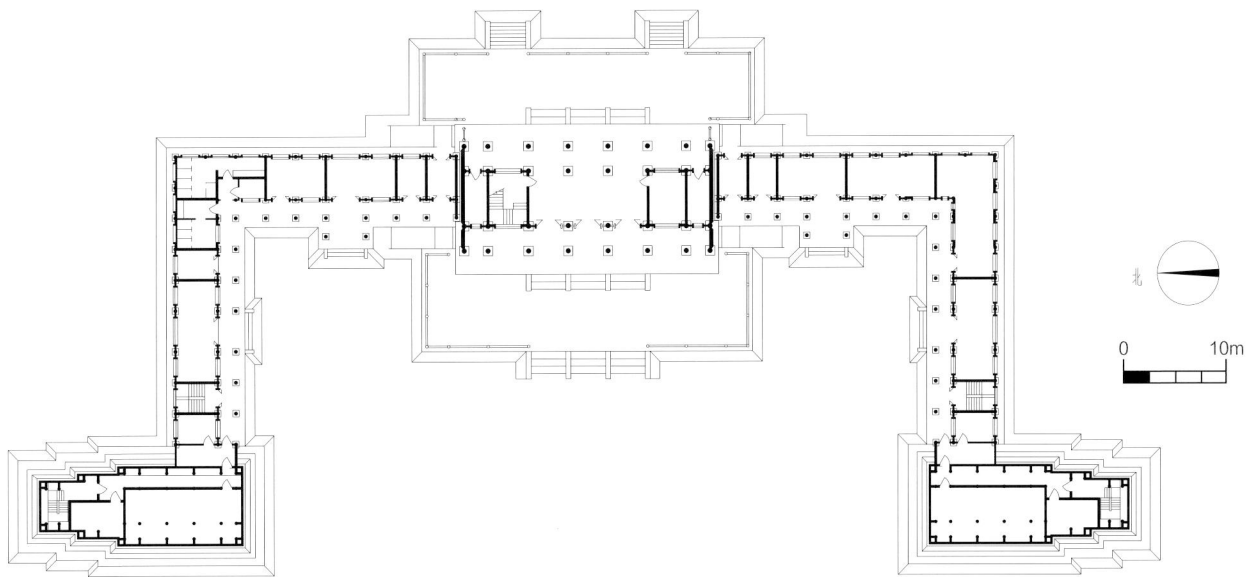

西大门底层平面图

紫云楼四层平面图

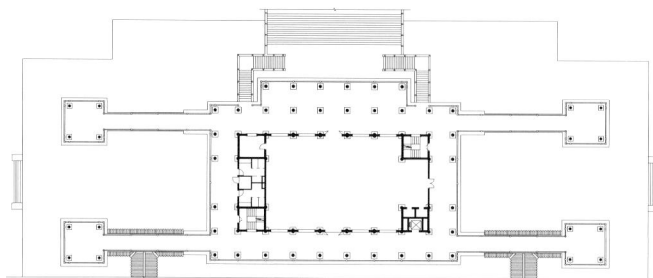

紫云楼三层平面图

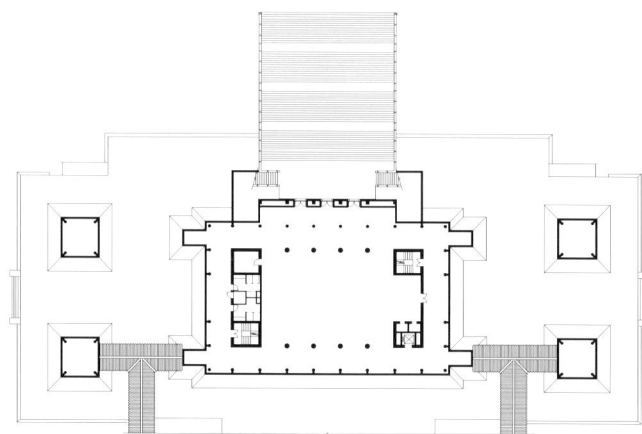

北

0　　　20m

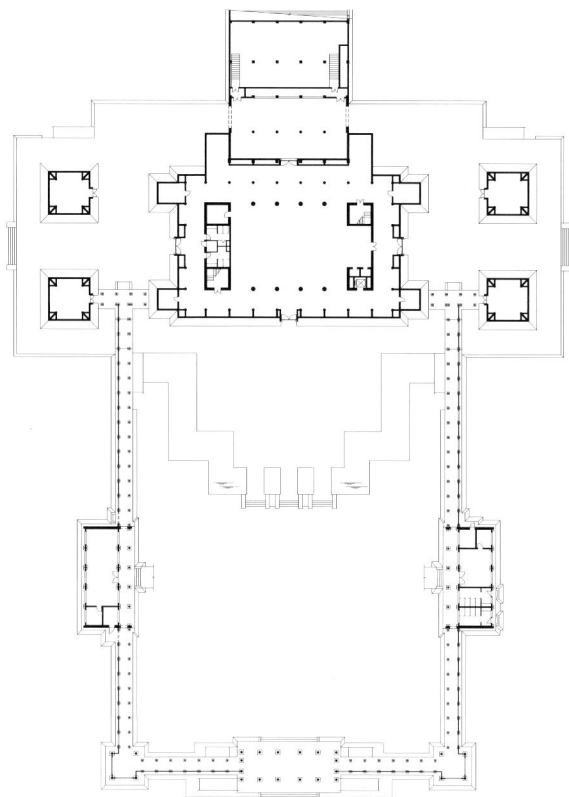

紫云楼底层平面图

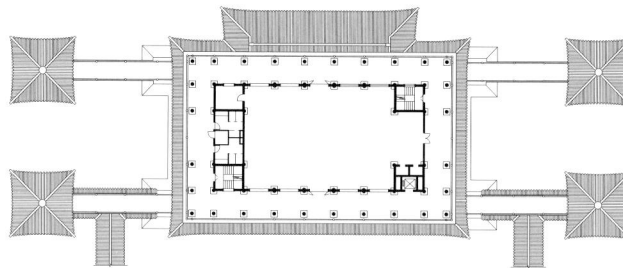

紫云楼二层平面图

紫云楼

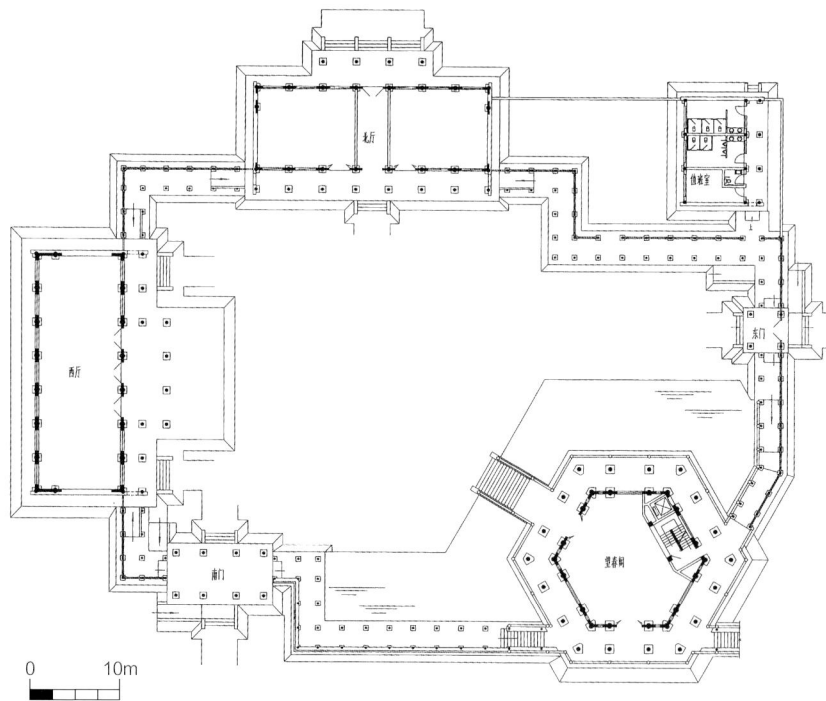

仕女馆首层平面图

北 0 10m

仕女馆东立面图

0 5m

从彩霞亭廊远眺仕女馆

陆羽茶社庭院

中国佛学院教育学院

这是一个极富挑战性的项目，兼具宗教、教育、生态的要求。规划设计者追寻佛教文化，传承中国佛教教育文脉；尊重自然环境，构建山水相映的格局；体现佛家境界，融入现代教育功能。总体上采用了正对背面最高峰的中轴线而不完全对称的格局。全院分为中心区（礼佛与研究区）、西区（教学与生活区）、东区（行政管理与图书馆），在核心部位的礼佛区完全遵循佛教寺院的严格布局，构成了本学院因山就势、奇正相宜、富有特色的整体态势。建筑为景观的主体，在风格、体量、色彩、尺度以及群体配置上突出唐代风格。全院构成高低错落、主从有序的建筑整体。教学楼、图书馆各踞东西，和而不同，与中心区建筑构成了学院的宏观框架。同时，在不同功能区的建筑组群和开敞的水面大小与形态都注意营造与功能相适应的个性化景观，从而丰富了师、教、学生活的微观环境。

佛教在唐代兴盛，作为中国的佛学院，应业主要求采用唐代建筑风格。这是张锦秋院士第一个省外的项目，也是第一个学校项目。

建筑群体在与如世外桃源的普陀山隔海相望的朱家尖岛北部山海相依，建筑与自然山水融合，有轴线又不拘泥于轴线，集佛、法、僧、校于一体，各种屋顶形式与群山呼应，组成了一幅天人合一的壮美图画，是和谐建筑的最佳体现。整个院落尺度亲切，环境宜人，是一个修身养性的绝佳场所。

项目于 2011 年建成，获 2011 年全国优秀城乡规划设计一等奖、2013 年陕西省优秀工程设计一等奖、2013 年全国优秀工程设计一等奖。

区位图

城市肌理
200m

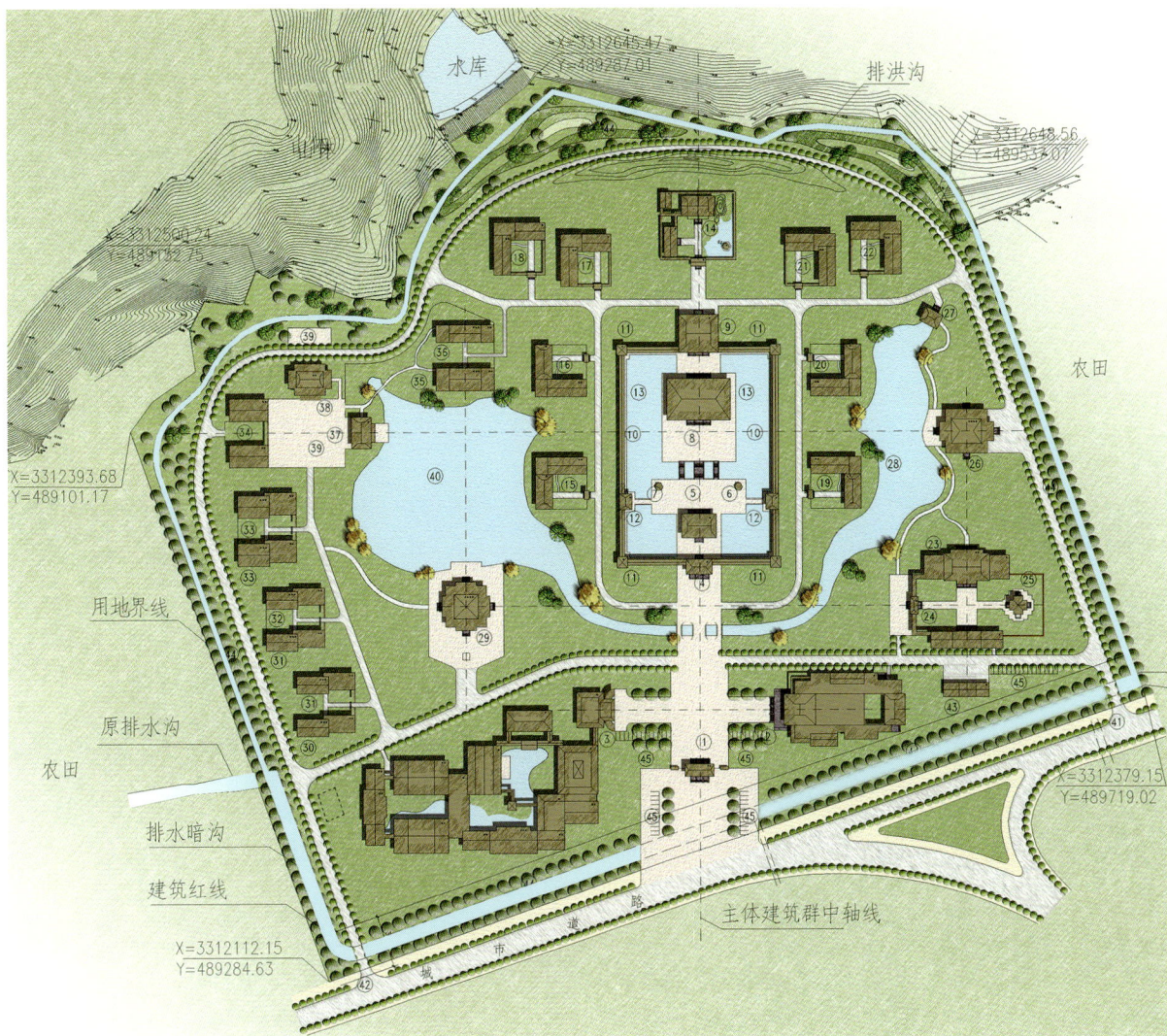

总平面图

0 60m

一、学院前区

1. 学院大门　2. 国际会议中心　3. 参学会馆

二、中心区

（一）礼佛区　4. 山门　5. 大悲殿　6. 钟楼　7. 经藏　8. 大雄宝殿　9. 法堂　10. 回廊　11. 角亭　12. 水榭　13. 八功德水

14. 方丈院（含正楼 书斋 小亭）

（二）八宗院　15. 灌顶院（密宗）　16. 弥陀院（净土宗）　17. 曹溪院（禅宗）　18. 戒幢院（律宗）　19. 慈恩院（法相宗）

20. 法界院（华严宗）　21. 嘉祥院（三论宗）　22. 醍醐院（天台宗）

三、东区

23. 行政楼　24. 后勤（职工餐厅医务等）　25. 僧寮　26. 智慧阁（图书馆文殊殿）　27. 茶榭　28. 东湖

四、西区

29. 行愿楼（教室楼普贤殿）　30. 培训生寮　31. 职工寮　32a. 男学生寮 培训 生寮 职工寮　32b. 男学生寮　33a. 男教师寮

33b. 男教师寮　34. 师资寮　35. 女教师寮　36. 女生寮　37. 养性斋（文化活动）　38. 餐厅　39. 活动场地　40. 西湖

五、其他

41. 东门　42. 西门　43. 汽车库　44. 林带　45. 停车位　46. 排洪渠

自东北俯瞰学院

东区智慧阁

礼佛区

从背山上实景鸟瞰

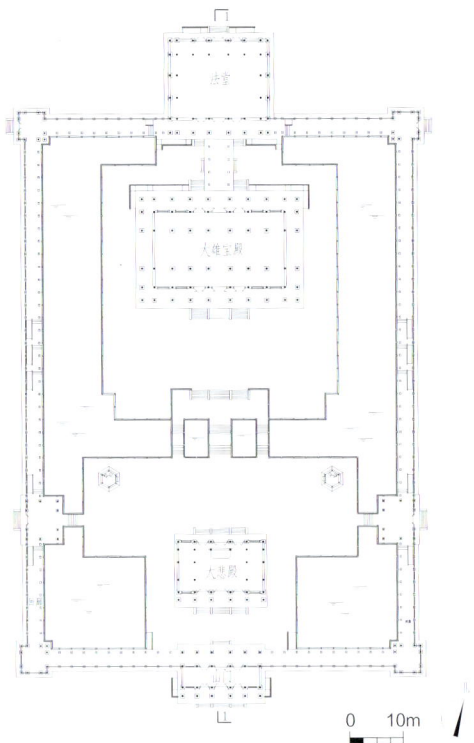

礼佛区总平面图

礼佛区内景

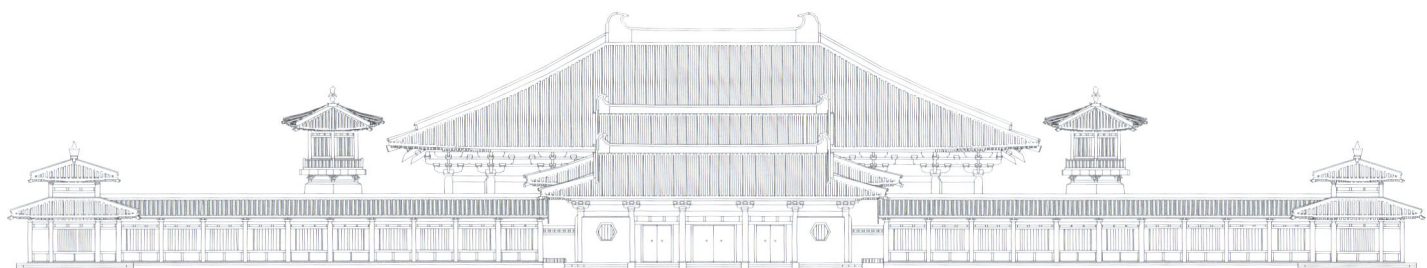

礼佛区南立面图

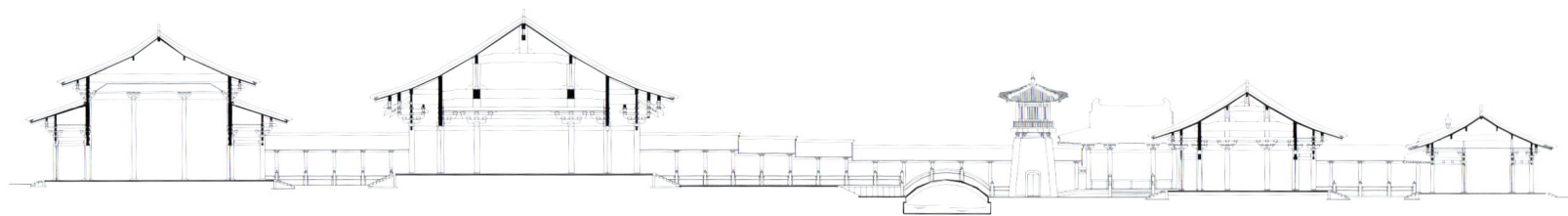

礼佛区 1-1 剖面图

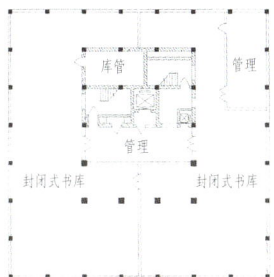
智慧阁地下一层平面图

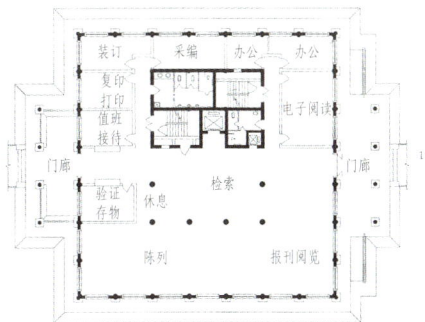
智慧阁一层平面图

以行政楼与智慧阁为主景的东区

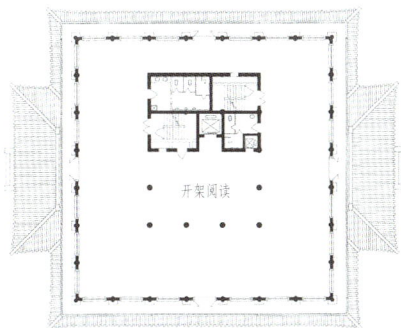
智慧阁二层平面图

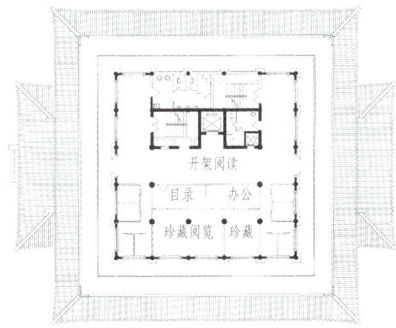
智慧阁三层平面图

智慧阁四层平面图

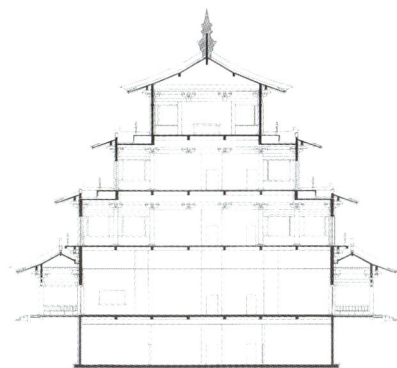
智慧阁剖面图

参学会馆水院

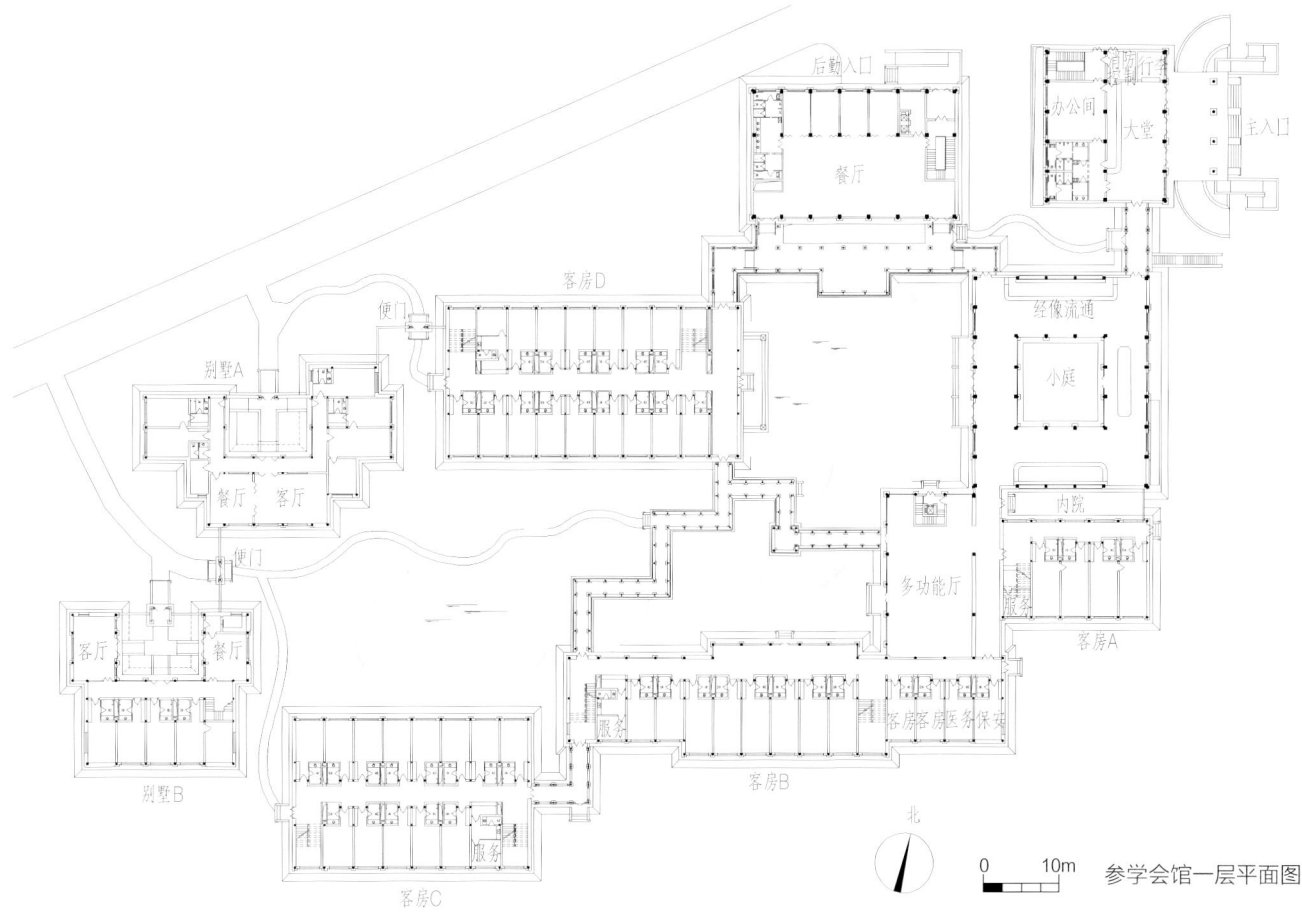

客房D

别墅A

便门

餐厅 客厅

便门

客厅 餐厅

别墅B

客房C

后勤入口

餐厅

办公间 大堂 主入口

经像流通

小庭

内院

多功能厅

客房A

服务

客房 客房 医务 保安

服务

客房B

北

0　　　10m

参学会馆一层平面图

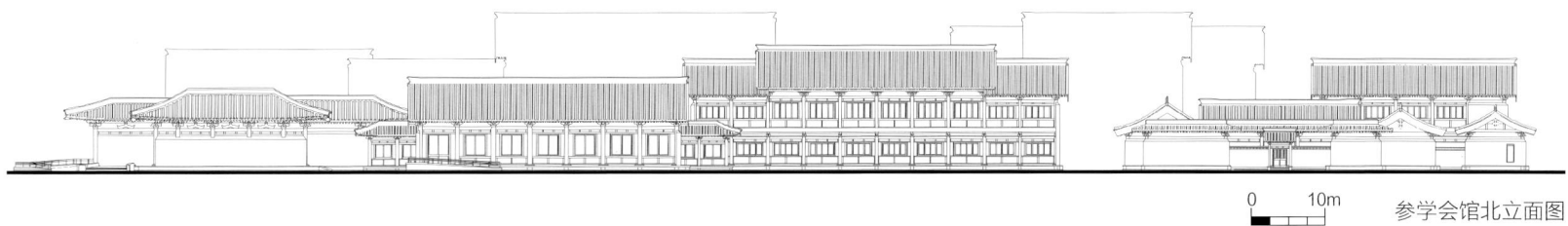

0　　　10m

参学会馆北立面图

大唐西市

隋文帝称帝后次年于汉长安城东南方修建大兴城，始定宫城、皇城与外廓城，并建街坊及东西两市。东市为国内贸易中心，西市为国际商品交易中心。唐承隋制，保留了两市格局。西市自隋开皇三年开市，至唐代末年遭到破坏，前后维持了320年的繁盛。在最近的唐东市考古发掘中，发现共有五万家商铺，可见当时的盛况。在漫长的历史岁月中，西市作为丝绸之路东端的源头和世界贸易大市场，起到了中外商品集散中心的重要作用。

大唐西市项目是在唐长安西市遗址上重建的以盛唐文化、丝路文化为主题的国际商旅文化产业项目，在城市的发展过程中起着连接老城与新城的纽带作用。规划设计以"市"为主导，融文博、会展、旅游、购物、休闲、娱乐、餐饮、居住等于一体，注重环境设计、空间效果和经济效益，创造出一个体现唐西市"井"字格局、建筑上具有唐朝古典神韵、功能上符合现代消费理念的大唐旅游商贸文化园区。整个西市以"九宫"为路网，既可适当划分功能分区，又可满足分期建设的要求，内有唐西市遗址博物馆、超五星宾馆、购物中心、丝路风情街、影城、文物交易市场等内容。大唐西市已成为西安重要的文化交流场所和重要的旅游景点，成为了西安规模最大的文、商、旅综合体。

城市肌理

150m

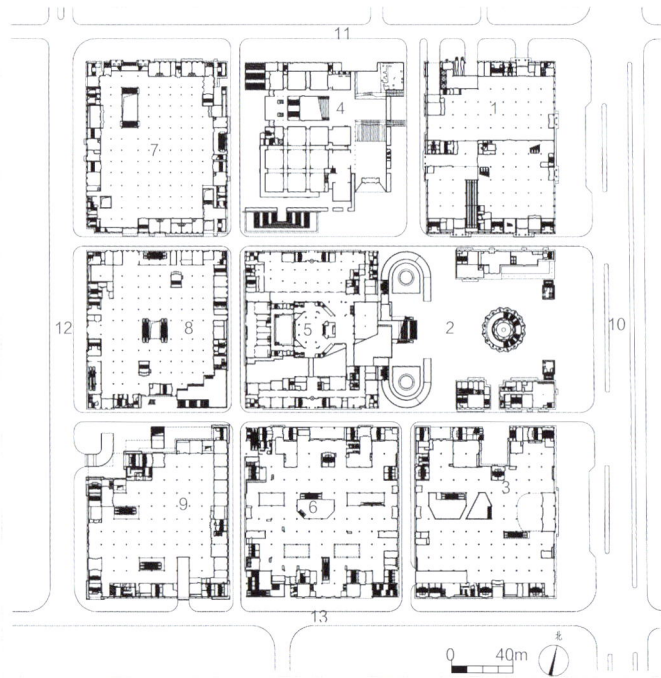

1. 超市
2. 金市广场
3. 大型商业
4. 西市博物馆
5. 金市酒店
6. 大型商业
7. 古玩城
8. 古玩城
9. 大型商业
10. 劳动南路
11. 西市北路口
12. 西市西路
13. 西市南路

首层组合平面图

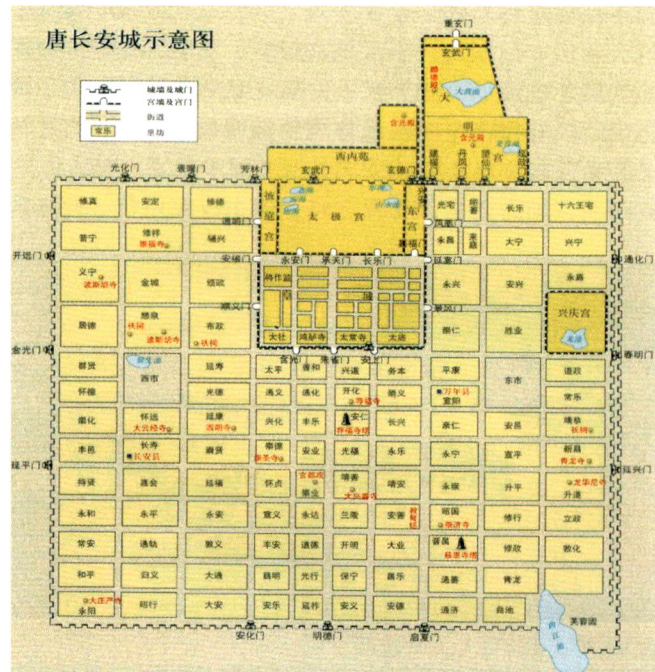

唐长安的东西二市

大唐西市组合东立面图

0   20m

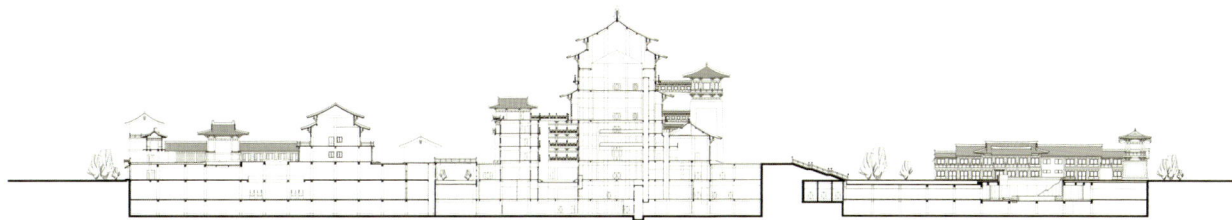

大唐西市东西轴组合剖面图

0   20m

长安闹室空市东
狐踏白马度春风
购物天堂竟佳宜
突入九宫衔拜中

大唐西市从西北向东南鸟瞰图

左图：金市广场实景
右图：金市北路广场

延安革命纪念馆

延安是中国革命的圣地、中国共产党的"祠堂"。延安革命纪念馆要生动真实地再现这一段历史。新设计的纪念馆选址在拆除的老馆（危房）基址处，垂直于老馆与彩虹桥已形成的南北轴线布置，面临延河，背负高山。南侧为纪念广场，广场上布置毛泽东塑像，像前设长方形旱喷水池。建筑呈"冖"形布局，建筑在体形上与周边林立的高层建筑形成对比，脱颖而出。其超长尺度所体现的张力和呈围合态势的控制力，奠定了纪念馆在延安市区内实现标志性和纪念性的基础。在入口门廊与东西翼入口之间，有两片以毛泽东纪念铜像为圆心、半径45米的圆弧形"窑洞墙"。券洞之间的墙壁前分立着延安时期工、农、兵、知、商等各界群众的塑像，以体现党中央在延安的十三年中人心所向的广泛群众基础。

延安革命纪念馆是一个特殊类型的博物馆，没有对这段历史的理解和对这一段革命的感情是很难设计和理解设计的。在设计前后都有很多不解和疑问。中国革命是一次石破天惊的大事件，平凡、朴素、气势磅礴正是延安的特色，勇往直前、刚健有力也代表了中国共产党人在延安的精髓。延安革命纪念馆的设计有人评价说：这是张锦秋院士调动全部的知识，运足底气的一次大创作，看似平凡实际伟大，看似简单实际卓越。许多人实地参观延安革命纪念馆会有这样的共鸣，也会深深地体会：正是有这种延安精神，中国不会亡，共产党不会亡。

延安古城曾经是一个在宝塔山护佑下的美丽古城、塞上咽喉、边陲小镇，可惜的是战争毁灭了古城，城市发展破坏了城市的格局和环境。在现场唯一能找到的关系是桥

城市肌理
400m

与基地导引关系，前后左右都是杂乱无章的新建筑，需要用一个标志性的建筑与公共空间，在平庸的环境中重新赋予场地以神圣的意义。我理解这就是张院士所要寻找的建筑与城市关系。她想给这里平庸的背景树立一个有力地标，给人深刻印象和震撼，以此纪念中国共产党在延安艰苦卓绝的十三年，一个充满民族精神和血性的伟大历史。

建筑平面是一个"冖"形，像伸出的一双大手环抱整个广场，色彩简化到极致，只有一颗红星在闪闪发光，人们顺着台阶缓缓进入，延安时期的五大领袖在阳光的照耀下显得精神矍铄。每到清晨与傍晚，广场上人山人海，这里成了人民晨练、休憩的乐园，似乎诠释了中国共产党革命的最终目的。

项目于2009年建成，获2009年新中国成立60周年中国建筑学会建筑创作大奖、2009年新中国成立60周年百项经典工程、2011年陕西省优秀工程设计一等奖、2011年全国优秀工程勘察设计行业二等奖（建筑工程）。

赵家岫

12

13

C

8

B

10

7

7

4

9

6

5

3

A

2

11

王家坪小学

延

河

C

1

王家坪革命旧址

N

0　　　60m

彩
虹
桥

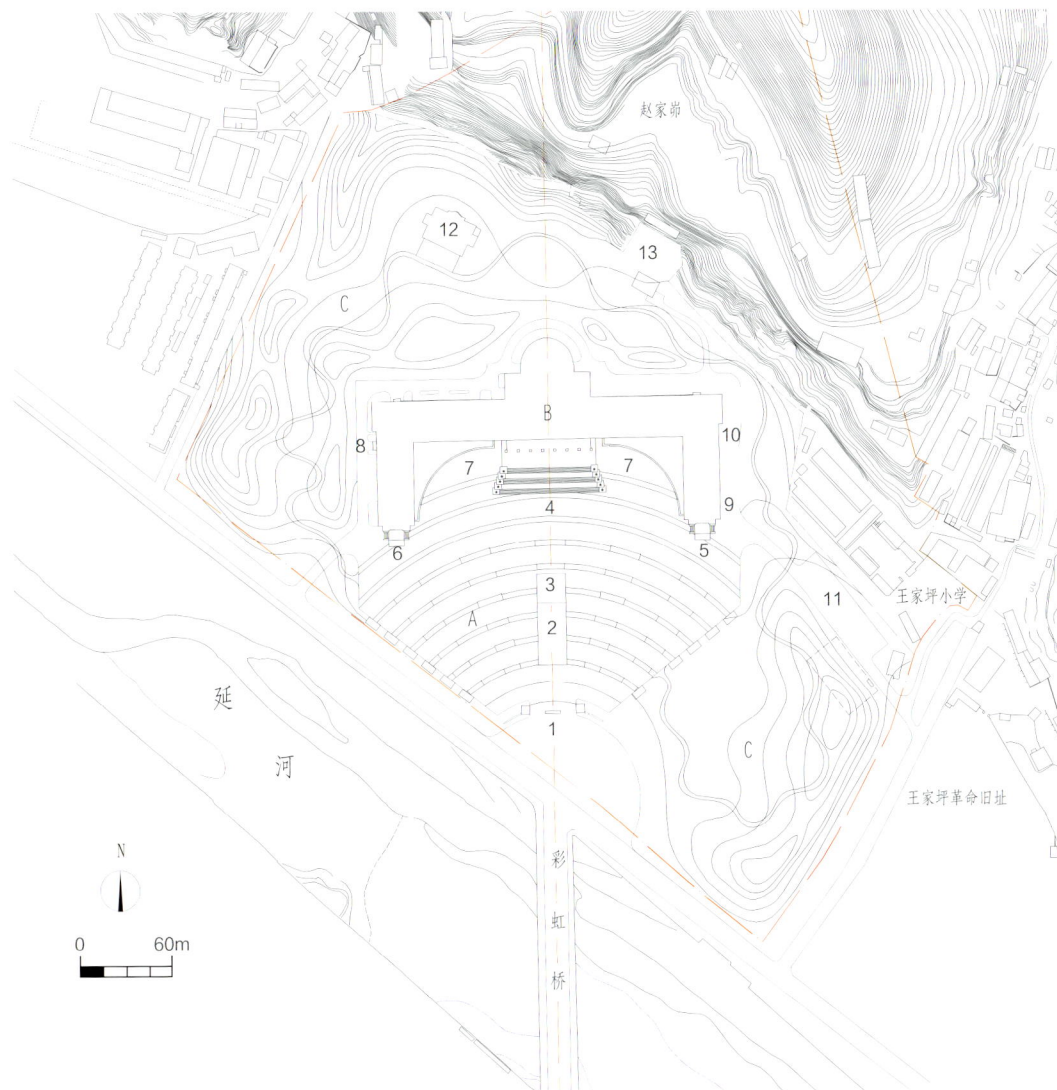

延安革命纪念馆总平面图

A 纪念广场　B 纪念馆　C 纪念园区　1. 大门　2. 旱喷　3. 毛主席塑像　4. 纪念馆主入口　5. 临展入口

6. 办公入口　7. 纪念墙　8. 藏品入口　9. 临展品入口　10. 车库入口　11. 停车场　12. 保留建筑　13. 锅炉房

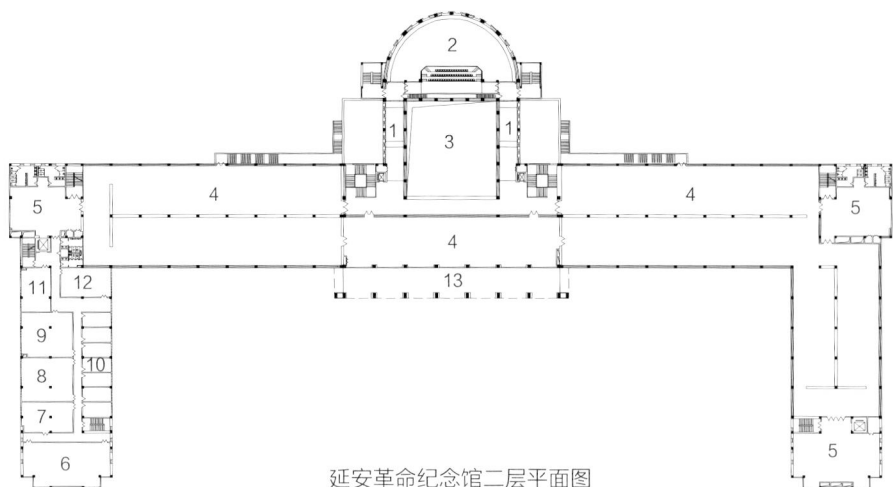

延安革命纪念馆二层平面图

1. 回廊　　　　　　8. 木质、陶瓷文物库
2. 半景画馆上空　　9. 纸质文物库
3. 序厅上空　　　　10. 库区办公室
4. 基本陈列厅　　　11. 周转库
5. 休息厅　　　　　12. 会议室
6. 文物库　　　　　13. 柱廊上空
7. 纺织类文物库

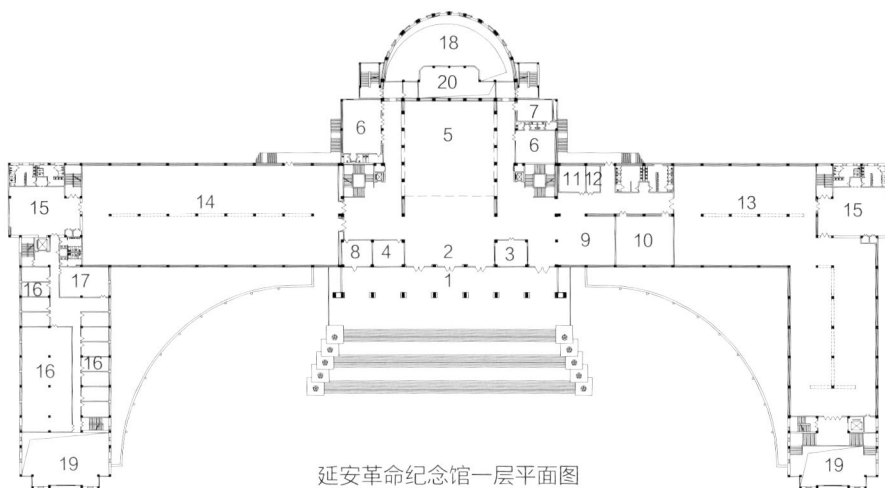

延安革命纪念馆一层平面图

1. 柱廊　　　　　　11. 警卫
2. 门厅　　　　　　12. 服务间
3. 小件寄存　　　　13. 临时陈列厅
4. 讲解员　　　　　14. 基本陈列厅
5. 序厅　　　　　　15. 休息厅
6. 贵宾接待　　　　16. 办公室
7. 馆长　　　　　　17. 会议室
8. 消防控制室　　　18. 半景画馆上空
9. 纪念品　　　　　19. 门厅上空
10. 影视厅　　　　　20. 设备用房上空

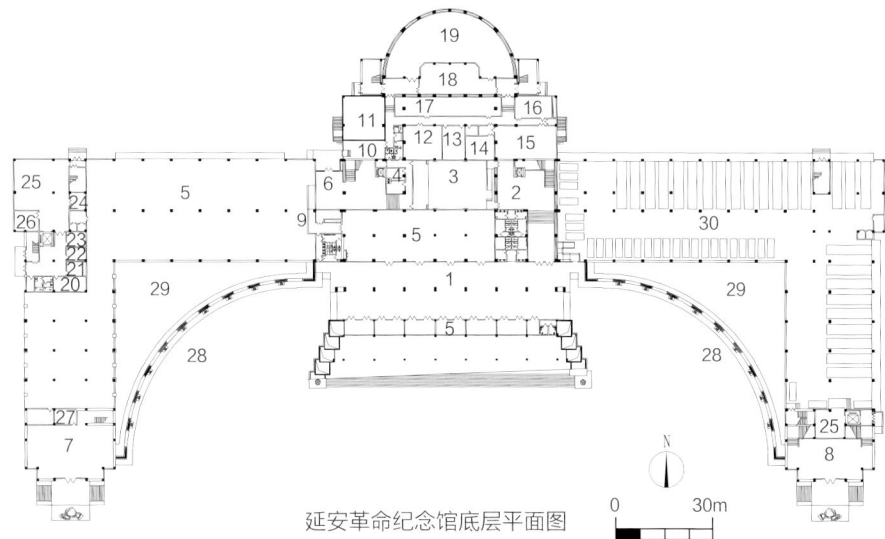

延安革命纪念馆底层平面图

1. 外廊　　　　　　16. 发电机房
2. 门厅　　　　　　17. 冷冻机房、水泵间
3. 多功能厅　　　　18. 半景画设备用房
4. 后台化妆间　　　19. 半景画馆
5. 旅游服务　　　　20. 文物登记
6. 贵宾门厅　　　　21. 文物鉴定
7. 办公门厅　　　　22. 文物消毒
8. 临时陈列厅门厅　23. 暗室
9. 空调机房　　　　24. 工具库
10. 水泵房　　　　　25. 文物暂存库
11. 消防水池　　　　26. 文物修复
12. 水处理间　　　　27. 值班
13. 维修间　　　　　28. 纪念墙
14. 高压配电室　　　29. 内院
15. 低压配电室　　　30. 车库

0　　30m

N

序言大厅

南立面图

0　　20m

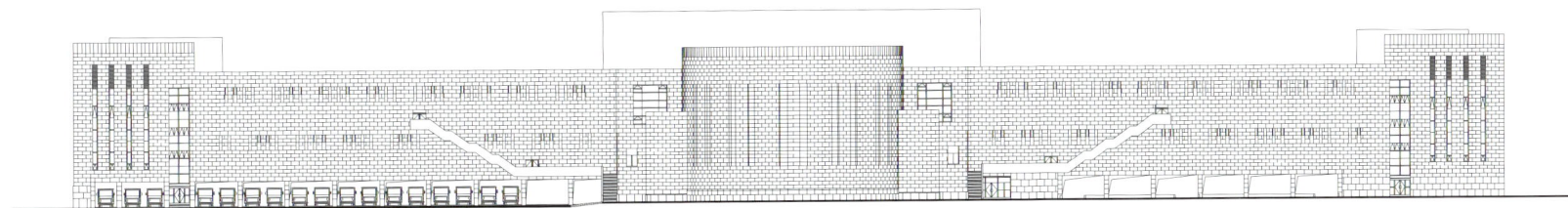
北立面图

0　　20m

西北川西部全景

自大台阶上东望

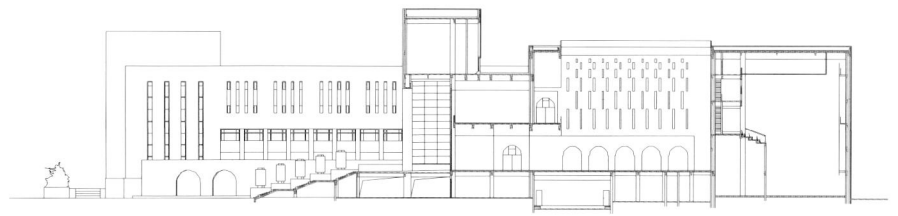

中轴南北剖面图   0   15m

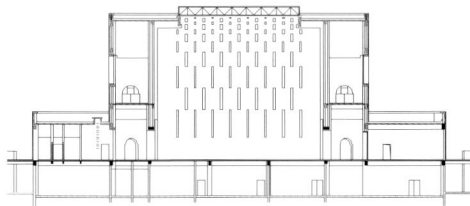

序厅东西剖面图   0   15m

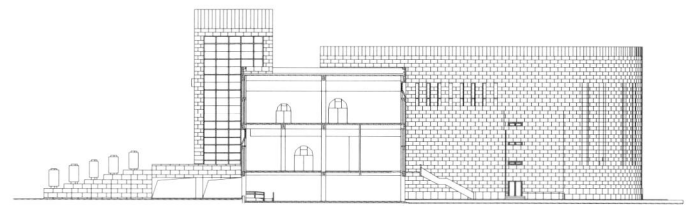

展厅南北剖面图   0   15m

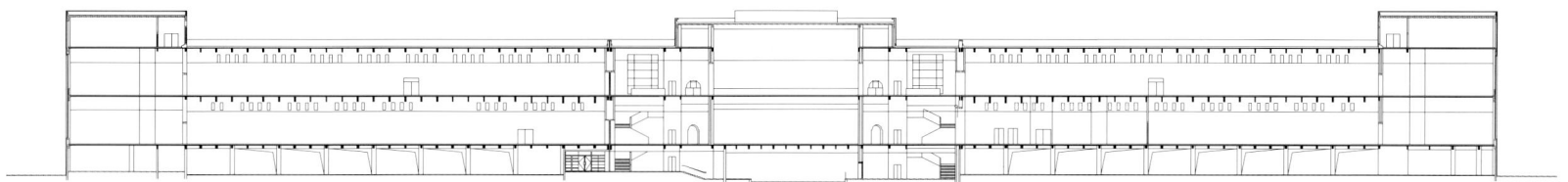

东西纵剖面图   0   15m

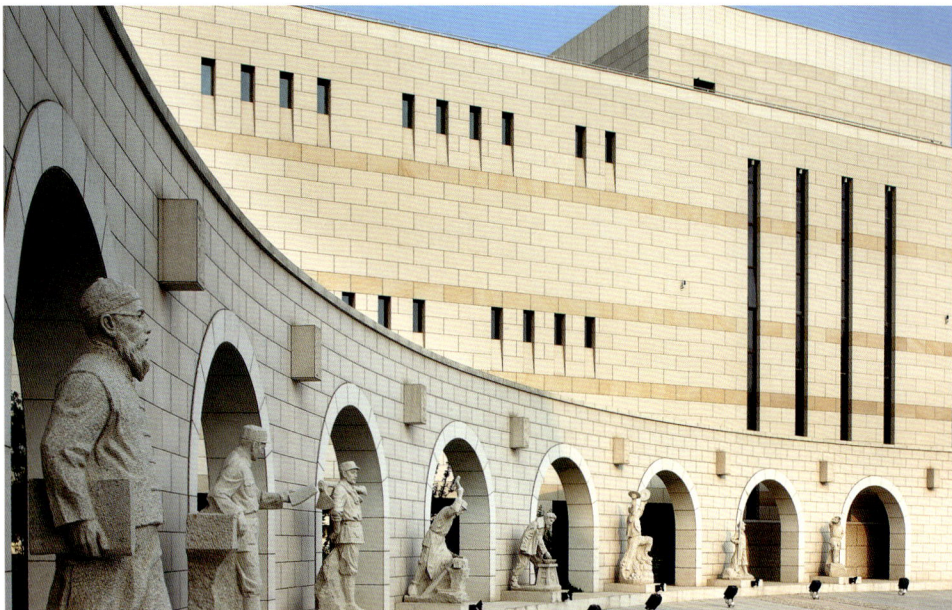

左上：窑洞墙群雕
右上：门廊内景
左下：大台阶灯列
右下：窑洞群与内院

自西南看纪念馆全景

曲江池遗址公园

城市肌理

400m

曲江池自秦汉以来即是以山水自然风光著称的游览胜地，到唐代又经疏浚、整流达到鼎盛。曲江池分南北二部分。北部在唐城墙以内，现已先期建成"大唐芙蓉园"。为复兴生态、向市民提供开放式休闲场所，启动了曲江池遗址公园项目。公园北接大唐芙蓉园，南临秦二世陵遗址，东与寒窑相通。设计依托周边丰富的旅游文化资源，根据考古部门提供的池体边界确定池形，再现曲江地区"青林重复，绿水弥漫"的山水人文格局。构建集生态环境重建、观光休闲服务功能于一体的综合性城市生态文化休闲区。根据唐诗对曲江池诗情画意的表述设计了曲江亭、疏林人家、芦荡栈道、柳堤、祈雨亭、阅江楼、云韶居、荷廊、畅观楼、江滩跌水十大景点。建筑为一般民间的唐代风格，不设斗栱，基调是木色、灰瓦、白墙，建筑形式力求朴实、明朗。

曲江池遗址公园是大唐芙蓉园的续篇，不同于大唐芙蓉园皇家园林的宏丽，这里表现了民间的朴素和山林野趣。两者一南一北，互为补充。如今曲江池遗址公园已经成为西安最生态的城市开放空间。

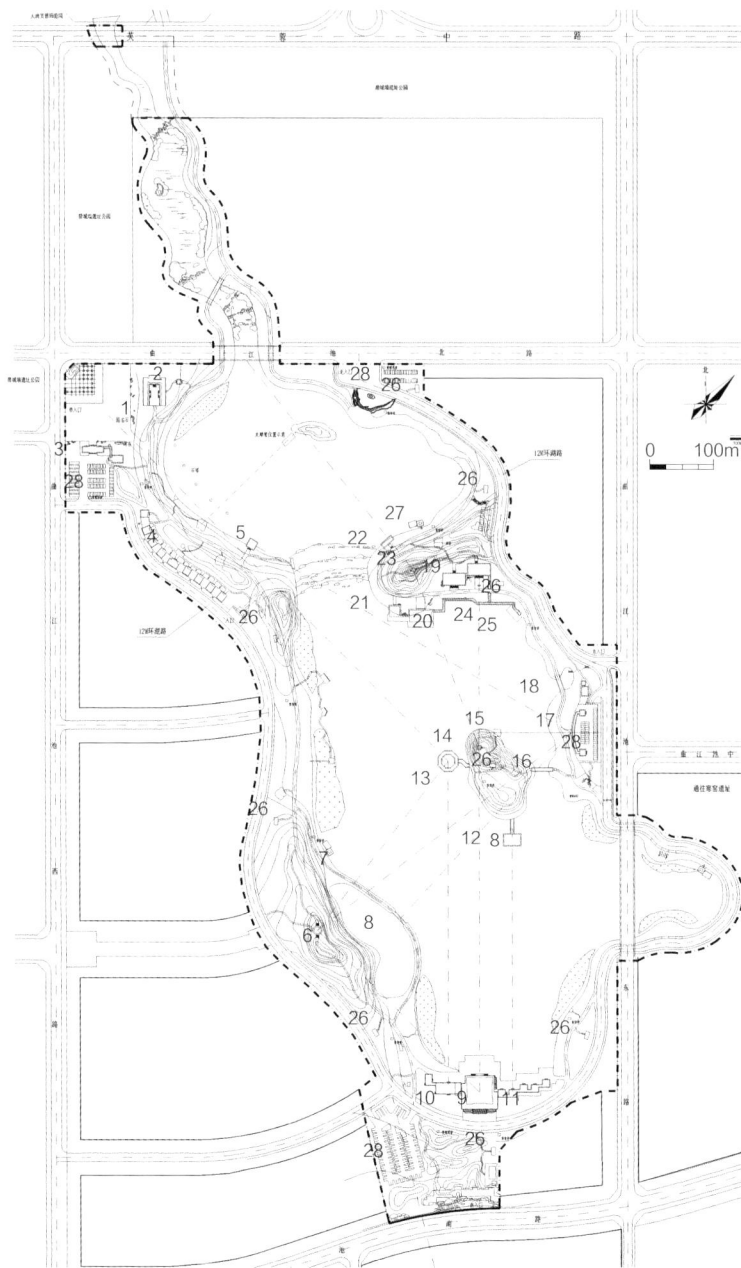

0   100m

1. 管理中心
2. 员工休息亭
3. 游客服务中心
4. 疏林人家
5. 曲江亭
6. 祈雨亭
7. 码头亭一
8. 柳桥
9. 阅江楼
10. 西楼
11. 古渡亭
12. 迎客堂
13. 荷廊
14. 钓鱼亭
15. 钓鱼台
16. 逸仙桥
17. 江士居
18. 片云榭
19. 畅观楼
20. 凉殿
21. 茶亭
22. 听泉榭
23. 月色江声亭
24. 长廊
25. 码头亭二
26. 公厕
27. 码头亭三
28. 停车场

曲江池遗址公园总平面图

162

曲江池遗址公园自西北上空鸟瞰

遥望畅观楼

曲江池遗址公园自南鸟瞰

疏林人家

芦荡栈桥

江滩跌水

大象无形

张锦秋院士追求中国建筑的真谛，她将中国传统建筑真实地融入现代，她是把传统文化精髓与现代精神结合的领军人物，是探索中国建筑现代化承上启下的中流砥柱。进入 21 世纪，张锦秋院士迎来了创作的第二个高峰。这一时期所做的黄帝陵祭祀大殿（院）、唐大明宫丹凤门遗址博物馆、长安塔共同展示了她创作的另一次飞跃和升华。从"形"到"意"、从"师法"到"无法"的转变，这些作品体现了张锦秋院士在"传统空间意识"、"和谐建筑"、"特色城市"等方面的不断求索。如果说张锦秋院士的创作经历了对"新唐风"建筑的探索和创立、经历了从建筑设计走向城市设计的转变，那么以 2002 年黄帝陵祭祀大殿（院）工程为标志，她向世人展现了一位建筑师新的探索和创新。

"艺无止境、学海无涯"是张锦秋院士建筑人生的真实写照。如王安石云："世之奇伟、瑰怪、非常之观，常在于险远而人之所罕至焉，故非有志者，不能至也。"

黄帝陵祭祀大殿（院）

城市肌理　　　　　　　　　　　　400m

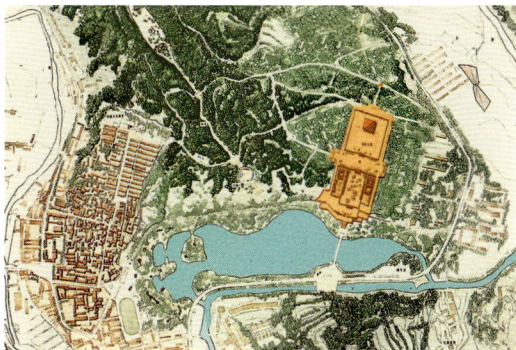
区位图

黄帝陵祭祀大殿（院）工程位于黄帝陵轩辕庙以北，沿原庙区中轴向北延伸扩展，直抵凤凰岭麓，适应了新时代的祭祀要求。建筑特色可概括为"山川形胜、一脉相承、天圆地方、大象无形"。为了体现黄帝陵区宏伟、庄严、古朴的氛围，突出圣地感，进而提升整合环境质量，设计力求从宏观上处理好与大环境山川地形的关系，格局上有鲜明的民族文化特征，风格上与中国建筑传统一脉相承又具有鲜明的新时代气息，手法凝练简洁。

祭祀大殿命名为轩辕殿，由 36 根圆形石柱围合成 40 米 × 40 米的方形空间，柱间无墙，上覆巨型覆斗屋顶。顶中央有直径 14 米的圆形天光，整个轩辕殿形象地反映出"天圆地方"的理念，融入山川怀抱之中的气势，引发人们"大象无形"的体验。轩辕殿的时代性不仅体现在其手法简练，符合现代审美情趣，同时还体现在其高度的技术含量而增加的工程现代感。在石材尺度和肌理的处理上，轩辕殿更加古朴、沉稳、大气磅礴。整体环境具有浓郁的"圣地感"。

黄帝陵祭祀大殿的建筑并不大，只有 40 米见方，柱高也仅 4 米，但它很庄重，纪念性很强，这一效果的取得在于对中国传统布局手法的娴熟应用。整个空间序列古今结合。人们首先仰望山门，拾级而上，穿过山门，狭长的甬道，黄帝手植柏，可感受到时间的沧桑。然后通过碑院，来

到明清建筑人文初祖殿，空间不断地缩放，自然与建筑不断地交替，尺度均不大。经过这一系列时空变化后，突然来到大院、大殿，豁然开朗，形式单纯，材料一致，天地一色，天圆地方，层层台阶之上托出一个简单到不能再简单的汉风建筑，在汉阙的辉映下更显雄伟壮观。取得这一效果的原因在于细部的处理，三重台阶没有栏杆，整个柱子浑然一体，没有接缝，中央御道是整块巨石，除了大殿以外，广场上没有任何建筑，一种盘古开辟天地的粗犷、原始油然而生。

这个建筑很现代，其逻辑关系与现代建筑的原理相当一致，在这里我们能感受到柯布西耶建筑的简洁、光影和密斯现代空间的流动。

人类建筑根据内外空间的关系可分为三类。一是只有外部空间，如金字塔、阿倍仲麻吕纪念碑；另一种是只有内部空间，少有外部空间，如中国的石窟、罗马万神庙；到了现代追求内外空间的统一，代表是密斯的巴塞罗那展览馆。中国的园林建筑早有时空一体的手法，张锦秋院士把这一流动空间的概念在此表现得淋漓尽致，是具有中国传统风格的现代建筑。

项目于 2004 年建成，获 2004 年中国建筑学会建筑创作优秀奖、2007 年陕西省优秀设计一等奖 、2008 年全国优秀工程勘察设计行业一等奖、2009 年全国优秀工程勘察设计金奖、2009 年新中国成立 60 周年中国建筑学会建筑创作大奖。

黄帝陵整体鸟瞰图

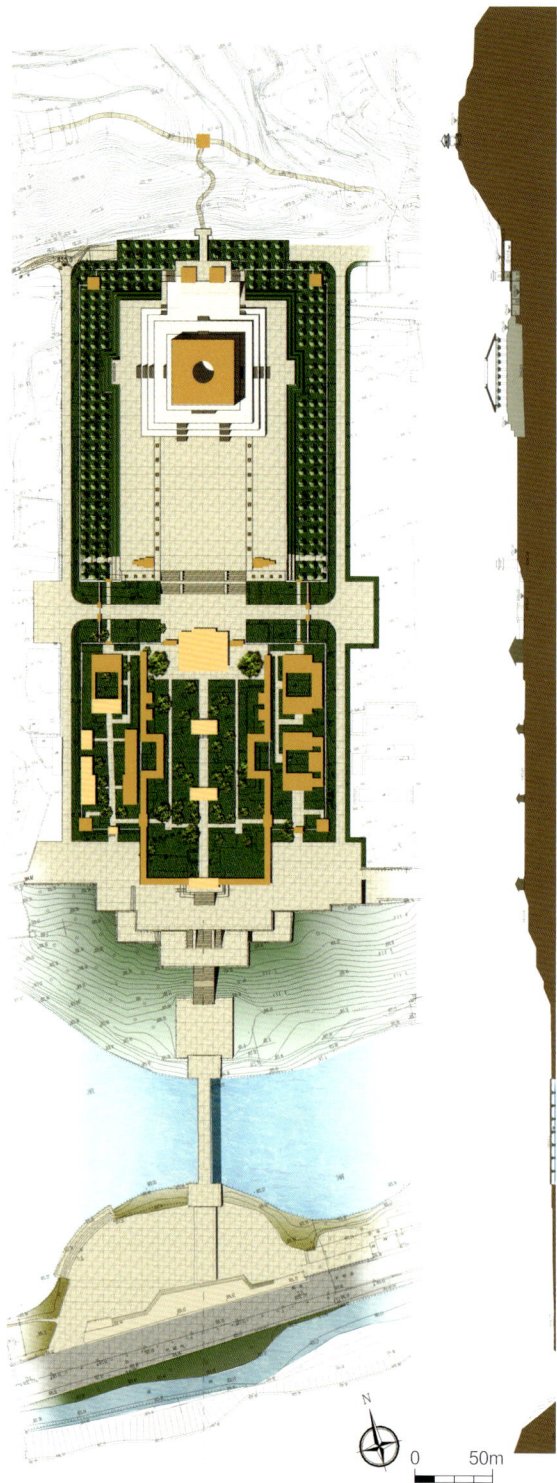

庙区、庙前区至凤凰岭总平面图及剖面图

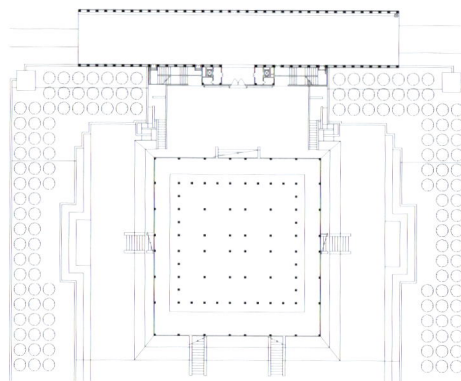

祭祀大殿 4.500 标高平面图

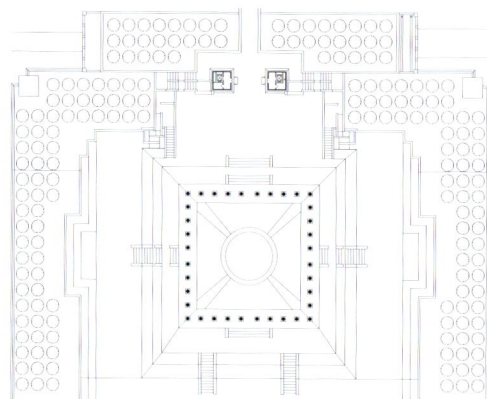

祭祀大殿 7.270 及局部 12.410 标高平面图

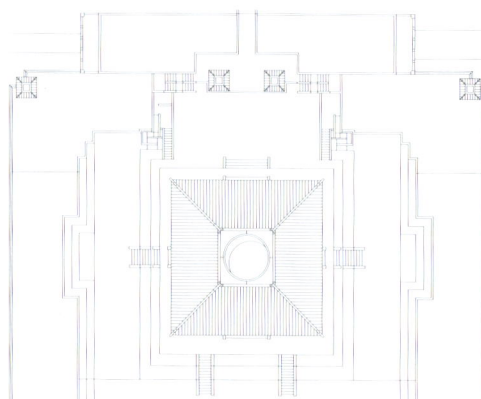

祭祀大殿屋面平面图

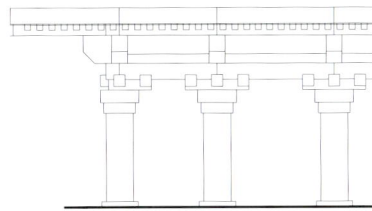

祭祀大殿标准开间立面图

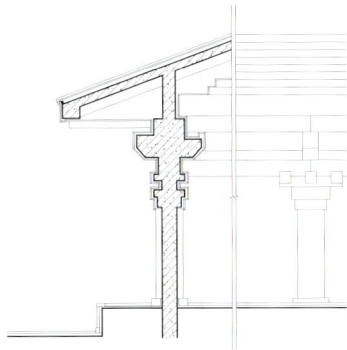

祭祀大殿外檐剖面图

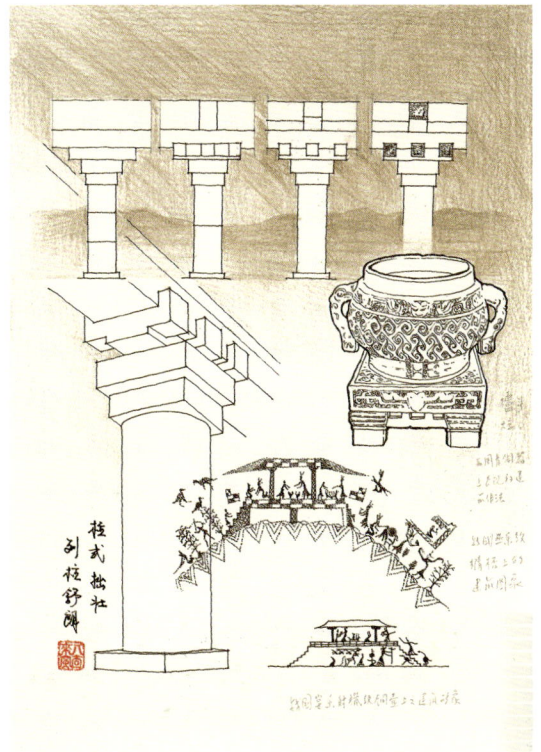

设计立意（张锦秋手绘）

轩辕庙区鸟瞰图

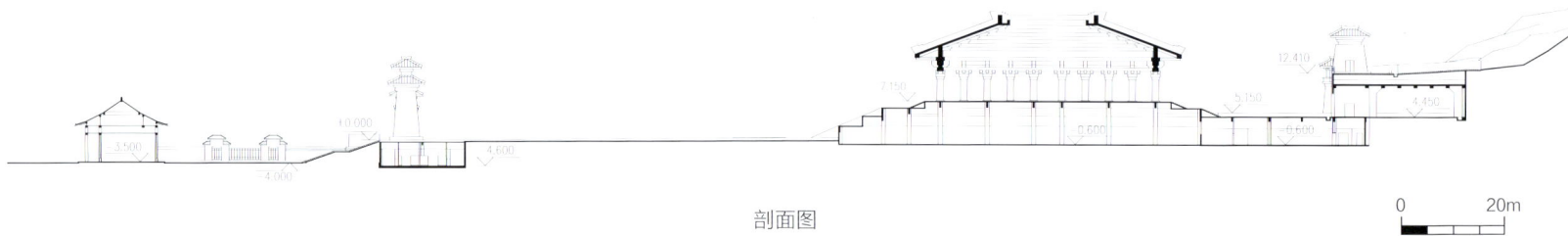

剖面图

0　　20m

祭祀大殿实景

轩辕殿内景

世界园艺博览会园区总平面图

停车场

主入口

停车场

N

世界园艺博览会园区总平面图

50　200
0　100　400M

团队入口

森林浴场

陇垣湖

创意园

森林青馆乐园

创意自然馆

广运潭舟会

中国园

欧洲街

西亚花园

世博公园

东南亚风情街

陇垣湖

国际园

植物园

长安塔

温室

兴成湖

得宝湖

VIP酒店

秦岭园

企业园

世界会精品园

永丰湖

归云湖

后勤入口

贵宾入口

水上特技表演

西安世界园艺博览会天人长安塔

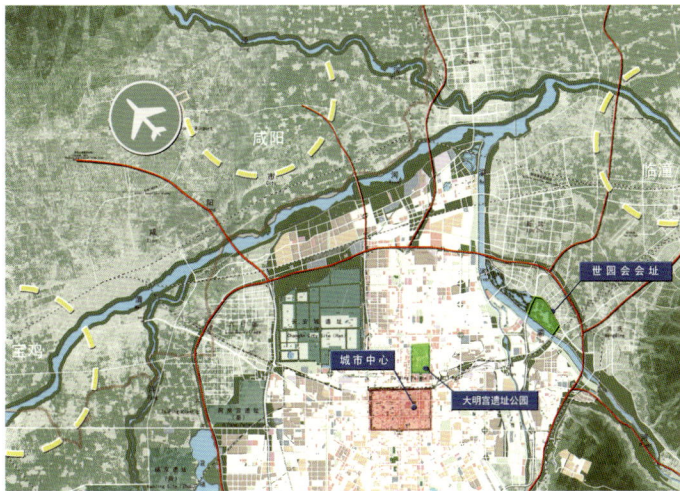

区位图

天人长安塔是为 2011 年西安世界园艺博览会兴建的四大标志性建筑之一，具有鲜明的时代特色，符合当代的审美情趣。塔定位在世园会中轴线上。全塔采用钢框架结构，外装修全部为亚光银灰色合金钢板，自重轻，施工快，且钢材为可循环材料，节能环保。屋顶及所有挑檐均采用净白夹层玻璃，与外围同质的玻璃幕墙共同形成节能、透明度高的水晶塔效果。为了使天人长安塔远望有唐代木塔的造型特色，剖面设计按照每层挑檐上面有一层平座的做法，为登高四面远眺创造了条件，逐层收分，其设计符合古塔塔身收分的韵律。塔之挑檐尺寸较大，体现唐代木结构建筑出檐深远的造型特色。内部地面上形成七明六暗共十三层。塔心筒四壁施以一组菩提树林曲根至顶的油画，贯通各明层，喻意智慧、吉祥、绿色、长安。

天人长安塔完美体现了西安世园会"天人长安、创意自然"的理念，与其他三个标志性建筑形成和谐统一的整体，成为古城西安的又一文化地标。

当我得知张锦秋院士要设计长安塔时，为她捏了一把汗。主管领导期望值太高，千年等一回，另一方面西安大小雁塔已长留人间，西安还需要塔吗？

在西安世园会小终南山上建塔，在我心目中认为可能类似西湖的保俶塔，俊秀、柔美，具有园林色彩。看到方案时，也没有引起震撼，依旧有点不解。彻底征服我的是长安塔基本建成之后，我去工地参观，身临其境才会这组建筑将是西安的新遗产。

我们评价一个建筑，多以形式为主，较少挖掘建筑的文化内涵。长安塔是园中的一个标志，同时也是一种精神，不仅要与世园会的主题一致，天人合一，创意自然，更要与城市的文化特色一致，风貌协调。因此张院士经过深思熟虑做了一个方塔，其一唐塔大多为方形，其二方形更雄浑有力，四面八方都有完整的景观。同时也必须考虑它的功能，登高望远，从高处看世园会，湖光山色尽收眼底。陕西电视台已把长安塔放在新的开始页面中，足见公众对这一创作的肯定。

另一让我们称道的是长安塔与其他三个标志性建筑的共融共生。创意塔与三大标志性建筑的建筑手法、材料完全不同，但取得了异乎寻常的和谐，两位中外女大师作品在 2012 西安世园会相遇，如同梅兰芳与卓别林的相见，英雄相惜，殊途同归。在同一理念下不同的建筑相得益彰，最终走向大同。

项目于 2011 年建成，获 2012 年中国建筑学会建筑设计金奖、2013 年陕西省优秀工程设计一等奖、2013 年陕西省住房和建设厅建筑结构专业专项工程设计二等奖（建筑结构）、2011 年中国建筑学会中国建筑设计奖（建筑结构）银奖。

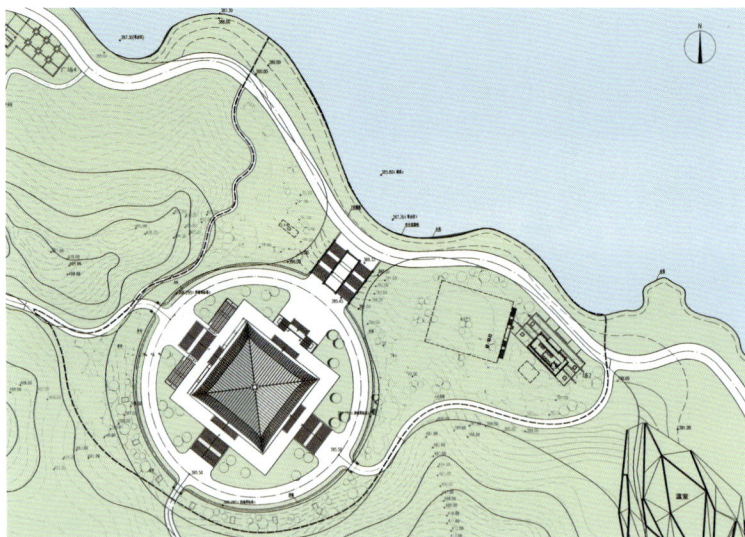

塔基总平面图

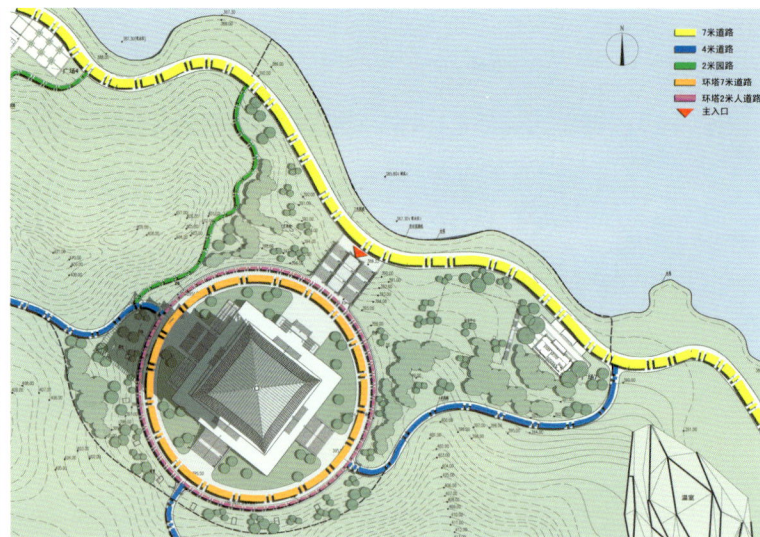

道路系统图

俯瞰长安塔实景

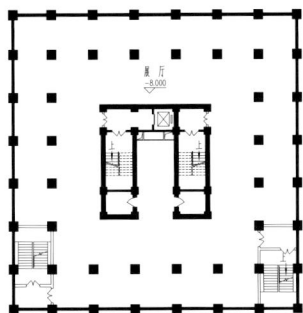

地下一层平面图

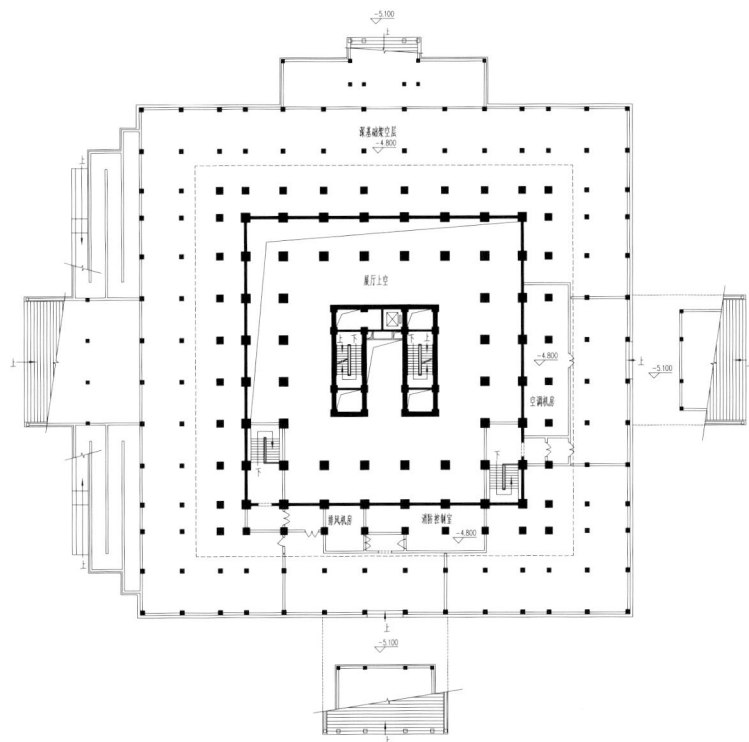

地下一层夹层平面图

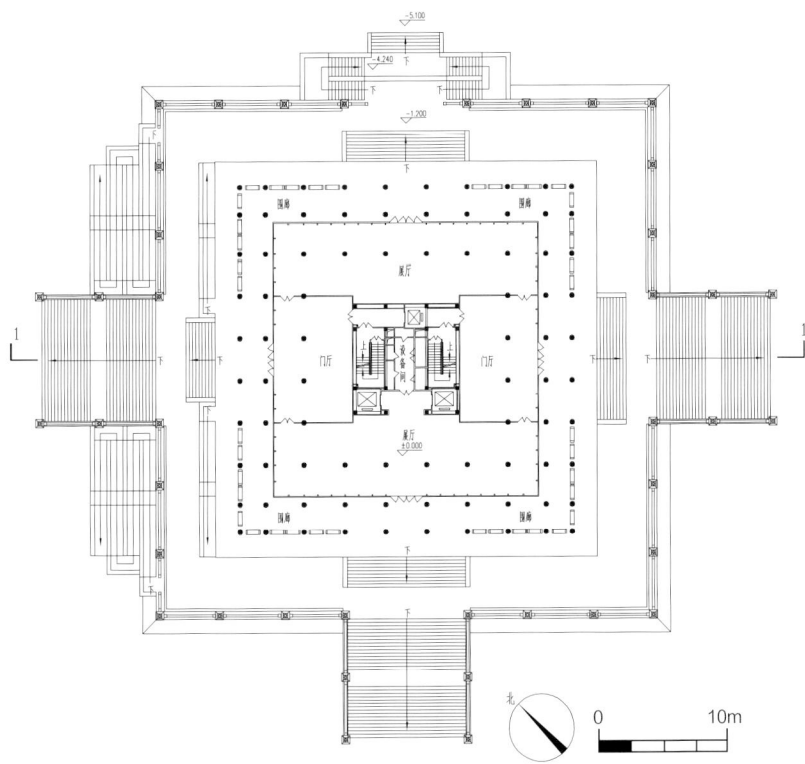

一层平面图

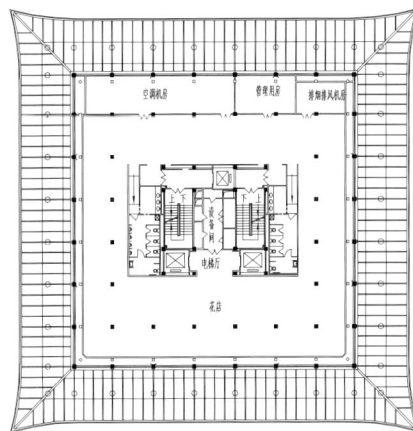

一层暗层平面图

0　　　　10m

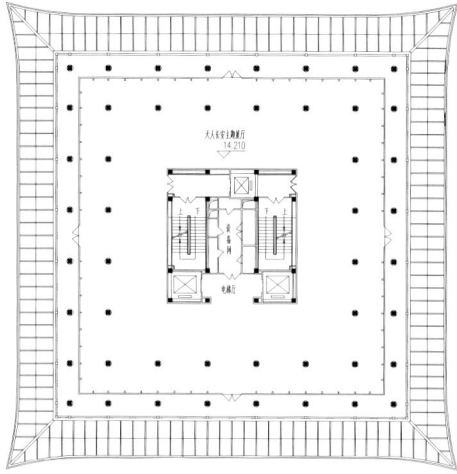

二层平面图

0   10m

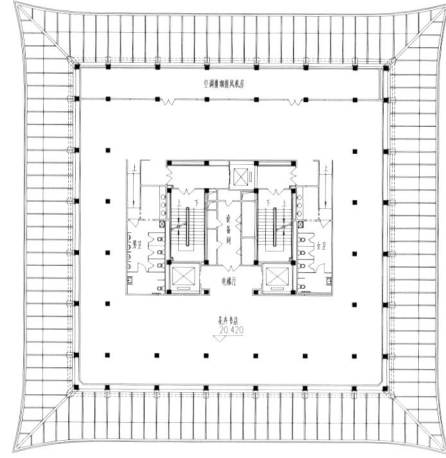

二层暗层平面图

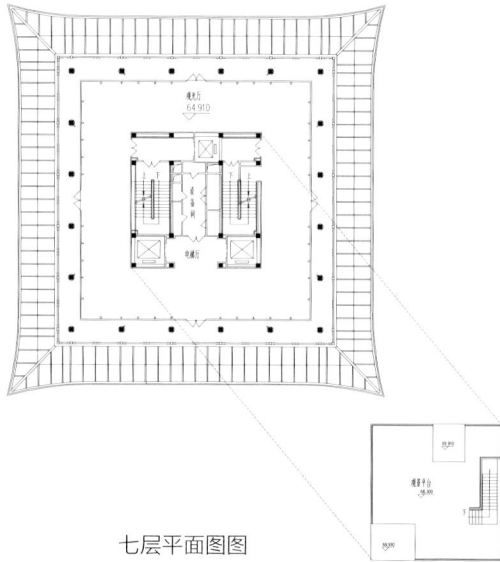

七层平面图图

七层跃层平面图

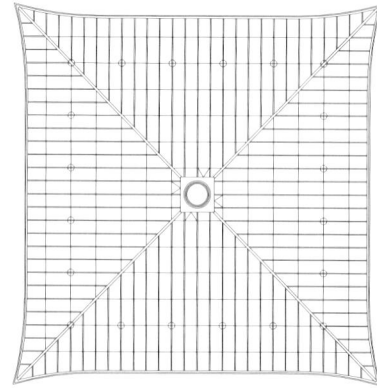

屋顶平面图

长安塔全景

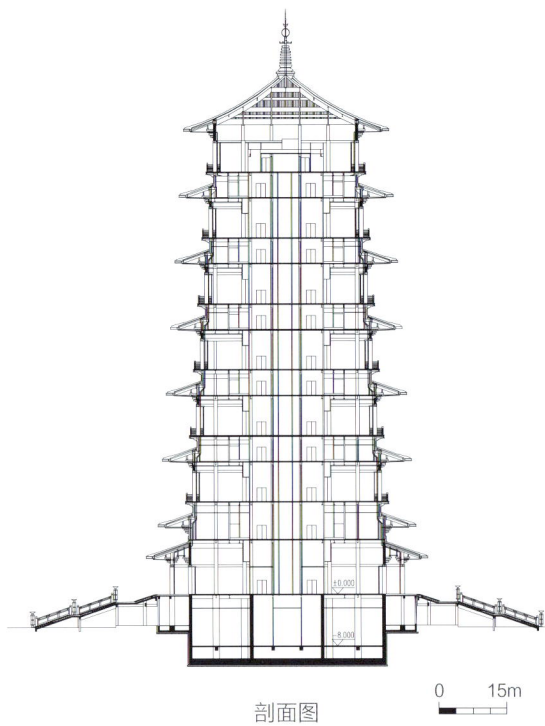

剖面图

0   15m

长安塔顶层内景

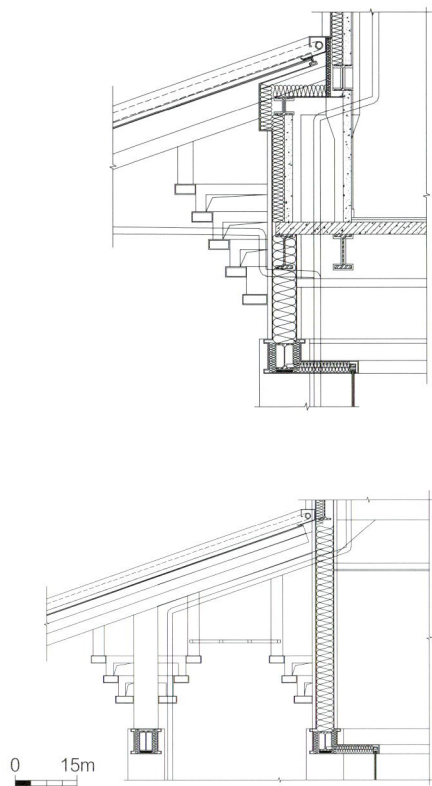

0 15m

左图：外檐详图

右上：层层外檐

右下：翼角外观

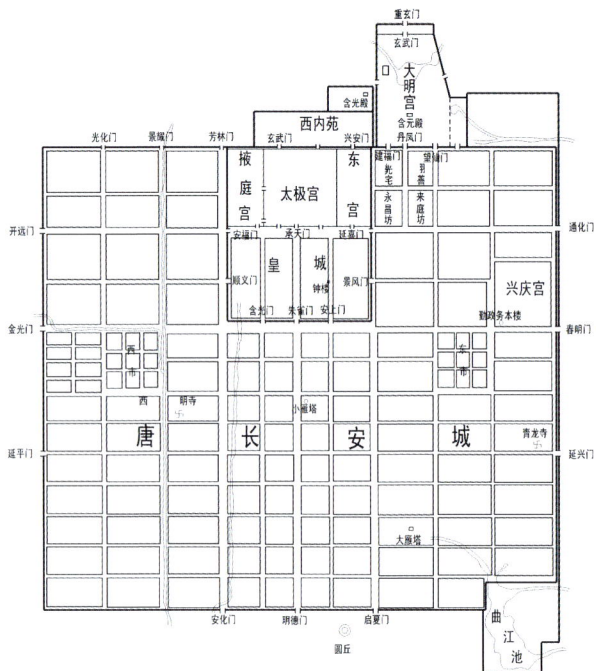

唐长安平面示意图

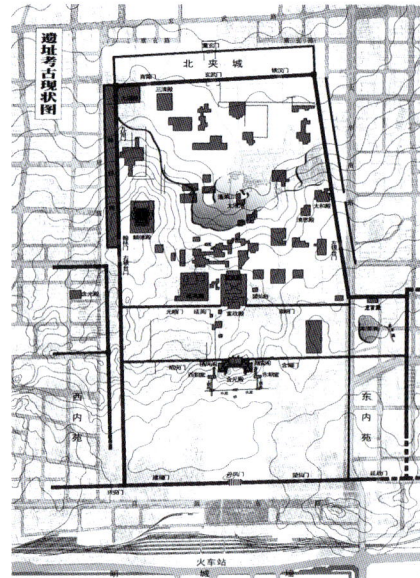

唐大明宫遗址考古现状图

大明宫复原模型照片

唐大明宫丹凤门遗址博物馆

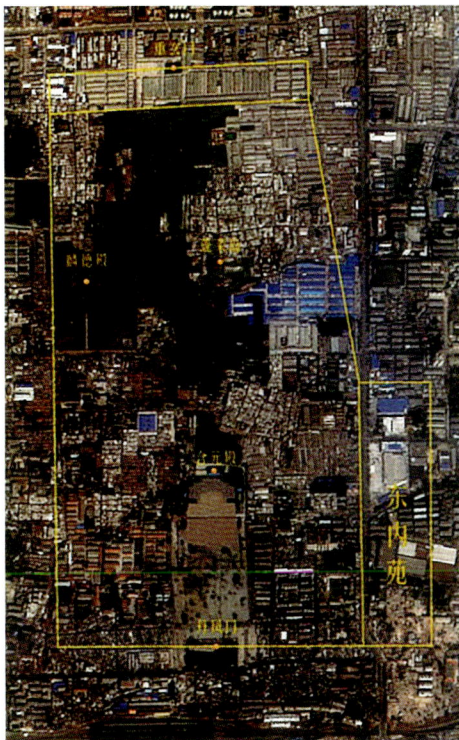

大明宫遗址公园建设前航拍照片

大明宫遗址公园建成后航拍照片

唐大明宫丹凤门遗址博物馆是在唐大明宫遗址上建立的现代项目。在保证保护、展示基本功能的基础上，其艺术形象又承担起沟通历史与未来、增进唐代宫殿与现代城市融合的功能。在建筑造型上，尽量贴近唐丹凤门的建筑特色和风采，在城市空间中成为一个标志性象征，以引发人们对历史的联想，使这座建筑在体现唐代皇宫正门的形制、尺度、造型特色和宏伟端庄风格的同时，又能使其成为一个现代制作的标志。在色彩上，高度的抽象手法赋予这座遗址保护展示建筑以明显的现代感，犹如一座巨型雕塑。

文物保护法规定毁坏的建筑不能复原，对于一个3.2平方公里的遗址区缺乏应有的标志，我们不能设想所有人都是古建学家，在一点形象的东西都没有的情况下能尽情地想象大唐多么伟大。鉴于此，在遗址处重修丹凤门，既保护遗址本体，又作为遗址博物馆，并作为国家遗址公园入口的标志，一举数得。

仅仅是复原倒简单，唐洛阳城遗址就是在原址上复原丽景门，但看后很平淡，只有丹凤门远远望去就很激动，原因在于后者有创造和创新。在这里张院士反复比较各种可能，并分析各自的优缺点，最终采用一种比完全复原更让人感动的方式，造型古朴、博大、统一，像一个出土文物，出于土地，生于阳光。在这里她追求的是法无定式，没有完全拘泥于考古的发现和逻辑的推理、材料的应用也是一大创举。她把对唐文化的赞美和理解融入自己的创作。如果与芙蓉园的歌舞升平比较，这里更有历史的悲壮，这是张锦秋院士创作的另一个高峰。

项目于2010年建成。获2011年第六届中国建筑学会建筑创作佳作奖、获2009~2011年度中国建筑优秀勘察设计奖（建筑结构）。

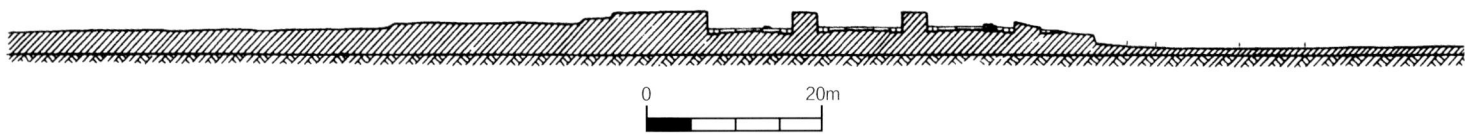
丹凤门遗址剖面图

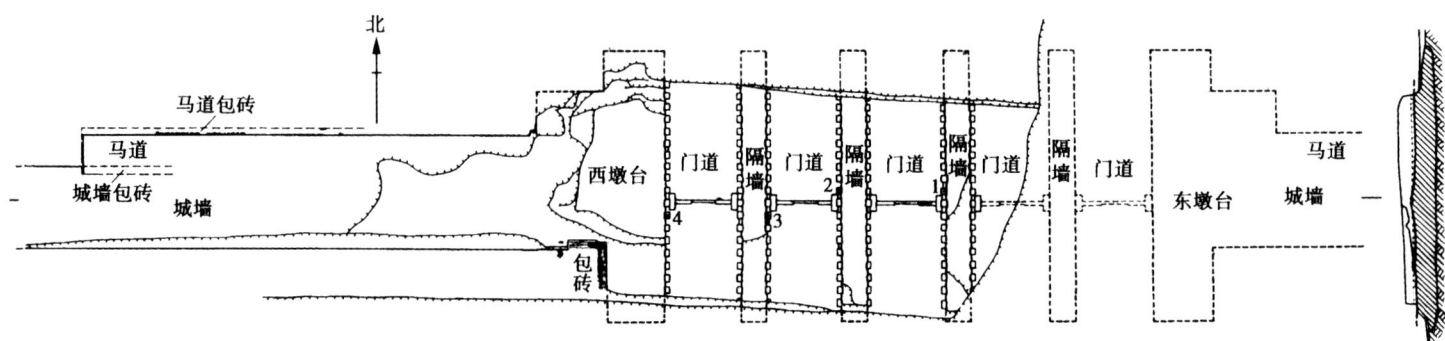
丹凤门遗址平面图

丹凤门遗址现状考古照片组图

碑林藏兴庆宫图碑上的丹凤门

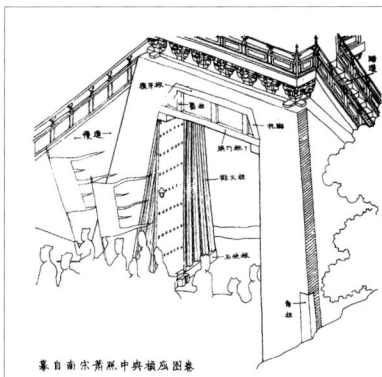

北宋汴梁城门

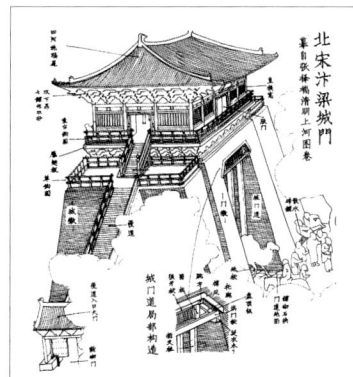

《清明上河图》中北宋边梁城门

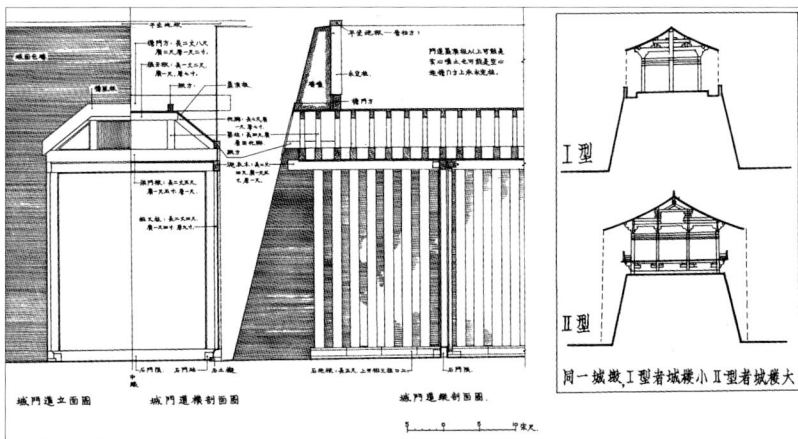

宋《营造法式》所载城门形制构造

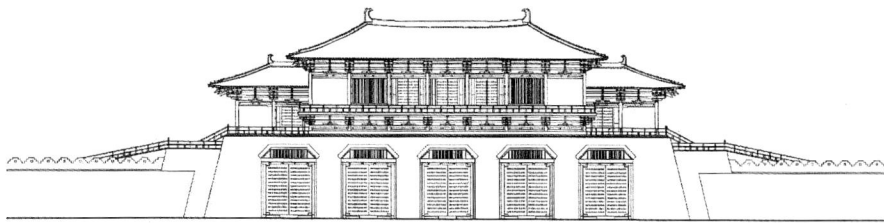
丹凤门复原立面图一（王璐）

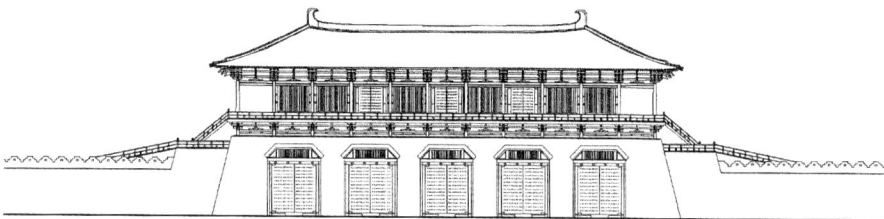
丹凤门复原立面图二（王璐）

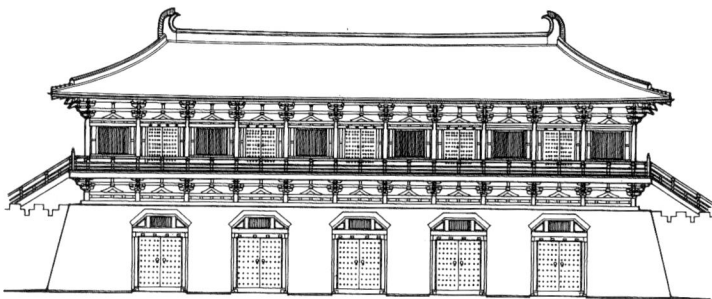
明德门复原立面图（傅熹年）

明德门复原透视图（王才强）

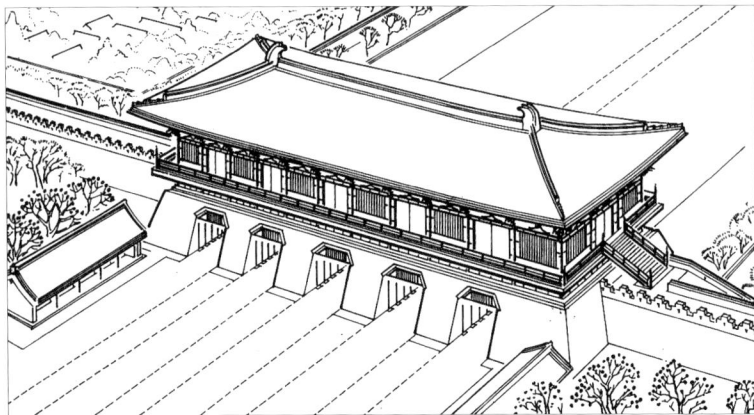
明德门复原鸟瞰图（傅熹年）

明德门复原透视图（杨鸿勋）

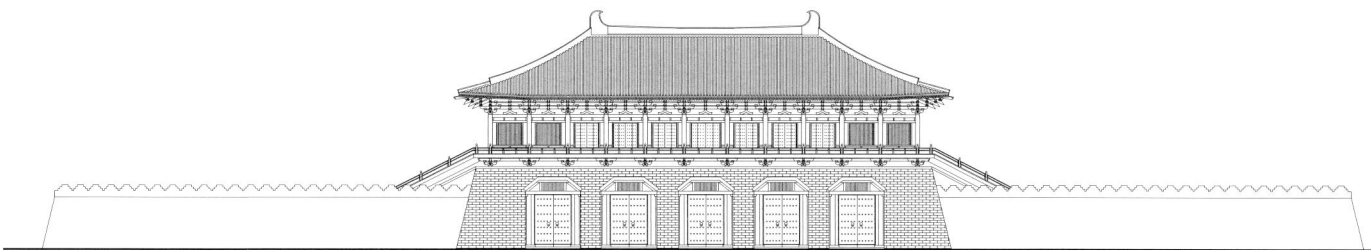

南立面图

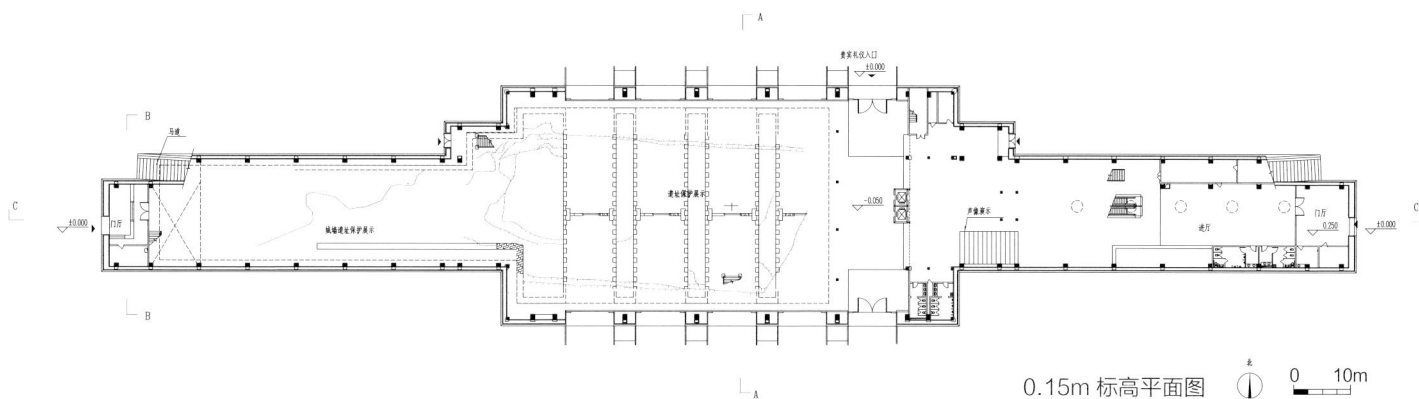

0.15m 标高平面图

0   10m

4.200m 标高平面图

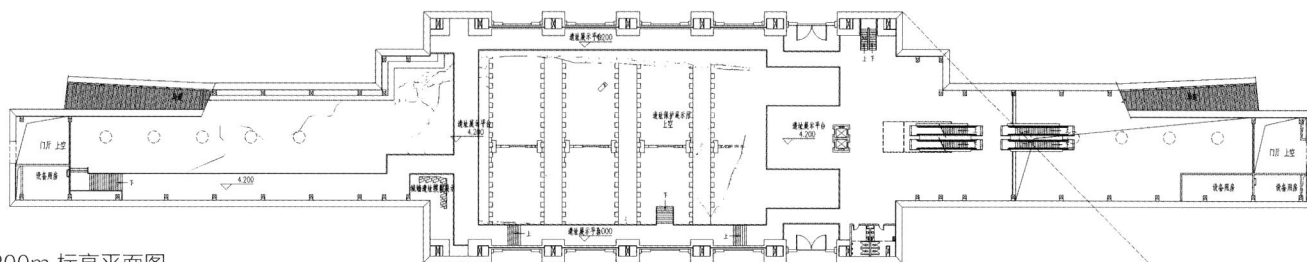

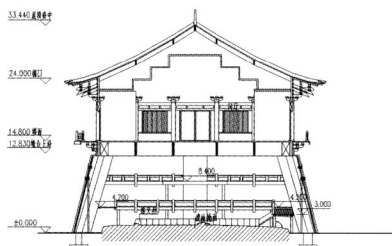

剖面图一

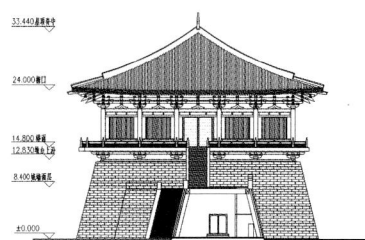

剖面图二

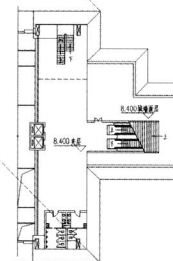

8.400m 标高平面图

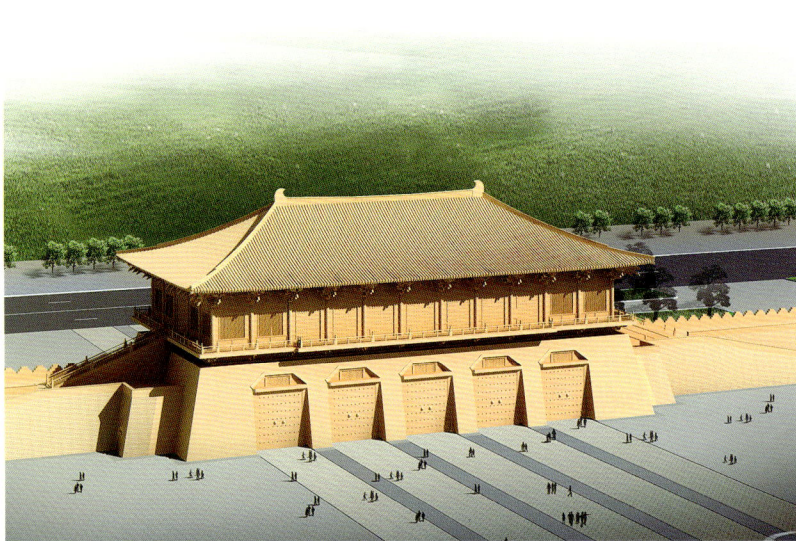

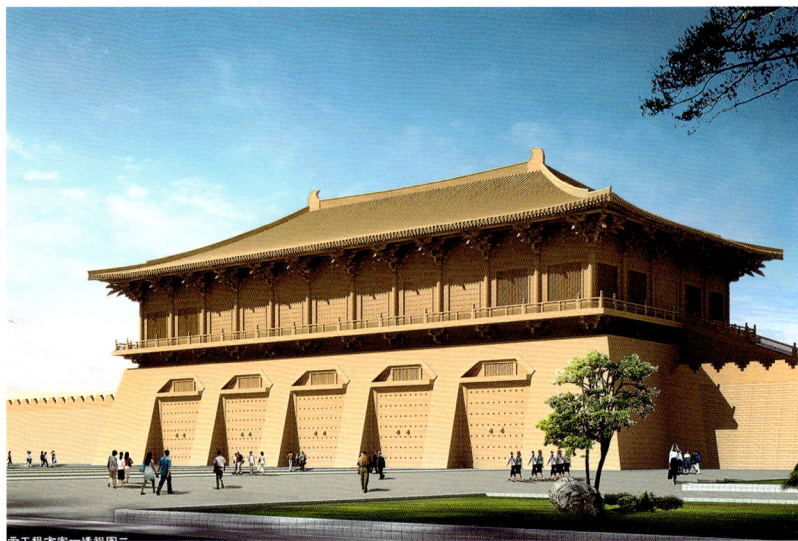

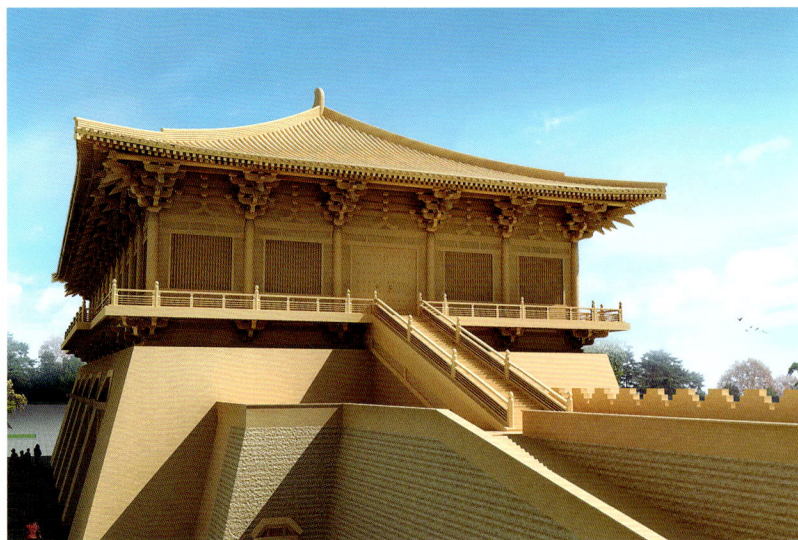

丹凤门遗址博物馆设计方案效果图

施工中的丹凤门遗址博物馆

从西南侧看丹凤门遗址博物馆

进厅内景

多功能大厅内景

城门遗址保护展示厅内景自西向东望

第四篇 阅读大师

—— 张锦秋城市建筑思想评析

半个世纪以来，张锦秋院士设计了一系列闪耀着中华文化精神的作品，这些作品的背后渗透着她对中国传统建筑文化的研究和对现代建筑的深刻理解。建筑思想的形成是一个长期而复杂的过程，也是指导设计的核心。本篇从张锦秋院士公开发表的论文、学术讲演和专著中，采用阅读笔记的方式梳理张锦秋院士有关建筑思想和理论。

作为一个职业建筑师，张锦秋院士的主要精力在于建筑创作，但她的每一个作品都是多项研究成果，是她的理论思考的结晶。

她是一个大器晚成的建筑师，三十五岁才有她人生第一个作品——华清池大门；同时她又是最早参加建筑实践的建筑师，早在本科时就参加了国庆献礼工程中国革命历史博物馆全过程设计，研究生时期就在《建筑学报》上发表了第一篇论文。这些丰富的经历促使她对建筑的基本理论和建筑设计有一个系统而深刻的思考。对于建筑师来说，每一座城市都是一所学校，中学时代的上海，大学时代的北京和工作时的西安，给予她不同的熏陶和教育，不同的城市文化使她有更多独立的思考和宽容的胸怀，扎实的基础、丰富的阅历使她具备了一个建筑师难得的全面素质。两院院士吴良镛早在1992年给张总的第一部书《从传统走向未来》写序时就指出：张锦秋是一位基本功扎实的建筑师。二十年后的2012年在何梁何利成就奖评选过程独立采访吴先生时，他这样评价张锦秋：她不仅有一系列建筑作品，还是一位有理论、有思想的建筑师。因此，我们仅仅看到她的建筑作品还不够，还应努力发掘作品背后的思想理论。本篇我们将分为几个主题：建筑文化、空间意匠、建筑创作、城市设计和城市特色、长安文化和遗产保护等方面系统梳理她的建筑思想、创作理论和文化思考。

建筑文化

陕西历史博物馆

设计的态度决定着设计的成败。不同的人不同时期对建筑的理解是不同的，对建筑的本质的探求也是多样的。何谓建筑？城市是什么？不同的建筑师有不同的答案。即使同一个建筑师，如同精通书法的书法家一样，每十年都会对书法有不同的体会和理解。面对如此巨变的社会，如同屈原的《天问》一样，这样的问题常使建筑师苦恼、纠结，苦苦求索。有人认为建筑是实体的存在，有的则断定建筑是抽象的空间，在哲学上更是争论不休；有人主张建筑贵在创新，有人则认为建筑贵在得体适宜；有人对时尚赞不绝口，有人却对经典难以忘怀。对建筑城市的基本态度决定着一个建筑师创作的方向和价值取向。

2012年，中国建筑学会发起题为"新焦点：'适用、经济、美观'"的讨论，张锦秋院士就严肃地指出："一个中外古今早为世人认同的建筑的实质，关于建筑设计的基本原则，怎么今天在中国竟成了新焦点，这不能不引起我们的深思。"[1] 不论赋予建筑多少含义，建筑的文化属性、承载历史的功能从来没有改变，一个城市的历史就是一个民族的历史。作为一个东方大国，具有五千年历史的文明国家不可想象没有自己的发展理念、思想，而只跟着西方的指挥棒盲目跟风。

张锦秋院士认为："总览新中国成立五十多年来我国建筑设计的历程，传统建筑的继承与发展在民用建筑的创作中始终处于主流地位。建筑传统系指我国历史沿传而来的建筑遗产，是民族传统与地域传统的总和。因为中国传统建筑博大精深的文化底蕴和与人

们息息相关的生活内涵，使它无所不在。又因为中国建筑师处于强烈的民族自尊、自强的感情，以创造具有中国特色的现代建筑为己任，虽创作之路曲折艰难，但却百折不挠，探索前进。"[2] 这是张锦秋院士发自肺腑的感想，是坚定的梁思成建筑思想追随者的写照，也是她坚定走传统与现代结合之路的理论基础。

火烧圆明园毁灭了几代中国人的文化自信，一百多年在中国，现代西方有一种莫名的文化优越感。但中国是唯一一个文明没有中断的文明古国，正是我们有悠久的历史和灿烂的文化才谈得上文化复兴，从梁先生开始的中国传统建筑的复兴事业深深地影响着张锦秋院士，她从中国园林的研究看到了新的希望，下决心走传统与现代相结合的道路，这就是她创作生涯一直未变的创作态度。

张锦秋院士最近谈和谐建筑时才系统地发表她对建筑的理解："建筑是百姓生活的基本空间，建筑是执政者的历史舞台，建筑是凝固的音乐，建筑是石头的史书。"第一句说的是建筑的基本属性，第二句是说执政者登上舞台要受到历史的评判，第三句是说建筑的艺术性，第四句是说建筑的历史价值。[3] 尽管有些论点在历史上已有论述，但这样对建筑的完整概括尚是第一次。她进一步指出："从本质上看，建筑艺术属于综合性实用艺术。由于它超大的尺度与体量，所以又在一般的工艺美术之外存在着建筑造型艺术与建筑空间艺术。这三者相辅相成，密不可分。"

……

1. 解读"新焦点"之我见．建筑学报，2008, 8：46-46.
2. 传统建筑的继承与发展．2004,07.14.
3. 和谐建筑．在陕西省委常委学习会的讲课，2009,03.24.

"现代讨论较多的是建筑形式，而空间艺术虽然最具特色却较少被人认知。"[4]

建筑是艺术，又不全是艺术，它是艺术与技术的结合，是文化的载体，是历史的舞台。中国具有现代意义上的建筑设计只有不到百年，而欧洲对现代意义的建筑实践已有上千年的经验。如果我们能全面理解建筑的真实含义，就不会出现极端片面的奇谈怪论。也许在如今的城市中就不会出现这么多奇奇怪怪的建筑，我们的城市将会更优雅、更健康。

她认为建筑应讲环境、讲人文、讲文化、追求意境，最终要上升到和谐建筑的层次。

"在这片古今交融，新旧相辉的热土之上，正在回荡起民族文化复兴的壮丽乐章。这一切成为我们进行建筑创作的广阔背景。"和谐建筑"的理念就由此而萌生。[5]

在中国，自古逐渐积累了有关人居环境营造的许多宝贵经验：在人居文化方面传承的精髓就在于以人为本、天人合一、和谐共生的思想。在美学上，讲究虚实相生、时空一体、情景交融；在营造上，始终追求建筑、规划、自然环境三位一体，达到和谐城市、山水城市的境界。因而，中国历史上的城镇无不呈现着蕴涵中国人居文化特有的精神气质和艺术风格的和谐之美。"

……

"建筑和谐有两个层次。

一是"和而不同"。孔子说："君子和而不同，小人同而不和。"这里说的是人而非建筑，但从哲理的高度可以领会到："和"是指不同因素的统一，这就是和谐；"同"是指相同因素的统一，也就是一律。在建筑艺术上，我们赞赏前者，提倡和谐，反对一律，主张吸纳百家优长，兼及八方精义。

二是"唱和相应"。《新书·六术》有言："唱和相应而调和"。这是讲不同的因素怎样才能达到"和谐"的境界。意即，虽然音有高低不同，只要有主次、有节奏、有旋律地组织起来，便可成为和谐之乐。先哲的智慧给我们以启迪，有助于我们开阔思路，提高我们鉴别与创作建筑的能力。[6]

要实现建筑与自然的和谐，我们有必要重温中国古代"天人合一"的哲学思想。这里"天"是指物质存在的自然。认为人和自然本来就是一个有机整体。天与人的关系"应之以治则吉，应之以乱则凶。强本而节用，天不能贫"（《天论》）。

建筑与自然环境的结合往往借助于园林。中国园林是建筑与自然环境的中介，是新建项目与各种保护对象之中介，是不同性质建筑的中介。园林这种"人工的自然"是和谐建筑不可或缺的伴侣。"[7]

态度决定方法，只有对建筑有全面的认识，站在理论的高度创作才会有深度，才不会人云亦云，跟风追风。我在 20 世纪 90 年代第一次出国考察，对悉尼印象最深的一点就是尽管每个建筑特色各异，但在城市中却彬彬有礼，和谐共处。"仁"字就是研究两个人或多人的关系，儒家的最高境界就是"仁"，建筑的最高理想也在于和谐。

记得我们在做图书馆方案时，张总就能从历史文化、城市文化、环境地形等方面定位图书馆的设计要点，最终陕西省图书馆高高矗立在唐代的历史高地之上，以它淡雅的艺术氛围取得了历久弥新的艺术效果。

"在多年建筑实践当中，我体会到要践行和谐建筑应该从三方面入手。

一、建筑自身的和谐。建筑是一个复杂的综合体，涉及建造的功能目标、经济条件、技术水准、生态节能、艺术特色和社会意愿。建筑的成败得失，往往取决于能否使这些因素有机平衡。

二、建筑与城市的和谐。建筑文化的创造，首先有赖于城市规划的优劣，城市文化孕育城市建筑文化，建筑文化彰显城市特色。在不同性质的城市中许多都采取新老分区、各展风采。现代建筑的多元创作。

建筑创作按性质可分三大类：建筑创作应该做到因地制宜、因题制宜，传承创新。现代建筑的多元创作，在城市规划对建筑没有特定要求的地区，突出现代生产技术、功能的"产品形式"，和强调反映所在地域特色的"地域形式"都可以发挥。

有特定历史环境保护要求和特殊文化要求的建筑，如在历史文化名城的旧城区内、文化遗产保护区周围的建设控制地带，在非法定保护的文化旅游景区以及与历史文化主题有关的标志性建筑等。有法定要求的

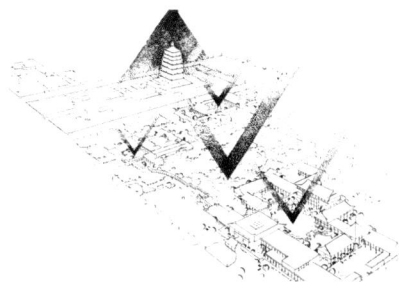

避实就虚、虚实相生

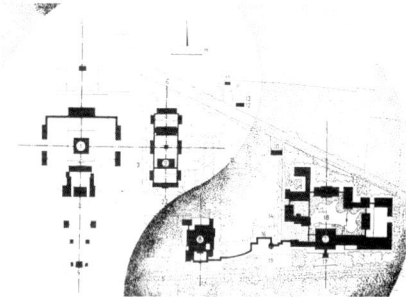

多样统一、相反相成

4. 从中国文化传承与振兴看传统建筑的空间艺术·传统空间意识与空间美中国当代建筑设计发展战略国际工程科技发展战略高端论坛，2013.11.22.

5. 探索有特色的和谐建筑. 百年建筑，2006(11)

6. 和谐建筑之探索. 第十二届亚洲建筑师大会上做主题报告，2006.09.20.

7. 一份向老师的汇报. 清华大学《第二届人居科学国际论坛》上的发言，2012.04.29.

当然要依法办事。没有法定要求的，就要在某些方面与保护对象具有一定的共同基因而和谐共生。

古迹的重建和历史文化名胜的重建。按照文保政策规定，不允许在列入保护名录的古遗址上恢复重建。而我国在此以外的历史名胜还有许多。中国自古就有不断修建或恢复名胜的传统，美好的历史故事和特色景观才能得以流传。这些设计尤其要注重历史性、科学性和艺术性，千万不能成为无根之木。

三、建筑与自然环境的和谐。我们有必要重温中国古代"天人合一"的哲学思想。这里"天"是指物质存在的自然。认为人和自然本来就是一个有机整体。天与人的关系"应之以治则吉，应之以乱则凶。强本而节用，天不能贫"（《天论》）。在西方，美国生态哲学家莱奥博尔德等人提出"生态意识"，可见中西方现在终于达成了共识：城乡建设都要有保护生态环境的基本理念，对已有的生态环境要在保护的基础上加以利用，对已经遭到破坏的自然环境则应进行修复。"[8]

早在1978年国际建协《墨西哥宣言》指出："职业的自由并不能降低建筑师的社会责任感。"张锦秋院士师承梁思成，在清华园度过了十一年，具有强烈的知识分子的气节，建筑师的职业特点使她具有忧国忧民的职业情怀，张锦秋院士的每一项作品、每一个理论无不放在社会责任的宏观角度来思考。

她在读书笔记中谈到：梁先生的学识一辈子也学不完，并旗帜鲜明地指出："梁先生身上具有巨人的品质，是20世纪中国的学术巨人，是近百年来现代中国建筑思想的启蒙者，就历史意义而言，梁思成先生和西方现代建筑思想的启蒙者具有同样的历史地位。"[9]

她对缺乏文化自信不无忧虑地感叹："地域文化是生活于该地域的民族在长期生存实践中萌生、创造、发展的文化，因而，地域文化具有自己民族的和生态的特色。不同地域之间随历史的发展会出现自然的交流与融合，如丝绸之路就是一个交流、融合的纽带。当今，全球化文化与地域文化之间碰撞的过程引发了深层次的、文化理念的冲突，对抗与竞争取代了心平气和的融合。强势文化以其强势的政治、经济为背景，对相对滞后地区的文化形成了以强凌弱、取而代之的

形势。在这股大潮中，如果听之任之，不去自觉地将对抗转为交流、将对撞化为融合，在经济全球化的时代，就会出现文化的全球化，那将是人类社会最大的悲剧"。

世纪之交，东方正面临现代与传统、外来文化与本土文化的冲撞与融合。具有鲜明文化属性的建筑自不例外地卷入了这一浪潮。从哲学思潮来看，当代城市建设体现了科学主义思潮和人文主义思潮的汇合。在这个汇合点上，物质的与精神的、传统的与创新的、地域的与世界的等两极的东西必然会神奇般地统一起来，从而构成一种洋溢着生命气息和生活朝气的综合美。[10]

在城市发展的过程中，不同历史时期、不同地域的人们创造了不同的城市文化环境。美国建筑大师沙里文曾说过："根据你的房子就能知道你这个人，那么根据城市的面貌也就能知道这里居民的文化追求"。西方文豪歌德说"建筑是石头的书"。雨果说"人类没有任何种重要的思想不被建筑艺术写在石头上""注入人类家园的每条细流都不再是自然之物，它的每滴水珠都折射着文明之光"。

……

城市建设是一个历史范畴，任何一座城市在塑造自己的文化环境时，都应该继承历史、立足当代、展望未来，都需要在自己城市文化的基础上进行再创造，只有这样才能使城市形象特色脱颖而出。[11]

1999年国际建协在《北京宣言》中指出："如今大多数建筑师每每只着眼于建筑的形式，拘泥于其狭隘的技术—美学意义，越来越脱离真正的决策，这种现象值得注意。建筑学的发展要考虑到全面的社会、政治背景，只有这样，建筑师才能作为专业人员参与所有层次的决策。"

她心系国家的城市建设，针对城市中发展的问题，在全国人民代表大会小组发言中指出城市建设中的五个侧重和五个忽略：

侧重于经济的发展而忽略历史文化的保护与弘扬；
侧重于城市的拓展而忽略生态环境的保护与修复；
侧重于城市物质建构而忽略城市精神文明的职能；
侧重于城市外观效果而忽略基础设施建设；

8. 和谐建筑. 中央党校干部培训班讲课，2013,05.
9. 建筑创作. 记者访谈，2004,01.15.
10. 和谐建筑之探索. 建筑学报，2006(9)
11. 浅谈城市文化环境的营造. 建筑创作，2002(2)

侧重于进度与数量而放松质量和品质的追求。[12]

这些真知灼见一针见血地指出了城市建设中的误区和诟病所在，为建筑行业健康持续地发展建言献策。

建筑师、律师和医师在古代称为三大自由职业。医师职业的特点在于恢复人体的秩序，律师在于恢复社会的秩序，建筑师则在于建立人居环境的秩序。面对中国城市建筑的迅猛发展，当代中国建筑设计现状却令人担忧，建筑师的执业状态及地位受到了挑战，造成了整个行业的危机，为此，程泰宁院士以当代中国建筑设计现状与发展做了专题研究，总结主要的问题是"三失"，即价值判断失衡、跨文化对话失语、体制与制度建设失范。

张锦秋院士的建筑师职业生涯完整体现了一个执业建筑师的职责尊严和价值追求。用她的完美执业过程给未来的建筑师带来了希望，树立了榜样。张锦秋院士把建筑师定位为一门手艺人、匠人。建筑师是一项崇高而复杂的职业，要求建筑师能仰望天空，又能脚踏实地，进得厅堂，下得厨房；既要认真听取各方意见，又要坚决果断。建筑师是一出戏的导演，是带着镣铐跳舞的一门综合艺术。建筑师是一个项目的总策划总设计，但受技术的限制、经济的制约和环境的限制，却不能随心而欲。

坚持"以人为本"是建筑师的良心。21世纪建筑的发展是建筑、地景、城市的融合，这种融合首先要求建筑师对城市建筑、人文历史和生态景观知识素养的融合。

张锦秋院士对中国传统文化的热爱是主动和发自肺腑的，如同第一代、第二代建筑师吕彦直、梁思成、张镈、戴念慈这些老一辈建筑师，他们在列强蹂躏中国时，强烈的民族自尊心使他们自觉地对中国传统建筑进行弘扬，肩负历史责任，始终如一地追求传统文化的复兴，而不是临时抱佛脚。

我们从她的文字中能体会到她游览苏州园林和颐和园的陶醉，能看到她考察佛光寺和莫高窟的激动心情，也羡慕她在大师身边的机遇。梁思成曾指出："继承遗产的整个过程应该是一个'认识—分析—批判—继承—革新—运用'的过程，而其中最关键的两环就

在批判和革新。"并预见："新中国的新建筑必须从实际创作中产生出来，而且必须经过一段相当长的探索时期。这时期的长短，决定于我们对于建筑艺术——一种反映我们这个时代的艺术——的认识。"

自张锦秋院士的第一个建筑作品——华清池的大门，一直到大唐华清城，半个世纪以来她一直遵循着中国传统建筑的现代化和传统文化的复兴之路，对中国传统建筑的热爱和坚实的国学基础，使她在传统与现代结合上始终如一、一以贯之、一脉相承。

她不止一次地引用一位建筑工作者的感慨：如果白天我们在千篇一律的国际化办公楼内上班，晚上回到各种所谓的罗马花园，能有民族自信吗？她敏锐地认识到这是一个民族的悲剧，城市文化的灾难。因此她坚持坚定中国传统文化的复兴。

"当人民从精神上站立起来的时候，自然要求能够反映自己的传统和特色的建筑和城市，这绝不是什么复古主义，而是这个民族觉醒后的精神追求，一个有尊严、有个性、有精神意图的表现。这是一种推动我们民族历史发展的社会思潮。既然我们都承认建筑是一个时代文化的缩影，既然我们都意识到建筑师的社会责任，那么让我们自觉地顺应这一历史潮流，进而积极地投入这个大潮之中。"[13]

她所设计的重要标志性建筑都有很深的文化内涵，陕西历史博物馆是悠久历史和灿烂文化的象征，天人长安塔是天人合一、创意自然的表现，黄帝陵祭祀大殿（院）用大象无形的手法表现的中华文化的源远流长。她努力完成传统建筑向现代化的转变，也努力创新和实现现代建筑的中国化。黄帝陵祭祀大殿（院）、天人长安塔是现代化的另一种形式，表现了张锦秋院士在传统承继方面的新的探索。她早就开始践行《北京宣言》倡导的"地域建筑的现代化，现代建筑的地域化"实践。

中国百年的耻辱使我们对自己的文化缺乏信心，一边倒地以西方文化为中心，甚至以洋为荣，建筑界表现尤其明显。假古董、大屋顶的大帽乱飞，极大伤害了探索中国传统文化复兴的建筑师的感情，中国建筑发展到现在是应解决这些理论问题的时候了。

12. 三点建议. 十一届全国人大五次会议陕西组的发言, 2012,03.
13. 继承发扬 探索前进——对建筑创作中继承发扬建筑文化民族传统的几点认识. 建筑学报, 1986, 03: 02.

空间意识

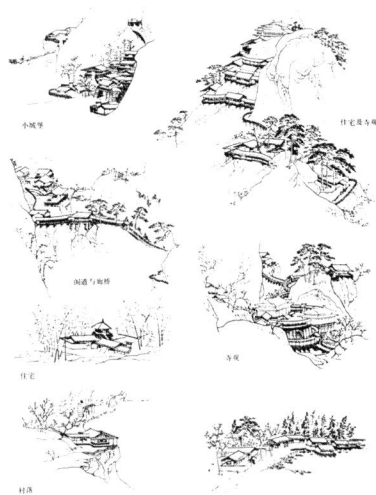

南宋赵伯驹《江山秋色图卷》中的建筑

张锦秋院士认为中国文化博大精深，作为东方文化的代表有别于西方文化，应破除西方文化中心论，绝不能全盘西化。她努力接受西方的现代建筑思想和理论的同时，也在坚守着自己传统的文化自信，早在研究生时就系统研究了中国传统建筑特别是中国传统园林，通过研究她认为现代建筑与中国传统空间思想结合完全可能。她曾在《从传统走向未来》一书中提出了中国传统空间意识美，进而不断完善。她始终坚持从空间入手研究中国建筑。

我们还应该看到在当今世界现代建筑的潮流中，空间艺术为中外建筑师所瞩目，自然而然地成为中国和世界、传统与现代的一个有力的结合点，使我们得以在更高的层次上，运用传统经验于中国当代的城市规划与建筑设计，使中国建筑自立于世界建筑之林。

……

深入研究领会传统的空间意识有助于把握传统建筑创作思想和方法，并进而服务于当代。[1]

肯定自然，顺应自然，在自然中寻找自己恰当的位置和姿态，而不是与自然相抗衡。空间布局强调自然界的整体性即事物之间内在关系的有机自然观，运用易经哲理，讲究阴阳结合、主从有序，从而把人与自然、自我和宇宙加以统一。[2]

……

我国古代营建活动中，有许多成功的理论和实践经验值得继承和发扬，如选址定位的"依山面水、四神

定位"，如空间布局的"形势法则"，如园林经营的"成景得景"和"借景、框景"。事实上，传统建筑空间艺术宝库的未知数还很多，需要我们认真地、创造性地探索、继承和发展。[3]

中国的传统文化浩如烟海，博大精深。张锦秋院士从中国诗词、画论、书法、城市、风水提取它的科学精神和合理内核，取其精华、去其糟粕，形成了一系列关于城市建筑的理论体系。从选址、布局、营造、空间、美学来抽象建筑思想。与建筑理论家不同，张锦秋院士是根据项目的具体实践，结合实践提炼中国传统建筑思想，并在实践中应用。她对中国传统空间意识总结如下：

（1）天人合一

"天人合一"往往表现为"因天时、就地利"，"虽由人作，宛自天开"，肯定自然，顺应自然，在自然中寻找自己恰当的位置和姿态，而不是与自然抗衡。空间布局强调自然界的整体性即事物之间内在关系的有机自然观，运用"易经"哲理，讲究阴阳结合、主从有序，从而把人与自然、自我和宇宙加以统一。

（2）虚实相生

"虚实相生"、"计虚当实"，在传统空间意识中是一个很重要的观念，同时也是中国传统艺术观念。中国画论强调"虚实相生"，要求"无画处皆成妙境"，更重视虚境的艺术表现；书法讲究"计白当黑"，认为空白适当与间架结构有着同等的艺术价值；

中国建筑艺术历史就是"计虚当实"、"虚实相生"，

1.3. 传统建筑的空间艺术——传统空间意识与空间美. 凤凰卫视《世纪大讲堂》演讲大纲，2004,04.01、

2. 从中国文化传承与振兴看传统建筑的空间艺术，传统空间意识与空间美，《中国当代建筑设计发展战略，国际工程科技发展战略高端论坛》发言，2013,11.22.

不但通过对建筑物的位置、体量、形态的经营有意识地去创造一个与实体相生的外部空间，而且实中虚、虚中实、内外交融，从而构成独树一帜的艺术特征。"虚实相生"的观念在古典建筑中从宏观到微观、从总体到单体等得到充分体现。

（3）时空一体

传统空间意识中，空间与时间是不可分割的，具有数千年历史的八卦上就标识着春夏秋冬配合着东西南北，时间的节奏率领着空间的方位。在中国建筑空间构图中成就了节奏化、音乐化的"时空合一体"。梁思成先生说："中国的建筑设计和中国的画卷特别是很长的画卷很相像，用一步步发展的手法，把你从开头领到一个高峰，然后再慢慢地收尾，比较的有层次，而且趣味深长。"

（4）情景交融

中国人于有限中见到无限，又于无限中回归有限，于是在城乡、风景建筑空间中发挥其综合艺术的特点，除建筑本体外还借助于雕刻、绘画、植物、水体、小品、匾额、楹联创造出"小中见大"、"以景寓情、感物吟志"的意境追求。景观从形式美引起的快感谓之"美境"。只有当景观能使人触景生情的才能升华到"意境"的层次。

通过立意被物化后的艺术，空间才能出现使人触景生情的"意境"[4]

单就城市、建筑、园林三大基本形态的出现而言，已经使我们看到华夏建筑体系之端倪。而规划、建筑、园林在此同时出现，更表明了中国古代人居环境一体化的实践活动。

……

《周易》和《周礼》，前者是古人解释天、地、人关系的哲学，后者是规划和建筑营建的规范。

……

方形的大房子是最早出现的公共建筑，最让建筑家感兴趣的是它那四面坡的屋顶和前堂后室的布局。这就像人类的基因一样，被一代接一代的华夏宫室繁衍下来。[5]

张锦秋院士总结她建筑人生的三个阶段，一是清华的求学研究，二是西安的建筑创作，三就是城市设计，继而她的研究范围也从建筑扩展到城市。她认为城市设计也是一门研究城市空间形态的学科。她欣赏凯文·林奇的五要素，但也指出他的不足，认为应该用中国的风水理论进行补充。她认为西方的建筑理论侧重于事物的本体，中国传统文化侧重于事物之间的关系和联系，中外结合才能构成完整的城市设计理论。

怎样去研究、把握才能做好城市设计，这里介绍两种行之有效的理论，即"城市意象论"和"风水意象论"。前者是西方现代城市理论，比较侧重于城市本身的环境形态设计。后者是中国古代有关相地立基的专门学术，比较侧重于城市与自然环境的关系。[6]

路线、边缘、节点、区域和标志五大要素自20世纪60年代提出以来，一直指导着全世界的城市规划设计到现在。虽然有人说它不够全面，但迄今为止它仍然是全世界范围最权威的理论。但，它是不是适用于中国的城市呢？适用，但这还不够。中国城市有自己的传统理论，就是风水意想中所指的龙、砂、水、穴、位五大要素。

龙，就是城市区域内主要山脉的走势和来龙去脉。

砂，就是城市周围地段的地形起伏，指主脉以外的山脉地形地势。

水，自古以来我们中国人一直认为水就是城市的"血脉财气"。一个城市要是没有水，这个城市就很难兴旺发达。

穴，指选址定位。

位，即方位，就是方位要选择好。

龙、砂、水、穴、位是指建筑和环境的相对关系，特别是和自然环境的关系。中国这五个要素和西方的五个要素如果结合起来，就是我们完整、科学的理论体系。我们的规划和设计也应该在这些理论指导下用科学的方法展开，肯定有利于城市特色的塑造。[7]

许多建筑师和理论家回避中国"风水"，但张锦秋院士倡导剔除迷信和糟粕，要研究中国的风水理论。她认为中国风水学是一个朴素的总体布局学，虽不够理性和科学，但在宏观把握上有它突出的特点，如风水学说的"形""势"观。

颐和园绮望轩复原图之一

颐和园嘉荫轩复原图之一

颐和园构虚轩绘芳堂复原图之一

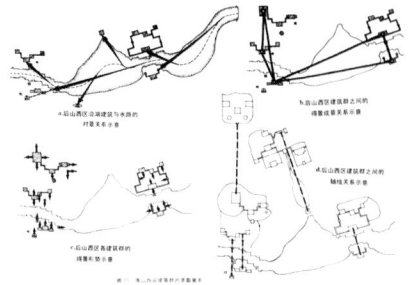
颐和园后山西区建筑群的景观关系

4. 城市设计的理论与实践. 全国市长培训班讲课, 2002,05.

5. 坚持科学理论 抓住古都基点. 中国建设报, 2006,04.08.

6.8. 从传统走向未来———个建筑师的探索. 陕西科学技术出版社, 1992,12.

7.9. 传统建筑的空间艺术——传统空间意识与空间美. 凤凰卫视《世纪大讲堂》演讲大纲, 2004,04.01.

形势法则是中国风水理论的一个重要部分，本来是观察、选择和利用山水环境的理论，但也推而广之指导建筑群体的规划布局和空间形体设计。因此形势法则是我国传统建筑活动中一项起着重要作用的法则。

"形势"是人们将对于环境景观中空间形体高低、大小、远近、离合的视觉感受综合概括出来的概念。"左右前后分谓之四势，山水应案今谓之三形"、"远为势，近为形；势言其大者，形言其小者"、"势可远观，形需近察"、"势居乎粗，形在乎细"。可见，在实际行动勘察时，"势"是指地形起伏的形态，是地形各部分相对关系宏观的整体概括。"形"则指局部地貌的具体形状。

风水的形势法则还包括对于"形"和"势"之间辩证统一相互关系的许多精辟论述。学习这些论述结合对传统建筑空间布局的分析，将会使我们认识到以建筑群体的宏观效果为"势"。单体的形式为"形"，在规划设计中将形势法则加以运用是很有意义的。"有势然后又形"、"形乘势末"、"形以势得"。在这里"势"既可以理解为建筑组群外形的总体效果，也可以理解为组群内部各单体之间空间形体关系造成的综合环境效果。因为"势如根本，形如蕊英，英华则实固，根远则干荣"。其间不但讲了"形"之于"势"的从属关系，还进一步强调了"形"对于"势"的能动作用。"形者势之积，势者形之崇。"它告诉我们在群体布局中不但可以"积形成势"，而且能够调动各类造型因素"聚巧形而展势"。由此我们才能真正领会到在中国建筑群体布局之中一座桥梁、一个排楼、一片影壁、一组石阶为什么都那样贴切。这是因为他们在总体中都是"成势"或"展势"所必不可少的因素，是经过通盘经营而造就了的。形势法则还指出了"无形而势，势之突兀；无势而形，形之诡忑"这些应该避免的弊端。[8]

有这样成功的实践必有其卓越的思想、理论和方法。中国建筑师抱着科学的、审慎的态度，以面向现代的立场研究传统，由浅入深，由表及里，寻找一些有规律性的东西。[9]

没有理论，就没有实践，张锦秋院士之所以能创作出这些闪耀着民族光辉的作品，不是偶然的，是饱含着对这片土地的热爱和中国传统建筑的理论修养。她努力把这些理论应用在自己实践中。黄帝陵祭祀大殿（院）是"虚实相生"的绝佳范例；"三唐"工程是传统空间意识"时空一体"的表现；大唐芙蓉园是"情景交融"意境的实现；陕西省图书馆、美术馆在城市中彬彬有礼、和而不同。

建筑界的许多同仁简单地把具有中国传统特色的建筑划为仿古建筑，甚至怀疑这类建筑是否是创作，不分青红皂白地把这些探索蔑称为"大屋顶"，似乎形式创新才是建筑师的首要责任和唯一目的，过度关注形式和表皮，很少关注空间和内容，实乃中国建筑的一大误区。

我认为：建筑的本质是解决人的生存空间，在长期的发展过程中成为石头的史书和文化的载体，集各种艺术之大成，因此它没有先进和落后、现代和保守之分，建筑的重要特性就在于适应性，也就是张锦秋院士所说的"因地制宜、因题制宜"，而绝不是形式主义的游戏。

中国古代的王朝更替和农民起义、对建筑文化的摧毁是致命的，不断地上演火烧和拆毁的悲剧。19世纪至20世纪初，中国传统建筑又失去了现代化的机会，当代过快的社会变革和政治运动使我们没有很好地思考，人云亦云地简单否定。实际上建筑的发展与文化艺术的发展一样，也存在前卫和保守、新潮和经典、变革和固有的区别，很难绝对地说谁好谁坏、谁优谁劣。我们应感谢梁思成，他从现代意义上总结了中国建筑的文法。范仲淹重修岳阳楼不能简单地说是假古董，如果岳阳楼是文化遗存，我们根据民族传统所做的服务于当代的建筑又何谓假古董？

我们反对无病呻吟，反对开历史倒车，但也反对借创新否定经典。社会的构成是多元化的，社会的需求是多元化的，走向多元、多样一定是城市建筑的必然。

张锦秋院士对中国传统文化的发掘是全方位的，从中国古代哲学思想"和而不同、唱和相应"提炼出和谐建筑的思想，从古代诗画发掘出建筑的意境，从书法篆刻联想到建筑布局，也许建筑师本身就是一个集大成者，客观上让建筑师成为文艺复兴的先行者。

她比一般建筑师在更高的层次上进行设计创作。我经常问自己，小行星为什么是张锦秋星？何梁何利最高奖为什么垂青张锦秋？随着这本书的深入写作，我越来越觉得非张锦秋莫属：中国有哪一位建筑师在一个城市有这么多标志性的文化建筑？又有哪一位建筑师对一个城市的保护和特色的实现作出如此的贡献？有哪一位建筑师对传统文化发自内心的热爱，并系统总结？又有哪一位建筑师如此广泛地参加了中国的建筑活动？

天人合一是中国长期农耕文明条件下形成的宇宙观，和而不同、文质彬彬都是古代哲人对人的要求，特别是对君子的要求，中国强调"德"和"礼"对人的行为进行规范，主张文如其人，张锦秋院士根据她的实践把哲学上对人的规范，应用于建筑与建筑的关系、建筑与城市的关系、建筑与人的关系，并强调以人为本的人文主义思想。张锦秋院士的价值观根植于中国传统沃土，一以贯之，长期坚持不懈，努力探索中国传统建筑理念在当代的应用。

建筑创作

张锦秋院士对建筑创作是严谨而理性的，她不太相信所谓灵感。每一个项目她都强调针对具体的环境、场所和题材。所谓姿势要对，就是说要有宏观的把握，准确地定性定位，题目不能出错。她针对不同类型和建筑场所的建筑把创作分为三类，即现代建筑的多元创作、特定历史地段和特殊要求的建筑创作、历史遗迹上的重建和复建。不同的类型要有不同的方法。她在多处学术讲座和论文中都着重谈到建筑创作要立足当地环境场所，服从于当代，在历史文化名城中建筑创作可分为：

一是现代建筑创作的多元探索；二是在有特定历史环境保护要求的地段和特殊文化要求的新建筑创作；三是古迹的复建与历史名胜的重建。

这三类建筑都不是凭建筑师主观臆断所能决定的。每一项目都是随社会的发展、城市的需要应运而生。这三类建筑设计的前提条件不同，设计的自身特点与发展态势也各不相同。[1]

她是以城市整体的观点寻求建筑的答案。她的创作总要把所做的项目放在一个更大的范围来布局谋篇，像画一幅中国山水画一样，建筑只是环境的一部分，寻求建筑与环境的关系，建筑决不能孤立地存在。她的建筑创作有时更像是作文，讲求意在笔先。

中国传统大型建筑群有一整套定位布局的经验，其特点是运用轴线的构成和网络体系来控制全局。芙蓉园在规划设计中吸取了这一传统经验，以地形图上40米见方的坐标网作为布局的基本网络。轴线的取向、建筑布局选点大都以格网为基准，再进一步结合地形地貌和建筑功能确定各园林建筑的形制和造型特征，各在其位、各显其能，相互成景得景，共同构成了庞大的、丰富的园林景观体系。运用这种方法不仅可以创造出园林的皇家气派，对于施工测量、放线定位在操作上也提供了科学、准确、便捷的途径。[2]

承继是要求在继承中有所扬弃，类似批判地域主义，所以分析张锦秋院士的理论思想我更喜欢用承继这一词语。古今中外建筑艺术的一个重要特点是创新。这与建筑的艺术属性有关，艺术的一个重要特点是不能重复。所以创新也构成张锦秋院士的建筑之路，她多次完整表达了她的创作观；

在建筑空间环境的创造上，我追求景观与意境的统一，神形兼备、情景相融，我之所以突出唐风，一则是希图在西安保持盛唐文化的延续性，使地方特色更为突出；再则也是由于唐代建筑的建筑逻辑与现代建筑的逻辑有更多的相近之处。它那舒展洒脱的造型、简洁明确的构造、质朴明快的色彩较之明清的传统建筑格调更高，故而也有弘扬本源、涤荡繁靡之意。在现代化与传统的关系上，我力求寻找其结合点，不仅着手于传统艺术形式与现代功能、技术相结合，更着眼于传统建筑逻辑与现代建筑逻辑的结合，传统审美意识与现代审美意识的结合。在反映传统建筑文化上，我主张对古典建筑的艺术特征采用高度概括的手法，可省略，可夸张，可改造，亦可虚构，但绝不作违反建筑逻辑的"变形"。在建筑空间环境的创造上，我

大唐芙蓉园总平面过程图

1. 历史文化名城中建筑创作之我见．城市文化国际论坛暨第二届城市规划国际论坛上的发言，2007.06.08.

2. 唐韵盛景 曲水丹青．建筑学报，2006，07.

追求景观与意境的统一，神形兼备、情貌相融，力求做到雅俗共赏——也可以称之为建筑空间环境的可视性与可思性的结合。[3]

她对创新的理解，就是持续的改进和发展。她认为家传秘方不等于包治百病，建筑创新也要与时俱进。

如果说三十年代以梁思成先生为首的老一辈建筑师成立营造学社研究中国古典建筑，吕彦直建筑师设计南京中山陵、广州中山纪念堂，是中国建筑师在现代建筑中继承发扬民族传统的早期探索，到今天，可以说这一探索始终处在由表及里、由浅入深、由偏而全的认识过程之中。以往，对传统研究的重点在于古典建筑表现出来的形式和风格，目前则是转向对传统空间意识、美学意识等本质上的发掘，以及对规划设计进行实质性的探索研究。[4]

她通过实践对中国古代建筑的特点作了更为系统的概括并认为：

在世界建筑发展史上，中国传统建筑以其鲜明的特点而自成体系。其特点主要表现为：木构架为结构体系，单幢房屋组成有特色的建筑群体，建筑单体艺术形象丰富多彩，建筑和山、水环境融为一体。由于结构、材料的特点和中国传统的美学哲理，中国传统建筑对其细部极为重视，而这些细部在形成中国传统建筑的鲜明特色中也起着重要的作用。[5]

比起那些斗栱和彩画来，中国古典建筑的群体构图和空间艺术的基本规律更具有强大的生命力；中国古典建筑考虑"人"在其中的感受，更重于"物"本身的自我表现。这种人文主义的创作方法有着我们民族深厚的文化渊源；中国园林建筑是凝固了的中国绘画和文学。它以意境为创作的核心，使园林建筑空间富有诗情画意。我国传统造园的立意、布局和手法已在国内外现代建筑中被广为借鉴。

……

群体组合、内外空间结合、建筑与环境结合、建筑与室内陈设诗画雕塑的结合等这些优秀的传统，正是西方现代建筑家所刻意探索的领域。同时中国建筑师在系统地研究现代建筑中，也找到了和正在寻找着它与民族传统的交汇点和结合点。

3. 城市文化孕育着建筑文化 . 建筑学报，1988,09.27.
4. 继承发扬 探索前进——对建筑创作中继承发扬建筑文化民族传统的几点认识 . 建筑学报，1986,03.02.
5. "质""量"与"形""势" . 大连《建筑细部设计》国际学术会议发言，2005,10.09.
6. 继承发扬 探索前进——对建筑创作中继承发扬建筑文化民族传统的几点认识 . 建筑学报，1986,03.02.

……

继承和发扬建筑文化民族传统的途径是多方位、多元化的。

……

建筑师以自己的设计构思和表达方式提出相应的空间形态，这才是我们创作的设计方案。所有这些因素都是错综复杂、相互关联的。它们构成了建筑创作的基础和背景。不同的建筑、不同的环境、不同的时期诸多因素各有侧重。一个建筑作品几乎总是产生它的那些因素互相融合、权衡的结果。

……

冲破"一元化"的禁锢，进行多元化、多方位的探索，"古为今用"、"洋为中用"、"古今中外一切精华皆为我所用"，我们的创作道路会越来越宽阔。

……

就形式谈创新是得不到什么结果的。如果把追求西方新建筑的表面特征当作"时代精神"，如果把我国古典建筑的外部形式当作"民族传统"，那么两者的结合的确十分困难，甚至常常是互不相容的，但是，如果我们从西方现代建筑和我国传统建筑的精神实质来分析，就会看到他们之间有许多相通之处，其交汇点往往是创新的萌发点。

……

有一种观点认为，现代建筑的发展注定了要走"国际式"的道路。民族传统如果不是前进的反动，至少也是用之鲜少、可有可无的。其实，这是一种早期现代建筑运动的偏见。

……

在他（中国）自立于世界民族之林的时代，不继承发扬自己的文化传统是不可想象的。[6]

这些建筑思想大都是张锦秋院士三十年前的关于建筑创作的观点，今天读来仍倍感亲切，振聋发聩。她的创作也随时代的变迁而变化，在总结"三唐"工程时写到：

我认为再现历史上某一时期的时代风貌和社会风情是不可能的，也是不必要的。正基于此，当六年前我设计的青龙寺空海纪念建筑在乐游原上落成时，并不讳言那是仿唐建筑；而最近在大雁塔旁落成的一组唐风旅游建筑——"三唐工程"，却是着意反映一个博大、辉煌、蓬勃的时代风貌，其中的唐华宾馆已开始超脱了仿古之风，而更有文化寻根之意，可以说半是追怀、半是展望。事实上，有创造意识的人进行文化寻根，其动机在于寻找一种文化走向未来的借鉴。[7]

她所追求的是中国传统建筑的真谛和传统建筑真实的表达，来自于传统，意在创新。这是她的创作态度，她在丹凤门的创作中，大胆采用艺术混凝土，在神似与形似之间表达了对唐大明宫的理解。长安塔更是采用全新的材料，远似古塔，近看则是现代的透明建筑。

方案设计分两步进行。首先根据遗址的型制和尺寸进行唐丹凤门的推理设计，寻找出比较切近历史建筑原貌的形象。然后进一步与前述保护与展示两方面的构思相结合，制定出最终的遗址博物馆建筑方案。[8]

建筑界不管是借鉴国外还是继承传统，大家都要自主创新。我们常常在创新中谈到"神似、形似"等问题。很多人重视"神"而忽视"形"，事实上"形"与"神"二者是不可分的，中国艺术自古就是"神形兼备"，神形兼备才能成为上品。古人形容一个人也好、艺术也罢，称其为文质彬彬，在我看来这就是它的外在表象与内涵实质，即它的内涵和表象的形式都要好，这才是艺术的上乘。

……

建筑的"形"与"神"中，你想追求一种"神"，但若你没有一个很好的形、没有一种很好的质地、没有一种很好的外在表达的话，那我们的追求有相当一部分是无法落实的，只能在几个既有套板中选用，局限性很大。[9]

西安博物院的创作是在以小雁塔为中心，在城市设计的基础上完成的，从总体上共同构成塔寺、公园、博物馆三位一体的布局，在形式上寻求博物馆与小雁塔的神似。大唐华清城也是深入分析了项目情况后，不仅通过布局把城、宫、苑有机地统一起来，还力求使雕塑艺术、环境艺术结合，实现保护和发展的统一。

她认为建筑承载着文化，又是老百姓的生活空间，应承继中国传统文化，并坚信传统文化的魅力。她的作品总能找到文化内涵，洋溢着中国传统文化的魅力。作为一个好的建筑师她认为：

第一是学习好建筑历史。历史能帮助我们认识设计的形成，这在很大程度上，对建筑师的设计思想起着重要的作用。历史上每一种风格的建筑杰作，无一不是从整体到细部浑然一体，丝丝入扣，像完美的交响乐一样，共同表达出自己的个性和特色。

第二是掌握模数制的方法。不论是以母度划分的西方古典柱式，还是以材契划分的中国营造法式，都是建立一个模数体系，按照有一定比例的空间划分，解决形式美的诸多问题。模数制在制图和营造方面的优点自不必说，它的建筑艺术哲理也是深刻的。对于建筑设计而言可以说是形象思维与逻辑思维两位一体的好方法，是感性和理性的有机结合。[10]

建筑的本质在于建造，创作的过程延续到项目建成，甚至到使用，她非常关注设计的过程、建造的过程以及使用的过程。在张锦秋院士所主持的工程中她不知到过多少次工地，踏勘现场，选择材料、设计变更、推敲尺度、环境衬托等。她几乎把一个建筑大小事情全包了，呈现在我们面前的建筑才能如此完美。由于在方案过程中做了大量的工作，她的方案往往和建成时的效果一致，一方面是深思熟虑，另一方面也是她顽强坚守的结果。

张锦秋院士是一位富有激情的创作者、浪漫的诗人，同时也是一位严谨的科学家，对细部、材料、构造格外关注，黄帝陵的整体石材柱、长安塔的玻璃和铝合金金属、大明宫丹凤门遗址博物馆的外墙墙板，都体现出一个科学家的严谨的追求和艺术家的豪情。

作为一个建筑师无疑是伟大的。文学家用文字回忆过去的生活场景，舞台美术师创造的是虚拟的人生舞台，只有建筑师是真实的建造，而且永世流传。张锦秋院士的理想就是她所做的建筑能够传诸后世，它不仅能反映历史，还是一个历史的见证者。她常说建筑师是一个理想主义者，追求并实现着理想就是幸福。她感觉最大的回报就是她的作品被社会广泛地赞誉。

作为一个好的建筑师，其修养和素质是多方面的，需要有崇高的理想、正确的创作观、扎实的基本功、

丹凤门

长安塔

7. 城市文化孕育着建筑文化 . 建筑学报，1988,09.27.

8. 长安沃土育古今——唐大明宫丹凤门遗址博物馆设计 . 建筑学报，2010,11: 26-29.

9. 形神兼备 文质彬彬 .《宝贵的二十五年》. 辽宁科学技术出版社，2013,01.06.

10.《质》《量》与《形》《势》. 大连《建筑细部设计》国际学术会议发言，2005,10.09.

人文的情怀、匠人的精神、科学的严谨，此外还需要耐心、韧性，流血、流汗又要流泪的坚守，忍受各种委屈，要把一个作品当自己的孩子来培养的无私精神和高尚情操。一个成功的作品背后同样都有一个曲折的故事。

张锦秋院士就是一个具有人文情怀、匠人精神的建筑师。

在冷漠的现代社会里，人们更渴望人文情怀，呼唤理想主义，人文情怀可以使得一个人的胸襟变得开阔，思维变得包容。人文情怀就是有正确的价值观和人生观，正是中华民族五千年辉煌历史所培育出的自强不息、坚韧不拔、勤劳勇敢构成了民族复兴的伟大支点。科学精神与人文情怀兼备的人才是复兴的基石。匠人精神就是把一件事做到极致的钻研，鲁班就是中国匠人的鼻祖。一般认为一丝不苟、精益求精、一以贯之可概括匠人精神的内涵。张锦秋院士把她的作品系列命名为"长安意匠"，就表达了人文情怀、匠人精神的意义，长安是中国传统文化的代表，是她热爱的故土，意匠则表示她在这片土地上忘我的耕耘。

创作是持久的，伟大是熬出来的，作品也是磨出来、斗出来的，因此对建筑师的要求也是全面的。建筑师需要机遇，但机遇是给有准备的人而准备的。我遇到过许多有才华的建筑师，有激情但缺少韧性，三板斧就败下阵来；工作勤勤恳恳、任劳任怨，但缺乏与人的沟通能力和组织协调能力，不能把自己的想法传达出去；有能力，有韧性，组织协调能力也很强，但就是无原则、无底线；做好一个建筑很难，寻找一个全面的建筑师更难。张锦秋院士是一个完美的建筑师。

张锦秋院士胸怀是宽广的，她的创作观一直是多样、多元，主张与时俱进，殊途同归。

黄帝陵张总前后设计了二十年，期间不知换了多少位领导，为什么都认同张总的设计？原因就在于张锦秋院士对整体把控恰到好处、设计态度和定性的正确，她用自己的作品很好诠释了时代精神、民族特色和地域文化，树立了一座丰碑。

建筑师是一个伟大而幸福的职业。一个人如果能唤起千万人一同实现自己的理想更是一种崇高，当自己的理想实现时又能受到千万人顶礼膜拜，那是一种自豪。建筑作品像遗产一样供几代人瞻仰那就是一种幸福，张锦秋院士无疑是幸福的建筑师，同时也是一位孤独的思想家。

大凡思想家，她的思想并不能受到同时代全社会的广泛认同，她所走的传统与现代结合之路，并非都认同，她所强调的生态、历史、多元创新并没有在城市全面地贯彻。每当她看到城市又出现一处败笔时都痛心疾首。曲江南湖、芙蓉园周边的高层使其失去了"悠然见南山"的诗意，西安西大街唐风的风貌缺失了历史感，遗址边的新建筑品位不高、风格混乱，缺乏文物环境的风貌保护……所有这些在张锦秋院士看在眼里，不由得流露出遗憾的惆怅。

她关于创作有一系列思想：其中最主要的就是设计的态度，她的设计方法更像是画一幅国画、书写书法、闭目运气、运筹帷幄，然后胸有成竹、一气呵成。张锦秋院士的作品除一些功能和细部之外，在原则上是很少更改的，一些不太理解的业主总想发挥自己的想象改这改那，实际上都是对张总创作不理解的缘故。

她从 1954 年进入建筑学已超过一个甲子，经历了中国多次的民族传统的探索，我们在地域建筑现代化、现代建筑地域化上达成了共识，但在理论上对中国建筑文化的价值、自我认同问题还有很长的路要走。

她创作常常冒着失败的风险，但她主动地常变常新。作为一个建筑师有几个代表作就行了，陕西历史博物馆、三唐工程足够使张总载入史册，张总的大师、院士都是据此入选，但她在 1991 年评上大师、1994 年评上院士后二十年之间的作品更震撼人心，其中包括钟鼓楼广场及地下工程、陕西省图书馆、美术馆、曲江宾馆、黄帝陵祭祀大殿（院）、大唐芙蓉园、大明宫丹凤门、西安世园会长安塔、延安革命纪念馆、大唐华清

城、中国佛学院等。

张锦秋院士从内心里想经历一场中国的文艺复兴，她所有的创作都与古典文化有关，越是古典越具有经典性。但她面向的是未来，面向的是生机勃勃的现代生活，这是她创作的基本态度。

自强不息、厚德载物是中国传统文化的重要内涵，体现了一种健康的社会价值和全面的人格。非常有趣的是，这是梁启超在清华大学讲学时引述《易经》上的一段话，最后被清华作为校训。张锦秋院士用她的建筑人生践行着这一理想。

张锦秋院士在清华十一年所受教育是全面的，她师承梁思成，不仅有良好的专业教育，更重要的是有了振兴中国建筑文化的强烈责任，清华科学务实的工匠精神给了她极大的教育，她选择了西安，西安给予她舞台和荣耀，这看来偶然的事物有一定的必然。张锦秋院士对国外城市理论非常熟悉，同时对城市遗产保护理论、对中国的风水理论有深入的理解，张锦秋院士把风水看做朴素的环境建筑学，认为其中充满着中国古代的智慧。国外的很多城市理论书籍谈的是城市本身的理论，从城市到建筑，研究的是一个内部系统，中国风水研究的是自身与外部的能量交换，因此，张锦秋院士在多篇论文中提到应把城市意象与中国的风水理论结合到一起，构成一部完整的外部空间理论。

中国的江南为中国保留了精美的文化，广袤的西部则保持着中华文化雄壮的基因。集刚健和柔美两种不同的特质于一身，大气精致、古今中外融为一体是张锦秋院士所追求的建筑的品质。

城市设计和城市特色

所有伟大的建筑师，其发展总是与一座城市连在一起，建筑与城市互为映衬，相得益彰。在全球化、城市化的大潮中，她深深体会到新与旧、保护与发展、传统与现代、地域化与全球化的冲撞时对建筑师的要求，基于"天人合一"的时空观与"和而不同"的创作观，坚定不移地进行着"和谐建筑"的探索，同时她的视野更扩大到城市设计的领域，用城市设计的理念与手法带动建筑创作，彰显城市特色。

那么，如何突显城市特色呢？一个城市如果真正做到以人为本，为市民和客人创造了舒适宜人的生活环境和公共空间；如果真正尊重自然，不仅保护好本城市、本地区的生态环境，还着意关注了城郊之间空间的连续性，在创造人工环境的同时有机地与原有自然环境相结合；如果在城市建设中真正维护了自己城市在历史文化的连续性，该保护的历史环境都保护了，在相关地段还继承、弘扬了当地的历史文化，正确处理好了新老关系；如果在城市建设中真正重视了综合性与渐进性，充分发挥了规划、建筑、环境园林等专业的作用，还为后人留有继续开拓的可能性……真正这样去做，城市特色必然会在新的城市发展建设中不但被保存下来，而且会发扬光大，创造出新的业绩。[1]

一般来讲"古典城市设计"侧重于视觉艺术，而现代城市设计拓宽了专业领域，引入行为、心理、社会、生态等多学科理论，强调城市设计以人为核心，研究城市整体及布局的形体环境与生活环境的塑造。[2]

城市设计是对城市环境形态所做的各种合理的处理和艺术安排。[3]

城市设计常常与城市的文化复兴和城市精神的塑造紧密地连在一起。

纵观历史文化名城，都有自己引以为豪的老城区，张锦秋院士肩负历史责任，在古城的研究和梳理方面，通过城市设计的手段在城市保护和发展方面作出了积极的探索，钟鼓楼广场及地下工程就是最早的实例。通过城市设计总结城市建设应注意的问题。

一是历史文化遗产在现代城市中应该赋予新的生命，使其成为现代城市中不可或缺的要素。

二是以历史文化遗产的科学保护和合理利用为动力，拉动周边的现代化建设。

三是通过周边土地的增值所产生的经济效益，推动其环境效益、社会效益，从而达到历史文化遗产保护与现代城市建设的和谐共生与良性循环。[4]

她对西安寄予了殷切希望：西安不是一般的历史文化名城，它是历史文化名都，标志性建筑优于一般古城，建筑形制也高于一般古城，城市规模大于一般古城。她曾访问世界的五大古都，总结出古都保护的经验。

从意识到历史文化名城应该保护，到理解历史文化名城应该保护什么，再到探索历史名城应该如何保护，新的制度、新的机制、新的文化思想和新的价值观念持续影响着我们在这些关键问题上的认识判断。[5]

历史文化名城的保护与建设是一项系统工程。不论从策划研究、规划设计、营建修筑和运营管理的过程，

钟鼓楼广场

1. 城市设计与城市特色. 城市规划增刊，2003. 第 B06 期 3-3.
2. 城市设计的理论与实践. 全国市长培训班讲课，2002,05.
3. 城市设计的理论与实践. 城乡建设，2002,10.
4. 落实科学发展观. 全国第十一届三次人代会李长春同志参加的陕西省代表全团大会上的发言，2010,03.06.
5. 我国历史文化名城名镇名村保护面临的课题与对策（提纲）. 在陕人大代表专题调研后小结成果之一，2008,12.

还是从历史传统、文化内涵、艺术特色、现代意识的体现都需要妥善处理好其间的关系。

……

实践证明：历史文化遗产是历史文化名城的灵魂，即使在城市现代化进行中，他们仍具有其他任何资源不可取代的作用。历史文化遗产的环境优化和有序的建设能更有效地从大环境上保护和映衬历史文化遗产并光大其影响，这是现代城市文明发展和可持续发展的需要。[6]

深化历史文化名城保护规划。确立"历史文化遗产"的观念，以新的"环境"概念指导保护措施，考虑新的保护品种，制定具有实际操作性的详规和研究。[7]

对城市文化、特色保护，她的视野已从单体扩展到群体，从文物、历史街区到历史保护区域，概念也扩展到一个文化区域，更从生态文明的角度，重视一个城市生态的保护。

1. 以更加全面的"历史文化遗产"概念作为历史文化名城保护的认识基础。从孤立地保护一项遗存、一个城市，扩展到区域性的保护，提高到以文化为主线的保护。"京杭大运河"与"丝绸之路"两项联合申遗项目的起动，标志着我国已迈出了以区域的、系统的、综合的观点来研究保护问题的新步伐。

2. 以新的"环境"概念指导深化名城保护工作。将历史建筑、古遗址或历史地区的环境界定为"直接和扩展的环境，即作为或构成其重要性和独立性的组成部分"，"除实体和视觉方面含义外，环境还包括自然环境之间的相互作用；过去的或现在的社会和精神活动、习俗、传统知识等非物质文化遗产方面的利用或活动，以及其他非物质文化遗产形式，它们创造并形成了环境空间以及当前的、动态的文化、社会和经济背景"。对"环境"如此宽阔的界定，既表明国际上的一种认知，实际上也体现了我国传统的空间意识。

3. 挖掘新的名城保护内容、开创新的工作局面。近年来，有些地区提出并实施了"历史文化风貌区"和"历史建筑"等新的保护题材。西安在总体规划中明确了"唐文化区"、"汉文化区"、"秦文化区"的概念。[8]

张锦秋院士早在20世纪80年代就认识到特色是城市的灵魂，在陕西历史博物馆选址上，她力推在大雁塔附近，与城市的标志遥相呼应、相得益彰；"三唐"工程更是在大雁塔脚下，但她靠高超的技巧完满创造了一组与大雁塔和谐的作品，大唐芙蓉园、长安塔、陕西省图书馆、群贤庄等一系列标志性建筑构成了西安建筑文化的新特色，丰富了长安文化的内涵，增强了城市的文化浓度和历史厚度，也增强了西安的文化自信和自觉。

她不仅关注西安的特色，也关注北京、广州、哈尔滨、厦门的城市文化，对城市中的建筑风格发表自己直率的见解，如悉尼歌剧院、蓬皮杜文化中心、埃菲尔铁塔等，指出新与旧的对比是有条件的，应是唱和相应的和谐。一个城市的特色需要认真的体会，一个城市的气质也需要高屋建瓴的领会。她深刻地概括："城市文化孕育建筑文化，建筑文化彰显城市特色。"

6.8. 对《历史文化名城保护与建设》的几点认识. 2008,08.11.

7. 我国历史文化名城名镇名村保护面临的课题与对策（提纲）. 在陕人大代表专题调研后小结成果之一，2008,12.

长安文化与遗产保护

西安（古称长安）是张锦秋院士生活了半个多世纪的地方，她在何梁何利颁奖仪式的讲话中动情地说：我就像一头老黄牛，辛勤在黄土地上耕耘。她对这片土地具有深厚的感情，对这座四方城有着深刻的理解。刚到西安时，她就深入研究过《关中胜迹图志》，对梁思成的城市保护思想更是深入理解并在西安得到了全面的贯彻和实现。她除了一些重要地段的建筑创作外，从 20 世纪末就关注城市设计和城市文化的彰显，并有一系列思想和理论。

西安的古城保护得益于梁思成先生的规划思想，他所提出的以保持传统格局、保护标志性古建筑、保护历史街区、保护山川地貌为重点的整体保护思想在西安得到了全面贯彻。他所提出的"以新护旧、新旧两利"的原则，"扩大城市绿地，保护文物古迹"的手法，在西安的城市规划中得到运用和发展。梁思成的古城保护思想和方法已经成为古都西安文化遗产保护的支柱和灵魂。

……

《西安宣言》以东方虚实相生、刚柔相济的哲理，提出了文化遗产实体与周边环境一体化保护。[1]

西安是一个很中国的城市，一方面具有三千多年的建城史，一千多年的建都史，中华民族最辉煌的周、秦、汉、唐都在这里建都，一座长安城，半部中国史，然而西安在近现代严重地落伍，对历史的自信和现实中的自卑同时构成这一城市的精神状态。

文化复兴是什么意思？如果过去这个国家就没有文化，谈何复兴？所以，说到文化复兴，就是说我们中国是文化大国，特别对文化历史名城来说就格外重要。我觉得历史文化兴盛的国家和地区才有资格谈文化复兴。

……

在我认为目前我们谈文化复兴首先要做好历史文化的保护。一个城市如果历史文化保护都不重视，谈何文化复兴。

……

建筑文化本来就是生长于中国的山水之间，和中国的自然环境是密切相关的。[2]

她努力学习认识长安，理解创造长安。她对城市文化的理解和城市特色的保护都有非常高的见解，对西安的历史自然如数家珍。

中国传统文化中有"天人合一"的有机自然观与整体宇宙观，中国人自古就把与大自然和谐共存作为追求的境界。西安古代城市建设的宝贵遗产中，就明显地包含着生态文明的因素，这有助于西安在当今生态文明的时代潮流中再次复兴。

……

古都西安地处关中地区的中心，披山带河、八水环绕、众原拱卫、四季分明，极少自然灾害，古称天府，实为风水宝地，故为十三朝帝都所选。西安自古有秦山为父、渭河为母之说，秦山渭水孕育了这座千年古都。

历代风水家认为长安八水有如"八卦"，是长安吉祥的一大因素。"八卦"是中国古代的"宇宙模型"，

西安城墙

1. 联结中日古都的文化使者梁思成. 在奈良学术报告会上发言，2009, 09.07.

2. 快速城市化浪潮下的文化复兴. 城市规划学会年会分论坛上发言，2007, 11.09.

帝都有宇宙之象，其深刻的意义自不待言。今天人们更关注的还是八水的城市功能。

如果说秦岭终南山、龙首山和六爻坡地是长安的骨干，那么八水以及它所繁衍的林苑池渠就是长安血脉，它们构成了这座城市的命脉。

从汉赋、唐诗中，我们所领略的长安是诗意的山川：连山到海的终南，秋风落叶的渭水，荷色泉声的曲江，垂丝折柳的灞岸，白马春风的五陵，夕阳无限的乐游古原……所以这里有李思训的青绿山水，有李杜的千古华章。中国多数佛教祖庭在长安发祥与山川之形胜密不可分。"天人合一"的观念指导着先人尊重自然、融入自然，利用自然的生态观。因此，长安的生态与长安的文化是形之所在，神之所归。长安的生态是城市的命脉，而长安的文化则是城市的灵魂，他们的共生形成了古都长安特有的生态文明。[3]

阿房宫table南山以为阙，秦始皇陵卧于骊山之怀，这种建筑与山水的共生共存关系铭刻在西安大地，给后代建筑师以无限的遐思。

……

纵览古都长安的建筑，大体上有如下三大特点：

1. 从城市选址布局到主要建筑的定点定向均与山川形势、自然环境取得有机联系，在规划上达到人工与自然和谐共生。

2. 凡标志性建筑均为主从有序的建筑群体，相互呼应，映衬成势。

3. 自然园林是长安人居环境不可或缺的有机组成，大至宫廷苑囿，小到寺观宅邸概莫能外。

这些特点无疑随其都城的地位而影响到华夏大地。直至近现代，西安的建筑也还在不同程度，不同视角上继承和弘扬着这些优秀的传统。[4]

她系统研究了西安的城市风貌和规划思想，对西安城市的定性、文化特色和建筑风貌提出了自己的见解。

首先，城市要满足多种多样的生活要求，包括要有美好的公共空间。其次，城市要保护、利用和创造美的自然环境。再次，城市需要具有丰富的文化传统和地方特色的建筑环境。从中也可看到城市文化、城市文化环境、城市建筑文化环境，每一个层次均具有广泛的内容，同时它们之间又具有多么密不可分的关系。建筑文化环境在城市文化环境的营造中的确有着举足轻重的作用。

……

城市文化环境主要有标志性建筑、城市文化设施、街区、风景名胜和城市整体特征等5个要素。

……

建筑毕竟是铆固在大地上的不动产，它不像时装那样可以轻易地弃旧换新。当更新的新潮出现时，那些曾经时尚的建筑将被人视为食之无味、弃之可惜的陈迹。

……

一个城市如果真正做到以人为本，为市民和客人创造了舒适宜人的生活环境和公共空间；如果真正尊重自然，不仅保护好本城市、本地区的生态环境，还着意关注了城郊之间空间的连续性，在创造人工环境的同时有机地与原有自然环境相结合；如果在城市建设中真正维护了自己城市在历史文化上的连续性，该保护的历史环境都保护了，在相关地段还继承、弘扬了当地的历史文化，正确处理好了新老关系；如果在城市建设中真正重视了综合性与渐进性，充分发挥了规划、建筑、环境园林等各专业的作用，还为后人留有继续开拓的可能性……真正这样去做，城市特色必然会在新的城市发展建设中不但被保存下来，而且会发扬光大，创造出新的业绩。[5]

对城市的发展要努力做好五个结合：

第一，保护、恢复和重新使用现有历史遗址和古建筑必须同城市建设过程结合起来，以保证这些文物在体现其历史文化价值的同时也有经济意义，并继续具有生命力。

第二，历史遗址和古建筑的保护规划必须同相应的城市设计结合起来，以保证新老建筑在城市功能和体型环境上的和谐统一。

第三，古遗址、古建筑和历史区域与周边环境的保护相结合。

第四，保存和维护好城市的历史遗址与古迹要与继承一般的文化传统结合起来。

3. 西安生态文明的回顾与展望. 西安生态建设学术研讨会上发言，2008, 11.

4. 长安建筑五千年. 在黄陵轩辕庙祭祀大殿建筑创作研讨会上的发言，2006, 02.05.

5. 城市设计与城市特色. 城市规划增刊，2003, 12: 08.

第五，物质文化遗产的保护与非物质文化遗产保护结合起来。[6]

首先，我认为我们应该紧紧站稳"古都"的基点，把握"古都"的特色。以城市设计的整体观点精心设计和精心"填空"。打个通俗的比喻：我们对历史古城的新建设是要对古城进行"织补"而不是简单地"打补巴"。整体永远大于、重于个体，建筑个性应蕴于城市特色之中。[7]

城市的个性与特征在于城市的形体结构，这形体结构包括了实体与空间两个方面。她把建筑创作分为三种类型：产品型、地域性和纯形式的产品，她主张建筑师应立足城市，做地域型的作品，并强调：

尤其要重视城市文化复兴。对于续写和谐共生的新篇章，我个人有一点期望，即"尊重山水环境、把握历史脉络、彰显多元特色"。

……

尊重山水环境，

西安在秦岭北麓、八水环绕，是一片举世无双的风水宝地。需要在新时期与时俱进，从风水学、生态学、人居环境学统观研究、深刻认识。如秦岭是我国南北气候的分界线、江河分水岭、水源涵养地，植被丰富，文化深厚，景观优美。

在城市大发展时期如何更好地保护、利用。八水中最大的渭河，曾经是秦、汉都城的城中河，当今在大西安中又回归到城中河，如何发挥其关中母亲河的作用。这些都需要从更大的视野和更高的层次来思考。

……

把握历史脉络

"九宫格局"是我国自周代以来王城规划模式，也是西安历代都城的大格局。

……

彰显多元特色

城市文化复兴并不是要全城一律回归传统，而是更彰显城市的多元特色。孔子说："君子和而不同，小人同而不和"。"和"是指不同因素的和谐，"同"是指相同因素的一律。古籍中说"唱和相应而调和"。这是讲不同的因素怎样才能达到和谐。"和谐"是事物多样共存的最佳形态。关键是城市的空间格局、建筑艺术形象与风格特色要因地制宜、因题制宜，要各得其所、文质相符、和谐共生。[8]

进入21世纪，她的精力相当一部分花在长安文化和遗址保护上，通过各种媒体传播城市文化思想和保护意识，并多次参加城市发展的战略研讨会，四大遗址的保护方案也多次参与意见，西安南门综合提升改造工程也亲临现场，为此工程高标准地完成贡献了她的智慧。陕西建工总局大楼、西安人民大厦、西安人民剧院等一批20世纪五六十年代的建筑也在她的指导下完好保护，她的境界、思想超前于时代，因此在城市发展的关键时刻总有关键的指导意见。

对文物复建她也有不同的见解：中国的木构建筑不同于西方的石构建筑，保护当然也有不同的方法，不能生搬硬套西方的保护理论，对西安南门箭楼保护式复建，丹凤门展示性复建都持有积极的支持态度。事实证明：她的设想是正确的，或许我们通过一系列实践可以重新修订中国的文物法。

文物周边的建筑如何保持整体的风貌，她也有独特的看法：西安钟鼓楼周边的建筑，采用明清风格背景是的保守方式，这里重要的不是建筑，而是围合的空间，重点是营造古朴的氛围。在南门提升改造工程中，张总特意叮嘱我要保留一组20世纪80年代的传统建筑，周边的新建筑要与南门形成一个和谐的整体，并形象地比喻这里要成为一家子。

6. 西安历史文化名城保护，2006,11: 16.
7. 序，出处不详 2006, 04: 14
8. 和谐共生的探索——西安城市文化复兴中的规划设计. 城市规划，2011 (11) 19-22

思想背景和理论基础

张锦秋院士出生于 1936 年，她的中学时代恰好是新中国成立时朝气蓬勃的火红年代，大学更是在中国最高学府受到最好的教育，一切都是正能量。她的家庭是建筑世家，姑姑是中国第一位女建筑师，父亲是道桥工程师，母亲也是学建筑的。应该说良好的环境给了她一个美好的启蒙教育。

大学时代使她有机会接受所有现代的教育并有机会结识许多建筑界泰斗级的人物，亲身感受他们的熏陶，她经历了新中国的历史嬗变。

大学毕业分配到古都西安，学校的初衷也是希望张锦秋在传统建筑方面有所成就，客观上西安地处传统文化的中心，有传统建筑的沃土，无论是"文革"后期的旅游开发还是改革开放，都需要一批具有传统风格的现代建筑，张锦秋抓住机遇，释放和展示了她的才华，在西安这个舞台上大放异彩，是合适的人在合适的地方，有了合适的机遇。

她的和谐建筑理论，来源于中国传统的"和"思想，来源于中国处事的态度和哲学。她的设计方法则来自于现代的建筑教育，从她身上可以看到中西合璧、古今交融。早期她受梁思成、莫宗江的直接教导，同时她也受到戴念慈、张镈等老一辈建筑师的影响，改革开放后她积极参加各种现代建筑创作活动，交流设计体会，马国馨、何镜堂、程泰宁等大师之间的交流也使她创作更趋成熟，社会的认可、同行的鼓励促使她沿着传统与现代结合的道路坚定地走下去。

张锦秋院士很早就寄希望理论界，系统研究中国的建筑理论，火热的建筑实践，不能等理论界有了结论再去创作。她在实践中所构建的中国传统理论，来自实践，高于实践。梁思成从中国建筑本身的文法用现代科学总结了中国传统建筑，张锦秋院士用现代的建筑理论总结了中国传统空间特色和美学特征，在实践中找到了中国现代建筑之路。

张锦秋院士对中国传统建筑文化复兴的初心未改，但表现手法却在适应不同场所时不断地改变。在这里我们摘录何梁何利奖申报时对她的初步总结：

"张锦秋师从梁思成先生，在历史文化古城西安工作近半个世纪，始终如一地坚持现代与传统相结合的创作道路，创作了许多具有强烈民族特色、地标式的现代建筑，弘扬和发展了中国建筑的核心理念，重新唤起了中华建筑之魂。

她一直关注城市遗产的保护和城市特色的弘扬，她的创作奠定了城市建设的特色之路，她的作品具有强烈的唐风汉韵，为中华建筑文化的发扬光大，为西安城市特色、和谐发展作出了卓越的贡献。

她从理论到实践系统地、全面地研究了中国传统建筑理论，提出了具有时代特色的建筑理论，如'天人合一的环境观'、'和而不同的创作观'、'和谐建筑的整体观'，并努力实践。

张锦秋院士强调一体化、整体化设计。不仅重视传统与现代相结合，造型与功能结合，更重视建筑艺术与现代科学相结合，使现代技术为表现传统建筑文化、满足建筑功能服务。她的重要作品是科学与艺术的结晶，作品散发出强烈的时代气息。

张锦秋旗帜鲜明地弘扬传统建筑文化，崇尚人、建筑、环境的和谐统一，并努力追求现代技术在建筑中的应用，展现了中华文化之魂。"

她对中国传统文化的自觉和自信，鼓舞着同仁们在这条道路上持续探索。她的坚守受到同行的敬佩，她的城市设计指导下的整体综合式设计方法，也受到了大家的推崇。

一个建筑师五十年如一日采用一种理念、一种风格、一种方法在世界建筑史上确实罕见，而且是在一个千年未见的巨变之中国。柯布西耶马赛公寓和朗香教堂，莱特的草原住宅和纽约古根海姆博物馆，都有相当大的变化。在现代建筑史上，与张锦秋院士相类似的是晚期现代主义建筑师路易斯·康，他是一位结合现代主义与古典精神的大师，他的作品具有一种恒定的宗教般的特色，高贵、典雅、理性。他们的作品都具有一种新古典主义的神圣，空间都很单纯、震撼，都喜欢使用方形，都是在国际式大行其道时对本土建筑的复兴。

北京、西安等历史古都直接从马车时代跳跃式地发展到汽车时代，农业社会直接到后现代工业社会，缺少一个现代化的环节，没有新古典主义运动，城市的风貌很难保护。巴黎在 18 世纪就开始了改造，为城市历史文化保护奠定了基础。西安在 20 世纪 30 年代，城市风貌已破旧不堪，以致鲁迅为写《杨贵妃》看到西安城时，也痛心地说这里连一点唐朝的影子也没有。张锦秋的作品为历史古都填补了这一空白。

纵观张锦秋建筑思想及创作历程，可以看到一个清晰的主线，那就是坚定地走中国传统建筑与现代的结合之路。

她受到影响最大的是中国园林和唐代的佛光寺，诗情画意和积极向上的精神感动她要把中国传统建筑艺术发扬光大。

在形和意上，她主张形神兼备，但她也主张地域建筑需要一定的形来表现，反对一味地追求神似。主张各种和谐方式，反对一味地强调对比协调。她的思想受到梁思成的影响，具有鲜明的时代性、人民性。

我们以今天的视角看张锦秋的思想和作品，是一以贯之，没有动摇过，她在结合之路上由浅到深、由单体到群体、由建筑到城市，全面地实践。同样是纪念建筑，阿倍仲麻吕是一个点，青龙寺空海纪念堂是一个面（院），黄帝陵祭祀大殿就是一个体；园林建筑她从一个大门做起，随着积累，完成一个园，接着又完成一个城；建筑也不是简单规模的扩大，华清池的大门，就和大明宫丹凤门有巨大的差异，也不是简单的模仿，空海纪念堂还有学习仿唐的痕迹，在以后的建筑里一个项目就有一个项目的创新点，从有法到无法。从她二十几个作品来看，变与不变始终伴随着创作，对比阿倍仲麻吕纪念碑和长安塔，在形式上的构思是一致的：远看是中国传统的造型，近看则有现代的意向和内涵。

纵览张锦秋的建筑作品，除了她对中国传统建筑的热爱，探索中国建筑的现代化，寻找建筑的真实和真谛的主线以外，从创作手法上，我们能够发现一些规律：

1. 以轴线组织空间。这里所说的轴线是一种广义的轴线，她的作品总是寻找与城市、环境的关系，建筑本体或对位，或从属，或山川形胜，或大象无形。

2. 以庭院的围合作为单元，或纵或横地形成群体，以群体取胜。

3. 空间的型以方为主，无论是庭院还是建筑本体，她都喜欢正方形，从阿倍仲麻吕纪念碑到黄帝陵祭祀大殿，从西安博物院到长安塔都是方形构图。

4. 她的作品表现出一种大气刚毅的阳刚之气，毫无矫揉造作的阴柔之风，她的作品区别于轻音乐，是一首交响乐，也区别于一般散文，是一篇无韵的离骚。

5. 她的作品针对具体环境的一种"私人定制"，属于地域形式，因此也难以复制。

6. 虽然张锦秋的作品称为唐风，这只能概括她二十多年的创作，很难全面表述她近年的创作，她的手法也是多变，从法式严谨的空海纪念院，到法无定式的黄帝陵祭祀大殿（院），从陕西历史博物馆的宫殿建筑到芙蓉园的皇家园林，乃至民居群贤庄。

张锦秋之前，梁思成、杨廷宝、张镈、洪青这些

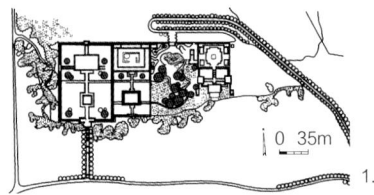

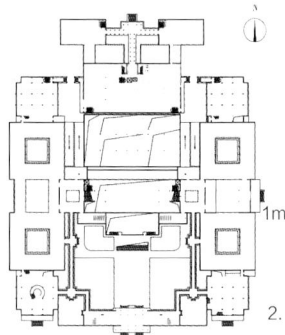

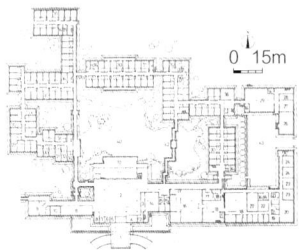

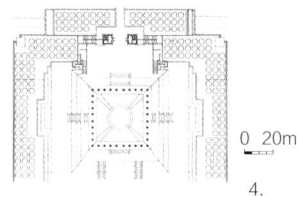

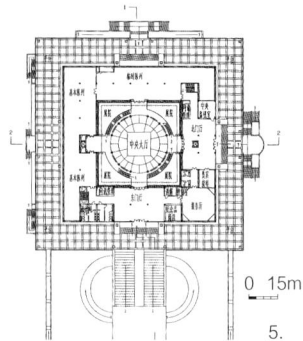

1. 青龙寺空海纪念碑院　雁塔区，1981 年
2. 陕西历史博物馆　雁塔区，1983 年
3. 唐华宾馆　曲江，1986 年
4. 黄帝陵祭祀大殿（院）　延安，2002 年
5. 西安博物院

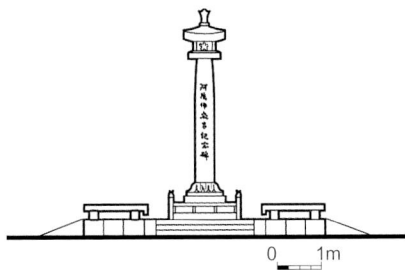

阿倍仲麻吕纪念碑　碑林区，1978 年

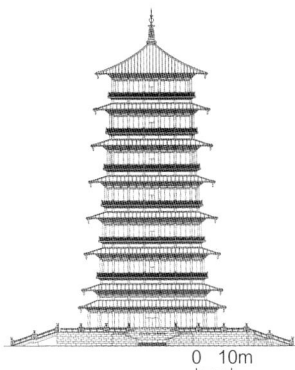

西安世界园艺博览会天人长安塔
浐灞，2009 年

接受过中西教育的第一、二代建筑师最早使中国建筑走向现代化，他们的使命是中国建筑完成现代化，作品的特点：大部分是西式的立面，中式的屋顶，注重法式严谨，着重于形。张锦秋则在形与意、形与神、进一步挖掘了中国传统建筑的可能性，在更大的范围和深度弘扬了中国传统建筑的精神，因此被誉为第三代建筑师的领军人物，同时也引领着更年轻的第四代、第五代建筑师沿着这条道路继续探索。

用彼得·罗的总结，张锦秋院士既是中国建筑现代化探索的领军人物，也是承上启下的中流砥柱。

不同城市的经历使她可以对比比较，在学校期间就写出了高水平的学术论文，并多次体验南北园林，也使她能够更高地看待中国文化，十多年的理论储备，为她今后的创作打下了坚实的基础。

工作以后机遇接踵而来，创作初期多是几百平方米的小建筑，但有大构思，张总四十左右的时候又参加了大型公建的实践，为她独立主持大型公建从专业、管理、协调等方面夯实了基础。

她的经历是一个建筑师成长的范例，也是榜样。

张锦秋院士曾总结江南文化具有三个特点：人文性、亲水性、精致性。江南为中国保留了精致的文化，北方文化她没有刻意总结，但她用作品回答了这个问题，把一个民族的血性和大气注入了她的每一个作品。看过她作品的许多人都认为建筑师一定是男的，未曾想她是位江南弱女子。我们分析这一现象，有人说这是物极必反、相反相成，有人说张总的风格就是交响乐，不是小桥流水，也有人说张总看过大海，所以能俯瞰江河，都有一定道理。我则在张院士的文章里找到答案，那就是历史环境需要，时代人民需要。

自张锦秋院士在 20 世纪 60 年代发表第一篇论文以来，她在建筑学报已发表了二十余篇论文，对于理论学者可能不算多，但对于建筑师来说，已是鸿篇巨制了。发表第一篇论文时，张锦秋是风华正茂的二十多岁的青年，最近发表论文时已是近耄耋之年，跨度近六十年。

学术界对张锦秋的关注是 20 世纪 80 年代，此前只是在《建筑学报》上发表过青龙寺空海纪念碑院的设计和西安花觉巷清真大寺的分析文章，引起学界广泛重视的是陕西历史博物馆的建成和"三唐"工程的开放，"新唐风"像一股清泉汇入 20 世纪八九十年代中国创作大潮。

20 世纪 90 年代，弗莱丘《世界建筑史》、《中国近现代建筑史》、世界建筑师大会都把张锦秋的作品作为重要范例，这时她年仅 50 多岁，用小荷才露尖尖角来形容大师的创作，可能不太礼貌，但这是事实，50 岁是一个建筑师的成熟年龄，也正是创作的开始。

第一个对张锦秋进行评价的是吴良镛先生。1993 年他不仅首次提出"新唐风"，而且引用王安石的诗句对张总提出了殷切期望。邹德侬在《中国现代建筑史纲》中也对其创作进行了中肯的分析。清华大学关肇邺教授的建筑评论课，四位在读的研究生也对张锦秋的作品进行了解读。1995 年韩国出版了张锦秋的专辑，也对她的创作进行了专访。

对张锦秋进行系统全面评价的还是时任哈佛大学建筑学院院长的彼得·罗，他的专著《承继与创新》全面总结了中国近百年的建筑创作历程，大胆预言张锦秋是追求中国传统建筑的真谛、寻求中国文化的真实、把当代生活与传统文化结合、以现代建筑体现传统文化的领军人物，起着承上启下的作用，中国第四、第五代建筑师的探索本质上是一致的。最近我与彼得·罗有一次对话，谈到他对中国建筑的期望，他仍坚定地认为，张锦秋的创作方向是正确的，她近期的作品更加动人。

2005 年中国建筑学会在西安为张锦秋举行了黄帝陵创作座谈会，时隔十年又在同一地点举行了《承继与创新》的座谈会，主题一致，研讨的深度更加深入。

当然，对张锦秋的创作也有不同的评价。有人认为大唐芙蓉园紫云楼坐南朝北违背了中国建筑的布局原则，也有人认为唐风缺乏创造式的继承，西安古城缺乏活力，过于统一。本来统一与变化这些意识形态的东西就是各说各有理，没有必要强求，度的把握更是一件难事。也许深入了解张锦秋的创作思想后会得出更客观的评价。

西罗马与东长安代表了不同的文化体系，罗马创建的议会体系延续了西方文化，汉长安的礼制延续了东方文明，文明本没有高下之分，中国只是在近代落后于西方，人类社会的发展也可能更需要东方的智慧。我们希望东西方文明能交相辉映，各展风采。文明求同，文化存异。

纵观张锦秋院士关于城市、建筑、文化的论文，她已有系统的体系，一条主线是中国传统文化的复兴，创作观是和谐理论指导下的结合，高度上是以人为本的人文情怀，方法则是科学严谨的匠人精神。

我们的时代是一个盛产大师的时代，也是一个大师迅速消失的时代。张锦秋院士的主要作品和理论都是在她当选大师以后的创作和思考，她在不断突破自己，超越自我。

她的完美实践和全面的素质本身就诠释了现代建筑教育的实质。一部建筑史包含着一个民族的文化史，是各种艺术的集大成者。她说：通过建筑史的学习可以知道哪些是前进，哪些是倒退，哪些是正确、哪些是错误。她在国外考察，能熟悉地分出帕拉迪奥构图，详尽地分析文艺复兴的成因，比较中外建筑史。俄罗斯考察她对列宁墓的分析，都深刻地反映了她对建筑历史的关注。正是有良好的理论基础，在陕西建工总局大楼、中国革命历史博物馆改造决策上她都力挽狂澜地力主保护。

她重视建筑艺术，但坚决反对形式主义，把这类建筑归为纯形式的表现，并预言这类建筑鲜有成功。

她主张应培养学生的中国传统文化素质，全面培养创新精神，倡导创新是艺术的生命，从她的作品中我们也能看到一条清晰的创新之路。她的内心是不断创新，她的作品历久弥新，具有旺盛的生命力。

关注一个项目的历史，关注它所处的场地，关注它的功能，关注人的活动，关注建筑与城市的关系是张锦秋院士的重点，至于形式传统还是现代，一切以与城市是否协调为原则，

她的建筑世界形式是简单的，意境是深远的，远望是中国的，近看是现代的，关注的是人的活动，而非物的表现。

我们说西安是锦秋的长安，如同帕拉迪奥之于维察琴，米开朗琪罗之于佛罗伦萨，高迪之于巴塞罗那，但她对城市建筑的贡献绝不止于西安，在北京、上海，她都参与了一系列重要建筑的评选和论证，作为专家组组长主持了北京水立方和广州"小蛮腰"的评选，为这两个建筑的诞生作出了重要贡献。张锦秋院士主持了洛阳龙门大道的城市设计和龙门景区前区的规划与设计，亲自完成了普陀山中国佛学院的设计，泰国、美国夏威夷都曾有她创作的足迹。

她对建筑的认识是全面而真实的，从不隐瞒观点，粉饰太平。她第一次全面概括建筑的含义，其中重要的一点讲到建筑是执政者的舞台。一般建筑师都大讲特讲艺术、表现、文化，很少顾及政治、经济条件，更把领导的干预当成一种耻辱，但这是创作不能回避的事实，古今中外，概莫能外。历史上的伟大建筑都有政治家的身影，北京的十大建筑，凝聚着周总理的智慧，我们真不要过度自我。张锦秋院士在她的很多论文中多次提到作品是集体创作的结晶，是顺应时代的过程，就是这个道理。

在宏观上对建筑这样定位，在微观上她发挥匠人精神一丝不苟，坚持原则，在策略上又灵活多变。

我们在赞叹张总作品的同时，也应一并学习作品创作的过程，她是一位能左右建筑命运的建筑师。当今社会，建筑的发烧友越来越多，无论是否善意，都要耗费建筑师太多的精力。建筑学乃人学，张锦秋院士总能应付各种复杂局面。她用她的实践完美地诠释了建筑师的地位、责任、权利、义务，为今后我国制定建筑师法树立了一个标杆。

为了寻找大师的足迹，我系统阅读了有关她的所有文献，一个重要的发现是她不同于普通建筑师，她是一个为建筑而生的人，是一个为中国建筑文化的振兴而生的人。张锦秋院士在梁公的书桌旁汲取了高起点、高水准、高水平的建筑理论和方法，这使她能站在巨人的肩膀上。她多次说梁思成一辈子也学不完，莫老的园林使她有天人合一的情怀，吴公的规划使她有大格局的视野。她在大学没有毕业就参加了中国革命历史博物馆的设计，研究生期间就在中国唯一的

学术刊物发表论文，所有这些都说明她是一个不凡之人，然而她却是一个大器晚成的建筑师。吴良镛在他1992年给张锦秋所著《从传统走向现代》一书的序言中，语重心长地写道："一个人取得成就殊非易易，才能、抱负、学品基本功的修养、勤奋、责任感、机遇等因素很多。以张锦秋为例，如果没有她在校学习的基本功的基础，即使一时的机遇，未必有如此成功，她的成就，还在于积极进取、勤于钻研。我观察，她从不放弃机会，多方面虚心求教；她不固执己见，但非没有主见；她潜心创作，对设计精益求精。足见，是社会选择人。人首先以其才能和饱满的创造热情，并以工作的贡献逐渐被社会所认识，亦为社会所培养，因此不断作出更多的贡献。"[1]

写这段话的是1992年，二十多年过去了，一切都应验了吴老的祝福。2012年在何梁何利奖颁奖会后，张总专程到清华感谢老师们的栽培。

同样张总在这本书的后记中写道：对于一个对祖国传统建筑热爱的建筑师，传统建筑和现代建筑都要学习，建筑实践和建筑理论都要钻研，只能根据工程一边学习，一边实践。我也是一个在一线的职业建筑师深知这要付出多大的代价，"行百里半九十"，只有不畏艰险的人才能攀登到顶峰。

一般建筑师多是男性，中国园林的诗情画意吸引张锦秋院士投入这一行业，并成为领军人物。在这里我们把几位世界当红的女建筑师——哈迪德、伊娃、妹岛与张锦秋院士比较：张锦秋背负着更多的历史责任、家国情怀，她的祖国有有五千年的文明，渴望振兴，因此她的作品不仅仅是形式，而与环境有更密切的联系，与文化有更多的联系，我们可以肯定地说：她的作品更加长久。

我曾在丹麦新老国家图书馆考察，尽管新馆空间令人激动，但老馆却能让人心情平静，心灵安静。我们不能以一个否定另一个，应像文丘里和张锦秋主张的那样：多元、多样。

我们看到大唐芙蓉园的辉煌，实际上是四十年前张锦秋院士的颐和园西山景区分析的习作。我们今天来看张锦秋的这篇硕士论文，它把西区的来龙去脉分析得一清二楚，对现场进行了完整的测绘，是研究颐和园西山的第一手资料。论文不仅有全面的照片资料，而且有她精美的手绘图纸，在没有现代化勘探设备的条件下，几乎全靠脚走出来。颐和园后山西区是张总的试验场和练兵场，为她对传统园林的体验和空间理论打下了坚实基础。她在图与实际的分析中更相信自己的真实眼光。

高迪用他毕生的精力成就了巴塞罗那，张锦秋用她半个世纪的贡献成就了西安新的辉煌。她的思想也开启一个时代，正是由于米开朗琪罗的建筑创作翻开了欧洲的文艺复兴运动，张总的一系列闪耀着中华民族智慧的建筑也必将开启一场中国的文艺复兴运动。

我一直在想，再过一百年，张锦秋院士设计的建筑还会屹立吗？她曾经有一个愿望是她设计的房子能传诸后世，既然黄帝陵等其他建筑都能存在几百年，黄帝陵大殿是否就像雅典卫城一样永恒呢，新中国成立一百年，2049年我们会怎样评价100年来中国的城市建筑？

时间是检验建筑的一把尺子。建筑创作的多元、多样是一种趋势，唯一不变的就是变化，建筑的魅力就是不断地创新，在时空变化中追求永恒。建筑既是实体存在也是空间抽象。

人生有三个不朽：立德、立功、立言。张锦秋院士为我们树立了做人的典范，她为民族文化的复兴和西安城市文化特色立了大功，她关于建筑的一系列思想更是与她的作品一样不朽。

对她的理论研究，才刚刚起步。

1. 张锦秋著 . 从传统走向未来——一个建筑师的探索 . 陕西科学技术出版社，1992

第五篇　评论集萃

——国内外、业内外对张锦秋的建筑品评

本篇汇集了不同时期、不同地域和不同界别对张锦秋院士建筑作品和建筑创作的评价。国内最早对张锦秋建筑创作进行评价的是吴良镛院士，国外最权威对张锦秋创作关注的是时任哈佛建筑学院院长彼得·罗先生，赞扬张锦秋是中国传统文化与当代结合的领军人物，她的创作也引起青年学子的广泛关注。

建筑是大众的艺术，建筑面前人人平等，为了更好地全面理解她的创作和思想，这里我们也收集了不同时期业内外对她创作的评价。

1.　从"三唐"创作过程看传统空间意识的古为今用　　山本忠司 日本建筑学会《建筑杂志》/1991 年第 10 期

2.　《从传统走向未来 》序　　吴良镛《从传统走向未来》/1992 年

3.　论张锦秋　　郑　方《建筑师》/1995 年第 64 期

4.　陈植给郑贤荣的信　　陈　植 /1997 年

5.　孜孜不倦的耕耘者　　时　匡　韩国《PA》/1998 年第 12 期

6.　黄帝陵轩辕庙祭祀大殿建筑创作座谈会摘录　　建筑学报 /2006 年 6 月

7.　张锦秋：唤醒中华建筑魂　　王国平《光明日报》/ 2013 年 02 月 13 日

8.　张锦秋和西安城　　肖云儒《光影大境》序 /2013 年

9.　传承大师探索精神　弘扬古城千年文明　　熊中元《名人档案文献报道》/2014 年

10.　我所认识的张锦秋　　胡耀星《张锦秋——建筑院士访谈录》/2014 年

11.　一个完美的建筑师　　赵元超《张锦秋——建筑院士访谈录》/2014 年

12.　幸运的城市　幸运的我　　刘克成《张锦秋——建筑院士访谈录》/2014 年

13.　华夏设计所年轻建筑师访谈　　高朝君、张小茹、徐　嵘《张锦秋——建筑院士访谈录》/2014 年

14.　大雅和谐：西安的城市特色之道——专访中国工程院张锦秋院士　　陈　晓《三联生活周刊》/2014 年

15.　探寻"面之体"：张锦秋的近期作品　　彼得·罗 /2015 年

16.　筑梦长安张锦秋　　郭汉疆《时代人物》/2015 年 5 月

17.　双城记　张锦秋院士在广州　　潘　安 /2015 年 6 月

18.　明是陌生，为何熟悉?　　罗　晶 /2015 年 8 月

19.　张锦秋：中国建筑文化之星　　金磊《瞭望》/2015 年 6 月

从"三唐"创作过程看传统空间意识的古为今用

山本忠司 日本建筑学会《建筑杂志》/1991 年第 10 期

我们从中国西安邀请张锦秋女士作题为《东方建筑的今昔》的演讲，同时举办了专题讨论（这个活动在日本建筑学会国际交流振兴基金的援助下举行）。张女士是代表现代中国的女建筑家之一，也是中国建筑家十五位大师之一，主要以西安为中心开展建筑设计。

日本与中国、四国与西安市共同协作，于 1982 年在西安市乐游原的山冈上建造了空海纪念碑，该碑由日方设计，附属纪念馆由中方设计，施工全部由中国方面进行，负责纪念馆设计的就是张女士。

这次张女士的演讲题目为《传统空间意识的古为今用》，主要演讲的内容是 1988 年完成的"三唐"的设计过程。

所谓"三唐"，由唐华宾馆、唐歌舞厅、餐厅及唐代艺术博物馆等构成，总面积 27309 平方米，位于西安市南部大雁塔曲江风景区大雁塔的东侧。设计由日中两国合作完成，其中基本规划、基本设计由中国方面负责，内部设计由日本方面负责，中国方面负责设计的就是张女士。

在设计时，她将中国的传统空间理论与现代建筑理论相结合，体现大雁塔的耸立、三唐的奔趋。大雁塔雄健，唐华宾馆雅致，刚柔相应，虚实相生，格调高雅。

演讲主题与大雁塔关系紧密，大雁塔是慈恩寺中心建筑物，高 64 米，建于公元 704 年，因内藏玄奘三藏从印度带回来的经书而广为人知。它位于现在仍然见不到高层建筑的西安市市区南部，由于其高雅的风格、匀称的比例、建筑结构贴近当地的风俗习惯等，可以说是西安市的地标性建筑。

三唐以大雁塔为背景进行规划，在景观论、风景论中，经常从"不损害"、"不破坏"周围环境或者与周围环境"协调"等角度来考虑问题，而从张女士的设计中，我们可以看到她将大雁塔作为环境构成要素，有机地融入规划设计，通过烘托大雁塔，实现景观的再构建。她的论述，诸如导入中国的传统哲学、完美融合物与空间的关系、在现代设计中巧妙体现古典美等等，都令人叹服。具体说来，雁塔高耸、三唐奔趋，就是要体现雁塔的高与三唐的奔趋。所谓奔趋，意指奔跑，在这里让人想象群马奔跑的景象。另外，以中国古典山水画为例，首先决定主景，在进行园林设计时，也需要首先决定主体建筑，传统空间排列的基本理念在建筑领域也同样适用。唐代诗人王维写道："主峰最宜高耸，客山须是奔趋"，在这里，主峰当然是大雁塔，奔趋的是三唐建筑群。

下面是张女士的演讲要点。

奔趋的空间构成，首先通过整体的平面设计、建筑形式及其组合等烘托大雁塔，在大雁塔东侧道路对面，唐代艺术博物馆采用三进四合院的方式。所谓三进四合院，是有三个出入口的中庭式建筑物配置方式。其纵线与慈恩寺的纵线平行，中心庭院与大雁塔在同一东西轴线上。

然后，平面布局表现慈恩寺仿佛向东延续的恭谨

作者：山本忠司　翻译：葛正宏
（作者系山本忠司建筑综合研究室所长）

顺奉的氛围。

唐歌舞厅、餐厅从其功能要求来说，规模相当大。为避免主次不分，设计上采用两种手法。其一，对歌舞厅的体积分段处理。即前后采用平缓的梯度屋顶，中间采用平的构造。通过这种方法，可以使建筑物看起来不那么高。其二，歌舞厅、餐厅的两侧，局部采用低平的设计，辅助部分与主体分隔开来，以取得大小规模的平衡。

对唐华宾馆进行彻底的分段。2万平方米的建筑被分成八个部分，逐个考虑每个建筑物的平衡，整体呈现虚实协调的园林建筑（庭院建筑）。东侧高，西侧低，东侧为实，西侧为虚。东侧笔直，西侧曲折。通过这个结构，强调西侧大雁塔的奔趋。

考虑的第一要义是先决定主体建筑。通过使主体高高耸立，表现实体的奔趋之势。但是，即使同样的"实体"、同样的奔趋，由于位置设计等的差异，各自也应拥有自己的形和空间，也要有恭谨顺奉、相互呼应或者列队起舞。

杉林薄雾，朦胧月色，连绵群山衬托主峰，奔趋的实体突出主体。

这是中国传统艺术中审美观的表达方式。

"避实就虚"，"虚实相生"

避实就虚，虚与实相互映衬。

老子说，"凿户牖以为室"，室中有"空间"，有"无"，无即空间。

按照老子的想法，这是"道"，也是生命的节律。

中国的绘画世界强调"虚实相生"。书法也讲究"黑"中见"白"的手法。认为空白运用得当，与字画的巧妙一样，具有艺术价值。中国的建筑与庭院（园林）自古以来就重视虚中见实。通过建筑物的位置、设计、宏伟的构想，有意识地创造虚实相应的外部空间，在这一想法的基础上，努力创建"实"中有"虚"、"内""外"相衬的空间，以此形成具有中国特色的建筑、庭院。

"三唐"建筑从整体到个体，从微观到宏观，始终贯彻"虚实相生"这一理念。

多样统一、相反相成

相反相成、虚实相生源自中国传统世界观。古人云："太极"生两仪，以此讨论对立与统一的关系。《园治》一书如此写道：园林中，有山、林形成的高地，也有洼地，有曲折，有悬崖，也有平地。须自然成趣，不要人为造景。众多的书画论文也说"欲求奇绝，须复归平坦"。这反映要拒绝景色的平淡雷同，强调景色多样性，使众多的景物具有相辅相成的性格，形成具有多样性的统一，具有强调性的对立，具有均衡性的动态，如此构图方能体现中国传统审美观。

在"三唐"的规划中，根据"相反相成"的法则，以水为主景，配以唐华宾馆庭园风景。

在大雁塔和唐华宾馆这两幢具有强烈对比的建筑物之间，唐代艺术博物馆和唐歌舞厅、餐厅起到弱化对比的作用。唐代艺术博物馆的平面构成稳重大方，类似慈恩寺（大雁塔在该寺中）。唐歌舞厅、餐厅稳重中不乏变化，通过曲折的回廊与唐华宾馆相连，相互依存又相互映衬。然后，通过从建筑物的相反方向向同一方向转换、移步，以便在统一中表现特殊。

平面图追求规则性的同时更追求散乱，高度有一层，也有二层、三层，建筑风格采用唐朝风格，由浓到淡，在井然的布局规划中体现多样的变化。

总之，在规划三唐建筑群时，并不是简单地强调"古"与"今"，也并不是简单地进行对比。而是继承中国的传统的审美观，在对比中探求强调，在变化中寻求统一，沿袭相反相成的艺术手法。

借景古塔，以景寓情

三唐建筑群在设计上有两个特点。一是以大雁塔作为借景。或面向大雁塔，或以大雁塔作为远的借景，或以大雁塔作为近的借景，无论从哪个角度看，大雁塔都是主景。二是动态景观的排列。作为一个景观，把握从什么地方开始、在什么地方结束，让各个景色孕育出各自的意境。

寓情于景，首先要"意在笔先"。即在拿起笔之前构思，在画图的过程中完成构思。清代王原祁说："拿笔之前构思是绘画之要。"其次是景观与意境的统一。中国山水画、园林艺术自古以来强调"可眺"、"可行"、"可游"、"可居"。现代的建筑创造，首先着眼生活，然后考虑游玩和远眺，所以，在排列景观时，在考虑建筑物功能的同时，还要考虑顾客的需求。景观以其外在之美吸引人，使其流连忘返。

景观与意境的统一，这一在建筑艺术中表现的空间意识，现在仍然被看成是应受到尊重的、具有生命的东西。这主要是因为与包含在现代建筑中的时间要素的四维空间共通的地方较多。虚实、起伏等空间韵律，作为意境，最富哲理和人情。

在传统建筑文化中，空间意识是其精髓。古人称之为神，个体建筑只是形、样式，有形有神，方可认为作品完美。在三唐建筑的实践中，我们知道融合了传统审美观和现代审美观的空间是一个重要的领域，对于现代与传统空间的审美观，迫切需要我们进行更深入的、更扎实的研究与运用（需要开展创造活动、经验的积累、更多的建设性的意识和肯定意识）。

"三唐"建筑，从某种程度上来说，是传统理论的学习与实践的试验场。

附作者原文
伝統空間意識の今用一「三唐」創作の過程から

中国西安市から張錦秋女史を招いて「東方建築の昔今」と題しての講演会並びにシンポジウムを実施した（この事業は，日本建築学会国際交流振興基金の援助を得て行われた）。張女史は現代の中国を代表する女流建築家の一人で，中国建築家十五大師の一人でもあり西安市を中心に活動している。

日本と中国，四国と西安市とが協同で，1982年西安市楽遊原の丘に完成した空海記念碑については，碑を日本側のわれわれが，付属の記念館は中国側の設計で，施工はすべて中国側の手で進められたが，記念館の設計を担当したのが張女史であった。

今回の女史の講演の内容は「伝統空間意識の今用」と題して，1988年完成した「三唐」の設計過程についての論述であった。

「三唐」とは，唐華ホテル，唐歌舞ホール，レストラン，唐代芸術博物館等で構成され，総面積は27309平方メートル，西安市南部の大雁塔曲江観光区で，大雁塔の東側に位置している。設計は日中の合作で，基本計画，基本設計は中国側，内部設計は日本側で行われたが，中国側で設計を担

当したのが張女史であった。

設計にあたっては，中国の伝統空間理論を現代建築の理論に織り込ませ，大雁塔がそそり立ち，三唐が奔趨する。・大雁塔が雄健で，唐華ホテルが奥ゆかしいという剛柔相応，虚実相生の格調高い論説であった。

講演テーマに大きくかかわっているのが大雁塔で，大雁塔は慈恩寺の中心的建築物で，高さ64メートル，704年に完成，玄装三蔵がインドから持ち帰った経典を納めたことでも知られている。現在未だ高層建築が見られない西安市にあっては，市街地南部に聳え立ち，その風格，プロポーションの美しさ，構造の地域に根ざした親近感等から西安市のランドマーク的存在でもある。

三唐は大雁塔を背景に計画されているが，景観論や風景論の中では，"そこなわない"とか"こわさない"もしくは"調和させる"という筋書きで論ぜられることが多いが，張女史の場合，大雁塔を構成の要素として積極的に取り入れ大雁塔を盛り立てる中で景観を再構築しようという理論の

展開が見られ，中国の伝統的な哲学の導入，もの
と空間とのかかわり，古典の現代への再見等論旨
は多彩である。すなわち，雁塔高聳，三唐奔趨と
して，大雁塔が高く聳え，三唐が奔趨する。奔趨
とは走るという意味だが，それは群をなして走っ
ている光景が想像される。また，中国古来の山水
画を例にひいて，まず主客を決めるとか，作庭の
手法についても主客を先に決める等伝統的空間配
列の基本的現念は建築の場合も異ならないとする。
唐代の詩人王維は「主峰をもっとも高く聳えさせ，
群山は主峰に向かって奔趨させなければならない」
と，この場合，主峰は無論大雁塔で，奔趨するの
は三唐の建築群である。

以下は張女史の講演要旨である。

奔趨の空間構成はまず全体の平面計画，建築
の形およびそれらの組み合わせ等で表現される大
雁塔の東側の道路を隔てて，唐代芸術博物館を，
三進四合院とは，三つの出入口のある中庭式の建
物配置方式である中庭式の建物配置方式である。
その縦線は慈恩寺の縦線と平行し，中心の庭は，
大雁塔と同じ東西軸線上にあるようにした。

平面の配列としては，慈恩寺が東へ続いてい
るような恭謹順奉という行いを表現した。

唐歌舞ホール・レストランは，その機能的要求
から規模がかなり大きい。主客を転倒させないよう
設計上に二つの方法を考えた。その一つは，歌舞ホ
ールのボリュームを分節して処理した。すなわち前
後を緩やかな勾配屋根とし中間をフラットとした。
この方法で建物の高さをやわらげることが出来た。

その二は，歌舞ホール・レストランの両側を
部分的に平らにし，補助的な部分と主体とを隔て
て，大きさのバランスがとれた。

唐華ホテルは思い切って切り離した。二万平
方メートルの建物を八つに分け，一つ一つのバラ
ンスを考え全体としては，虚実の調和した園林地
建築（庭園建築）に見える。東側を高く，西側を
低く，東側を実とすれば西側は虚である。東側は

真直で，西側は曲がりくねっている。この構えで
西側の大雁塔の奔趨を強調した。

考え方としては，まず主客を決めることが第一
義である。主体を高く聳えさせることによって実
体としての奔趨の勢いが表現できることになる。し
かしながら，同じ「実体」同じ奔趨の中にあっても，
位置デザインなどの違いによってそれぞれが形と
空間とを持つべきである。恭謹順奉とか相互呼応と
か，または，列に並んで踊っているのもある。

杉林の霧が月を，連綿とした山山が主峰を際
だてるように奔趨する実体がくっきりと主体を浮
き出す。

これは，中国の伝統芸術の中にある審美観の
表現なのである。

「避実就虚」「陣実相成」

実を避け虚に就く，虚と実は相互に生気をつ
くり出す。

老子の言葉では，まどをくって室と見なす。室
には空間がある。無がある。無すなわち空間である

老子によれば「道」であり，ひいては生命の
リズムでもある。

中国の絵画の世界では「虚実相生」を強調し
ている。書道にも「白」を「黒」に見立てる手法
を講じる。空白が適当であれば字画の巧みさと同
様な芸術的価値があると考えられている。中国の
建物と庭園（園林）は昔から虚を実に見たてるこ
とを重視してきた。建物の位置，デザイン，勢い
の構想を通じて意識的に虚実相応の外部空間を創
造するという考えからさらに進んで「実」の中に
「虚」があり，「内」「外」が照らし合う空間づ
くりに努力してきたもので，中国のユニークな建
築とか庭園等が形成されてきたものである。

「三唐Jの建築については，全体から個へ，
ミクDからマクロまで終始「虚実相生」を念頭に
置いてきた。

多様統一，相反相成（多様統一し相反相助する）

相反相成，虚実相生とも，中国の伝統的世界

観からきたものである。「大極」に両儀が生じる，の説があり，対立と統一の関係を論じはじめた。「園治」という書物の中に次のように書かれている。園林地には山や林で景勝になる高さがあり，凹みもあり，曲がりがあり，.懸崖があり，平地もある。自然のままは趣になり，人為的手配りを好まない。多くの書画論文にも，「奇絶を求めるなら，再び平坦にもどろう」と説く。これは景色の平淡雷同を認めず，多様性を強調することを反映している。沢山の景物に相成相助の性格を持たせ多様性のある統一，強調性のある対立，均衡性のある動勢，という構図は中国の伝統芸術審美観の現れである。

「三唐」の計画では，「相反相成」の法則に基づいて水を主景とする唐華ホテル庭園風景を配した。

大雁塔と唐華ホテル，この強烈に対比する建物の間に，唐代芸術博物館，と唐歌舞ホール・レストランが対比をやわらげる役目を果たしている。唐華芸術博物館の平面構成は級厳で慈恩寺（大雁塔のある寺）のたたずまいにも似ている。唐歌舞ホール・レストランは謹厳の中にも変化に富み，そのうえ曲折した回廊で唐華ホテルとつながっている。相存しあい引き合っているのである。また，建物の反対方向から同一方向への転換と移行があり，そこで統一した強調が得られたのである。

平面図は規則性より散らばりへ，高度は1階より3・4階へ，建築風格は唐風味の濃より淡へなど，それらを整然とした配置計画の中にも多様な変化として折り込んだ。

要するに，三唐建築群を計画するにあたっては，「古」と「今」を簡単に強調させたり，対比させたわけではない。中国の伝統的美意識をひきつぎ対比の中から強調を求め，変化の中から統一を探うて，相反相成の道を歩んできたわけである。

借景古塔，以景寓情（古塔を借景とし，情を富する）

三唐建築群の，設計上には二つの特長がある。一つは大雁塔を借景としたこと。大雁塔に向かい合わせたり，遠い借景としたり，近い借景としたりして，どの角度から見ても大雁塔が主景となっていること。二つは，動態景観の配列であった。一つの景観として，どこで始まりどこで終わるかを把握し，それぞれの景色に各自の境地を醸し出させたことであった。

景色に情を寓するのは，まず，「意在筆先J である。すなわち，筆をとる前に構想し，図を描くうちに構想を完成させる。清代の王原祁も言った。「筆を取る前た構想するのが絵を描く要である」と。次は景観と境地の統一である。中国の山水画や園林芸術は昔から「眺める」「行けるJ「遊べる」「住める」を共に強調してきた。現代の建築創造は，まず，生活に目を付け，次に遊びと眺めを考えた。従って景観の配列には建物の機能を考慮すると同時に客の必要性をそれに加えた。景観は外見の美しさによって人を快くさせ，人々を佳境に引き入れる。

景観と境地の統一という建築芸術の中で表現されている空間意識は現在も尊重されるべき生命を持つものと考える。それは，現代建築に含まれる時間的要素の四次元空間とは共通するところが多い。虚実，起伏等の空間リズムは境地として最も哲理と人情に富んでいる。

伝統建築文化の中では空間意識がその真髄である。古人はそれぞれ神と称し，個体としての建築はただの形，様式にすぎなかった。形があって神があって，始めて完成したものとして認められる。三唐を実践する中で，伝統審美意識と現代審美意識の結合した空間は一つの重要な分野であることが分かった。現代と伝統空間意識に対してわれわれのより深く確実な研究および活用が迫られている（創造活動の展関，経験の積み重ね，多くの建設意識と肯定意識を必要とこてしている）。

「三唐」の建築は，ある意味で，伝統空間理論の学習と実践との試みの場であった。

山本忠司 / 山本忠司建築綜合研究室所長

《从传统走向未来 》序

吴良镛 《从传统走向未来》/1992 年

张锦秋建筑师 50 年代后期在清华学习时，即显示建筑设计才能。在 1958 年毕业设计阶段，正值首都国庆工程开始酝酿，她被遴选入由师生共同组成的设计小组，参与革命历史博物馆的设计。大学毕业后，选拔为研究生，从梁思成、莫宗江教授研究古建筑园林，对建筑遗产能悉心钻研，颇有心得。这两方面的学习奠定了她扎实的基本功与文化修养。研究生毕业后，赴西安工作，又积累了一定的工程实践经验。近 10 数年来改革开放，城市建设日兴，西安古都各项纪念性建设工程任务大增，亟须具有新时代精神，并赋民族的、地方特色的优秀设计。张锦秋脱颖而出，主持了一系列重大工程，这些被名之曰"新唐风"的创作，得到了中外建筑界人士赞赏，被国家授予"设计大师"的称号。她在繁忙的工程设计中，还积极从事探索，近将过去论文编纂成册，取名为《从传统走向未来》，分学习篇、创作篇、思考篇，记录了她前进过程中的脚印，更展示了她对理论问题的思考，是一本令人读之颇受启迪之作。

锦秋在校时常与我论学，毕业后往来西安北京，对她工作时有了解，不免有所感怀。一个人取得的成就殊非易易，才能、抱负、学品基本功的修养、勤奋、责任感、机遇等因素很多。以锦秋为例，如果她没有在校学习的基本功的基础，即使一时的机遇，未必能有如此成功。她的成就，还在于积极进取，勤于钻研。我观察，她从不放弃机会，多方面虚心求教；她不固执己见，但非没有主见；她潜心创造，对设计精益求精。

足见，是社会选择人。人首先以其才能和饱满的创造热情，并以工作贡献逐渐为社会所认识，亦为社会所培养，因此不断作出更多的贡献。

本书取名《从传统走向未来》饶有意义。锦秋文化根基来自传统，但用于实践不拘泥于传统，继续创新，走向未来，重要之点在于走向未来。"走向未来"这可以从两个方面来说：我对锦秋的成就当然欣喜，更寄予厚望，锦秋仍在盛年，仍在奋力精进，定有更多的成就，前人诗："欲穷千里目，更上一层楼"，登上新的高度，可领略更高的境界；但在科学的道路上没有坦途，如登泰山，过云步桥后才"此景始奇"，而这时则更难登矣，古人云："行百里者半九十"，亦即此意。

就建筑科学的发展言，以"走向未来"为目标，至为关键。一方面建筑科学的未知领域浩大无垠，可从各个方面进行开拓，所谓"条条道路通罗马"，无不可通向佳境。但如何从一己情况出发，包括目标与途径的选择，还需要在这纷繁变化的现实中，利用一切可能，越过种种"苛刻的羁绊"，在艰苦的思考与实践中，"审精微，致广大"，才能更有所得。从本书说明，锦秋在思考，正在进行新的探索。昔王安石云"世之奇伟、瑰怪、非常之观，常在于险远而人之所罕至焉，故非有志者，不能至也"。谨记偶感，愿与锦秋及有志于学术者共勉。

（作者系中国科学院和中国工程院两院院士，中国建筑学家、城乡规划学家和教育家，人居环境科学的创建者、清华大学建筑学院教授）

论张锦秋

郑　方《建筑师》/1995 年第 64 期

（此文是作者就读清华大学硕士研究生时的建筑评论文章，作者现为清华大学博士，北京天鸿圆方建筑设计有限公司总建筑师、教授级高级建筑师）

我们的感情是因为有了记忆才能被激动。

——阿尔托

张锦秋的历史图式并不简单地仅来源于对考古学的热情，也源于建筑师本人对于城市文化的理解及 20 世纪五六十年代清华教育的影响。青龙寺和华清池御汤的考古成就形成了两个仿唐工程的基本构思，而源于清华教育的传统空间意识如建筑师所归结的"天人合一、虚实相生、时空一体、情景交融"最终产生了如三唐工程和陕西历史博物馆的构图。

类似于从废墟的遗址上扫去积尘的方法，移去形形色色使传统无声的覆盖，张锦秋在这一思路中达成一种"恰当性"，即建筑师本人重申的"切题"。这一"切题"的思路成为仿唐式建筑发展的动因，根植于西安本土对盛唐文化的怀念和近代衰败的悲哀。

1. 空间图式

陕西历史博物馆的设计离青龙寺那种考古学的绝对精确性已经甚远了。"宇宙模式"这个词来自于建筑大师本人的一次讲课，即天人合一的思想在宫殿建构布局上的反映。张锦秋形象地总结为"中轴对称，主从有序，中央殿堂，四隅城楼"。这种类型学的强调减弱了陕西省博物馆的考古意味，最终形成的空间图式事实上具有严整的中国皇宫的布局特征。这种立意的成功要归功于一种官方的纪念性的追求。

先有立意、次有设计的做法被建筑师多次进行了强调。立意的本原可算是空间图式的总结和在具体环境下的解释。"环境"这个词在张锦秋的设计理论中包含了"理解、保护、创造"三层意思。陕西省博物馆的宫殿图式与三唐工程的复合图式均与作者的清华传统有关。这种传统在 1965 年她的题为《颐和园后山西区的园林原状及造景经验》的研究生论文中即已显示出来。

三唐工程的图式亦来自中国的传统画论，即"凡画山水，先立宾主"。所实现的结果是一种中轴对称和自由布局的综合，并由中间的曲江花园的旷地完成折中。

更具体的考古图式是法门寺珍宝阁的设计。这一小巧的建筑精品因其巧妙地将埋藏珍宝的模型建筑化所达到的戏剧性而成功获奖。

这种图式思维如作者自述：

"……都始于中国传统的宇宙观。从'太极生两仪'开始就是讲对立的统一。《园治》中说：'园林唯山林最胜，有高有凹，有曲有深，有峻有悬，有平有坦，自成天然之趣，不烦人事之功。'许多画论中提到要'既追险绝，复归平正。'"在早期论著中，张锦秋即采取了这种传统二元论的分析方法。见于同上的研究生论文中关于"山和水、岗坞和山头、南北两岸山形关系"的论述，二元论方法贯穿后来的众多作品。

2. 场所与图式

廊的原型来源于传统园林，始于 1961 年秋写的《廊与空间》一文对廊在园林造景的意义进行了详细的研究，因而使廊这一极具传统意味的形式在张锦秋的作品中具有了非常重要的意义。

着意仿唐的青龙寺因山势设曲廊，错落有致，青龙寺的考古主题相当程度地由廊来承担，如唐人朱庆余诗：

"寺好因岗势，登临值夕阳。青山当佛阁，红叶满僧廊。竹色连平地，虫声在上方。最怜东面静，为近楚城墙。"

乐游原上"红叶满僧廊"的意境在曲江池畔唐华宾馆的曲廊中获得了更为现代的诠释。上层廊顶的步行道在抬升的平面上再现了廊底的"如画窗景"。连接歌舞餐厅和唐华宾馆的长廊内拥曲江游园，为仿唐乐韵和舞蹈陶醉的游客，将在这一漫长的行进中观看园中小憩的游人，同时也被观看在长廊中的行进，使这一长廊通向宾馆大堂的庆典式高潮展示了显贵生活的侧面。

"借景"手法的成功使廊的场所意义得到加强。大雁塔作为旅行生活的一种象征不仅仅框入客房的景窗，而且在唐艺术博物馆和唐华宾馆的廊中都得到提示，而廊本身亦因大雁塔获得存在的原因。

廊的意义在陕西省博物馆的纪念性庭园中成为一种"人民凡尔赛"的理想，为参与博物馆行为的平民提供休息的场所，各小庭院形成对宫殿图式的反叛由廊得到缓解。

3. 考古学与形式主义

"新唐风"的溯源上至青龙寺，这种精确考古式复原以五台山的唐代遗构、敦煌壁画以及鉴真纪念堂为参考。如果这座真正的木结构没有引出"新唐风"的后来的发展，那么它本身的意义将仅仅限于考古复原本身。

屋顶在新唐风建筑中具有举足轻重的作用。起翘和举架在前后的作品中并没有显著的变化，而只是在装饰的抽象化上更进一步。陕西博物馆的铁灰色瓦顶表达了平民化的理想，而唐华宾馆的灰瓦顶则意示了谦逊。"反宇向天"常因其过度的装饰化而受到众多的指责，但其无可非议的象征意味却使它在传统的复归中占有最为险要的位置。

类似手法主义中包含的对于雕刻效果和画意的追求。陕西省博物馆的墙面处理源自施工工艺，具有相当的雕塑效果，并由面砖的分缝方式所强调。

手法中需要指出的一点是对于传统的幻化，这一不明显的倾向体现于陕西省博物馆的雨棚处理，大块的玻璃面上反射的灰瓦顶显示了一种传统的虚化。

"新唐风"作为一种地方文化更甚于一种建筑风格。古都西安的文化内蕴产生了建筑学的新进展，文艺界关于延续明清或复兴唐风的争论导向了对于唐代风格的复兴，因而使建筑师具有"古都传统文化的复兴和再创造"的信心，以对于"传统"的赞赏的态度进行创作。张锦秋自述：

"之所以突出唐风，一则是希图在西安保持盛唐文化的延续性，使地方特色更为突出；再则也是由于唐代建筑的建筑逻辑与现代建筑的逻辑有更多的相近之处。"

"在现代与传统的关系上，我力求寻找其结合点，不仅着手于传统艺术形式于现代功能、技术相结合，更着眼于传统建筑逻辑与现代建筑逻辑的结合，传统审美意识与现代审美意识的结合。"

张锦秋根植于西安，以她自己的话说，"城市文化孕育着建筑文化"。

陈植给郑贤荣的信

陈　植 /1997 年

　　贤荣学弟：合家牛年康乐、如意！新年接你与锦秋同志先后寄来贺柬，即分别答谢。实际上我当时不但喉炎时犯时愈，再加以狂咳……

　　2 月 20 日晨惊悉老一代伟人小平同志先一晚辞世，巨星陨落，举国悲恸，继之两位挚友名人撒手西归，令我哀悼，精神不振。近日才趋正常，特持笔致函，对西安钟鼓楼广场设计的赞赏向你和锦秋表示钦佩。

　　早在 96 年底建筑学会 15 期《学术文锦》中即阅及锦秋同志撰文介绍这一广场的特点，继又锦秋同志来柬中见到照片及今年二月《建筑师》所载照片更为欣赏、振奋。这一多功能、有节奏、分层次、起伏活跃（甚至有屋顶喷泉）的组合，似莫扎特 MoZAR 作品温柔而多变的韵律感受。我不能文仅以此作为我对此创作的赞扬，望便转达锦秋同志。如屋顶草坪画块多点变化，穿插以少量灌木，是否恰当，愚见可能反而误导，请予鉴谅。

　　　　　　　　　　　　　　　　　　　　　　　植手启 3 月 22 日

（作者系我国第一代著名建筑家、原上海民用建筑设计院总建筑师）

孜孜不倦的耕耘者

时　匡　韩国《PA》/1998 年第 12 期

展现在我们面前的是中国建筑界的一位著名的孜孜不倦的耕耘者。张锦秋女士出生四川荣县，在著名的清华大学建筑系毕业以后，又受教于中国建筑界最负盛名的梁思成教授。天赋、环境加上勤奋使这位中国十分难得的女性建筑师取得了巨大的成功。张锦秋女士就建筑方面的突出成就 1990 年被评为有突出贡献的中、青年专家，1991 年被授予中国工程建设设计大师称号，1994 年被推送为中国工程院院士。

张锦秋女士"耕耘"的主要天地是中国著名的历史文化名城——西安，近 3000 年的历史古城在建筑上的沉积之深可以想象，然而现代经济的发展给城市带来的快速变迁在我们这一代建筑师身上的压力同样是沉重的。

常有人羡慕建筑师的职业，以为他们不时在"树碑"，但人们并没看到，正因为这块"碑"全部袒露了建筑师的"本质"，因此也常常给有社会责任心的建筑师带来众多的烦恼和困惑。在急剧演变的建筑市场活动之中，清醒头脑，找准坐标，已成为当代中国建筑师成熟与否的标志。

张锦秋女士热爱中国建筑，在从事建筑理论还是实践的选择中，她挑选了更为艰辛的后者，并为之锲而不舍地努力，其毅力和精神令人感动。中国有许多像西安那样孕育着光辉灿烂建筑文化的城市，在现代文明的冲击下迫切需要像张锦秋那样有责任感的建筑师去维护、继承和发扬，在西安和张锦秋的关联上，建筑师的责任和一个城市历史的需求达到了完美的结合。

让我们打开面前这本作品集，那一页页图片和文字凝聚着张锦秋女士对中国建筑的情感、理解和功力。"新唐风"给中国建筑的创作吹来了清新的空气，得到社会的普遍肯定和好评，西安大雁塔风景区的"三唐工程"和陕西历史博物馆工程是立足于历史高度上的作品，这些工程的设计前提是"唐风"，却又是"新"的，其作品的内涵和细腻可以代表一个时代。

张锦秋女士的成功在于她熟悉传统建筑，熟悉组成传统建筑的各个方面，熟悉中国传统建筑的"真谛"，正像她自己总结的那样：经历了一个从"以意造象，以象尽意"的发展过程。

张锦秋女士的成功还在于她的自我超越和不断开拓。单体建筑中她在探索传统建筑和现代设计观念的完美结合，单体建筑之外她在研究从单体走向群体，进而到城市设计以至城市规划中建筑的定位等建筑界更广泛关注的课题，我想，就此而言，这本作品集对张锦秋女士来讲只能算是第一集了……

中国建筑和各国的建筑事业一样，正在不断的进步发展之中。我们相信在这一共同的发展过程中，同行们的交流、补充和帮助是十分有益和必须的。

（作者系苏州科技学院教授、全国工程勘察设计大师）

黄帝陵轩辕庙祭祀大殿建筑创作座谈会摘录

建筑学报 /2006 年 6 月

周干峙（建设部原副部长、中国科学院院士、中国工程院院士）：

　　黄帝陵处于一个非常特殊的环境，在黄土高原、群山丛中，它的自然条件，也不都是好的。它的面积很小，它的基地很窄。黄帝陵从现有记载看是汉代建立的，这个没有问题。在宋以前，轩辕庙不在现址，大概在黄陵县里面。在这样一个局促的地方要做一个很雄伟的纪念性建筑是很难的，真是由于我们有高超的设计手段，使得现在一步一步进去，登堂入室，最后步入大殿，达到高潮。其实这个长度总共不到 200 米，高度也不高，在这个地方做出它的气势来，设计是成功的。

　　黄帝陵规划设计还有一个特点就是领导的决策跟规划、跟设计三者的结合，不是简单地少数人讨论就定下来的，而是反反复复大约十多年。在这个不太大的一个地方，做出这样一个极具特色，又极具规模的建筑，我觉得黄帝陵工作走出了一条路子：这条路子就是怎么样尊重历史，怎么样多反映一些历史信息，怎么样利用现代技术，用我们能够做到的水平做出一个符合现代需要、符合历史要求、符合将来发展的建筑。现在可以回报黄帝先祖了，这一阶段工作可以交卷子了，我看还是很好的一份卷子。

　　在当今建筑风格争议很多的情况下，黄帝陵建设可以说明我们中国建筑发展的方向，就是我们要尊重历史，也要尊重未来。按现在的技术条件做的大殿，40 米见方的这么一个厅，当然是小事一桩。但从历史来讲很不简单。很显然要做一个钢结构是不行的。现在就是用钢筋混凝土，它的实际尺度比站在里面看的尺度要大，为什么？我觉得就是设计师用了"叠涩"的做法，考虑了尺度效应。用简单的方法去表现过去传统的构造，把尺度、结构都处理得很好，我觉得这个建筑不是一个保守的建筑，不是一个简单复古的东西，而是有很多新的东西，其中包括周围的护林、交通等都不可能墨守成规，都必须适应现在、未来生活的需要。所以我说黄帝陵很重要的一点就是它告诉我们怎样去实现我们的文化，具有一定深度的思想文化。我觉得这是我们设计师一个突出的贡献。黄帝陵既是新的，又是旧的，地面又不大。要做出又有统一，又有气派，就靠我们设计师的手段。我觉得这里还是有很多经验可以总结，希望能够写几篇东西来，进一步总结经验，推动下一步的建设工作。

吴良镛（清华大学建筑学院教授、中国科学院院士、中国工程院院士）：

　　我认为黄帝陵新建筑群的创作是成功的，可以总结的内容很多，这里主要归结为两条，就是圣地感与雕塑感的表达与塑造。

　　1. 黄帝陵整个陵区规划设计的思路明确，措施得体，与其祭坛"轩辕殿"的设计，画龙点睛，两者形成完美的结合。

　　2. "圣地感"艺术境界的追求，从一般建筑造型上升为雕塑感，形象的表达与塑造，是纪念性建筑更高的创作境界，有很多美学规律可循。

我们说黄帝陵的设计，采取了极为审慎的态度，没有大的决策失误，最后由设计者精致完成，这是基于规划设计和建设过程中大家逐渐取得共同的认识，并且是建立在文化内涵上的设计理念，即从最早陕西省提出的"雄伟、庄严、肃穆、古朴"的原则，进一步发展到"圣地感"等，是辨别取舍标准的关键所在，难能可贵者亦在此。

具体到建筑造型，那就不是很容易了。张锦秋同志本人古典建筑的素养是很高的，有她独到的慧识、聪明和技巧，这一技巧很重要，英文泛称 skillful hands 或 master hands，大师手笔包括建筑的细部处理等，别人也许就此止步了，她却能看到问题的不足，挖空心思，一定要处理好直到满意为止，这种追求完美的精神难能可贵。所以最后效果很成功，这也是这次学术讨论会应该讨论的一个内容。

关肇邺（清华大学建筑学院教授、全国工程勘察设计大师、中国工程院院士）：

整个设计要有一个指导思想：圣地感。视点很高。当然能实现这一点，就要靠建筑师了。清华大学建筑学院今年正好成立 60 周年，培养了不少优秀的建筑人才。张锦秋院士就是我们毕业生中的一位杰出代表。这么多年来她在西安工作，大家有目共睹。从三唐工程到陕博、华清池、法门寺、玄奘院等，现在又做了黄帝陵和芙蓉园这两个项目，都很成功。以前我们都深感张锦秋院士处理唐风非常的熟练，很有水平，一提到唐风就想到她。昨天看了黄帝陵觉得她又上了一个大台阶，因为那不是木构基础的唐风，再用唐风就不成了，木构形式也不适合陵墓祭祀，要用石构。因为中国建筑发展比较慢，我们所知道的汉画像石上的建筑、石阙等，肯定可以代表汉和汉以前相当长一段时间，她以汉为主，实际上又融入了她自己的文化底蕴，甚至包括现代的观念，加以创造形成早期建筑的壮美。

"圣地感"就要有序列、有广场、有台基、有大殿，雄浑、壮观。让我觉得最具震撼力的是大殿有柱无墙，而且有顶上的一个大洞，最大限度地把人和自然结合起来，寓意无穷，做得非常成功。

现在我们常见到建筑设计，特别是国外建筑师做的，过分强调设计者的个人风格，这是当前的一股潮流，我很不赞成。以前的如爱德华·斯通，现在的如里伯斯金等，不论建筑是什么性质，是放在什么地方，我只做这一套，把个人的标识放在第一位，这跟我们中国的价值观不一样，和我们今天的社会主义价值观也不一样。"和而不同"，这适合于社会，也适合建筑。张锦秋做了不少建筑风格都非常一致，但那是建筑性质的需要、地点的需要、社会的需要，不是为了个人品牌，和他们完全不一样。

张钦楠（中国建筑学会顾问、教授级高级建筑师）：

第一，大师挥笔不仅反映在创意上，而且反映在作风上，这是一种一丝不苟，不是哗众取宠的，而是非常敬业的创作思想和作风，给我的印象特别深刻。这不仅是总体规划设计非常得体，而且在各个细节上都考虑得非常周到。像花园里的垃圾桶、座椅，都是精心设计的，而且跟总体相互协调。我觉得这样一种作风应该在我们建筑界更多地得到推广。

第二，是对黄帝陵的一个整体建筑的具体处理。我的整体感觉是八个字"庄重、大方、简洁、宁和"，体现了中华民族的优秀品质。黄帝陵能够体现中华民族的期望和崇高品质，从这一点上讲，设计是成功的。

第三，感觉是传统与现代的结合。传统的建筑文化的阙，有斜坡屋顶，有各种鼎等装饰，祭祀大殿看起来是一个传统的形象，可是它的处理是非常现代的，特别是天圆地方的顶，感觉非常自然，一点不做作。它是有先进的技术的，实际上这种大跨度的顶，在世界上建筑师都是非常追求的，从技术上不断突破的。这样一种构造，从罗马的万神庙到文艺复兴的穹顶，到哥特式建筑，到想在的大跨度屋顶，不断地在探索一种更先进的表现方法。我觉得黄帝陵外面是一个汉朝的形象，进去后感觉到它的时代精神，而且体现的是一个天圆地方的思想。人与自然的结合，处理得非常自然，可实际上是花了很大的功夫，用了很先进的技术。

程泰宁（中国联合工程总公司总建筑师、全国工程勘察设计大师、中国工程院院士）：

一直以来，我对张总的建筑作品有八个字评价："风格鲜明、成熟到位"。看她的作品，不管是什么工程，都很成熟，整体的完成度相当高，有一种风格，一种自我表现的非常充分的风格，很能体现盛唐时期恢宏博大的文化气魄，一个女建筑师能做出这么大气魄的建筑，我一直觉得是一个蛮有意思的现象。

我们实实在在地看到了她深厚的文化底蕴，从整体的造型到柱头檐口的处理，我不仅联想到汉画像砖上的图式，还似乎看到了埃及古神庙的影子，特别是大殿内叠涩式的顶部处理，完全脱开了传统建筑梁架藻井的样式，很脱俗，又很古朴，很有味道。我觉得张总做到这一步，已经不是对传统建筑形式的运用和思考了，而是超出了形式，是她对中国文化精神的一种理解，反映了一种文化素质、一种修养。

1. 张总走的这条创作道路值得肯定

张总立足西安这片具有中国深厚文化底蕴的土地，利用她对中国文化的理解，利用她对中国传统建筑的谙熟，做了一大批很有特色的建筑，对建筑界、对西安这座城市产生了很大的影响，这一点我觉得是值得肯定和发扬的。前三四年，我去西安出差，想看看陕博，没有找张总，我打了一个出租去。在车上，出租车司机跟我讲，你们要去看陕博啊？那是张锦秋设计的！啊！当时，我想这个真是不简单了，出租车司机也知道张锦秋的名字。后来我们又去到兵马俑博物馆，讲解员在介绍时，说这是一个女建筑师设计的，她没有讲名字，我们知道她说的是张锦秋。其实我知道兵马俑博物馆并不是张总设计的，是她加在张总头上的，这说明了什么问题？说明张总立足这片土地，她做了很多工程，而这些工程首先得到了群众的认可，产生了很好的影响，这非常不容易。其实一个建筑师就是要立足本土，立足于本土文化，勤勤恳恳、踏踏实实，做自己的东西，这一点非常重要。我记得1993年，我和张总从台湾开两岸交流会回来，在路上，她告诉我有人劝她去海南，张总说她不想去，我也跟她讲你别去。从城市来说，西安也许不如北京不如上

海，当时的开放程度也不如海南，但是西安有它十分鲜明的文化特征，立足于这个地方一定能做出好的东西来。特色来自什么地方？特色就来自于自己脚下这块地方，这点我是蛮有体会的。所以我觉得张总所做的工程，从手法上、风格上也许没有普遍意义，但是她所走的这条路，立足于西安，锲而不舍地去探索、创造，这种精神具有普遍意义。

2. 关于弘扬中国文化问题

中华文化五千年，历史悠久、深厚博大，现在我们国家在大力弘扬中国文化，在我们建筑界是否也应该这样做？是否应该很冷静地、很实事求是地、很深入地对中西文化分析和认识的基础上，大力弘扬中国文化？我们现在对祭祀大殿进行评论，不要只谈一些形式，谈一些具体的做法，我觉得更重要的是文化精神，中国文化的内涵是很丰富的，我们把中国文化作为一片肥沃的土地，经过我们精心的培育、创造，可以开出非常美丽的花朵来。

3. 讲讲创新

现在要建设创新型国家，建筑设计当然也要创新。但创新要有个环境，要有个氛围。我觉得张总，包括西北院在西安做了很多工程，可以说张总和西北院成就西安这座城市，但是反过来讲，也是西安这片土地成就了我们张总。

吴夏雄（台湾中华全球建筑学人交流协会顾问）：

我这次真的非常高兴来参与这次座谈会。早在十二年前，应我们张大师的邀请，就来过西安。那时候整个工程还在规划设计的阶段。我记得2003年第一次是在冶院，在那也看到了一个大模型，大家坐在那里讨论。2004年台湾组团来参加祭祀大典。那时候，前一天就要住到黄陵县的县城，黄昏去看了一个黄土风韵，那种腰鼓的表演，印象非常深刻。第二天才从黄陵县城徒步上山，走了好一段路，就是昨天我们最后上到的那个山坡烧香祭拜的地方，在那里举行祭典。那地方面积不大，虽然是李瑞环先生来祭祖，但那种气氛没办法营造得很庄严、很宏伟，人非常拥挤。2004年，我们又一次来参加祭典，就是祭祀大

院与祭祀大殿完成以后的第一次祭典，我们浩浩荡荡地从入口拾级而上，祭祀大院气势澎湃，还有那种庄严的气氛，真的让我们感受到完全不一样的感觉。祭祀大院和祭祀大殿发挥了它的真正功能。所以，我们深深感受到规划设计的成功。昨天我们又上山走了一趟，我特意很仔细地作了一个观察，对整个规划设计的内容有几点感想：首先，整个大殿与自然融为一体。入口的地方采用五千块崎岖不平的大石块，感觉好像踩过五千年艰辛的历史与文化，进入黄帝陵圣地，那种感受非常深刻。大殿顶部圆形的开口，它的天光正好照射到大殿里面。昨天大家走了，我还在那边等着，看什么呢？我想看清明正午的时候天光是否会照在黄帝的石雕像上，果然如此。我是感觉到一个设计者，不但做一个建筑设计，而且把周边的环境、季节、日照的角度能算得那么精准。在清明时节，正午的时候，天光正好照射在黄帝的陵像上，这让我非常地感动。这是一个很成功的设计。另外，当我站在大殿外墙柱廊走向里头，昨天虽然风大了一点，但我们能感受到这就是黄土高原，它的风、它的阳光。我们站在这个大殿上往四周一望，桥山苇苇翠绿，感觉跟四周环境贴在一起。我们看到它采用的是自然朴素的石材，甚至它不表现出任何的图腾，为什么？这个是一个历史性建筑物，我们不一定要表现一个时代性的意义，所以没有图腾的表现。另外，我感觉到一个公共建筑将来最重要的是怎样去经营、管理、维护的问题。管理维护不善的话，纵然有非常好的设计，这个公共建筑的价值也没办法达到预期的效果。所以，我昨天仔细看了一下有几个小问题。第一，入口那个铁门那么高耸地围在那边，好像拒人于千里之外。实际上祭祀大殿是要有亲和力的，让大家很容易进去，感觉很平实。所以像这种铁门处理，如果说像大院东西侧门那种木制，感觉上会好一点。第二，非常珍贵的古柏，周边用铁栏杆作为护栏，好像很不相称。如果可以精心地做一个设计，比如说可以用木制的护栏或者其他比较适当的护栏来保护，可能更协调一点。第三，是感觉有太大量的解说牌与警示牌。而这些解说牌采用的材质，当然石质是可以永久保留的，但是跟我们木构造

是不是能够协调？这也是一个考虑的问题。第四，我们大家都从前门进去，最后从北门下去对残疾人坡道大家可能不注意，它采用的扶手是不锈钢扶手，跟我们这些石材是不是相衬，是不是可用其他材质，跟石材相衬来取代。第五，我们看到很多临时性的建筑，比如服务处或小卖的地方。这些临时性建筑破坏了整个景观，怎么样去做一个适当的改善或是该集中，该拆除或怎么样，这样可能对周边景观会改善一些。最后一点我感觉到，刚才关先生也提到，祭祀大殿不是365天使用，只有一天使用，平时怎么样去发挥它的使用功能？这也是非常重要的。我们怎么样让游客在那边瞻仰，让附近的居民到那里可以休闲。所以，这个就要考虑到平日使用的机能，游客怎么躲过这么烈日照射的大广场？所以刚才说可以适度地种些树。比如说两排旗杆座后排，至少那边有一些树荫的话，从前院到祭祀大殿不必受到烈日照射。我想这些都是可以改善的问题。所以今天在这里座谈，我比较不客气地提出可以改善的地方，主要也是基于黄帝是海内外华人共同的祖先，也是基于一种民族的感情，来关怀这个黄帝陵整个整建工作。

崔愷（中国建筑设计研究院总建筑师、全国工程勘察设计大师）：

我觉得张院士在黄帝陵轩辕殿的创作非常有震撼力，虽然原来在杂志上和其他相关资料上看过一些图片，真正到现场亲身体验还是更强烈。我认为这是一种环境的尺度、建筑的尺度，我也更觉得是一种文化尺度！

另外我也觉得通过这次学习，深刻感到张院士对民族文化的一种自信和成熟。我觉得这一点是我们这一代年轻人特别欠缺的，我自己也有深刻的体会，张院士在中国建筑文化上的贡献是很大的，她几十年坚持在西安，在西北地区进行创作，持续不断地对汉唐风格的建筑进行研究和整理，是一种非常严谨的学术实践，跟国内其他地方一些廉价的仿古建筑完全不是一回事，这样的一种持续的研究和创作活动，实际上应该说是对历史文化的一种贡献。所以我有一个建议，就是请西北院成立一个专门的小组对张院士这么多年

的创作作一个系统的研究和总结。我们到国外去发现人家对历史记录、整理、研究非常重视。我们国内很多东西是在事情发生很多年以后才用片段的方法进行追忆，这样实际上是丢掉了很多很有价值的东西。每次看到张大师的作品出来都只有一些照片图片，但是背后的设计过程描述不够，而这些设计和研究的方法比成果本身还重要，应该留下一套有价值的研究成果，我也希望张院士本人能够在今后的工作当中更多地著书立说，把宝贵的经验和研究成果留给后人，对我们国家的建筑文化是一种非常大的贡献。另外，这一次看到中建西北院一些年轻的同志通过跟张大师学习和共同创作，也对张大师的研究和创作越来越熟悉，实际上也是张大师带出了一批弟子、高徒。我还听说不只是设计队伍，施工队伍也有一批能做这样比较地道、严谨的汉唐风格建筑的，我觉得这也是一个很好的成果，应该保持下去。另外对我们晚辈来说，张院士的工作对我们是一种激励、一种启示，使我们更多地意识到自己肩上的文化责任。刚才很多前辈都谈到当今建筑创作中国际浪潮的冲击对中国建筑文化的发展造成相当的影响，我们也可以从中学到很多东西，中国建筑现代化的步伐也的确是加快了。但真正要把中国建筑文化传承下去，显然还是要靠我们自己而不能依赖于这样那样的国际竞赛，或者国际大牌建筑师的工作。所以这个责任还是在我们身上，非常重。谈到文化传统，有些人总是把传统当成一个包袱。当然这种思想实际上不仅仅存在于建筑文化方面，在其他的文化领域，甚至在政治、经济领域看到一些书、一些文章，也有不少观点把我们古老的文明作为一个包袱，似乎发展不快就是因为历史太悠久，包袱太重。而看那些历史不长的国家倒是发展得很快，没包袱。我认为这种观点是短视的。我以为今天来讨论文化的时候，不要把文化传统当成一种包袱，而是要当成一种动力，当成一种财富。我觉得有必要重新思考文化的意义。

刘克成（西安建筑科技大学建筑学院院长、教授）：

张锦秋大师是我们西安建筑界或西北建筑界的一面旗帜。关于轩辕黄帝祭祀建筑，诸位已经谈得很多，

我今天主要是来学习的，向张锦秋大师学习，向诸位大师学习。

我仅以一个建筑小字辈，以及一个地处西安的见证人，谈一点感受。20 世纪 80 年代，张大师完成西安兴庆宫公园里的阿倍仲吕纪念碑，我曾以学生身份在那里写生，那是我第一次接触张大师的作品。从阿倍仲吕纪念碑开始，张大师一路走来，不断探索，以后有了空海纪念碑庭院、三唐工程、陕西历史博物馆、西安钟鼓楼广场、大唐芙蓉园等一系列项目，最后是黄帝陵祭祀大殿。将这些项目串联起来，我们可以看到一条清晰的线索，空海纪念碑庭院较多地体现了建筑师对传统的尊重，三唐工程开始寻求唐风建筑与现代功能的结合，陕西历史博物馆将这种探索提升到一个新的高度，钟鼓楼广场又将视野扩展到城市公共空间，大唐芙蓉园则从人工城市回归到山水环境，黄帝陵祭祀大殿更是将中国建筑创作从形似提升到意念层次。张大师几十年如一日，始终坚守中国建筑学的阵地，从师法传统到积极创新，不断探索中国传统建筑法则在当地进一步发展的可能性。

相对中国建筑界，特别是我们这辈年轻建筑师普遍存在的浮躁来说，特别难能可贵的是在张大师创作经历里面所体现的稳定性，一种一以贯之的探索。

张大师所走的路是梁思成先生开创的，在这条路上曾经走过很多人，但坚持下来的人却很少。就好像在掘一口井，人在某一阶段会怀疑这口井是不是还有前途，能否挖出水，有些人就会放弃。坚持是一件极不容易的事情，张大师在很长时间是一位孤独的行路人，但也是坚持才使张大师获得了今天这样的成就。

20 世纪三四十年代，战火纷飞，梁思成先生在似乎最不可能有所作为的时间，完成了一生中最重要的学术成就，今天，经济波涛汹涌，张锦秋大师在中国发展相对落后的西部，在一个似乎最不可能有所作为的地域，完成了一系列有重要影响的作品。

张大师给我们三点重要启示。其一，我们应当对民族文化充满自信，进行不懈追求。其二，我们应当对前辈传递给我们文化遗产采取一种更谦卑的态度，扎扎实实地去学点东西，做些事。其三，不管我们身

处何时、何地，坚持就会有希望。

何玉如（北京市建筑设计研究院总建筑师、全国勘察设计大师）：

很荣幸地参加这次座谈会，作为我个人来说，这次是个很好的学习机会。这次我来看到，祭祀大殿确实是张锦秋院士在创作的巅峰时期的杰作之一。这给我的感触很深，祭祀大殿有几个特点：山水形胜，一脉相承，天圆地方，大象无形。首先我觉得从大环境看是一种大山水手笔，所以她处理的一些尺度都是比较大的。所谓大象无形，我觉得也是这样，虽然看起来这个建筑没有任何细部的纹样，但是她让人感觉到还是很耐看的，总体给人的气氛是一种圣地感、神圣的感觉。

祭祀大殿的确在张大师整个的创作道路上上了一个大台阶。主要想说说五十年来张院士创作生涯里面所总结出来的几点，我深有感悟。她在大殿里总结了两点。第一点是传统与未来的结合。从传统怎样走向未来？总结了两条：第一条，现代的审美情趣，就是说她在传统建筑中，侧重于氛围，侧重于环境，这是一种现代的审美情趣。我觉得这个很重要。第二条，就是讲到工程的现代感，就是说怎么侧重于功能、材料、技术方面？在这个大殿里面有一个高技术含量的技术突破。例如，大殿有一个40米大跨度的空间结构，这项所谓现代感技术，里面还包含了工艺的精美。这几年的建筑发展室内走得比较快，但室外，我觉得建筑工艺的精美确实还有相当的差距。在这次大殿中还是进了一步，我特别注意36根柱子，里面掏空后灌钢筋混凝土。按照我们常规做法，如果一般的混凝土柱外面再贴面板，最起码有两条缝，这样形成的东西可能与那个感觉上完全不一样的。我觉得这种整体感，这种很大气的、大尺度的东西确实不一样，这个我觉得她在这方面还是花了功夫的。总结的第二点，与现代结合反映时代精神，我深有感悟。刚才也听到吴先生的发言，我觉得也是有体会的。这两年我一直在配合吴先生，协助吴先生做了几个工程。现在在做第三个，南京红楼梦文化博物馆，也碰到这样一些问题，

我也感觉到怎么样体现时代精神，我认为有些传统建筑，特别是有历史记载的传统建筑，不一定非要去改变它的形象，改变它的形象不一定是一种最好的方法。可能要从创作意境、创作环境上来规定。

王小东（新疆建筑设计研究院名誉院长、教授级高级建筑师）：

非常荣幸能够参加祭祀大殿的研讨会。我本人也一直在西部从事建筑创作，张院士是我们西部的领头人。第一点，祭祀大殿应该载入史册。第二点，张院士在祭祀大殿工程找到了非常好的结合点。张院士经过这么多年努力以后，创造了这么一个新的结合的空间，这是值得欣慰的。第三点，我觉得这是一个原创作品，是利用建筑的原型空间进行再创造的作品。黄帝陵祭祀大殿，它需要的不是大殿的室内空间，而是一种精神的寄托、精神的象征，所以她可以大胆地在顶开一个大圆洞，可以大胆地把所有的围护结构取消，而且从陵墓、从传统的叠涩手法里面进行创造，出现了一个新的形象，太难得了！第四点，说说一个建筑师的职责、职业。张大师在西安几十年了，而且很执着地一直在走这条路，不管环境怎么样。记得十几年前，有一次我和建筑界的同行们包括同学在一起的时候，他们说出这样一句话来，没想到你在新疆工作几十年，悲壮啊！前两年，我还听到一个笑话，说张大师到某个著名的学校里去，动员一些家在西安的学生能不能回到家乡来，当时好像有学生说，张大师您在西安做得很好，我们把西安交给您了，所以我觉得我们就做下去吧！很多人问我，你是不是穆斯林？我觉得很奇怪，因为大家认为好像我们应该做这样的事情，那就走下去吧！张大师是我们的榜样，也应该在我们西部这块地方，我们必须走下去，坚持下去。我经常有一句话：只论播种，不管收获。第五点，我曾经在好几篇文章里，在去年建筑学会的颁奖大会上都说过，一个好的建筑师应该尊重人，尊重社会，尊重环境，尊重历史。这四项任何人都可以做到，只要他想做。但是有两点是很难的，就是正确的价值观和鉴赏力问题。如果我们没有正确的价值观，如果我们的鉴赏力不是

社会需求的，不是具有很高水准的话，建筑师会失败的，我觉得张大师在这十几年来一直坚持自己的价值观，坚持自己高水平的鉴赏力，所以才能创造出这样的作品来。第六点，想谈一下借鉴的问题。一个建筑师，一个建筑创作，古今中外都要借鉴，但这种借鉴，可能是无意识的流露，是自身功力的表现。再说大殿中的大圆洞，我觉得也不能说来自万神庙，而是说可能无意识，或者在创作中信手拈来，自然而然出现的这种构思和灵感。这一点我是认为不管古今中外都是相通的。我这几年研究伊斯兰建筑，最后得出结论，伊斯兰建筑就是对各种文化的吸收。在阿拉伯帝国强盛的时候，不管什么文化它都敢于吸收，它从基督教教堂开始，然后因地制宜，在每一个国家，每一个地区，它都有自己的表现。所以我们今天谈中国传统建筑的时候，我们也要向外国学习，不生搬硬套，而是融汇到整个创作过程中去，可能是不自觉的流露。如果功力到了，成熟了，一个好东西，人类共同的很多优秀的东西都会体现出来。

朱祖明：（台湾中华全球建筑学人交流协会常务理事）：

我也和大家一样，非常的兴奋，非常高兴来西安，我是第二次来这里，第一次印象非常深刻，大殿刚刚完成。我们参加了几千人甚至上万人的一个庆典。那个时候我们刚刚进到黄帝陵的时候，黄帝陵附近的所有的人都站在山头上，等待祭祀活动，完了以后他们可以自由进去，那个感觉真是好的不得了。看到了以前黄土高原的大鼓，那种气氛！感触非常深。张大师的时间、地点跟她这么多年的努力结果一步一步实现出来，现在好多人提到西安，大家就想到张女士、张大师，所以我要恭喜张大师！她多年的努力，结果真的一个一个呈现。同时我觉得时间、地点、空间都非常的对。现在我们既然有一个好的东西，天圆地方，天跟人从历史上来讲，人类都是对越来越原始的东西反而感受越深。除了大殿之外，我感受最深的看到那个多年老树，你在世界上几乎很难找到5000年的树，我一看到那个多年老树就想到黄帝陵，我们人类还在开始的时候，那个树已经开始长了，长到今天还在发

芽，还在有新的树叶，我就觉得这真是时间、空间的融合。我希望我们对这个千年古树千万不要用一个铁架子在旁边弄一下，应该有另外一种方式来欣赏。我觉得这个跟黄帝陵同样的重要。

我想有一点，凡是重要的建筑物，都要有一个过程。好多年前我去日本一刚才我们都避免谈日本，日本在进庙之前一定要走路，不铺柏油路，它要你走砂石路。刚才王晓东院长讲了，要有点净化思想的空间。经过树林，慢慢安静下来，能听见自己的脚步声，然后到了那个地方，先洗洗脸再去那个殿，那整个人的心情，在空间上、时间上都好像慢慢接近。原来的创意，我觉得在黄帝陵的附近，控制那个汽车，不要让它进去，让它远远地停着。那个地方种些树，穿过那个地方才觉得5000年原来是这样的。我觉得过程很重要，以为你一下子到达，觉得这个没有什么了不起嘛。所以这个过程我觉得像一个电影一样，要慢慢引导进去，才是高手。

另外，我也同意关老师讲的，假如大殿前面的广场两侧或者前后有点比较高大的树呢？会更衬托出空间的虚无，我觉得这个再配合起来，黄帝陵就更完美。

常青（同济大学建筑系主任、教授）：

看到这么多大师、院士在这里，作为小辈觉得诚惶诚恐。而且大家讲的很多话都是我想讲的，也不用重复了，就谈谈体会吧！进大殿第一感觉，应该是震撼吧！这么一个空间结构的形体，40跨度，四面无壁，上露苍穹，还有由这样的形体达到的一种意境，立刻让我想起晋朝陆机"滂沱立四级，穹窿放苍天"的诗句，完全能表达我对这座大殿的感觉或者被感动吧！因为它已经上了一个层次，不单单是形体，有人说仿上古三代、仿汉、仿唐，其实那都是次要的，主要是它要表达的一种意境，一个层次吧！要达到这个我想有三点：第一，有梦可寻。因为意境的东西就是梦境的东西，一种梦幻的感觉。以前曾有人问我南朝陈后主的三阁该怎么设计，我回了两句话。"六朝悠悠尘里去，三阁翼翼梦中来"，把梦幻想象和典型特征结合起来，是这座大殿所达到的层次。第二，有制可依。

陵旁建祭殿是一种制度，这个制度是从秦汉的时候开始的，而传说中黄帝明堂四面无壁的说法也盛于汉代，所以大殿的规制选择是有来头的。第三，有形可鉴。大家都说到的，汉朝是留下物质文化资料最多的时代，所以说它作为一种形式选择在这么一个条件下是站得住的。另外我想谈点五千年历史的时空感受。孔子到今天2500年，差不多75代，黄帝再往前翻一倍，也不过150代左右，何况有桥山这么多千年的古柏作为见证，再把一个石质的纪念殿堂镶嵌进去，让古今跨越五千年对上话，我觉得这是很感人的。我们的古人对借助建筑追求永恒的问题始终没有解决，纪念建筑从木结构过渡到石构是西方建筑史上的盛事，我们只是在墓葬、石窟、佛塔，在一些标表类建筑中才做这样的东西。在中国来说，自古以来还没有这样一个尺寸惊人的石质纪念物，所以使人为之一动。

我们今天年轻一代或中青年与我们前一代有一个很大的差别。我们今天设计的许多东西都没有根基，张老师给了我们一个榜样，其实是她善于利用这个客观条件，就是汉唐古都的地望和底蕴，她主观上有一种追求，就是扎根于这种文化土壤，二十多年，差不多四分之一世纪追求有根基的东西，所以许多作品都有一种持久的历史感，我们现在主要问题就是缺乏根基，所以大量的东西都是干枝、干花，是从别处拿来插上去的，而不是自己长出来的，我想这可能是我们最大的问题。当然可能是在学西方当中的一个阶段吧！由此想到张钦楠先生刚才讲到的那个解构哲学大师德里达，在他过世前几年的时候到上海来过，他讲一句话：我们要解构（启蒙以来）理性，但要保护理性的原则。这句话给我们的印象非常深刻。我想，建筑要有自己古今文化的根，这是建筑最重要的一种理性，这个东西是要保护的，你可以有千姿百态的形式创造，可以摒弃往昔的形式，但总得有创造的根基，这样中国建筑才有持续繁盛的希望。

庄惟敏（清华大学建筑设计研究院院长、教授）：

这是一次丰富的文化之旅，在这样一个环境里不仅感受着建筑文化的熏陶，还能聆听各位学者的言论，

感受受益匪浅。

对照我九年前的经历，今天进入黄帝陵建筑群时，还是被强烈地震撼了。震撼的主要原因我以为还是源于建筑群本身。我一直在思考：文学作品可以让人感动，建筑可以吗？其实建筑也可能达到这样的效果。黄帝陵建筑群这种震撼效果的建筑表达事实上是融汇了很多方面，不仅仅是建筑群本身，更有精神层面东西。在这里面人们可以体会到一种精神上的陶冶和升华。好的建筑应该具有这样一个层面，给人们一种共鸣，建筑语汇所表达的时空的转换，她的的确确带来一种共鸣，建筑语汇所表达的时空上的转换，的的确确带来一种心灵的享受。祭祀大殿柱廊的列柱、柱子雄浑的尺度、从大殿开放向天的中空泄入的阳光、大殿前台阶御路看似随意实则精心思考古朴的表面处理……都烘托出一个大山水的概念。

古埃及的建筑是辉煌的，一直觉得古埃及的纪念性建筑是不可超越的，但今天亲身体验了黄帝陵以后，可以断言现在的人包括中国建筑师确实可以通过建筑的手法、环境的营造，特别是建筑群的整体设计，创造出这样一种具有纪念意义、令人崇敬的建筑氛围，对建筑而言，文化是个双刃剑。在历史文化保护区建设，我们不能不思考，不能不小心。因为稍有不慎你就会破坏历史文化和传统。所以，一方面它可以成就一个建筑师，另外一方面也确确实实可以毁掉一个建筑。张锦秋大师在这里的作为应该说是在她对中国传统的理解的基础上，一种理性的尊重历史，深度的思考，并与现代审美相结合的升华，是一种修养的养成。概括起来有几点体会：

第一，文化是个双刃剑。建筑师们应该注重文化的修养，理论的匮乏实际上带来的是一种浮躁。在历史文化的基础上和环境上随意地拼贴或者断章取义，看似有创意，实则是对传统的滥用和歪曲，这就显得很肤浅。但是理解这一光靠说教是很难的，要让设计者去亲自体验和全面的理解，身临其境地去感受，成功的建筑作品带来的启发意义是巨大的。所以黄帝陵建筑群及其创作经验应该写进教科书，它的意义不仅在于给人们一个形象，而在于它告诉人们一种对待历

史和传统的态度。

第二，作为建筑师提供的不仅仅是一个作品，应该是一个精品，但首先它要作为产品本身供给社会，是可用的。马斯洛的人类需求理论正是对此的最好诠释。单纯追求所谓神品、极品，这种虚无的创作状态应该审慎，所以从这个角度讲，黄帝陵建筑设计中与现代技术相结合的努力是非常值得称道的。比如40米跨的预应力混凝土梁、石材贴面的叠涩出挑等都是当代建筑技术的难点。新材料，如蜂窝铝板石材的应用、中间圆柱载筋浇灌混凝土等又都是当代施工技术的高难动作。如果没有踏下心来把传统的材料、传统的手法、传统的表现通过新技术结合实现这样一种踏实的心态的话，创造一个精品抑或极品是不可能的。

第三，是项目本身带给我们关于建筑教育方面的启示。从我国现代建筑教育的状况看，由于现实社会信息量过大，学生们信息荷载远远超过了从前，如何用精准的建筑语汇来表达思想和创意变成一件很难的事情。张锦秋大师做的项目，从开始一直到今天，我们能够体会到的正是这样一个从古代建筑形制包括它的文化精神不断提炼、浓缩的过程，这个过程是一个建筑基本功实现的过程，它不是形式本身，而是方法和理念。形在这里面已变得虚无了。实际上是一种抽象的过程。如果能够把这些东西抽象出来，无论你用石材、木材，都能表现出这样一种比例、尺度，这样一种韵味。这是非常值得现代建筑教育认真研究的。我们不能总说，"可以意会不能言传"，事实上通过一些具体实例是完全可以用语言来表达这样一种上下传承的要旨的。因为对这样一组建筑怀有很高的期待，所以就会用更加审慎的眼光去读她。这样说来我似乎觉得石材的颜色可以再做推敲。大殿主体的石材似乎有一些偏白，特别是在阳光很强烈的情况下比较耀目。如果颜色还能再深沉古旧一些，花岗岩石材的表面质感再处理得粗犷一些，反光不那么强，多一点沧桑感，可能会更加精彩。

张锦秋：唤醒中华建筑魂

王国平《光明日报》/ 2013 年 02 月 13 日

1936 年 10 月，金秋季节，她在"锦官城"成都呱呱坠地，长辈取名为"张锦秋"。

这个名字正好对应着叙事的三大要素：时间，地点，人物。哪知道多年以后，张锦秋真的成了个"人物"。

从 1987 年至今，她一直担任中国建筑西北设计研究院总建筑师；1991 年，她获得首批中国工程建设设计大师称号；1994 年，她当选为中国工程院首批院士；2000 年，她荣获梁思成建筑奖；2009 年，在新中国成立 60 周年百项经典工程评选中，她主持设计的陕西历史博物馆和延安革命纪念馆榜上有名……

对于这些荣誉，张锦秋不太在意。"建筑师就是个服务行业，不必看得那么高。"说话时，她带着一丝微笑，慈祥，谦和。谈及开心处，她掩面大笑，发出"真逗"、"特逗"的感慨，和蔼亲切，一见如故。

她的办公室里除了书就是花草，离西安北城墙只几步之遥。城墙维系着西安这座千年古都的魂魄，而张锦秋凭借自己的才华与心血，设计出一座座雄壮秀美、质朴舒适的建筑作品，和城墙一并呵护着西安，传承着中华建筑的千年文脉。

藏起文学梦　迈入建筑行

巴金对她说："人在不同的时间段会有不同的追求和崇拜的目标"

时间，地点，人物，事件。名字里缺少"事件"成分的张锦秋，小时候对讲述"事件"的文学作品抱有浓厚的兴趣。

1948 年，她随父母举家迁往上海，进入上海市立务本女子中学（后更名为上海第二女中）就读。很快，学校图书馆里的老师就认识了这个小姑娘，因为她成了这里的常客。高尔基、列夫·托尔斯泰、罗曼·罗兰、屠格涅夫……这些文学巨匠的作品她悉数拜读。很快，小小图书馆满足不了她的胃口——能读的书她都读了。

张锦秋开始展望自己的作家梦。她提笔向巴金写信求教，并提出一个尖锐的问题：巴金这个笔名的"金"字来自于克鲁泡特金，但这是一位无政府主义者，你怎么可以崇拜他呢？

在热切的盼望之中，又出乎意料，巴金回信了。现在信件已经遗失了，但张锦秋依然记得巴金给出的解释："人在不同的时间段会有不同的追求和崇拜的目标。"

巴金的回信让她兴奋不已，就在作家梦正酣时，父亲的一席话彻底改变了她的人生轨迹。

临近填报大学志愿前，父亲要求张锦秋放弃当作家的想法，理由是从事专业文学写作必须具备非凡的天赋，光作文写得好成不了大气候。他还分析了张锦秋的学习情况，认为她的数理化成绩不错，美术也不赖，适合当建筑师。

张锦秋说，父亲期待她从事建筑设计工作，还因为他有个愿望，当时她的兄长已经在学习造船技术了，父亲希望两个孩子一个造海上的房子，一个造陆地上的房子。

"我父亲说得很浪漫，让我觉得当建筑师和当作

（作者系《光明日报》记者）

家一样浪漫，我就应下了。"现在细细回想，张锦秋觉得自己没有多少抵触就听从了父亲的劝告，主要是因为建筑设计早已融入了她的生命。

她的父亲学土木工程出身，毕生从事公路技术工作；她的母亲曾就读于当时南京中央大学建筑系，建筑历史课程考试拿过满分；她的大舅舅留德学习建筑设计，一度在同济大学建筑系任教；而姑妈张玉泉更让她直观地感受到学习建筑设计的美妙。

张玉泉是我国第一代女建筑师，也是我国首位独立执业的女建筑师。在上海期间，张锦秋一家就住在姑妈张玉泉宽敞的家里。

张锦秋至今记得，家里的餐厅、卧室都放着大幅的图纸板，高高的绘图桌，她经常在这些桌子的大图板上写作业。橱柜中摆放着许多建筑杂志，张锦秋有事没事就拿来翻翻，当娃娃书读。特别是客厅的墙上挂满了张玉泉设计作品的照片，"照片上的房子好漂亮，都是我姑妈设计的，我可自豪了。所以，从小我的印象里，建筑设计是一个崇高而美好的职业"。

家庭环境的耳濡目染，让张锦秋毅然听从了父亲的意见，弃文从工。不过，爱好文学练就的修养让她受益一生。文学的气息，充盈在她作品的形与神之间。

大师身言教　徜徉清华园

梁思成对她说："你有志于研究中国园林，这很好"

1954年，张锦秋如愿迈进清华大学校门，就读于建筑系。从1961年开始，她留校攻读建筑历史与理论专业研究生，导师是中国建筑学术泰斗梁思成先生。

在本科学习期间，张锦秋总是怀着仰慕的心情，远远地看着这位整个建筑系的学术领袖与精神领袖。一旦跨入他的门下，张锦秋发现，这是一位平和、亲切、儒雅的前辈。

梁思成的书房成了师生之间的另一个课堂。张锦秋对这个"教室"里的摆设历历在目："书房朝南，两个大窗，十分敞亮。房间东端当中布置着梁公的书桌。书桌对面的西墙排满了书架。书桌右前侧是一条长沙发。左前侧是木茶几和靠背椅。小屋子简朴舒适，紧凑而不拥挤。冬春之交，梁公喜欢在书桌右角摆一盆'仙客来'，挺秀的朵朵红花显得生意盎然。"

就是这样一个温馨的所在，为师者侃侃而谈，求学者洗耳恭听。梁思成言行的点点滴滴，张锦秋铭刻在心。

有一回，梁思成说他喜欢豪放的、有"帅"劲的艺术风格，但是他的字和画工整有余，"帅"味不足，并引为一生的遗憾。他还顺手从案头拿起一份手稿让张锦秋看，并道："看到自己'帅'不起来，所以我就一笔一画、工工整整地写字，至少要使人家看得清楚。"

言者无心，听者有意，张锦秋说："就是这句话，使我以后再也不敢伸胳膊伸腿地乱写'自由体'了。"

梁思成对这位"女将"关怀有加。当时他准备全力研究宋代《营造法式》这本我国古代最完整的建筑技术书籍，打算让张锦秋也参与研究，但这个学生却自有主张。

张锦秋参加了建筑历史教研组的古建筑考察活动，去了承德避暑山庄后又到无锡、苏州、杭州、扬州、上海考察了古典园林，"我彻底为之倾倒，中国古典园林太有味道了，是取之不尽的宝藏！"时隔将近50载岁月，张锦秋回忆起中国传统园林给她带来的震撼，还兴奋不已，感慨系之。

情定园林，她决定论文选题围绕园林展开。但张锦秋感到自己好像犯了什么错误，因为有老师和同学告诉她，别人想跟梁先生一起工作都苦于没有机会，你张锦秋怎么可以这样自作主张！

张锦秋这才意识到了问题的严重性，怀着一份忐忑，她走进了梁思成的书房。"那是一个黄昏，斜晖脉脉，书房的空气宁静舒缓。梁公笑容可掬地坐在他的圈椅上，又像是讲正事，又像是聊天地谈了起来。"张锦秋曾经这般诗意地写道。结果，梁思成尊重她的意愿："你有志于研究中国园林，这很好。"当即指派他的得力助手莫宗江担任张锦秋的论文导师。

后来，张锦秋的研究课题与颐和园后山有关，其中涉及乾隆关于后山西区风景点的11首诗作。由于乾隆写诗喜欢用典，有些近于冷僻，张锦秋就用小纸片抄好这些诗句，向梁思成请教。"万没想到，对我的提问，他随口就说出了出处。"张锦秋举例说，像"椰叶定无何足拟"句中的"椰叶"的出处，梁思成立即说这引自《吴都赋》"槟榔无柯、椰叶无阴"一句。

当时，梁思成兴致很浓，在这些抄写诗句的纸片上亲笔写下注释，这些纸片张锦秋一直保留到今天，"尽管都发黄了，但我视如珍宝"。说话时，她沉思神往，满怀深情。

前段时间，梁思成在北京的一处故居面临被拆迁的危险，张锦秋很是揪心，如今总算保留了下来，她说有机会到北京要前往拜谒。

在她的心目中，梁思成是一位卓越的学者，"他的热情关怀，他的渊博知识，对专业真挚的感情，继承发扬祖国建筑传统的雄心壮志，对于鼓励我们年轻一代热爱专业、树立良好的学风和为祖国的建筑事业献身的精神，具有极大的感染力"。

和梁思成一样让她深受感染的，还有莫宗江先生。

他是梁思成手把手教出来的，没有大学学历，但被破格提拔为清华大学教授。梁思成决定让他担任张锦秋的园林论文导师，因为"他对古典园林研究很深。不但对造型、尺度十分精到，而且对这种东方的美有特殊的感受，对一山一水，一草一木，一亭一阁，一情一景都能讲出许多道理。"

让张锦秋情定中国园林的两次考察活动，领队正是莫宗江。"每到一处，他边走、边看、边讲，揭示了许多我们看不出或不懂的美景和典故，特别是点评规划设计的成败，言简意赅、切中要害，入情入理。从他那里得来的关于古建筑的系统知识，让我受用终生。"

莫宗江对张锦秋的研究指导自有一套。他先让张锦秋研究颐和园"意迟云在"、"重翠亭"和"千峰彩翠"这三个处在游览道路上的建筑的景观特色，再让她把昆明湖中的龙王庙这个岛屿作为景点进行研究，然后给她定的毕业论文课题是研究颐和园后山西区风景点的园林现状和造景经验。"莫公就是这样由浅入深、由表及里、由此及彼一步步引领我进行学术的攀登。"

除了学术上的引领，莫宗江以自己的文人性情影响着张锦秋。他曾经说要带学生去看大雨之后的香山瀑布，尽管最终没有成行，但那样的情景让张锦秋至今依然神往。

开创"新唐风"　　名冠长安城

贾平凹说："张先生设计了许多好的作品，我很自豪，外地来人总是带着他们去欣赏一番"

1966年，形势正紧，张锦秋的清华园学习生涯也画上了句号。由于参加国家"三线"建设，她来到了西安。

当时，她对西安的印象来自于骆宾王的诗句："山河千里国，城阙九重门。不睹皇居壮，安知天子尊？"但是，在火车上她看到的是黄土高原上的苍凉。

她选择了坚守，机会也就接踵而至。

"文革"后期，旅游开发的意识开始萌动，驰名中外的华清池成为首选的重点，但这个景点连个像样的大门都没有。设计任务落到了张锦秋供职的西北设计研究院。那时张锦秋正在乡下给知青带队，不小心让汽车撞了，膝盖受伤，回到单位养病。领导听说张锦秋学过古建筑，就把设计的任务交给了她。

临时受命，张锦秋心想，唐玄宗和杨贵妃在华清池演绎的故事家喻户晓，所以大门还是要具备某些唐代的特点吧，否则就文不对题了。于是她赶紧翻阅手边有限的关于唐代建筑的资料，花了一周的时间，拿出了设计图纸，就回农村了。

设计唐代风格的建筑，这对于张锦秋是头一回。但以此为发端，西安成了张锦秋的舞台，她凭借自己独树一帜的"新唐风"建筑设计风格，在这个舞台上迈着轻盈的步伐。

改革开放，国门洞开，西安也着手引进外资开展旅游产业的开发。1985年，日本企业被批准在大雁塔附近建设"三唐"工程，即唐歌舞餐厅、唐华宾馆和唐代艺术博物馆。日方作为投资方按当时的常规拿出了设计方案。

日方的设计风格带有明显的"和风"色彩。张锦秋觉得，在大雁塔旁边盖这样的房子不合适。她向有关领导建言，领导反问：那你来设计一下？

张锦秋果断地接下这个差事，并再度把目光投向了唐朝。因为大雁塔是唐代慈恩寺住持玄奘为保存由印度带回的佛经而兴建的，现唐寺已毁，唯古塔巍然屹立，成为古城西安的标志之一。在她的周围建造房子，得具备一点唐代风格，才能相得益彰。

通过查阅资料与反复比对，张锦秋的设计思路渐渐清晰：理解环境是前提，大雁塔附近能不能建工程，建什么，怎么建，需要有历史的依据支撑；另外，保护环境是关键，新建工程的形式风格要与古塔相协调，在高度和色彩上只能起陪衬作用；同时，创造环境是焦点，新建工程要具备传统的形式，更要符合现代功能的要求。

张锦秋对大雁塔"关怀备至"。她设计的唐华宾馆，客人不管是从宾馆里的走廊上路过，还是透过房间的窗户，都能眺望到古塔的雄姿。尽管走廊上铺的是高档地毯，房间里现代用品一应俱全，但巍巍塔影总是在那里静静地承接着千年气脉。

方案一拿出来，日方颇为赞赏，觉得比以前的方案好。如今，雁塔高耸，"三唐"奔趋，雁塔刚健、唐华幽深、刚柔相济、虚实相生，依然是西安一景。

"总括起来，我主张传统（民族的、地域的）与现代有机结合。在传统方面，侧重于环境、意境和尺度；在现代方面，则侧重于功能、材料和技术"，张锦秋以这样的设计理念，近20年来在陕西特别是西安风生水起，奉献了一座座具有民族传统、地域特色的现代建筑佳作：陕西历史博物馆、"三唐"工程、法门寺工程、华清池御汤遗址博物馆、群贤庄小区、西安市钟鼓楼广场、陕西省图书馆美术馆、西安市博物院、黄帝陵祭祀大殿、大唐芙蓉园、曲江遗址公园、延安革命纪念馆……基于她的非凡成就，2005年西安市政府为她颁发了首届科学技术特殊贡献奖。

作家贾平凹在一次访谈中说："张先生设计了许多好的作品，我很自豪，外地来人总是带着他们去欣赏一番。"

2002年，美国麻省理工学院出版的《承传与交融》一书中，哈佛大学设计研究生院院长、著名建筑与城市设计家彼得·罗先生用相当的篇幅对张锦秋的作品逐一分析，并写道："摆脱了20世纪80年代修正论思潮对建筑评论和批判的影响，建筑师们能转而探讨中国传统建筑设计语言在当代表达的可能性，近年来，他们中的代表人物是张锦秋，作为第三代中国建筑师的领头人。"

张锦秋说如果自己有点成绩，功劳都应该归于自己的恩师。"我在大学里没有系统学习唐风建筑设计，但老师们教会了我研究方法，属于'授人以渔'，让我能轻车熟路地开展工作。"

她说自己设计理念的源头在梁思成那里。她拿出大量时间通读了梁思成关于传统建筑古为今用的全部著述，并认真地做好学习笔记，归纳出梁先生的建筑创作思想，即主张清醒地认识到中国传统建筑的精华，反对生搬硬套、穿靴戴帽的"半吊子"建筑，在此基础上要随时代之发展而革新，实现古为今用，创造中国新建筑的途径。

张锦秋放眼世界，清晰判断当代城市艺术具有多元性和多层次性，因而应当格外强调"和谐"这一特质。根据自己的实践与思考，她在前辈思想的基础上提出了"和谐建筑"的理念。在她看来，这一理念的第一个层次是"和而不同"，提倡不同因素的协调，反对相同因素的一律，即主张吸纳百家优长，兼集八方精义；第二个层次是"唱和相应"，说明不同的因素怎样才能达到"和"的境界，即音虽有高低不同，只要有主次、有节奏、有旋律地加以组织，就能奏出和谐的乐曲。

"先人的智慧给我们以启迪，有助于我们建筑师开阔设计思路，提高创作境界。在国际化的浪潮中，一方面勇于吸取来自国际的先进科技手段、现代化的功能需求、全新的审美意识，一方面善于继承发扬本民族优秀的建筑传统，突显本土文化特色，努力通过现代与传统相结合、外来文化与地域文化相结合的途径，创造出具有中国文化、地域特色和时代风貌的和谐建筑。"张锦秋是这么想的，也是这么做的。

艺高人胆大　何惧女儿身

周总理对她说："好嘛，希望你们好好学习研究"

13 朝古都西安曾经声名显赫，但由于岁月无情的洗涤，历史遗迹大多荡然无存，古都的风范显得势单力薄。张锦秋以自己的力量，在西安唤醒了中华传统建筑的魂魄，赢得赞誉无数。

她多次被问及，你作为一名女性，怎么能取得这么高的成就？

张锦秋的回答是，只要把工作完成得漂亮，不管是男还是女，都能得到尊重。

周总理给予的尊重，让张锦秋一生难以忘怀。

她的毕业课题是研究颐和园后山，她屡次去现场勘察，搜集数据。有一回伙伴稳住小船，她站在船上拿相机取景拍摄。这时一艘画舫驶来，周总理就坐在靠近她们的一侧，正陪客人参观游览。

张锦秋和同伴欣喜若狂，连忙高喊："周总理好！"周总理微笑应答，并和蔼地问道："你们是两姐妹吗？"张锦秋回答："不是。"周总理再问："你们是哪里的？"张锦秋回答说："是清华大学建筑系的研究生，正在研究颐和园后山。"周总理说："好嘛，希望你们好好学习研究。"

说话间，画舫已经驶过了张锦秋所在的小船。这时她才想起应该给周总理拍张照片。就在准备举起相机时，周总理身边的警卫提醒不要拍照，总理亲切地笑道："让她拍，让她拍。"

"这次偶然相遇，使我激动了好久好久。总理的游湖与鼓励增添了我学习研究的热情。"回望这段往事，张锦秋难以掩饰内心的激动。

有意味的是，时光飞逝 20 余年，张锦秋主持设计的陕西历史博物馆正是周总理要求建设的。

1961 年，周总理在原陕西省博物馆碑林参观时就感叹空间小、光线暗。1973 年 6 月，他陪同外宾再次来到这里，指示在适当的时候要新建一座博物馆。

20 世纪 80 年代，博物馆建设工程被列为国家"七五"计划重点项目开始启动，并明确要求"陕西历史博物馆应有浓厚的民族传统和地方特色，并成为陕西悠久历史和灿烂文化的象征"。一共有 12 个设计方案参与评选，结果张锦秋具有浓郁"新唐风"色彩的古代宫殿图式得到首肯。

以"轴线对称、主从有序、中央殿堂、四隅崇楼"为设计章法的陕西历史博物馆，落成之际就被世界教科文组织确认为世界一流博物馆。日本明仁天皇来这里参观时，进入大门后，先是认真地欣赏了建筑的整体轮廓，然后缓步地走向序厅。但刚到台阶前又停住了脚步，返转身重新回到大门前，再次仔细地欣赏建筑的总貌。

历史跨越了几十载岁月，张锦秋以自己的才华回报了周总理给予一个学生的尊重。

所以，她要求自己的女弟子不要轻易示弱，要通过自己的努力赢得尊重。"我们到工地上配合施工，有时候要介绍方案，"学生张小茹说，"张总要求我们理直气壮地大声说话，她说要不然别人会认为你心里没数，没信心。"

"吃得准，大声说，怕什么！"张锦秋总是这样叮嘱自己的女学生。

她经常向学生们回忆自己的一段经历。在清华大学读书期间，她和同学一道到工地上实习。当时房子正在盖第二层，工人师傅搭一块木板当梯子。男生们一路小跑就上楼了，轮到张锦秋，她没有退却，咬着牙就上了。"后来才知道，这是工人师傅在考验我们。实习过程中，这位师傅对我很好，说小张你不错，有出息！"

张锦秋的努力，著名建筑学与城市规划专家吴良镛先生看在眼里："我观察她从不放弃机会，多方面虚心求教；她不固执己见，但非没有主见；她潜心创造，对建筑精益求精。"

豪情今犹在，宁静淡泊心

吴良镛对她说："你是个建筑师，你可要坚持原则啊，不要拿原则做交易"

对吴良镛先生，张锦秋怀着由衷的崇敬。他的一席话，张锦秋至今难忘："张锦秋，你是个建筑师，你可要坚持原则啊，不要拿原则做交易！"

前辈的嘱托，张锦秋不敢怠慢。

她设计的大唐芙蓉园是一座大型文化主题公园，因其整体规划严整、传统风格浓郁而成为西安新地标之一。有些城市的相关领导带着诚意找到张锦秋，希望她在自己的城市也设计一座这样的公园。张锦秋毫不犹豫地加以拒绝："你们的城市跟唐朝有什么关系？风马牛不相及！"

张锦秋就是这般的敢于直言。她说现在的某些建筑一味地追求"新、奇、特"，打着"现代建筑"的旗号，但实际上是"唯形式建筑"，目的就是玩花样，通过标新立异来留名。

"一个城市就是一篇大文章，某个建筑就是其中的一个段落，或者只是一句话。段落与段落之间，句子与句子之间要有衔接，要有内在的逻辑性，否则就成了天书，谁也看不懂。"问题是，现在的很多城市就是让人看不懂，而且千篇一律，集体让人看不懂。

张锦秋认为原因包括建筑师缺乏全面的文化素养。她说现在的年轻建筑师大多成了设计机器，每天都在看设计图，找不到时间充电，只能吃学生时代的老本。关键是有了一点空余时间，还要玩电脑游戏去"偷菜"，"现在我们有两个问题要解决，一个是有时间了去干什么，一个是有钱了怎么花。"

另外，她觉得目前的建筑教育存在误区。大学生刚毕业，就急着要表现自我，城市整体规划上有一些限制，

就抱怨影响了发挥，"建筑师跟画家不一样，画家你愿意怎么画就怎么画，建筑师的作品是一个城市的门面，不能你想着自己来发挥，但没过几年就成了城市垃圾。"所以，她希望年轻的建筑师要明确自己的职业责任。

张锦秋很清楚她的场域有多大。她的设计方案大多是给西安这座城市量身定制的，所以她把大部分精力放在了西安，陕西以外更少涉及。曾经有外省单位高薪聘请她出任各类职务，她始终不肯离开这里。有朋友问她在大西北这么多年，是怎么熬过来的。张锦秋的回答干脆又有力量："熬什么？挺好嘛！"

"人们都说城市可以改变人，张锦秋先生对西安的贡献，让我感受到人也可以改变城市，"屡次到西安的中国建筑股份有限公司副总经理官庆如此感叹。

张锦秋说三秦大地滋养了她，"我在这里很安心，用'安心'这个词都不够，我庆幸自己能在这里安身立命。"

所以，对西安的一草一木、一砖一瓦，她都深怀感情。在设计陕西省图书馆时，工地上有一块高低不平的坡地，大家都想着要把坡地铲平了好施工。张锦秋不同意，因为这里是唐长安城保留下来的惟一一处高地。

对西安的历史，她了如指掌；对优秀传统文化，她由衷地热爱。

在西安碑林，她悟出了建筑与书法的关系，建筑布局如同书法的结构，都是空间艺术，建筑风格如同书法的神韵，建筑处理如同书法的用笔；在甘肃敦煌莫高窟，她发出感慨，祖先为我们留下了不可泯灭的艺术宝库，我们又能为后代留下什么？

在学生万宁眼里，张锦秋总是充满了干劲与激情。不久前，他们和业主见面讨论方案直到夜深，万宁说她困得有点支撑不住，但张锦秋依然精力充沛，完全忽略了自己的年龄，耐心地作着解释。而且，张锦秋看施工图非常仔细，每一根线她都要问清楚，甚至连卫生间的门怎么开，她都要求学生必须心中有数。

古稀之年的张锦秋，正以这般的干劲与激情，迎接着生命中的丰收季节，正如她的名字一样，好一个锦秀的金秋时节。

张锦秋和西安城

肖云儒《光影大境》序 /2013 年

一座城市或一个乡镇，一块温馨的热土——每个人都永远记着自己的家乡，家乡也会永远惦记我们。家乡是我们记忆中的重头文章，我们也会有意无意成为家乡历史的一部分，哪怕只是短短一个句子，一个标点。但很少有人能将自己的劳绩、自己的人生，转化成一座城市所有人的挂念，变成这座城市恒久的标记，像西班牙的安东尼奥·高迪之于巴塞罗那城，德国的瓦尔特·格罗皮乌斯之于魏玛城那样。

我们面前的张锦秋，就是这样的人。

翻开陕西、西安这本大书，无处不可以读到她。锦秋留在这块土地上的许多建筑精品，大部分都成为地标性建筑，像黄帝陵祭祀大殿、大唐芙蓉园、大明宫丹凤门、延安革命纪念馆、钟鼓楼广场、陕西历史博物馆、陕西省图书馆及艺术馆，等等。她的历史和文化见识，她对当下生活的理解，她的人生坐标和美学追求，乃至她个人的质地、风貌、情感，都通过这些作品镌刻在这座城的东西南北。锦秋的建筑构成了西安容貌和陕西风格的重要元素，构成了秦人的生存环境，也影响着他们的气质和性格。温家宝总理参观了她设计的项目后，感慨地说，"这就是西安，这才是西安！"

这块土地也塑造了锦秋。中国工程院院士程泰宁曾极有深意地提出过"张锦秋现象"。他说："她的建筑作品成熟到位，整体完成度相当高，很能体现盛唐时期恢宏博大的文化气魄。一个女建筑师能有这么大气魄，我一直觉得是蛮有意思的现象。"是的，这位女建筑师的作品回响着钟鼎之声，蒸腾着博大之气，常常将我们带进一种大境界中。这固然与她设计了众多庙堂题材，如帝陵圣庙、宫殿遗址以及皇家园林有关，却不能不说更是她内在气质的艺术呈现。一位蜀地的女性，作品中却少有川中女子的秀魅和伶俐，有的是历史岁月的苍莽，庙堂文化的庄重，北方平原的浩渺静穆，无疑是十三朝古都和八百里秦川的文化基因起了作用。在古城生活工作了大半生，这座城市早已是她的精神故乡。古城与她，便这样"相濡以沫"，相互营养着、营造着、成就着，互融一体。

2009 年，西安入选全国最具幸福感的城市，古城选择了张锦秋，要她代表市民登台领奖。她得过的奖励和荣誉难以胜数，这个荣誉最为意味深长——它让一个人的劳作和一座城的幸福牵上了手。

中国建筑曾经与欧洲、伊斯兰和印度一道，并列为世界四大建筑体系，在近百年的现代化进程中，探索传统与现代相结合，构建中国建筑的自主创新体系，已经有了两三代人的努力。哈佛大学设计研究生院院长、著名建筑与城市设计专家彼得·罗先生认为，近年来，在致力于探讨传统设计语言的当代表达的中国建筑师里，张锦秋是代表人物，她是"第三代中国建筑师的领头人"。锦秋的代表性、引领性在哪里呢？在于她创立了"新唐风"建筑体系。两院院士、著名建筑和规划大师吴良镛说得好："张锦秋脱颖而出，主持了一系列重大工程，这些被命名为'新唐风'的创作，得到了中外人士的赞赏。"

（作者系陕西省作家协会副主席
著名文化学者 文学评论家）

而"新唐风"的核心又是什么呢？答案是：致力于追求建筑艺术的和谐之美，创建中国建筑美学的当代表达体系。"新唐风"之"唐"，唐风，是传统和基石的代称；"新唐风"之"新"，新变、新路、新局，是用新时代的生存需求、建筑理念、审美意识和科技成果，承"唐"出新，变"唐"出新，在创造中发展。

锦秋在她的各类建筑作品及相关阐述中，总是强调"结合"，各种层面和意义上的"结合"。譬如在陕西历史博物馆的设计中，她就将传统与现代结合这个主旨，细分为传统的布局与现代功能相结合，传统的造型规律与现代设计方法相结合，传统的审美意识与现代观念相结合。在大雁塔景区的"三唐"工程中，她又将传统庭院和现代功能的结合，具体化为以功能区分为基础，实现化整为零与庭院布局相结合。说到底，这都是继承与创新的结合，亦即"新"与"唐"的结合。传统方面，更侧重于环境、意境和尺度；现代方面，更侧重于功能、材料和技术。

"结合"是什么？是建筑师对建筑作品中各种矛盾关系的娴熟把握。锦秋对此有高度的自觉性。她十分注意把握"和合"与"不同"的关系，将天人合一的环境观与和而不同的创作观在交融中付诸实践；十分注意把握"水墨"与"象征"的关系，将"水墨为上"的中国美学与现代象征主义组构到自己的建筑群中；十分注意把握"象天法地"的庙堂传统与"点化自然"的山林意识之间的无缝衔接与自如转换；还十分注意把握好审美追求与实用功能的关系，以文化立意，以美学为品，以功能为用；等等。黄帝陵祭祀大殿，既在宏观上处理好与环境的蓝天、白云、绿树的山水形胜的关系，选用花岗岩材质造成庄重肃穆的感觉，又在方形大殿顶盖镂空圆穹，让天光直射殿中，造成天园地方、天人合一的效果，集"水墨为上"与本体象征、"象天法地"与"点化自然"为一体。其实，世上任何单一的色彩、材质、结构都构不成美丑。美丑均是关系。美是各种色彩、材质、结构在特定文化坐标、美学坐标、个性坐标关系中，一种有意味的组合，并结晶为有意味的形式。丑则是对有意味关系的恣意破坏。

锦秋运筹各类矛盾、操弄各种关系的智慧与技巧出自何方？所依凭的基本美学理念和美学手段又是什么？我以为是具有浓列东方色彩的和谐文化观、和谐美学观和和谐建筑观。多年的设计实践使她体会到，当代城市艺术不可避免地具有多元性和多层次性，因此应当格外强调综合美、和谐美，只有这种美才具有多元性和层次性的特质。

她提出的"和谐建筑"理念，包含着"和而不同"和"唱和相应"两个层次。"不同"是和谐的前提，承认相异，承认矛盾才需要协调。"和而不同"就是提倡不同因素的协调，反对相同因素的一律。"唱和相应"则是达到和谐境界的途径，主次唱和，各方因应，将不同元素像音符那样有节奏、有旋律地弹奏成和谐的乐曲。当然，在她的设计中，和谐不是简单的调和折中，而是对相异甚至相悖关系的创造性处理。

其中既有中国文化的执两用中，中国美学的对称均衡，又有中国美学相因中的相犯，法度中的破笔，充盈中的飞白，对称中的倾斜。

为了筹划这部艺术摄影集，柏雨果、许还山、邹人倜、李亚民等摄影界和影视界几位老哥儿们，像发烧友那样投入，倾囊奉献旧作，热心地补拍新片，在成千上万幅征集的作品中披沙拣金，寻找有新意的角度，有意境和意趣的构思，以及玩光弄影的技法。要考虑建筑和摄影双重创作的艺术标准，还要考虑所选作品能大致勾勒出我们这座城市，勾勒出城市中这位杰出的女性。

其间，大家与锦秋、韩骥夫妇有过一次认真的商讨，将她的作品大致梳理成三种境界：圣境、梦境、画境，并按此分类。圣境是神圣者的殿堂，虽然已是历史，依然烛照着今天和今后，已成彼岸世界，却点亮着此岸的生活；画境是民众的家园，以传统风貌和现代功能，满足着、提纯着老百姓现实的物质需求和精神期冀；梦境并不是梦，而是梦的实现，它让梦境般的美丽落地生根，成为当下的文化符号和生活环境。三种境界，艺术风格与实用功能各不相同，显示了建筑师全维度的能力和水平，又无不流贯着宏大的气度，实在可以以"大境"谓之——"三境"合一，可谓宏阔；"三境"对中西建筑精神皆有传承出新，可谓宏深；"三境"让许多景物由过去时转换成现代进行时，可谓宏博。这部摄影集，用光影之"大镜"，再现建筑之"大境"，诸君力主用《光影大境》为书名，锦秋谦让再三，同意了。

一座城市会因一些房子而温馨，因一些人而温馨。当我在锦秋的作品中徜徉，常常想起我在巴黎巴尔扎克写作的小咖啡馆里，在彼得堡普希金散步和幽会的小径上，轻轻拂面的一抹秋风，窗帘后的一绺灯光，都会打开尘封已久的一段故事和情思。在西安，锦秋也在用她的建筑，那一个个装满古城故事的月光宝盒，给我们讲述着远去的历史，同时让我们看到正在展开的生活。

传承大师探索精神　弘扬古城千年文明

熊中元《名人档案文献报道》/2014 年

今年 10 月是中国建筑理论先驱梁思成先生得意弟子、中国建筑西北设计院总建筑师、国家首批中国工程院院士张锦秋老师的 78 岁生日。近半个世纪以来张老师与设计院荣耀同载了 40 多年，设计院的发展与壮大倾注了她大半生心血，经历了辛苦，见证了辉煌，也探索形成了设计院特有的企业文化色彩。我与老师共事多年，目睹着老师从一个风华少女，一步一步走到了今天，变成了两鬓斑白的老人。我作为这个院的一院之长，感慨万千，心里觉得不是滋味，常在想，我们这些年轻人，这些曾经也是她的同行、同事、她的晚辈或是让她骄傲的得意弟子，此时此刻应当对她承担些什么责任？此时此刻应当让外界对大师的期盼了解应尽点什么义务？正巧，《著名人物》期刊主编邀请我在该刊物上分期续载关于介绍设计院与老师情况的文稿，我很高兴，乐意借此机会与老师的粉丝们分享老师多年来的创作经验，也真心欢迎建筑设计业同行同事与我一起切磋交流。

说起张锦秋老师，也就不能不提我院的千余名精良设计团队。正是她的百折不挠，永不停止的探索精神，影响带动了我院青年一代的健康成长，成就了我院众多高级人才的辉煌业绩。我院成立于 1952 年，是新中国成立初期国家组建的六大区建筑设计院之一，是西北地区成立最早，规模最大的甲级建筑设计单位，现有职工 1182 余人，其中中国工程院院士 1 人，中国工程设计大师 2 人，教授级高级工程师 92 人，高级工程（建筑）师 378 人，工程师 322 人。享有国务院津贴专家 19 人，陕西省有突出贡献专家 4 人、优秀勘察设计师 10 人。全院共有一级注册建筑师 112 人，二级注册建筑师 6 人、一级注册结构工程师 114 人，二级注册结构工程师 1 人，注册城市规划师 6 人，注册公用设备工程师（动力）2 人，注册咨询工程师 9 人，注册公用设备工程师（给水排水）37 人，注册公用设备工程师（暖通空调）36 人，注册电气工程师（供配电）32 人，注册造价师 7 人，注册会计师 1 人，国家注册监理工程师 23 人，陕西省注册监理工程师 8 人，一级建造师 4 人。几十年来，我院这个设计团队始终处在中国建筑设计业界前位，代表和创造着建筑工程界设计业前沿技术水平。

今年是设计院成立的第 66 个年头，目睹着大师培养出来的这支精良团队的健康成长，回想着我院团队遍布在祖国大江南北的著名建筑作品，我心潮澎湃，为之振奋，不能不感恩这位伴随着设计院风雨同舟 50 多年，今天仍然风采依旧的张老师。老师将自己一生的青春年华完全献给了设计院发展事业，献给了设计院这支精良、诚信、无坚不摧的设计团队。老师精神又被今年陕西省委省政府编入了《陕西精神》丛书，成了一代一代三秦儿女的精神益粮。我们深深感谢老师，深深感谢她给我们留下的企业文化精神。

一个建筑师的最高理想，就是当人们谈起她的名字的时候就会想到一座城市。或者当人们谈起一座城市的时候，就会想起她的名字。我们的老师，当今一代宗师张锦秋院士做到了，确确实实做到了。从她设计华清池大门成功开始，陕西历史博物馆、钟鼓楼广场、大唐芙蓉园、黄帝陵祭祀大殿、陕西省图书馆、美术馆、大明宫丹凤门、延安革命纪念馆、群贤庄、"三唐工程"到西安世博园的长安塔等等的千年古城新地标建筑，都留下了老师的身影，都渗透了她的创作风格与作品文化。

扬起大唐风，欣赏大唐韵，怀念长安塔，永驻长安情，我们身在长安忆往事，回想着我们朝夕相处的老师，回想着老师为我国建筑文化发展百折不挠，积极探索的一生，回想着她辛勤耕耘半个世纪，摸索出的大唐传统与现代建筑技术相结合的创作文化，我们没有理由不作为，我们一定会继承老师的探索精神，一定会在老师探索之旅路上有所作为，不断创新，不断努力向前！让千年古城的精神文明不断弘扬光大。

我所认识的张锦秋

胡耀星《张锦秋——建筑院士访谈录》/2014 年

不光是技术高超，设计作品得到广泛认可，她的为人也是非常好的。

我跟张总在一起的时间还是比较长的，她到我们设计院来的时候，我也在设计院里，她的整个工作过程，基本上我还是比较了解的。

张总是 1966 年到设计院来的，"文化大革命，"耽搁了一些工作。大概是 1970 年前后，院里组织了很多设计小分队，开赴现场，现场搞设计，画图纸，指导施工。张总参加了这样的工程设计。记得当时张总带队伍去了，有建筑，有总图，有结构，有水，有电，大概有七八个人，在山沟沟里头。张总作为一个女同志，跟其他人一样，都要到山里边扛木头，建办公室。我记得我去的时候，是一个冬天，条件非常艰苦，山沟里特别冷，画图设计，都是穿着棉袄来干的。我们设计院的这些人情绪非常饱满，没有人叫苦叫累。我待了一个多月，写了一个长篇的调查报告。在这个过程当中，张总基本上处处带头，而且她比较随和，跟大家的关系搞得比较好。

后来因为张总慢慢做民用设计，接受了一些任务，主要是在大雁塔的东边建三唐工程。当时呢，这个工程好像是日本方面投资的，按照以往的管理，就是基本上谁投资谁设计，但因为张总对大雁塔地区搞了一个规划，如何保护文物古迹在周边搞设计，怎么样不破坏古建筑，如何相协调，画出了初步图，

结果方案就被采用了。设计了以后反映很好，影响也好，中央电视台专门报道了这个项目。

这个工程呢，在张总的设计生涯里头，算是一炮打响了，也开启了新唐风。

毛主席纪念堂设计的时候张总也参加了。毛主席去世了以后，中央决定要建毛主席纪念堂，组织了一个设计班子。当时全国有六大建筑设计院，西北设计院，派了老中青三代建筑师参加，年轻的建筑设计师就是张锦秋，老的就是洪青，他是留学法国、比利时回来的。当时我还专门采访了这三个人，写了一篇通讯，在陕西日报发表了。

张总新唐风建筑，最出名、最成功的就是陕西历史博物馆。当时设计院组织大家提方案，经过评选择优，确定了四个方案，最后一致推选了张总的方案。

总而言之，张总这个人，最起码在我心目中，是一个比较完美的人，不光是技术高超，设计作品得到广泛认可，她的为人也是非常好的，在设计院里，大家都非常佩服她。

这里边还有个小插曲，就是张总一度想要离开设计院，到清华大学去教书。陕西省死活不放，省委书记亲自出面说，你有什么困难我给你解决，你有什么要求我来满足，但是我就是不放。现在看来，这样挽留是非常正确的，如果把她放走了，不但是设计院的一大损失，也是陕西省的一大损失。

（作者系中国建筑西北设计研究院有限公司原党委宣传部部长）

一个完美的建筑师

赵元超《张锦秋——建筑院士访谈录》/2014 年

　　她是我心目中最完美的建筑师，她把中国的美学意识与现代建筑结合起来，书写了一个又一个富有诗意的丰碑。

　　一个美好建筑的背后总有一位睿智、完美的建筑师。我是1995年初从西北院上海分院回到华夏所的，跟随张总第一个完整项目是陕西省图书馆。记得当时场地有一段高坡，张总问你们如何处理这一地形？几乎所有的建筑师都说把它推平，好做最新最美的图画。可张总却说，这个高坡实际上是唐代的六爻之一，不能简单地推掉它，推掉它也就剪掉了城市的记忆，况且图书馆本身就是人类文化历史的积累，我们应站在历史文化的高度来做这个建筑，只有这样建筑才能有灵魂，有内涵，有层次。快二十年了，每每经过图书馆这段绿坡，我都会想起这段往事，它让我牢记着建筑师既是城市文明的创造者，也是城市历史的保护者。

　　1995年，我虽然已是国家一级注册建筑师，也天南海北地做了一些建筑，但往往停留在图纸上，并不关注它的建造过程。在图书馆建设的八个年头中，我跟随张总不知来过多少次工地，她就像对待自己的孩子那样关注建筑的"成长"，关心建构的每一细节，同时也关怀着年轻建筑师的成长。伴随着图书馆的开放，我在张总的言传身教中，完成了向一个职业建筑师的转变。

　　建筑界把张总的设计风格定位为新唐风，我觉得是片面的，实际上张总思想理念非常现代、开放，始终保持着建筑师好奇探索的精神。年近八十还不断推出新的作品，研究新的理论（如非常关注绿色生态建筑和新的城市设计理论），总结和谐城市和山水城市思想，难能可贵的是还把这些理论应用于新的实践中。近几年，张总不断地超越自己，她的创作又出现了新的高潮，丹凤门，长安塔，大唐华清城是张总对西安的新的奉献，也是她创作的又一个高峰。

　　张总秉持中国文化的自觉和自信，坚持自己的理论体系，系统持续地坚持自己的建筑创作之路，这在中国是绝无仅有的。马国馨院士曾经这样评价过张总：张总近半个世纪，坚守着黄土地，坚持自己的创作道路，达到了很高的高度。吴良镛院士也这样评价张总，也许在某些方面，有些建筑师比张总做得更好，但是，在传统和现代结合方面，有理论、成系统、有体系地在一个城市创作却只有她一个！

　　张总在一篇论文中曾指出：城市文化孕育特色建筑，建筑精品彰显城市特色。我们同样可以说：西安给了张总表现的舞台，张总则赋予这一城市以灵魂，她和这座城市达到了一种水乳交融的境界，就像巴塞罗那的高迪一样，我们同样可以说西安是"锦秋的长安"。

　　张总还时时刻刻关心年轻建筑师的创作。我记得做浐灞行政商务中心时，当时争议很大，张总鼓励我，要创新，要有时代性，不失时机地支持我尝试清水

（作者系中国建筑西北设计研究院总建筑师，教授级高级建筑师，博士生导师，国家一级注册建筑师）

混凝土。在西安行政中心的创作中，张总坚定地支持我要坚持西安的地域特色，在西安南门综合改造提升工程中张总更是多次到工地，在关键节点、指出关键的问题，为工程健康发展指明了正确的方向。我非常佩服张总对大局的把握和控制，在纷繁复杂的局面中她总能保持清醒的判断，拿出解决问题的办法。十几年前，清华的几个学生问我对张总的印象是什么？我说，张总有慈母般的心，做起事来却非常果断和刚毅，并且持之以恒。给我印象非常深的是在做钟鼓楼广场时，她要协调很多复杂的问题，但总能够巧妙、和谐地解决，判断和拿捏非常准确，表现出很强的韧性和协调艺术。张总的成功，也在于她有很多优良的品质和一丝不苟、精益求精的精神，她是一个完美的建筑师。

我是西安本土的建筑师，我觉得西安人有时很自卑，有时候又很自信。为什么一个柔弱的女子能做出这么刚毅大气的建筑？我觉得就是来自张总对文化的自信，对建筑专业的自信和热爱。她的经历，培养了她身上一种俯瞰江河的艺术家气质和科学家的理性及严谨。她的不朽作品连同她做人的风范都成为我国建筑文化的一部分，像润物细无声的春雨那样潜移默化地滋润着我们，培养造就着我们年轻的建筑师，我们也会努力传承着她开创的和谐建筑之路和她的建筑创作精神。

幸运的城市 幸运的我

刘克成《张锦秋——建筑院士访谈录》/2014 年

能够跟她生活和工作在一个城市，能追随她开创的这条路继续走下去，这是我们年轻一代建筑师的幸运。

张大师对我来说首先是先生，这个先生既是尊称，也指她确实是我的老师。

我真正拜师的时间是 1991 年。我 1980 年到西安读书，1990 年研究生毕业，研究生还没有毕业的时候就去登门求教、再到毕业答辩，以后每一个阶段，只要遇到一些比较重大的事情，都会去求教于张老师还有韩老师，所以在某种程度上说，他们是我的人生导师。我这里想讲几件小事。

记得 1992 年的时候，到底是留在西安，还是走，我非常迷茫，也就在这个非常糊涂的时候，我登门求教。两位老师，特别是张大师讲了三点，我印象深刻。她说在全世界范围内看，我们很难说今天强于古代，文化并不见得永远是进步的，实际上我们冷静来看，也许很多时候是倒退的。当时张先生跟韩先生就谈这个，他说西安这个城市，她真正的历史高点可能早就过去了，但我们今天生活在西安这个城市仍然是幸运的，我们生活在一个曾经伟大的城市，我们有机会感受古人留下的众多伟大遗产。就这一点来说，在全世界范围内，包括罗马、雅典、开罗等，还有法国的巴黎以及中国的背景，这些城市都有那么多人，做了那么多研究，写了那么多书了，如果说真正伟大城市的研究还存在

空白点，这个级别的城市，在全世界也许就只剩下西安了。她说，西安因为各种因缘际遇而保留下来，也是值得你用一生来研究和琢磨的城市。实际上在当时建筑界一股脑地吹着现代风，实际上是向西看；或者从中国大陆区域来说是向东看，西部向东部看。在中国整体都在向西方看的状态下，张大师谈这个让我印象非常深刻。

第二点，她谈到了当年自己离开清华的情况，实际上也是因为各种原因才离开清华、离开北京的。她谈这个事情的时候，实际上是解释她为什么选择追慕唐风。她说，梁先生给她作过认真分析，中国历史上的建筑，秦和汉到今天只剩下画像砖、文字，还有一些陶俑。真正意义上的汉式建筑，只有若干塔和一些残存的东西，因此，我们就是向往那个时代，我们其实也很难在真正意义上去研究它。明清遗留甚多，在中国的实际格局，主要就是在江南和山西。大气象的东西在北京，这些东西研究的人太多了，当时就出了不少成果。只有唐代的一些遗存，留下了很大的空间，可以让人去想象和创造。唐代实际上是中国人关于一个伟大时代的梦想，或者是过去时代的遗梦。梁先生就说，如果说你顺着唐这个思路，尤其是在唐都去研究这件事情，应该说是大有前途的。

第三点，张先生说，一个人一辈子能够做的事情是非常有限的，一定要有所作为、有所不为，是你的事情你要盯住不放的去做，不是你的事情不管

（作者系西安建筑科技大学建筑学院教授、博士生导师，院长。陕西省古迹遗址保护工程技术研究中心主任，国际建筑师协会亚澳区建筑遗产工作组主任，中国当代著名建筑师，中国建筑学会资深会员）

有多大诱惑都不要去沾它。她拿自己举例，她说我擅长的就是顺着中国传统这条线再发掘、再创造，那么对于不是这条线上的东西，如一个新建筑，我就让设计院其他更擅长的设计师和同志去做。这个她是在敲打我，就是说小刘不要什么都想做，什么时髦做什么。

那天晚上对我来说是一个重大转折点。第一，我坚定了信心，就是要先做下去。第二，就是要认真面对和研究西安历史和文化遗产。第三，就是要有所为、有所不为。到今天为止，我认为这可能是我事业和人生的一次重大的转折。

另外一件事情也是印象深刻。1999年中国建筑学会或者说中国政府在北京召开第一次世界建筑大会，我们学校担负一项任务，就是负责国际大学生设计竞赛，任务具体的操作就落到我身上。世界五大洲顶尖级的人物来了，有中国的吴良镛先生，美国来的是哈佛设计学院院长 Peter Rowe 等，我陪他在西安走了很长时间，一条街一条街地走。走到历史博物馆的时候，我本来要给他介绍张院士，他说你不用介绍，我很了解。我说你怎么了解？他说我曾经请张女士到哈佛去讲学。我很好奇，这是一个什么机缘，我知道张总是不说外语的。Perter Rowe 是一个国际上知名的建筑理论家。他在全球范围招了一帮人，把1949年以后中国建筑师，应该是先生那一代及之前的人，找了有八十来位，然后请了一帮国际建筑理论界的人，也有一些在海外留学或者访问的学者，一起来评哪个建筑是能够代表中国当代建筑。他说出乎所有专家的预料，最后得票率最高的就是张大师。这个其实我也很好奇，因为这个真的是跟当时就是1999年的时候中国建筑形势差距很大。客观的说，张总在西安的名气极大，但在全国建筑圈内，大家一方面非常尊敬她，另方面也并不一定认同她的观点，认为太向后看了。所以我特别好奇，我就问他，你们是怎么评出来的？他说我们其实在评以前，先坐在一起商量了标准，就是限定标准再评，不能先评定人，这样就容易失去公证。他说定标准的时候，定了四条标准。

第一条标准就是这个建筑师一定要有鲜明和明确的理念，而且建筑师终生坚持这个理念。不能说今天是这个理念，明天是那个理念。第二条，不仅要有理念，还要有作品去实现和说明理念。好比说有的人只是著书立说，没有作品。他说这个从建筑来说是不够的。第三条，这个作品不能只是一个类型或者一两个点，他要涉及城市生活的方方面面。换句话说，理论和作品是一个体系。第四条，理念和作品与它所在的国家、地区、城市，或者民族密切相关。按照这四条标准打下分来，张大师就得了第一名，就因为这样一个原因，请张大师去哈佛讲学。这件事也是让我非常震撼的。我们过去谈国家、地域的就是世界的，我认为在相当程度上不少人谈这个问题都有一点敷衍塞责、自我安慰的成分。但是从 Peter 先生的嘴里，从哈佛这个世界最高学府的研究机构的领导者嘴里说出来，让我还是非常震惊的。我觉得从真正意义上，也把1992年张大师跟我谈的那席话，从另外一个角度，或者另外一个高度重新理解了一次。如果说在这之前，我对一些东西还心存犹豫的话，1999年这件事情是彻底让我坚定了信心。

我觉得张大师有一点非常有意思，就是她影响西安的方式。其实她的标杆性成果是新唐风建筑，但实际上，我觉得它不仅是这样的，我这里谈谈她对我的影响。按照肖先生的说法，钟情汉唐是西安第一层遗产，或者说是一个影响西安这座城市心理层面的深层结构，一个非常重要的物质、空间载体，也是一个精神载体。在某种程度上，张大师其实是西安的建筑师必须面对的第二层，就是我们说的背景或者遗产。我自己凑巧也在张大师的建筑作品的包围中设计过一些小东西，最开始时钟鼓楼广场上的星巴克。钟鼓楼广场已经得了中国建筑学会的大奖，很多年以后，这里已经变成了西安的城市广场。我自己在古典建筑上的修养比较差，我觉得我怕做中国古典建筑。我也觉得在西安，张大师是一座不可翻越的高山，如果我再做古典建筑，明显就是露怯，所以我努力用一种不同的语言方式来做。但是非常有意思，无论星巴克还是西市，它都是在张大师所做的族群中间，张大师已经有了一个非常完整的构思，而且已经实现了，这样，我觉得是张大师在逼迫着我去研究汉唐，研究她和她的作品。她其实是从作品、从物质到我们的思维习惯、改造着我们，从具体创造来说，她使得你不能不面对，不能不去想、去协调，不能不去呼应，最后结局可能你给予的答案跟她有一些区别，但您跟她想的问题是一样的。所以说，张大师是把我捆绑了，就是捆绑我去跟他想一样的问题，面对一样的挑战。实际上是以这样的一种方式，她塑造了这个城市。就是她不仅自己在塑造这个城市，而且把身边的建筑师，身边的领导，身边的甲方都以一种温柔捆绑，一种无形捆绑的方式，必须在这座城市考虑某些问题，必须遵循某些原则，最后使得这个城市变成一个有原则的城市，他就是这个城市确立原则的那个人。我觉得这个太了不起了，她比仅仅去做一件作品更厉害。

她要确立一个评价体。你跟她的答案一样不一样，其实已经是次要的了，但是她在思维上、行为上，所有的东西都逼迫着你，必须想这样一个问题。有时候我跟北京的同行开玩笑，我说改革开放三十多年来，全国城市进步都很大，特别是在中国城市化运动中，按建设量来说，西安并不是一个能够排名在前的，但有一点西安是非常骄傲的，就是西安在这三十多年来，或者追溯 1949 年以后的建设，在同等规模或者比西安更大的城市里面，是唯一有持续坚持的原则的城市，而这个原则我觉得是跟张大师、跟韩大师是密不可分的。

在这个城市的所有建筑师，其实不管他心底喜不喜欢张大师，他其实都被张大师所影响，被他这个原则所约束，他必须面对，在这个城市必须按照某种方向来做这个事情，我觉得这是一个非常了不起的，我今天来体会这个事，这也是我给我的学生和我的同事经常谈及的。从这个意义上来说，她是我们西安的一面旗帜。这个旗帜不是仅仅指她做了什么，而是她形成了一个气场。在中国，还没有第二个建筑师能形成这样一个强大的气场。

近二十年，西安城市规划和建设的领导人，我觉得都是受了张大师跟韩大师的引导。所有城市建设或者理念，其实我们说最原始的主意，都可以从张大师的实干和观点中找到源头。但另一方面，我又要说张大师非常宽宏大量。我做星巴克的时候，实际上是市长来找我的，因为是星巴克自己有一个很强的团队，连续出了七个方案都没通过，星巴克的人着急，市长也很着急。这个项目好像是市长亲自跑到西雅图跟星巴克的大老板谈妥的，说这是星巴克在中国的旗舰店，市长承诺可以在西安随便选地方，然后星巴克就选了钟鼓楼广场。他们做的方案和整个钟鼓楼广场格格不入。市长来找我，我说张大师的作品在这个地方，你应该请张大师来做。市长说，这个项目太小了，让张大师做不太合适。但如果张大师不同意的话，我也不敢在张大师的作品上再画个圈，我说这件事我不做。僵持了近两周时间，命令还是要我做。我提了个条件，我说你不能告诉张大师，我说做成了你也不能告诉张大师。我说我要这样弄的话，我就不要在西安地头混了，这是我给市长说的原话。最后我们是小心翼翼的，还是通过私下学生的关系，把图纸全调出来，认真研究了一遍，小心翼翼地做了三个方案，最后也不知道怎么回事，反正就过了。过后我也不敢声张，我先小心翼翼地把韩大师请去，没想到他就接受了。然后我再去找张大师，我把图纸给她，我说张大师有这么件事怎么怎么，结果张大师鼓励我说，西安不一定都要是唐风或者什么，可以有不同的探讨，我觉得你跟我的建筑协调，跟钟鼓楼协调就可以。有了这件事以后，其实才会有西市。西市这个事首先要感谢张总，张总其实已经把博物馆的设计全部做完了，结果张大师坚持说西市的遗址上必须要去做考古，然后中科院考古所去考古有了新发现。最后就说改方案，而且张大师表态，方案必须改。改方案的时候，张大师就说做遗址保护，刘克成经验多点，你们是不是把这块让刘克成去做？这是张大师向甲方提出来的，这个让我非常感动。甲方来找我，我又是诚惶诚恐，张大师的所有项目都已经设计完了，而且好像有些在建了。没做方案之前，我就去了西北院拜访张大师。我说张大师这个事情咋做，是不是要用新唐风，还是可以有别的探索。没想到张大师说，小刘，你不是做新唐风的人，你不必做新唐风，商业项目我有我的考虑，但你面对的是真的遗址，你在上面弄一个唐风的，反而可能不伦不类。她说你不要跟我做的那个东西一样，你试试别的路子。这真是给了我一个很大的启示和鼓励。方案出来，在没给甲方看以前，我先拿了五个方案去给张大师汇报，现在这个方案，也是在张大师肯定以后，一步步发展到今天的。我觉得从一个方面来说，一个已经在城市里拥有这样地位的建筑师，仍然以宽广的胸怀来对待城市其他的小字辈、学生辈，以及不同探索的建筑师，这是我非常敬重的。一个人自己能把事情做得很好，是了不起的，但是有一个宽广的胸怀，能够包容不同，能够一起在这个城市进行探索，我觉得让我更生敬意。

再说最后一个小点，跟我自己的实践有关系。汉阳陵博物馆是我做的，也得了很多奖，但是实际上我在不同场合都谈到，这个原始构思是张总的。最初投标的时候，张大师也参加了，华夏所做的方案得票率不高。但是实际上，如果我们把最初的方案拿出来，跟现在实现了的方案比较来看，我认为我现在这个方案其实跟西北院华夏所做的方案是最接近的，就是华夏所的方案在地面上什么都没有改变，只留下两个出口，其他的方案，包括我的方案，

地面上都做了很多东西。等到确定现在方案的时候，已经是将近两年后了。当时无论是评委还是建筑师，我认为还没有这样一个能力，去理解张大师的构思，就是怎么不影响陵墓的历史环境，以一个最低的姿态、大象无形的方法来对待遗址。我是通过将近两年时间的学习揣摩，在跟历史专家学习的过程中，等到方案定下来要实施的时候，才看到了张大师两年前的预见性。所以说等到盖成后，又一次我专门到张大师家，我说张先生我要非常谢谢你，实际上来说这个方案今天能够实施，最原始的构思还是与您一脉相承的。在这件事情中，我看到自己对张大师的理解，从三十年前、二十年前、十年前到今天，很多东西是一步步深入的，好像每到一个年龄坎儿理解的多一点，从不认同到认同，从好像还有别的想法，到真正打心眼儿的尊敬和敬佩。我认为，有这样一个建筑师，是西安城市的幸运。在某种程度上说，作为在这个城市生活和工作的建筑师，也因为有张大师的存在而幸运，她使我们少走了很多弯路，少了很多在迷茫中的曲折探索。但是，我仍然不敢肯定，我今天是不是理解了张大师。

华夏设计所年轻建筑师访谈

高朝君、张小茹、徐 嵘《张锦秋——建筑院士访谈录》/2014 年

高朝君（中国建筑西北设计研究院有限公司华夏所所长、华夏所总建筑师、教授级高级建筑师、一级注册建筑师、全国优秀青年建筑师）：

我跟张总的第一个项目，就是陕西历史博物馆的景观设计。自毕业到现在的 20 多年来，一直跟张总工作，回想起来，张总之所以能够成为建筑设计大师，之所以能够创立起理论体系，我的感悟还是挺深的。

首先就是天道酬勤。张总做一些事情之前其实都做了大量的调研、铺垫工作，做任何一件事情，她都是有充分的准备的。其次，她的设计作品既具有多元探索的特点，又有一种一致的 DNA。再次，张总特别注重对新技术、新材料这方面的应用。

张总对建筑设计作品完美度的追求值得我们学习。张总的作品完整度非常高，就是说从方案一直到施工完成，直到作为成品展现在众人面前，整个过程的差别不是很大，不像有些建筑师的作品，效果图画得很好，施工以后再一看，和原来完全不是一回事。张总具有高超的和甲方沟通的能力，她能够说服甲方，按她的建筑理念往下走。这个看似简单，其实里面有很多艰辛的工作，需要你去做，包括下现场，你要控制质量的话，肯定得到现场去看，肯定要跟施工单位指出来，应该怎么做，哪有问题了。她不是说人家领导打个电话说工地上有问题了，需要你来一下就过去，她是主动过一段时间到现场去看看有没有什么问题。

张总还有一种谦虚的心态。做钟鼓楼广场的时候，她在国内也是比较有名气的了，当时我们拿的方案规划都通过了，底下具体就是做施工图，开始实施，当时市政府也比较着急进度。在此期间，张总尽量利用各种机会，征求国内一些专家的意见，博采众家之长一再优化。她会抓住一切机会，不像我们现在建筑师唯恐别人再提出什么意见，赶快弄完就算了。我记得那年清华大学关肇邺先生到西安来参加一个学术会议，张总就让我带上图纸，利用会议间隙、中午吃饭的那段时间到关先生房间去请教，就在客房里铺在一张小茶几上，征求关先生的意见。我印象非常深刻。我觉得一个建筑师如果能够有这种胸怀的话，肯定可以博采众家之长为己所用，这个可能是一个建筑师成长进步应该学习的。

做项目的过程中，张总就让大家一起设计，各人提出自己的方案，然后几个方案都摆在一块点评，她一直特别强调团队的协作。针对每一个项目，她有自己一个科学的分析，这个科学的分析，不是说摆到哪个层面上去说服人家，不是说省上的领导，我都能说服人家，你底下人就不要说了。她不是这种态度，她这种科学分析，不管摆到哪个层面上，她都能成立，都能去说服人家。就是把那些不合理的规避掉，如果人家是合理的，她能够采纳，能够融进来，她这个口是敞开的。其实事后看，张总坚持的东西往往就是最关键的东西。我们一旦一退缩，这个项目作品基本就是一个废物。所以张总在大的

方面，是非常坚定的，原则性的问题坚持不放松，她态度相当坚决，不会因为某一些地方上的官员的某方面考虑而动摇，她是从一个建筑师的角度去思考如何解决问题。

张小茹（中国建筑西北设计研究院有限公司华夏所副总建筑师、教授级高级建筑师、一级注册建筑师、注册规划师）：

跟张总的感觉，我主要就想从一些小的细节来说。张总对年轻人的栽培，很细心，很耐心，毫无保留。我们做芙蓉园的时候，时间比较紧。做方案一个月，施工图三个月。当时我们都很年轻，对唐风的理解也很欠缺，张总就带我们去考察她以前做的那些项目。我记得十多个人一块去法门寺，当时下着雨，张总穿了件雨衣，在雨中带着我们从主殿、偏殿、餐厅每一个建筑都走到，每个建筑给你介绍。当时有一个餐厅的玻璃，她跟我们讲，为什么要用大玻璃，一个首先是餐厅，必须从功能去考虑。如果从建筑的形式来考虑，首先想的就应是直棂窗之类的，或者是小尺度的窗户，但是这个时候你要结合现代功能，你就要去作现代化的设计，所以就把小窗户改成大的，改成落地的玻璃窗。后来我们做施工图，张总就把她以前的作品拿出来给我们看。看到那些图纸，每一张都画得像线条表现图一样，我们觉得很震撼。

芙蓉园施工的时候是夏天，张总不管天气状况如何，总会去现场看看。我记得我们去现场，张总就跟我们讲，女孩子到了工地，声音要洪亮，要解释得清楚，要给施工人员解释你的图纸，不要太羞涩，如果他们做错了，你要指出来，不能有丝毫的含糊。张总说去了工地，你跟现场施工的工人是一样的，去了你不能说你是设计院来的，撑着把伞或者躲在树底下听人讲解工程施工情况。

建筑施工完以后，牵涉场地或者景观设计，张总要求也极其严格。前一段我们做了一个宾馆，后面甲方负责景观设计，请一家国外公司出的方案，我就拿着这个方案去给张总介绍。张总看了以后，非常失望。因为当时做方案的时候，张总不光在建筑形象上有要求，对建筑景观也有要求，最终体现在效果图中，所有的景观树木、喷泉还有小品灯都有设想。张总就跟我说，这家国外公司一点都不了解我们本土的文化，她当时就给甲方打电话，直接要与景观公司的人沟通。后来就在她的指导下，景观公司又重做了几版方案，达到现在整个是一个东方的唐风皇家园林的效果。

徐嵘（中国建筑西北设计研究院有限公司华夏所副总建筑师、教授级高级建筑师）：

我很幸运在做延安革命纪念馆这个项目的时候跟随张总开始学习。那时候，大家在一块把方案做出来以后，集中讨论，然后对比各个方案的优点和缺点。那个时候我自己也做了一个方案，张总先一一肯定了我的方案的优点，然后告诉我方案的缺陷。她这种解决问题的方式，我们很能接受，而且非常心服口服。延安革命纪念馆方案从开始定位，到最后建筑完全盖成，张总的思路是一贯的，只有细部更多，耐人寻味的地方增加得更多，但是大的原则基本上是不变的。她不像我们年轻人做方案，刚开始拿出一个方案，到最后建成，整个变化非常之大。

做延安革命纪念馆的时候，周围比较乱，旁边有很多高大的房子。一般人想要在这样的环境下做设计，肯定是做大体量，提升高度，但张总却是把建筑前面用广场拉开，从城市到建筑之间有一个很大的空间过渡，然后就马上形成了一个比较好的外部空间氛围。建筑不要高，而是长，总长度后来做到了 220 米，然后又做了一个 U 形的半围合环抱，在前面又竖了一个 16 米高的主席像。这样气势就出来了。建筑不高，造型简单，就是一般的现代建筑，四平八稳，简单的造型，简洁的材料，然后通过建筑的空间还有尺度，一下就脱颖而出了。

张总是一个非常传统的，非常有社会责任心的知识分子。她做事情很科学。比如我们做设计，我们把建筑外形画得漂漂亮亮的，然后空间做得有意思，变化多一些，这个任务基本上就完成了。但张总要求从建筑规划的角度来考虑问题，就是要有一个上位规划来控制项目，定下建筑规模、格调。单体做完之后，景观一定要跟得上，景观要和建筑单体是一套完整的东西。景观完了之后，就是室内设计。张总做项目一个很大的特点，就是规划、景观、建筑、室内设计包括最后局部的标识设计，乃至一些家具或者路灯等，她都要求你在一个完整的体系底下完成，统一整体考虑。

张总对新鲜事物的接受能力，超过我们的想象。一个艺术家或者一个设计师，对新鲜事物接受能力的强弱，可以看到其心态年轻与否。张总的心态是非常年轻的。就是我们刚开始做咸阳博物院的时候，院落组织、坡屋顶，整个方案古板、老气。但是张总拿出来的方案，画了一个北斗七星，她说秦代的人是非常浪漫的，我们要充分体现秦人浪漫主义思想。她拿出了北斗七星这样一个格局，我们大家都很服气。到了给甲方介绍方案的时候，把这个思路给甲方一推出，甲方也是心服口服。张总思想比较年轻化，包括穿衣服。上次去北欧的时候，看到马路边有一个街心绿化，像花盆一样，里面种了很多鲜花，很鲜艳漂亮，张总和韩局两个人就坐在花盆边拍了张照片，头发是白的，身上穿的衣服是浅色的，两个人都是鹤发童颜，气色非常好！

大雅和谐：西安的城市特色之道
——专访中国工程院张锦秋院士

陈　晓《三联生活周刊》/2014 年

为什么有些城市的古城垣这么受重视呢？因为这些遗产是这个国家或者这个城区的图腾或标志，具有民族的凝聚力和感召力。它对现代社会来说，已经不仅是一个城市的概念，而是一个历史文化的概念。

三联生活周刊：西安古城墙是农业文明下的产物，这样一个代表农业文明的庞大建筑，对现代城市的价值是什么？

张锦秋：古代农业文明的城市到工业文明时代肯定不符合使用要求，所以在全世界，古代城市由于社会发展、城市功能的发展、城市人口的膨胀、城市交通工具的变化，大多会破了古城建新城。但有一些国家和城市的古城比较好地被保护下来，比如罗马。虽然它的古城墙也残缺不全，但好歹保存下来。再比如雅典、伊斯坦布尔，还有莫斯科，他们有些城墙还是保护的比较完整。不同国家、不同地区都有一些典型的古城垣保护下来了，所以在联合国教科文组织下面有一个很专业性的组织——古城堡保护专家会议。

为什么这些城市的古城垣这么受重视呢？因为这些遗产是这个国家或者这个城区的图腾或标志，具有民族的凝聚力和感召力。它对现代社会来说，已经不仅是一个城市的概念，而是一个历史文化的概念。

西安是古都，它从周代开始，从公元前 1000 多年开始到公元 900 年前后，作为都城总的跨度是 2000 年左右。这段时间，中华民族从春秋战国时期的各国纷争到逐步整合成一个完整的强大国家，这是中国历史上非常重要的篇章。作为这个历史时期的中心城市之一，西安沉积了非常丰厚的历史文化。虽然现在地面上可见的估计已经很少了，但地下的埋藏非常多，历史记载也非常多。西安的明代城墙，在国际上都被认为是保护得最完整规模最大的古城墙，伊斯坦布尔、罗马的城墙都没有我们这么完整。所以，西安的明城墙首先是在于它的历史价值和意义，它代表这片土地上 3100 多年的建城史，它包围的古城曾是随唐长安的中央办公区，被称作皇城。后来隋唐的古城墙虽然没了，但还能看到它的遗迹。我们看到城墙西北角是圆的，据考古专家说，这是唐代皇城城墙西北角的一部分。还有明城墙的西边，古都大酒店旁边有个叫"西五台"的地方，有块东西走向的高地，上面有一组寺庙。很奇怪，寺庙一般都是南北向，但这组寺庙是东西向。据说那块带状高地，就是当年皇城和宫城之间的城墙。这座明代的西安古城，是在隋唐中央政府办公地 1700 年延续下来的一个城市。虽然

（作者系《三联生活周刊》记者）

这块地方的房子都没了，但这块土地上，这个城市空间一直留存下来了。

所以说西安城墙，不仅是明代的，也是隋唐皇城的延伸。这块十几平方公里土地上还有很多东西都没有去发掘研究。这样的一座古城，说图腾，说标志，都不足以表达他的历史内容和价值。

三联生活周刊：著名建筑师阿道夫·卢斯说过，装饰就是罪恶，所以现代城市对建筑的功能性要求是很高的。如果从功能角度看，古城墙在现代城市中是否具备显示功能？

张锦秋：从农业社会到工业社会，到信息化社会，所有的城市功能都装在就成这个壳里面，不可能，它只是成为现在城市的一个"核"。在经济不发达的年代，旧城是西安的政治、文化、经济中心。从民国到现在，政府机构一直在这个核里，古城是西安的行政中心。早年一些文化设施，比如唱秦腔的易俗社、图书馆，也都在旧城里面。西大街上集中了一些名牌老店，在整个关中地区都算经济很繁华的中心城市。

但新中国成立以后，西安成为国家发展的重要工业基地，150 多项援建项目，很多都放在西安。现代城市的发展建设，是通过城市规划来决定的。新中国

成立初期西安第一版总体规划，把新的工业建设都放到了城郊。东郊是纺织城，西郊是电工城，南郊是科教文教城，北边当时因为有汉长安城、大明宫等很多遗址，被规划为控制区，一大片都是农村。第一版规划时就有古城保护的思想。

所以，古城要适应新时代的发展，不是意味着在古城里倒腾，去添加新的工业的、信息的东西。它是行政中心，还有旧城的老百姓是这个区域的主要居民，其他功能往城外发展。新的文化设施也逐渐往城外建了。本来省图书馆就在西大街，很小的，现在二环路边建了新的图书馆、美术馆。有种说法，城墙限制了城市的发展，实际这种说法很不科学。它限制不住的。城市的功能，城市的规模，城市现代化的交通，都要向周围发展。由于古城的历史文化价值，它以现代城市历史文化的"核"而存在。这是古城跟现代城市的关系。

三联生活周刊：古城作为现代城市历史文化的"核"，这个说法比较抽象，具体到城市的发展，一个"核"可以如何引导或者影响现代城市的建设？

张锦秋：古城与现代城市建设的关系，世界范围内有不同的路子。比如罗马躲开了古城，去距离古城还挺远的地方建了个新城，把政府都搬过去了。但是

即便建了新城，真正要接待国宾或者国际友人时，还是会在老城卡彼多利广场上的市政厅。他们觉得这才反映他们的国格、悠久历史和自豪感。老百姓要办结婚登记、拍婚纱照，也还会到原来的市政厅来。对现代生活而言，历史的凝聚力、感召力，就表现在这里。

所以，现在建现代化的大西安，将来要西咸一体化，以后还要建国际化大都市，城市规模越来越大，但旧城的历史价值是永存的。如果我们保护得好，还会更好地显示它的历史价值，发挥它的作用。旧城是西安历史文化的核，从 20 世纪 50 年代到现在的城市规划也把它作为一个核。中国传统城市是井字形格局，不像巴黎那样的放射型路网，西安的城市规划继承延伸了方正格局。

中国的城市很讲究轴线，长安隋唐时的轴线是朱雀大街，路宽 150 米。盛唐的时候，建了大明宫，正对大雁塔，又形成了一条盛唐时期的轴线。到明代时，把城墙圈从唐皇城往东往北扩大了一点，所以明清府的中轴线就比唐长安中轴线偏东一些，就是现在所见旧城南门、钟楼、北门这条轴线。这三条轴线至今依然存在。新的城市规划很好地继承和发扬这几根轴线，把它作为新的城市规划的干道，并且利用广场等形式来加强这些轴线，更好地发挥其作用。比如南门广场，是很典型的，就在明西安城的轴线上。古代南门外没什么重要设施，但在现代城市中对它的功能要求不一样了。西安接待国宾经常是在南门，这是中国的历史文化之门，克林顿曾经称赞它是"国门"。探索中国的大树之根，要从这儿开始。因此，这个大门具有很强的礼仪性，老百姓还可以在这个广场举行各种活动，这是现代西安赋予它的功能。

在旧城外，标志性历史建筑的作用就发挥得更明显了。比如大雁塔，很长一段时间周围都是农田。后来西安城市往南发展，修建了大雁塔北广场、南广场等文化设施，大雁塔这座古建筑，在现代城市里就更好地发挥了标志性作用。

西安市城市规划上很注意在原有主要道路的节点上设计各种广场，给城市添加新的、现代的肌理，古今交融。保护、建设和发展交融，而不是互相抵触。

三联生活周刊：具体到古城墙，它的修缮完成后，旧城接下来会怎么样发展？

张锦秋：旧城的建筑高度是有控制的，因此并非大发展就是建大楼，而是要优化提升，使得老百姓居住条件更好，交通更方便。旧城圈里的行政中心搬走后，交通缓解了一些，旧城的交通网络还没有完全打通，城里有很多断头路，所以城市交通经常堵塞。比如旧城内的顺城巷，过去有些地段是走不通的，但现在结合城内环境的整治都打通了。老百姓的生活环境也要优化提升。小的工厂该搬出去的就搬出去。有些小工厂都倒闭了，可是在城里还占一块地，都清出去，在旧城里做一些改善居民生活条件的建设。旧城里面还有些很好的民居，比如八路军办事处、七贤庄一片，都是民国时的高档住宅，但现在住得乱七八糟，这些也要逐渐整顿清理，还民居以本来面目。

三联生活周刊：在旧城的优化提升方面，您是比较早的探索者。这次南门广场的设计者赵元超就提到您 20 世纪 90 年代设计的钟鼓楼广场，将古迹融入现代城市的生活环境中。请谈谈您设计钟鼓楼广场时，是如何考虑处理古老建筑与现代城市的关系的？

张锦秋：钟鼓楼广场在旧城十字街的西北角。从新中国成立前开始到 20 世纪 80 年代，这里是一大片杂七杂八低标准的房子。西大街的沿街有几家西安老牌餐饮，泡馍馆、饺子馆等等，但房子歪歪斜斜，很破旧。这里地处热闹的商业区，由于没有城市公共空间，老百姓到了这里，没有休息的场所。因为是十字路口，车流量和人流量都很大，过马路都很紧张。游客想参观钟楼，要穿过人车混杂的马路才能进去。

20 世纪 80 年代初，城市规划部门就想在西北角角建一个绿化广场，以改善环境，但老百姓不同意，而且拆迁民房，政府也没钱，这个规划设想就一直无法实施。到 90 年代初政府征集钟鼓楼广场方案，我们提出了开发地下空间的方案，通过现代城市设计的办法来解决问题。设计地下空间，卖给企业家做商城，用这笔资金来完成搬迁，并建设地面绿化广场。后来政府接受了我们的这个方案，但里面有很多技术难题。

消防部门规定只能地下一层搞商业，但钟鼓楼广场项目的拆迁量很大，如果只盖地下一层，价值不够。消防部门说，如果能让消防车开到地下去，地下二层也可以做商业，所以我们做了个下沉广场、下沉商业街，这样消防车可以到地下。这些都是现代的设计手法。所以有评价说，钟鼓楼广场的规划设计理念是很新的，是现代的。名牌老店还建在地面上，这就有个风格问题。有人问，你为什么没在这里做个唐风建筑呢？因为钟楼、鼓楼是明代建筑，在这里做唐风建筑就不合适。最后广场边的老牌名店采用了关中地区的明清商业建筑风格，以求与钟楼、鼓楼相协调。

作为历史名城，既要保护，还要解决当前的现实问题，比如交通和人车分流的问题。下沉广场有地道穿过西大街和北大街，购物的人就在下面走，把马路让给汽车，解决人车分流。

有些人认为我的设计平凡，不够震撼，但这个城市已经够伟大了，我们的设计又怎么可以僭越呢？钟鼓楼广场只是找到了一个合适的方式，把传统和现代结合在一起不破坏城市格局。现代的城市建设，通过规划、城市设计，赋予老的历史遗存新的生命。旧城的作用不是仅仅让人看看这个图腾，而是可以与现代城市融为一体。

三联生活周刊：哈佛大学专门研究城市的一位学者曾经说：失败的城市总是相似的，成功的城市各有各的不同。现代城市建设的一个陷阱就是没有分别的弃旧迎新，或者毫无顾忌的标新立异，结果要么丧失了城市的特色，要么造成不和谐的城市景观。您觉得如何建设一个既有特色，又在外观上和谐的城市？

张锦秋：我觉得，城市文化孕育着建筑文化，建筑文化应该彰显城市特色。比如人家评论我的建筑比较大气，我觉得更多是与西安这个周秦汉唐的千年古都，特别是汉唐文化有关。我认为，西安这个古城，它是都城，并且是中国封建时代最辉煌、最强盛时期的都城。现在大家都觉得北京故宫不得了，但唐代一个大明宫就是北京现在明清故宫的四倍。唐长安城方圆 84 平方公里，规模之大，国力之盛，

文化之发达，绝对是一个高峰。所以我要根据城市的不同性格来设计不同的作品。苏州的小桥流水边，就不能采用西安这种雄浑的建筑；在西安设计出像苏州园林那种秀丽、纤巧的建筑，人们就不会认同它适合于汉唐长安。

建筑师在不同国家、不同地域、不同历史文化背景的城市，应该采取不同的策略，不同的方式。我跟年轻人也反复强调，城市文化孕育建筑文化，建筑文化彰显城市特色。改革开放以后，我们把威尼斯的东西搬过来了，把瑞士的东西搬过来了，我对这些事情是坚决反对的。搬过来的东西不是彰显你自己的城市特色，是一个建筑模型，是一个舞台布景。我不否认个人有一些偏好或者兴趣，一定程度上也反映在建筑中，但是最根本的还是处理城市和建筑的关系。建筑要有意识地彰显城市特色，这样就不会千城一面。

探寻"面之体"：张锦秋的近期作品

彼得·罗 /2015 年

随着 1978 年历史性的对外开放，中国的建筑学面临着新的发展机遇以及现代技术与材料提供的可能性，开启了对于真实性的探寻之路。在随后各种发展方向的尝试之中，传统建筑学得以延续并在很多地方发扬光大。而在这种设计风格的实践者之中，最为卓著与坚持的一位就是张锦秋女士，她延续着这个方向的努力并在 1987 年成为位于西安的西北建筑设计研究院的总建筑师。受教于梁思成指导下的清华大学建筑系，张锦秋熟稔中国传统建筑，于 1966 年完成了研究生学习，此后一直服务于西北建筑设计院。1981 年，她在考古遗址和壁画研究的基础上对毁于宋代的唐青龙寺进行的复兴建设设计受到各界的关注。之后的 1984 年，张锦秋又完成了"三唐工程"的设计，其中包括了一座以表现主义的手法使用传统建筑元素的现代宾馆。事实上，在这个有时被称为"文化狂热"的快速发展时期，张锦秋的作品似乎和著名学者李泽厚提出的"现代内容中国形式"的概念紧密地附着在一起，并可以上溯到一种更为早期但完全不同的倾向——作为 20 世纪 50 年代中国建筑学基调的"社会主义内容，民族形式"。有别于对于传统建筑的简单模仿，张锦秋的作品中包含着美学和材料的现代表达。沿着这个方向，在后来分别完成于 1991 年和 1996 年的陕西历史博物馆和西安钟鼓楼广场中，她在旗帜鲜明的传统保护与当代性的把握之间寻找到了一条清晰的路径。通过对于传统中国元素和现代语汇的整合，她的建筑学明确地指示出了一条可以一直延伸到未来的

道路。

此后 20 多年至今，张锦秋仍然勤于实践。她的建筑依然植根于中国传统，但是在着力点上已经发生了巨大的变化，建筑形态变得更为本质而抽象。在这里，我们可以参照文学研究中"体"与"面"的区别来讨论她的作品，前者指的是形式的潜在组织原则，后者则指其外在的表现形式。如果说张锦秋早期的作品中更为注重设计塑造的整体传统形象，那么现在她的设计思维已经从 "面"转向了"面之体"。尽管在这条道路上她并不是唯一的一个——比如我还想到了王澍作品中连绵无尽的坡屋顶和近乎新石器时代造型的墙体，但是张锦秋的近作在中国现代建筑的这个方向上发展出了令人惊叹的效果，尤其以近期的两个作品为代表，即：2009~2011 年建造的位于西安浐灞生态区的世界园艺博览会的长安塔，2009~2010 年建造的唐大明宫丹凤门遗址博物馆。

长安塔外部 13 层，内部 8 层。一定距离之外，它看上去毫无疑问沿用了宝塔建筑的传统形式。然而走近观察，会发现它实际上由不锈钢与玻璃构建而成——对于宝塔来说这是全新的形式，也是用现代构造学来塑造传统上翻屋顶与檐口形式的尝试。同时，它将一般传统佛塔建筑封闭的外表与相对开放的内部的空间关系进行了翻转。长安塔的表皮是玻璃的，具有很高的透明度，从外部可以看到其中每一层空间；而在这个透明围合空间的内部是一个立方体，宛若"生命之树"的壁画从底层一直贯穿到顶部。也许这

文章：彼得·罗 (Peter G. Rowe)　翻译：王韬（作者系哈佛大学建筑和城市设计学院雷蒙德·加比教授、哈佛大学杰出贡献教授）

种象征性在佛教建筑空间之中不足为奇，但是在这里其物质载体和营建方式无疑是令人惊叹的。此外，这似乎是一座钢和玻璃对话之塔，和伊娃·卡斯特罗为公园博会设计的展馆之间似乎也存在着某种对话，后者用玻璃与钢构件的片断温室，以一种非常现代的方式从环境中突起。

与此形成对比，唐丹凤门遗址博物馆并非是通过结构与透明性的方式来塑造传统建筑的；但是，它的建筑形体也同样是在强调一座城墙和城门最本质的"物性"，所表现出的是和长安塔通过结构和材料强调其最本质特征时一样的力度和准确性。强而有力的建筑轮廓、泥土色的单色调、简化与抽象的细部，以及殿前区空旷平坦的外部环境和其后的大明宫遗址呈现的整体形象，丹凤门的设计有着引人注目的本质主义特点。在作为一座博物馆的同时，城门和城墙自身也如同一座博物馆中的展品甚至是一座遗址，矗立在毗邻西安现代城市日常肌理的空旷地带。最后，在今天中国的现代建筑视野中，尤其是当大型公共和商业建筑常常由国外建筑师设计的情况下，显然，对于这种以"面之体"为特点、朝向传统的建筑学可以进行多方面的探寻。但是，很少有人具备如同张锦秋近期在西安的作品中所表现出的，对于"什么是真正的根本"这个问题确然的洞察力，以及在建筑完成过程中所呈现出来的优雅。

附作者原文

Pursuing the Form of the Figure: Zhang Jinqiu's Recent Work

As Chinese architecture encountered new programmatic opportunities as well as technical and material possibilities in the wake of the historic opening up to the outside world in 1978, a search for authenticity was enjoined. Among the various pursuits that followed, traditionalist architecture survived and flourished in many locals. Conspicuous and enduring among those who designed in this manner was Zhang Jinqiu, who went on in 1987 to become the chief architect of the China Northwest Architectural Design and Research Institute in Xi'an. No stranger to the architecture of China's past, Zhang was educated at the Department of Architecture at Tsinghua University under Liang Sicheng, completing her postgraduate degree in 1966. Having worked with the Institute in Xi'an since then she began to gain attention in 1981 with the recreation of the Qinglong Temple of Tang origin that was destroyed during the Song dynasty, with research based on excavated remains and wall paintings depicting the temple. The Tri-Tang Projects followed in 1984, including a modern hotel built in a traditional expressive manner. Indeed, during the heady days of this period, sometimes referred to as 'Culture Fever', her work appeared to adhere closely to the eminent scholar Li Zehou's concept of 'modern content and Chinese form' and made its way back, albeit with a different inclination, towards 'socialist content and national form' that underlay China's architecture of the 1950s. Far from simply emulating past practices though, Zhang Jinqiu's work also made room to accommodate contemporary forms of expression and materiality. Her later Shaanxi Museum of History completed in 1991 and the Bell and Drum Tower restorations and public plaza of 1996 certainly skirted a fine line between unabashed traditional conservation and a sense of contemporaneity. In its blending of traditional Chinese and modern references, her architecture rather plainly suggested a direction that could be usefully followed into the future.

Some twenty years on and still practicing,

Zhang Jinqiu's architecture is still fundamentally rooted in the older expression of China, although also shifting rather substantially in emphasis, becoming more essentialist and abstract in its conformation. In these regards a useful way of discussing her work is with reference to the literary distinction between 'form' and 'figure', where the former term refers to underlying principles of organization and the latter term to literal external appearances. If in her earlier work Zhang Jinqiu gave emphasis to the overall traditional figure of a work, she now seems to have shifted from this idea of the 'figure' to the 'form of the figure'. Although not alone in this orientation – the profuse bracketed roofs and dense almost neolithical appearing walls of Wang Shu, among others, comes to mind – Zhang Jinqiu's recent projects pursue this particular strain of contemporary Chinese architecture to surprising affect. In particular, two projects stand out. They are: the Chang'an Tower of the World Horticultural Exposition Park in the Chanba Ecological Zone of Xi'an, built between 2009 and 2011; and the Relic Museum of the Dangfeng Gate of the Tang Daming Palace in Xi'an of 2009 to 2010.

The Chang'an Tower is thirteen stories tall, although revealed as only eight. When seen from some distance it is clearly a pagoda in an unabashed traditional figure of the building type. Nevertheless, on closer-up inspection it is also an essay in the use of stainless steel and glass – novel for a pagoda – and of the contemporary techtonics that are entrained to approximate the upturned roofs and bracketing of earlier times. It is also an unusual inversion from the normally closed exterior of the traditional pagoda tower with a relatively open interior. Instead, with the Chang'an Tower the exterior is glazed, with high degrees of transparency, floor-to-floor, to the outside. Inside this diaphanous enclosure is a cuboid volume painted from bottom to top as a 'tree of life'. The symbolism in what is, after all, a Buddhist type of enclosure is perhaps not surprising, although its physical rendering is certainly unexpected. There also appears to be something of a dialog going on between the steel and glass tower and the pavilions of Eva Castro's contributions to the park that

also appear to literally emerge from the landscape, although in a very contemporary manner, as steel and glass fragments of greenhouses.

The Relic Museum of the Dangfeng Gate, by contrast, is not about the form of a traditional figure by way of structure and transparency. However, its architectural materialization also addresses the basic 'thingness' of a wall and gate with much the same power and clarity as the structure and material of the tower addressed its fundamental characteristics. There is a compelling essentialism to the Dangfeng Gate brought about by its emphatic silhouette, monochromatic earthy material palette, simplification and abstraction of details, and the overall presentation in the sparse flat outdoor setting of the forecourt and the ruins behind of Daming Palace. Although a museum itself, the gate and wall also appear like objects in a museum, or even a ruin of sorts, in the sparse outdoors adjacent to the modern day urban context of Xi'an. Finally, looking over the contemporary architectural scene in China today, especially away from the large State and corporate projects often in the hands of foreign architects, there are clearly a number of ways an interest in the 'form of the figure' within a traditionally inclined architecture can be explored. Few, if any, however, display the same sure insight about what is really essential nor the same elegance of materialization as Zhan Jinquiu's recent work in Xi'an.

筑梦长安张锦秋

郭汉疆《时代人物》/2015 年 5 月

公元904年，西京长安，发生了一件惊天动地的大事。

这一年，宣武节度使朱温挟持唐昭宗迁都洛阳，下令毁掉长安的民房和宫殿，将木材顺渭河流放至洛阳兴建宫室，百姓迁到洛阳，长安城里大明宫也遭到毁灭性的打击，彻底沦为废墟，这就是历史上著名的"天祐迁都"，而唐王朝亦在风雨中飘摇。

在大明宫建成的两百多年时间里，发生了8次大的祸乱，大明宫见证了大唐前所未有的荣耀，也目睹了这个大帝国不可逆转的衰落，大明宫毁灭之后，中国历史上再也没有出现过这样的宫殿，再也没有一个朝代在长安定都，中国文化的中心从此东移。

具有"盛唐第一门"之称的丹凤门，经过连年的兵燹火噬，也烟消云散。沉寂了一千多年后，2008 年，西安曲江大明宫遗址保护改造办公室实施丹凤门遗址保护展示项目，进行重新设计，掀开了一千多年前丹凤门神秘的面纱。新设计的大明宫丹凤门矗立在一个大墩台上，远远望去像一只展翅欲飞的丹凤，大墩台下面有五道整齐划一的门道，在墩台顶部有城楼，城楼高大雄伟，屋顶巨大有力的斗拱，厚实的瓦、高挑的屋檐。丹凤门外观用了土黄色。整个建筑给人的感觉是：结构简单，规模宏大，气势磅礴，庄重大方，整齐而不呆板，华美而不纤巧，舒展而不张扬，古朴却富有活力。

丹凤门背靠大明宫国家遗址公园，南望巍巍耸峙大雁塔和绵延不断的秦岭山脉，给人一种帝王般的大气和霸气，引发人们历史的联想。

如今，知道丹凤门的西安市民一定还知道，重新设计这座唐时最大的门楼的人，叫张锦秋。自 1966 年响应国家号召，张锦秋先生来到西安已经 49 年的光阴了。

49 年前，张锦秋怀揣"不睹皇居壮，安知天子尊"的憧憬，从北京登上西去的列车。然而，沿途所见，满目疮痍，她看到的只有黄土高原的苍凉，更何来"山河千里国，城阙九重门"的胜景？

49 年后，陕西历史博物馆、钟鼓楼广场、大唐芙蓉园、陕西省图书馆、大明宫丹凤门、黄帝陵祭祀大殿、长安塔……她的一批作品，不仅成为西安城市的新地标，为西安的城市特色定位作出了卓越贡献，而且洋溢着浓烈的唐风汉韵，开创了中国建筑新唐风的时代。她的作品与西安古都的历史文化背景和环境特色一脉相承。

"在西安，你想躲开张锦秋是不可能的，公共汽车跑上两站在犄角旮旯一拐弯就遇见张锦秋和她的作品。"著名文学评论家肖云儒说。"张锦秋设计的一个个古城新地标如春笋般破土而出，成为西安呈给全世界的崭新名片。"

沧海桑田，曾经青春飞扬的张锦秋如今已是两鬓斑白，但其人、其名已与西安紧紧相连，密不可分。

温婉、平和是我见到张锦秋先生的印象。然而就是这样一位谦和的女士，竟在被称为"男人世界"的建筑之林中，争得了一个个"第一"。她是我国首批命名的 15 位建筑设计大师中唯一的女性，首批中国工程院院士中水利、土木、建筑学部内的唯一女性，也是首次获得国家建筑界最高奖项"梁思成建筑奖"9名大师中唯一的女性。追寻名师出生于二十世纪30年代的女性自愿选择建筑学，你可能会觉得有点不可思议，如果你了解了张锦秋的家庭，就会觉得这是再顺理成章不过的了。

1936年金秋，张锦秋在有着"锦官城"之称的成都出生，长辈取名为"张锦秋"，暗合了人物、地点、天时3个要素，寄托着对她的殷切期望。

张锦秋出生于一个建筑世家，家庭环境的耳濡目染，让她最终于1954年报考了清华大学建筑系。此后，作为建筑历史与理论专业研究生，她师从我国建筑学泰斗梁思成。梁先生对这位女弟子关怀有加，得知她对中国传统园林情有独钟时，当即指派他的得力助手莫宗江担任张锦秋的导师。

1965年，张锦秋和首都的研究生在人民大会堂亲耳聆听了周恩来总理的毕业赠言——"到艰苦的地方去，到祖国需要的地方去。"此后，张锦秋毅然踏上了西安这块土地。用后来既是同学又是丈夫的韩骥的话说："锦秋这个人啊，在学校是个好学生，有服从国家需要的理念。"

张氏"新唐风"

在西安，古老的黄土地积淀着张锦秋的思绪，她像一颗蓄足能量的种子，坚守着春天来临的信息。1973年6月，周恩来总理陪同外宾参观原陕西省博物馆碑林时，感叹空间小、光线暗，指示在适当的时候要新建一座博物馆，20世纪80年代，博物馆建设工程被列为国家"七五"计划重点项目开始启动，设计任务交给了西北设计研究院，张锦秋被委任为项目负责人。"建设陕西历史博物馆是周总理的遗愿，是'十年浩劫'后我国兴建的第一座现代化大型博物馆。"张锦秋说。"到底要把新的陕西历史博物馆建成什么样子？任务书上只有一句话：博物馆建筑本身，应该成为陕西悠久历史和灿烂文化的象征。"

西北设计院一共做了十二个方案，张锦秋所设计的，是一组唐代风格的宫殿。她的方案获得了最终的

认可。张锦秋说："我做的方案，主要就是在象征上，着重思考象征问题。我觉得唐代最具代表的应该是宫殿。我设计的方案并不是模拟一个具体的宫殿，比如大明宫、北京的故宫。我就把传统宫殿的要素和基本特征概括为：中轴对称，主从有序，中央殿堂，四隅崇楼。这是中国古代宫殿的基本格局，因为它体现了古代人民的宇宙观，天子就代表宇宙最高，所以它是一个宇宙模型的体现。"张锦秋从王维《山水诀》中"夫画道之中，水墨为上"一语中，觉得了中国传统艺术的色彩精髓，并把这一理念运用到自己的设计中。她对陕西历史博物馆的整体色彩是这样安排的：白色砖墙面、汉白玉栏杆、灰色花岗岩台阶、浅灰色飞檐斗拱、深灰色琉璃，全部色彩未超出白、灰、茶三色。这和北京故宫等明清建筑以亮丽的黄、红两色为主调的色彩构思截然相反，有效破解了传统建筑与现代建筑对立的难题。

新的陕西历史博物馆，成为了西安和陕西的标志性建筑，获中国建筑学会建筑创作奖，被联合国教科文组织确认为世界一流博物馆。

国务院前总理温家宝评价张锦秋："对张先生，我非常尊重，不仅是因为她的为人和品格，还因为她建筑艺术的独特风格、在建筑领域的突出贡献。张先生设计的陕西历史博物馆宏大、壮观、中国气派，给我留下了深刻印象。""大家认为我设计的建筑比较大气，这与西安周秦汉唐的千年古都，特别是汉唐文化有关，西安是古城，也是都城，并且是封建时代最辉煌、最强盛时期的都城。""现在大家都觉得北京故宫不得了，但唐代一个大明宫就是北京明清故宫的四倍。"唐长安城规模之大、国力之胜、绝对是一个高峰。所以，"我要根据不同城市的不同性格来设计不同的作品，苏州的小桥流水，就不能采用西安雄浑建筑，在西安设计苏州园林那种纤秀，人们就不会认为她适合西安。"

1979年，她以其女性建筑师特有的细腻，为西安设计阿倍仲麻吕纪念碑。这座唐风十足的纪念碑融入了阿倍仲麻吕所处时代最常见的建筑样式——石灯幢，碑主的《望乡》诗文和李白悼其逝世的《哭晁卿》

诗篇以草书体镂刻于碑身两侧。碑顶碑栏饰以日本樱花和中国梅花，以及日本遣唐使船的浮雕，使整座纪念碑气质古朴，具有深邃的中日文化内涵。

以这座纪念碑的成功设计，使得张锦秋在建筑设计界脱颖而出。被人们誉为"三唐工程"的唐华宾馆、唐歌舞餐厅、唐艺术陈列馆、青龙寺空海纪念碑院、法门寺博物馆珍宝阁、华清宫唐代御汤遗址博物馆、钟鼓楼广场。创造了胜似盛唐的美好意境和环境，形成了独树一帜的"新唐风"建筑设计风格。

"我的创作方法与中国大部分建筑师没有什么不同，确切地讲是大同小异，在建筑创作的天地里，我近乎中国古代的工匠，或者说更像一个写小说的文人。"

现代形式根在传统

曲江，文化源远流长，兴于秦汉，盛于隋唐。秦时，秦王朝利用曲江地区原隐相间、山水景致优美的自然特点，在此开辟了著名的皇家禁苑—宜春苑、乐游原，使曲江成为皇家上林苑的重要组成部分。

唐代的曲江是中国历史上久负盛名的皇家园林和京都公共自然景区，这里遥对南山、川原相间、泉池溪流与绿荫繁花相应、隋代建大兴城，以城墙为界，在城墙外的曲江南部修芙蓉园（亦称芙蓉苑），设为离宫。城墙内的曲江北部作为京城的公共游赏之地，唐玄宗开元年间，将芙蓉园内的水扩充到 70 万平方米，称芙蓉池。

曲江与其周围慈恩寺大雁塔杏园、乐游原、青龙寺等名胜古迹相互连属。景色秀美，文化荟萃，是盛唐文化典型区域之一，"三月三日天气新，长安水边多丽人"，"上已曲江浜，喧于市朝路。相寻不见者，此地皆相遇"，描述了曲江节日盛况。"曲江水满花千树，有底忙时不肯来"，记述了文人们在曲江相聚。著名的曲江流饮、雁塔题名、杏园探花宴、万民乐游曲江，都发生在此地。唐昭宗元祐元年，朱温挟持昭宗迁都洛阳，长安毁于一旦，曲江池芙蓉园亦不复存在。

2000 年初，曲江新区管委会委托张锦秋规划并设计大唐芙蓉园。梦想中大唐芙蓉园是一座以唐文化为内涵，以古典皇家园林格局为载体，因借曲江山水

演绎盛唐名苑，服务于当代的大型文化主题公园。张锦秋决定把大唐芙蓉园设计为一座现代风格文化主题公园，她在清华跟我国著名园林专家莫宗江学习的时候。学习了他关于清代北方十大皇家园林来龙去脉、规划布局、景点设计、艺术特色等方面的研究，特别是研究颐和园后山西区景观设计，在人工创造大尺度山水环境，发展自然山水，点缀少量建筑园林类型方面，创造了许多成功经验。"莫公的工作方法，查清历史文献记录、弄清沿革，从全园布局上进行分析，亲自进行研究、摄影、图文、成文，这种指导使我终身受益。"

但关于唐代芙蓉园的具体情况史籍记载很少，只是大量的唐诗为后人留下了关于曲江风貌的丰富描述。建筑历史学家、中国工程院院士傅熹年在他关于唐长安城论文中对芙蓉园论述的较为明确："可知芙蓉苑建立在陂陀起伏、曲水萦回的优美自然风景地段上，其主要建筑大约面北、南倚丘陵、北临湖波河曲，还可遥望北原上大明宫丹凤楼……苑中临水处有水殿，河渠上架设画桥利用丘陵建山楼、青阁、竹楼等大量建筑物……"

这些参考对大唐芙蓉园规划设计有着至关重要的价值。

张锦秋把大唐芙蓉园并不建设在"芙蓉园"历史原址，而是选择在唐代曲江池北一带，这样既保持了唐代大雁塔东南的方位和距离，与历史大体一致，同时回避了遗址保护、古旧恢复等一系列的问题，规划与设计力求做到历史风貌、现状地形与现代化旅游功能三者有机结合。

在园林规划方面，确定园林山水格局为第一要务。自秦汉以来大型皇家园林山水格局往往以象天法地的思想定位，汉武帝的上林苑中以昆明池象征"天汉"，池的两岸分别立"牵牛""织女"二像，以示云汉之无涯。唐代大明宫御苑置"海上三山"，是把人们理想中的神仙世界山水模式纳入帝王之居。大唐芙蓉园必须借助曲江原有的地貌特征，将全园地形制高点置于东南部土山上，形成主峰，山的轮廓力求与远处南山呼应。

北部宽阔的湖面开辟为北凸南凹的"腰月"形，使其对全园中心区呈回环之势，湖面东南有水口，西

南部水面经芙蓉桥后收缩为芙蓉池，形成自南而北流来的"曲水流斛"溪流汇入，在紫云楼以南形成紫云湖。这样，就形成了一个有瀑布、湖面、溪水、池面河流组成的环形水系，成为芙蓉园有机血脉。

中国古代凡皇家的营建无不通过建筑布局和建筑形象以表天人感应和皇权至尊的观念，皇家园林总体布局有着强烈的轴线、对称、对位关系，主从有序，层次分明。往往又因其规模宏大、相应形成了自然景观为背景，以建筑为核心，构成气势恢宏、层次丰富、因山就水、功能各异、互相成景的景观体系，形成中国大型皇家园林总体布局特征。

芙蓉园中心部位以南门、"凤鸣九天"、紫云湖、紫云楼为中轴区；御宴宫和"曲水流觞"构成西翼区；东侧的唐集市、全园高峰以及背部的诗魂群雕构成东翼区；占全园面积 1/3 的湖面及其周围是把景点共同构成环湖区。把全园分为四大景区。实际上也是四大功能区。中轴区演艺区。西翼区是五大宴会厅和一个多功能区。东翼区以全园主峰为中心，环湖区以湖光山色、自然景观为欣赏对象，本身又点化了风景建筑。设计以唐文化为主题的 12 个景点，其标志性建筑紫云楼、仕女馆、芳林苑、凤鸣九天剧院、诗魂雕塑群等，亭台楼阁错落有致，廊桥道径巧妙勾连，将大型唐代皇家园林梦幻般地再现于今世。

其中，紫云楼是气势最恢宏的一个。紫云楼是唐芙蓉园主题楼。据史料记载，紫云楼是建立在城墙上的全园主楼，其下有门连通城墙外的芙蓉园与城内的曲江池。据民间流传，紫云楼玉楼金殿，嵯峨高耸，俯视绿洲，遥望曲水。每逢曲江大会，皇帝便登临此楼，凭栏观景，欣赏梨园轻歌曼舞，赐宴宠妃近臣。现在紫云楼取其意象，将二层楼阁置于相当于城墙高度的台座上，台内设两层封闭式陈列厅，楼的东西两侧各设置体形挺拔的独立楼阙，并以四架彩虹飞桥分别将楼阙亭与主楼联系起来。这是从敦煌壁画中采撷而来的手法，不仅增加了紫云楼的皇家气势，还增添了几份浪漫色彩。向湖的一面设计了 22.5 米宽的从地面通向二三层楼大台阶，形成天然看台。紫云楼展示了"形神升腾紫云楼，天下臣服帝王心"的唐代皇家风范。

与紫云楼隔水相望的望春阁，高 36 米，是一个体态轻盈的六角形楼阁。在湖水倒映当中，亭亭玉立，显现出秀丽挺拔的大唐神韵，是全园的又一个标志性建筑。这样，以 300 亩芙蓉池水面为中心，紫云楼、望春阁与遥相呼应的唐大雁塔呈"三足鼎立"之势，楼影、阁影、塔影倒映水中，构成了一幅完美的"历史对话"之景，古与今在一池碧水中交融辉映，盛唐风貌完美再现。

这样的设计注重了阴阳调和，主从有序。同时，芙蓉园建筑兼有宫廷建筑的礼制和园林诗情画意的艺术追求。如《礼记》所述，以宫殿建筑之制度，"礼，有以多为贵，有以大为贵，有以高为贵。"这类建筑高大宏伟，雍容华贵；园林诗情画意突出自然景致，错落自由布局的园林与理水、叠石、堆山、栽花相结合，以达到"可行、可望、可游、可居"的意境。亲水的亭廊、宏大的楼台、疏朗的院落、私密的舍馆、高低错落、虚实相生，各在其位、各显其能，相互成景得景，共同构成庞大丰富的园林景观体系。

在建筑形象上将宫廷礼制和园林的诗情画意有机相融正是设计者的追求，特别是标志性的门、殿、楼、阁的建筑形象兼备双重品格，以致全园形成一个统一和谐的整体。使不同景点的建筑在协调中突出对比，在差异中寻求和谐。

大唐芙蓉园的建成，使得"国人震撼，世界惊奇。"有人认为大唐芙蓉园是新唐风建筑，对此，中国建筑西北设计研究院总建筑师赵元超予以否认："大唐芙蓉园是一座现代建筑，不是传统建筑，张总有一个非常强的意识，就是用现代形式表现传统文化"。

科技与艺术结合之美

张锦秋一直在探索传统与现代相结合的创作之路，于建筑的环境、意境、尺度中体现传统文化及传统建筑的精髓；于功能、材料、技术上体现现代建筑的需求。她尝试用新材料新结构体现传统的风韵。对唐大明宫遗址丹凤门博物馆的设计钢结构体系，实现了建造过程的模块化、工厂化、标准化。

唐大明宫遗址保护区位于西安市北郊龙首原上，

这里曾是唐长安城的政治、经济、文化中心，建于唐贞观八年（634年），毁于唐天祐年（904年），他在总体布局、建筑艺术等方面成为中国乃至东亚宫殿建筑群的巅峰之作。同时，对大明宫遗址及周边环境进行保护改造，将把大遗址抢救、改善西安道北民生和整治城市环境三大作用集于一身。

丹凤门是大明宫的正南门，建于龙朔二年（662年）。根据史籍记载，丹凤门是皇帝出入宫城的主门，也是宣布登基改元、颁布大赦等重要法令、举行宴会等外朝大典的重要政治场所。2005年经考古开发出丹凤门遗址墩台，其门道之宽、规模之大、马道之长均为目前隋唐城门考古之最。

唐大明宫丹凤门曾经作为盛唐皇宫的正门，在现代西安的城市布局上又是城市大门——火车站广场北面的对景。因此，由于其崇高的历史地位和重要的现实区位，决定了丹凤门博物馆应该是一座唐风浓郁的现代化标志性建筑，既能保证保护展示的基本功能，又能承担起沟通历史与未来，增进唐代宫殿与现代城市的有机融合。

按照文物部门遗址上不能复原重建的规定，张锦秋首先根据丹凤门遗址的形制和尺寸进行推理设计，寻找出比较贴近历史建筑原貌的形象；同时，遵循国际及国家有关文化遗产遗址的保护要求，在遗址上建保护与展示设施必须保护遗址完整性与原真性，采用新技术、新材料及可逆的工程保护手段，尽量向世人展示遗址的历史价值，文化价值和工程技术价值。

可贵的是，从唐代大量壁画、宋人的绘画、纹饰上可见一些城楼形象。宋《营造法式》则有相对比较详细的记载。特别是傅熹年、杨鸿勋、王才强、王璐四位学者对于唐长安大明宫玄武门及重玄门、明德门、丹凤门的复原设计很有参考价值，张锦秋精心做了两套推理方案。

一种方案是墩台上做一栋矩形平面的木构城楼；一种是在墩台上两端设置挟屋，当中为正楼。

经过对唐宋绘画等资料的分析，凡有挟屋的城台平面形状大都会随着城楼形状进退而进退，墩台不是一个单纯的矩形平面，而丹凤门遗址显示其墩台是一

个完整的矩形，虽然碑林所藏兴庆宫图所刻丹凤门为有挟屋的形式，但其城门墩台错落形状与遗址现存不符，故不足为据。依此推理，矩形的平面平台上设置一座矩形的城楼比较科学合理，形象端庄大气。

经过反复论证，确定第一套方案。为了实践保护展示建筑的现代性和可逆性，设计采用了全钢结构。城台与城墙部分外壁为大型人造板材，外表分别施以城砖和夯土墙的机理。楼板屋顶为轻型合金钢板材。外露部分均是采用合金钢板组合而成，通过金属构件固定到钢结构构件上。所有的室内空间内部装修均不仿古，采用现代材料、现代手法与风格。

建筑外观色彩从上到下全部为淡棕黄色，近于黄土与木材的色彩。这座建筑既体现唐代皇宫正门的形制、尺度、造型特色和宏伟端庄的风格，又使其成为一个现代制作的标志，赋予这座遗址保护展示建筑以明显的现代感。这样的设计，把大明宫的气势表达出来了。

丹凤门作为一个遗址博物馆，必须具备博物馆的功能，分为四个功能区：遗址本体保护区、保护展示辅助区、多功能展示区、设备用房区。

在参观者入院路线上，参观者从东部门厅通过一个自动扶梯上到4.2米标高层，在岛型参观平台从东向西俯视遗址，然后沿北墙内或南墙内步道，浏览现存的四个门道遗址，在展示厅西南角可俯视唐代城墙室外地坪和城墙包砖遗址。然后，进入西城墙遗址保护展示区间，沿南墙内步道西行，最后从城墙西段出口离馆。为了满足礼仪活动和残疾人的需求，在保护厅的北侧，设专门入口，内有电梯，可从遗址层经过4.2米，8.4米到达14.8米，这一交通流线的设置，既满足了遗址展示的要求，又兼有利用楼上多功能厅开展文化活动的可能。

"今天看到丹凤门遗址，就知道大明宫当年有多么辉煌，有多大的尺度。"张锦秋说。

大唐华清城是她"天人合一"理念的升华。

大唐华清城是西安临潼国家旅游休闲度假区第一个大型文商旅综合体，承载着西安临潼国际旅游度假区"兴文、强旅、筑绿、富民"的发展理念，也承载着把临潼国际旅游度假区建设成国际一流的生态度假

区的重任。

大唐华清城，原名唐华清宫文化广场。华清宫宫址位于秦岭支脉骊山北麓，自古就是帝王游幸沐浴之地，唐玄宗天宝年间扩建宫殿，命名华清宫。葱茏的山上楼台亭阁与山下宫殿交相辉映，形成了"汤匙熏沐殿，崔木暖盐工"，"高高骊山宫，朱楼紫殿三四重"的下宫上苑的离宫空间形态，是世所罕见。

这种以宫为核心，苑—宫—城有机构成，这是临潼华清宫独具的历史空间。也使得唐华清宫在当时不仅是沐浴休闲的行宫，而是唐长安城之外另一处重要的政治文化中心。

华清宫，张锦秋并不陌生，这里有她来西安的第一件作品。

那是在"文革"后期，旅游开发的意识开始萌动，西安旅游名胜吸引不少国际友人前来参观，旅游势头开始上升。当时军管革命委员会主任就给西北院领导下命令说：华清池旅游景点连个像样的大门都没有，请赶紧设计一下华清池的门。领导听说张锦秋学过古建筑，就把设计的任务交给了她。

临时受命，张锦秋心想，唐玄宗和杨贵妃在华清池演绎的故事家喻户晓，所以大门还是要具备某些唐代的特点吧，否则就文不对题了。于是她赶紧翻阅手边有限的关于唐代建筑的资料，花了一周的时间，拿出了设计图纸，基本上是唐代风格，建成后很受好评。

如今，如何才能把一千多年前的历史向当代人展现呢？张锦秋遇到前所未有的难度："这是艺术性难度最大、技术性最复杂的项目，规划方案几易其稿、施工图不计其数的变更。深感自己在城市规划、城市设计、建筑设计、园林景观设计诸方面的不足，缺乏经验。"

"在我的理想里，大唐华清城与骊山、华清宫是一体的，就像山上的绿色倾泻而下自然地生出了这个广场，广场融古通今、生动活泼烘托出皇宫的恢宏气势，却不会抢皇宫的风头。"张锦秋说。

建设基地处于华清宫与临潼城之间，首先要摆布好三者之间的关系，现在临潼的南北主干道并没有真正对准华清宫的主干线，而且华清宫在不同的历史时期呈现出九龙汤、五间厅和芙蓉园三条中轴线：一条是最东边的五间厅，它是新中国成立初期最主要的温泉沐浴场所；居中的中轴线是 20 世纪 50 年代西安的国庆工程之一，寓意专供唐玄宗御洗的九龙汤，当前是山水情景舞剧《长恨歌》的表演场地；另一条位于西侧，是 20 世纪 90 年代在华清宫里建造的一组包含水面和亭台楼阁的园林建筑。

最终构思出了半圆形广场的解决方案，圆形广场的圆心对应着城区的轴线，以主广场长恨歌广场为中心，辐射出东边的"春寒赐浴"广场，中间的"温泉铭"广场，西边的"霓裳羽衣"广场，这些小广场分别对准华清宫内三条轴线，通过台阶向上可以到达三个小广场。并使其主题所在区域表现的内容又一一对应，相得益彰。大唐华清城在布局上将骊山、宫、城融合在一起，搭建起了华清宫和临潼城区、游客和市民的桥梁，实现了历史与现代的融合。

按照以上的设计理念，整个华清城由四大广场、三大商业项目和近七万平方米进行地下空间开发、园林绿地等板块构成，从保护"城－宫－苑"的唐代城市空间格局和保护临潼"三台六阶"的地形地貌特征出发，优化华清宫与骊山风景区北侧的生态文明环境、历史文化环境和旅游服务环境。

中国城市规划协会常务副会长吴建平对大唐华清城给予了很高的评价："大唐华清城在充分尊重传统文化的前提下，连接历史与现代，打通民族与国际的脉搏，成就了文化旅游与商贸融合的新标杆。"

张锦秋秉持中国文化自信和自觉，坚持自己的理论体系，系统地坚持自己的建筑创作之路，这是中国绝无仅有的。

由于在建筑界的卓越贡献，2010 年 10 月 20 日，张锦秋院士获得"何梁何利基金科学与技术成就奖"，何梁何利基金评选委员会是这样评价张锦秋的："扎根祖国西部半个世纪，张锦秋院士所完成的陕西历史博物馆、黄帝陵祭祀大殿、大唐芙蓉园、延安革命纪念馆等一系列传承民族精神、展示时代风貌、实现科技创新与艺术创作完美结合的卓越成果，达到了一个崭新的科学和艺术高峰，为弘扬中国建筑设计的主流价值观，建设建筑工程自主创新体系，树立了新时期的标杆"。

生活中的睿智

1958年还在清华大学读书的韩骥认识了张锦秋，他们是同班同学。作为建筑系里的白专典型，毕业后，韩骥被分配到了宁夏。五年后，红专典型的张锦秋为了跟随丈夫，作为支援三线建设的专业人员来到了西安。两人分居七年之后，1973年，韩骥才调到西安，后来担任西安规划局局长二十余年。

"张锦秋是大家闺秀，她很会做事，很会说话，很会做人，这是她的家庭教养形成的，不是后天看几本书就能学到的，这是我最欣赏的。"

"我特别喜欢她，一个特纯洁的女孩子，然后又特用功，当然，后来机遇种种，走上大师之路。她教养非常好，学养更好，这是一个建筑师的基础。为什么张锦秋建筑有文采，看了以后很典雅，这就是深层次审美意识。"

生活中，他们两人很少争论，也很少在家里探讨工程建设问题，因为大家都挺忙，各有各的事情，回家后，还要看书或者加班的事。一次却意外，就是为西安的钟鼓楼广场改造问题，与老韩发生了争论。那是20世纪80年代末、90年代初，春节时间，两人在家里闲聊。西安钟楼、鼓楼分别建于1384年和1380年。早年围绕钟鼓楼有两个规划方案，1953年城市规划确定钟楼和鼓楼两个广场，以钟楼为中心。1983年，城市规划又将两个广场合二为一，拟在钟鼓楼之间开辟绿色休闲广场，这个方案富有地方特色。但因为拆迁量太大，一直未能实施。老韩当时是规划局的，认为广场现在不着急做，锦秋认为，西安作为一个古城，广场应该早点清理出来，否则，影响西安形象。张锦秋提出，钟鼓楼广场建成市民广场，脱去政治性广场味道，可以聚集人气。还可以在钟鼓楼地下开发3万平方米的商业空间，这些费用足以支付城市拆迁费用和绿化广场费用，市政上也不用投入过多的资金。这样，通过城市设计、通过组织，西安旧城的中心广场可以建立起来。老韩听到这儿，特高兴，他说："走，咱们给市长拜年。"这是他来西安唯一一次给市政府领导拜年，主管市长听到汇报后，当场就表示同意。

"锦秋是理想主义者，我是机会主义者，其实，规划师应该是理想主义者，建筑师是机会主义者，我说咱俩换个位置就好了，你来搞规划。"韩骥说。

从韩骥用幽默、风趣、睿智表达着对张锦秋的感情，能感觉到他对张锦秋的感情，好像从年轻到现在都没有变过，一直都是那样的欣赏。西安曲江文化产业发展局局长王海熙说："张院士和韩老师是建筑界的宝贝，犹如梁思成与林徽因，也是我们陕西人的骄傲，也是全国人民的骄傲，他们俩对西安和陕西建筑界的贡献，影响深远。"

张锦秋坚持传统与现代的统一，在"现代建筑创作的多元探索"、"在有特定历史环境保护要求的地段和有特殊文化要求的新建筑创作"、"古迹的复建与历史名胜的重建"三个方面进行了不懈探索，提出了"天人合一"的环境观、"和而不同"的建筑观、"和谐建筑"的创作观，并努力坚持科学与艺术相统一、传统与现代相结合的创作理念，通过对建筑环境、意境、尺度的把握，通过应用新材料、新技术充分满足现代建筑的功能需求，开创了新时期唐风建筑风格。

中国建筑西北设计研究院总建筑师赵元超说：张总在陕西工作的40年，也是中国建筑界风起云涌变化万千的40年。各种主义、流派、思潮汹涌而来，张总谦虚地把自己近半个世纪的创作之路概括为探索之旅。作为同行，我深知这条创作之路不仅仅是探索之旅，在全盘西化的时代大潮中有可能更多地是独孤的探索之旅。正是张总这种对工作精益求精一丝不苟的精神，这种对城市对历史的负责态度和社会责任感铸就了一个又一个精品。

正如文学评论家肖云儒所说：锦秋营造了西安古都，现代西安也营造了她，西安使她大气，西安使一个蜀地女子变成了大唐气象建筑师。我觉得这是一个很有意思事情，像这样的人，一个人集中一辈子就在一个城市，在一座城市形成独特的风格，然后跟这个城市血肉粘连的不多。

西安给了张锦秋表现的舞台，张锦秋则寻找并表现这个城市之魂，她和这座城市达到了水乳交融的境界，就像巴塞罗那的高迪一样，我们可以说西安是"锦秋的长安"。

双城记 张锦秋院士在广州

潘 安 /2015 年 6 月

张锦秋院士是我为数不多的既熟悉又敬仰的前辈之一。

依稀记得第一次近距离触摸西安和了解张锦秋院士是 1981 年的夏天。那是"文革"后第一批大学生开展毕业实习的时间。一批被誉为时代骄子的年轻人纷纷离开苦读三年的寒窗，走向四方，去寻找书本中描述的种种辉煌，去拜访散落五湖四海的名人大家。那个时候，资讯并不是十分发达，学界和社会开放程度千差万别，政府工作风格不拘一格，因此，无论你付出多少的辛劳，不一定能够得到相应的收获。

我所在的重庆建筑工程学院建筑学七七级的一个小组被分配到西安和北京实习。这是我们班最幸运的一个小组。在西安，这个小组受到张锦秋院士的丈夫、时任西安规划局副局长的韩骥先生的接见。韩骥先生在介绍西安城市规划时，用了一个生动、形象、贴切的譬喻来形容当时的西安护城河改造工程："我们要献给西安人民一条绿色的项链"。对于长期浸润在革命浪潮中的年轻人来讲，用"绿色项链"来形容一个土建工程，的确如掠过心田的一股清风，让人耳目一新。"绿色项链"成了我感知和认识西安城市建设和规划的第一个符号，也成了我们对张锦秋伉俪感知和认识的第一个符号。

1982 年，我毕业来到西安工作，后来，我的本科同学杨鹰和研究生同学赵元超先后成为张锦秋院士的得力助手。在西安，随意走走都可能碰到张锦秋院士的作品，特别是那些可以让建筑师眼睛一亮的建筑，细细考究，这些建筑往往都与院士有关。最早认知的是张锦秋院士在城市设计方面的造诣，后来发现单体建筑的推陈出新和大型园林的通融古今才是院士的强项。无论是公共建筑还是民用建筑，无论是纪念性建筑还是宗教性建筑，无论是博览建筑还是旅业建筑，张锦秋院士的作品都能给人耳目一新的感觉。

在零距离地感受西安的变化的同时，不断地发现与发掘院士的作品，逐渐地理解了张锦秋院士的建筑理念。在日常的议论交流中，在与张锦秋院士的直接对话中，加深了对梁思成先生的理解，提高了汲取传统建筑精髓的能力，化解了现代建筑与地方文化烙印相排斥的误区。

对于一位能够参与中国革命历史博物馆建筑设计和毛主席纪念堂建筑设计的建筑师来讲，荣耀只是一个方面，更重要的是对建筑师设计能力的肯定。在华清池大门设计和阿培仲麻吕纪念碑设计我们看到了张锦秋院士对唐风的领悟和天生设计能力的释放。

1982 年之后的一段时间里，青龙寺遗址上建空海纪念碑园是我们西安接待同行和同学必到之地。1987 年之后，我们便开始期待张锦秋院士的另外一个作品陕西历史博物馆。单单从设计图纸对建筑的理解，我们就能够感受到张锦秋院士对陕西悠久历史和灿烂文化的高度概括和总结。这座以唐代宫殿庭院平面为母题的博物馆集现代与传统于一体。而最为令人叫绝的是建筑的色彩：白色的墙面，栏板；灰色的台阶，柱子，石灯；浅灰色的飞檐斗栱，深灰色的琉璃屋面，

（作者系原广州市规划局局长、原广州市政府副秘书长、博士）

等等，勾勒出一幅超凡脱俗、清新高雅的场景。

真正和张锦秋院士近距离接触，是在我到广州之后。

20 世纪 90 年代中期，广州城市建设新高潮初现端倪，其标志是建筑设计国际竞赛在广州的兴起。为了改变城市形象，为了激活设计市场，为了培育建筑与规划设计队伍，为了提升城市建筑设计的整体能力，广州市决定利用主办九运会的契机，组织一系列大型公共建筑方案国际设计竞赛活动。而后，国际设计竞赛在广州一发不可收拾，凡是政府组织投入的大型公共建筑必定要通过国际设计竞赛选定方案。通过国际设计竞赛，广州的确网罗了一大批具有国际影响力的建筑作品，汇集了国际知名品牌设计机构，提升了广州设计市场的整体水平。这些成就取得的最重要贡献者是站在国际设计竞赛幕后的专家组。

国际设计竞赛成功与否既与设计机构的选择有关，也与评审建筑方案的专家组成员构成有关。设计机构的选择，决定建筑方案的整体质量能否达到国际水准，而专家组则决定了我们是否会错过世界最优秀的设计。因此，我们对评审专家的期望值是非常高的。张锦秋院士是我们少数几位固定邀请的专家之一。她为广州选出了诸如广州新白云机场、广州歌剧院、广州国际会展中心、广州新电视塔、广州博物馆、广州科学馆等许许多多惊艳作品。

广州歌剧院是张锦秋院士为广州选出的一个旷世之作。国际知名建筑师哈迪德以"圆润双砾"为主题创作了这幅作品。与张锦秋院士同时参与评审的院士还有齐康、关肇邺等。张锦秋院士认为一个没有造型、没有特色的建筑是很难成为伟大作品的。哈迪德的广州歌剧院具备了成为伟大作品的基本条件，而且也具备了可以实施的基本条件。

对于建筑方案个性的认定，是张锦秋院士评审思考的一个重要因素。广州新电视塔建筑设计方案国际邀请竞赛的评审，彰显了院士的这个特征。这次竞赛我们首次尝试了邀请国际知名建筑师做评审专家。作为专家组组长，张锦秋院士表现出非凡的组织能力，远见卓识的专业眼光和坚韧不拔的职业道德操守。这个后来被百姓称为"小蛮腰"的建筑，在张锦秋院士看来与广州的性格十分相符。张锦秋院士认为，建筑如人，要表里如一，要融于环境，要有个性而不张扬，优雅流畅而不突兀。小蛮腰如斯，张锦秋院士亦如斯。

小蛮腰出世，立即赢得了广州市民的阵阵喝彩，也为广州新轴线的固化落下了重重的一笔。其中，张锦秋院士功不可没。

张锦秋院士对广州城市建设与发展的贡献不仅仅局限在单体方案的评审与选拔。她还参与了许多其他重要活动。比如，2001 年 6 月张锦秋院士出席了广州大学城概念研讨会，与邹德慈院士一道为广州大学城出谋献策。广州大学城占地 18 平方公里，建设用地 9 平方公里，最终以六个月的设计周期，十二个月的施工周期，完成了一期的建设项目。这是一个伟大的建设项目，项目有序顺利地推进莫不与院士的有效及时指导有关。

值得一提的是，中国首次获得联合国教科文组织亚太地区文化遗产保护奖第一名；"杰出项目奖"的项目坐落在从化太平镇的广裕祠堂。广裕祠堂在发掘和保护期间，曾得到张锦秋院士关心和现场指导。广州近年来唯一一个以高仿岭南传统建筑风格的粤剧博物馆也得到张锦秋院士的青睐，亲临现场指点。

她还关注云浮国恩寺的规划建设，写出长文对其现状和未来规划提出了建设性的意见，广州可能是除西安外张锦秋院士倾注心血最多的城市。

每当夜幕降临，漫步在新区大道，眺望广州新标志——小蛮腰时，总会想起远在古城的张锦秋院士对广州城市建设作出的重要贡献。

明是陌生，为何熟悉？

罗　晶 /2015 年 8 月

　　张锦秋先生其实距离我很遥远：同是清华人，却受教于不同的时代；同是建筑人，她硕果累累，我还未有真正自己的实践；同是女性，她在访谈中透露出的对于性别与职业的关切与洞见，远深于我初出茅庐的认知。论辈分，她是我老师的老师；论职业生涯，她在西安耕耘出的一片天地，是我既无法想象，也无法照此规划的。因此，我对张先生，是远观的。

　　这样的远观，更多地通过她的作品，以及圈内师长同辈的间接途径完成，因而一定更具有普遍比较下的概括性而少了深入的细节，并且不可避免地囿于我自身的学术语境中。但张先生的特别之处，却在于远观之下让人有着熟悉感，仔细辨之，大概在于作为一个个体，张先生有一种交融于整体又带动整体的一贯性。这种一贯性体现于她的作品中，体现于她的人生态度中，同时也连接了其作品与其人。

　　因此，当今年在院长庄惟敏教授、导师单军教授、西北院赵元超总建筑师的促成下，终得机会，陪同联合导师 Peter Rowe 教授赴西安考察并与张先生见面时，这于我并不是一个从零认识张先生的过程，而更像是完成对这种熟悉感的印证仪式。

　　见面之前我们走访了张先生的第一个项目华清池大门，及近期的曲江遗址公园、丹凤楼遗址博物馆、西安世博园长安塔、大唐芙蓉园等作品。对于考察项目的线路贯穿了整个西安城南北这件事，我并不意外——在中国大陆的建筑师中，称得上"一个人一座城"的，大概张先生首当其冲——但若以高迪与巴塞

罗那的关系类比张先生与西安，我想却不尽然。以项目本身在城市中地位来说，张先生的作品大都是重要公共建筑，若比拟高迪，大概每一座都堪比圣家堂。在这一对比下，以建筑师与城市的关系来说，却是"高迪的巴塞罗那"与"西安的张锦秋"的区别。如果说高迪以"点"的刺激创造了一个新的巴塞罗那，那么，古老长安则本就是摆在张先生面前的一盘大棋，每一个居于要位的项目都如一枚棋子，最终成就一个精妙的新局面——在张先生对整体性文脉的考量下，大局仿佛未变，却实质上被从过去经由现在引导向了未来。

　　张先生在这个局中下的棋有着共性。即便普遍称之为"新唐风"，终说的是一种形式结果，而形式的因实则在于关系性与社会性。如果说张先生得以通过建筑影响到整个城市，那么正是因为她眼中有局，这个局本身虽由建筑构成，却高于单个建筑。于是，所有的建筑都密切关注与周遭乃至整个城市的关系：早期的华清池大门在华清池本身的语境下是一个无论从形式还是意涵都仿唐的作品，到了曲江遗址公园，就成为了将华清池包裹在内、在更大的城市山水语境下、以雕塑景观强调历史的大尺度城市建筑物；"三唐工程"中靠近大雁塔的唐代艺术陈列馆形式最为传统，远离的唐华宾馆则过渡为孕于古典园林尺度的较为现代的建筑。这种关系性的强调既在于着眼大唐芙蓉园的风貌时着意园外的大雁塔，又在于着眼钟鼓楼广场的城市形象时着意城市自身商业需求与市民性塑造。并且，在丹凤楼遗址博物馆为代表的一批近期作品

（作者系清华大学建筑学院博士）

中，我们又可看出对于关系性的诠释有了新的发展。初见博物馆时，纪念性的宏伟感使我有那么片刻诧异于它与前方相邻的当代城市肌理的尺度悬殊，然而，当登上博物馆鸟瞰其背后一片面积巨大却空无一物的广场，并透过局部的玻璃地面与异色的地面铺装意识到广场下方大明宫遗址的存在时，该建筑的巨大尺度与敦实体量在我脑海中立即成为遗址与西安城市整体的紧密联系最好的注解——这是盛唐大明宫及城墙的真实尺度与当代城市的并置，是超越小范围地域而站在西安古城的文脉下诚实地处理历史时间线跳跃的方式，甚至，建筑通过大跨空间与统一干挂石材的运用，自身已成为连接西安过去与当代的展品。

而形式的社会性则归于对认同的塑造。在这一点上，张先生的早期作品是带有表征上的刻意性的，如青龙寺的仿唐风格，甚至在一系列发展中，包括被概括为一种固定的风格化"新唐风"印象之初，无论功能与建造技术现代与否，都有着将认同塑造简化为形态表征，继而将历史的形态简化为传统的甚至唐朝的形态概念的倾向。不断拓展形式的时间轴从而获得当代的认同，亦即抵抗被前述倾向所主导，是张先生很早就开始思考并实践的议题。她思考的成果蕴含于近期的一系列工程项目中，体现出从表演性的传统形式表达转化为策略性的传统意象运用，从而使建筑更加焕发当下西安的神韵。长安塔可算是这一点的代表。它并不"像是"一个古塔，因为它很明确地传达着非模仿之意，但我们却能够清晰地看出它欲表达的传统与现代的有趣交叠：它是一个具有唐代方正气韵的高塔，却运用了最符合当代建筑材料与结构的形成逻辑。这一颇具古典意象的体量，在与 Eva Castro 所做的世园会创意馆和自然馆的对视中，彼此构成了非常和谐的呼应。如果说华清池大门的设计中，建筑师的角色是隐匿于传统的表达当中的，那么，长安塔设计中这种策略性的存在，使建筑师在塑造当代认同中拥有

了更大的主动权。换句话说，通过诠释传统根基与当代创新的辩证，张先生的作品得以在塑造文化认同的方面与当代社会话语更为紧密地挂钩，甚至起到引导的作用。其有效程度，当我们在项目现场与路人交谈时，透过他们对于建筑本身的关注与赞许，以及对西安文化精神的描述，传达无遗。

当然，与张先生的见面以及对她人生经历的了解，加深了熟悉感——并不仅是因为她与我说话时的亲切，同时还是因为与她的作品相似地，张先生本人亦是一个基于时代、脚踏实地、始终与大环境紧密相连的人，因此知悉了时代与环境，也就知悉了她的轨迹与背后的人生积淀。她经历了数次学术组织的变动、建设三线城市、援外工程，期间也把握住了形势变化中几次重要的项目契机，最终成就自己与西安城的佳话。也许多多少少与她女性的身份有关，至少在我眼中，正因为有如此的韧性，才最终让自身的理想与波涛起伏的时代现实在某一个中点汇合，并且，也成为一个建筑师做事的典范，激励了身边的人与我们这些后辈们。

与张先生的晚餐设在大唐芙蓉园芳林苑的室外阳台上，夜色中的芙蓉园烘托着远景中突出的大雁塔。张先生关切地与赵总谈着丹凤门遗址博物馆前与火车站相连的轴线如何在现有社会与空间脉络下重塑的问题，依然是充满对关系性与社会性的考量。张先生本对西安是陌生，却在这些议题中与这座城水乳交融；而我，在此次西安之行中，无论是以建筑师的身份，还是学生，抑或一名普通大众，也同样被这些议题纳入其中，没有距离。

张锦秋：中国建筑文化之星

金磊《瞭望》/2015 年 6 月

经国际小行星中心命名委员会批准，国际编号为 210232 号的小行星被正式命名为"张锦秋星"。5 月 8 日，由陕西省政府、何梁何利基金会、中国科学院紫金山天文台共同主办，中国建筑西北设计研究院承办的"张锦秋星"命名仪式暨"承继与创新"建筑学术报告会在西安大明宫遗址丹凤门举行。中国工程院院士、建筑设计大师、中国建筑西北设计研究院总建筑师张锦秋接受命名并发表感言，她说：苍穹中一颗星辰以中国建筑师命名，这光荣属于中国建筑界，属于焕发青春的古都西安。

210232 号的小行星是 2007 年 9 月 11 日由中科院紫金山天文台发现的，这颗耀眼的"张锦秋星"向世人传递着 20 世纪中国建筑精神永恒的光芒。79 岁高龄的张锦秋仍活跃在建筑创作的第一线，她数十载如一日探索中国建筑文化的传承创新之道，她收获这项殊荣是当代中国建筑界的重要事件，启发我们进一步思考如何在新型城镇化进程中延续历史文脉、弘扬中国文化精神。

难忘清华园的师生情

张锦秋 1936 年出生于四川成都，1937 年"七七事变"后，成都虽是大后方，也屡遭日本侵略军轰炸，为此，张锦秋全家随在四川省公路局任工程师的父亲，疏散到成都郊区的犀浦居住，跟随父亲的脚步，她幼时在成都乡村度过。尔后，又到四川遂宁、江苏镇江读小学，到上海念初中、高中。那时，她有一个当作家、

学文学的梦，她的作文成绩甲等，读遍了图书馆里俄罗斯文学作品，她是普希金的"发烧友"。可是，高中毕业时，父亲的一番话改变了她对事业的选择。父亲说："我希望你们两兄妹，将来一个设计建造海上的建筑，一个设计建造陆上的建筑。"父亲这番充满诗意的话语，使张锦秋毅然决然地在第一志愿上填报了"建筑学"专业。1954 年 9 月，17 岁的张锦秋独自离家远行，北上首都求学于清华大学建筑系。

张锦秋回忆道，读大学期间，清华学子们融入了建设豪情。在"国庆十大工程"建设期间，她被分到革命历史博物馆设计小组，该项目由北京市建筑设计院与清华大学设计团队共同设计。清华大学设计组在北京东交民巷的一个院子里搞现场设计，每天清晨，她都在晨雾中沿着天安门广场人民英雄纪念碑的中轴线跑步，这次设计的经历在提升她设计水准的同时，也锤炼了她的身心，她找到了毕业从事建筑创作的人生坐标。

1961 年大学毕业后，张锦秋成为清华大学建筑系的创办者、著名建筑学家梁思成的研究生。从此获得在梁思成门下受业的机会。1963 年，梁思成从广西考察归来，打算写一篇关于当地古建筑"真武阁"的调查文章，约张锦秋做记录，大约一节课的时辰，梁思成讲完了，文章也写成了，后来几乎没什么改动就发表在《建筑学报》上。

张锦秋回忆说，在她动笔写颐和园后山论文时，她拿着乾隆皇帝关于后山西区风景点的 11 首诗向梁思

（作者系中国文物学会 20 世纪建筑遗产委员会副会长、秘书长，《中国建筑文化遗产》《建筑评论》"两刊"总编辑）

成先生讨教，乾隆的诗涉及大量典故，有些近于冷僻，可梁先生随口就能说出出处，这让张锦秋大开眼界。至今，她还清楚地记得，梁思成先生说："中国园林不能只看空间形体忽视了意境和情怀。中国园林是一个特殊的领域，凝固了中国绘画和文学。园林中的诗词，往往是这方面集中的体现。"一次，梁思成在谈及他为什么要在《人民日报》上写《拙匠随笔》时说："建筑师都是匠人，给人民盖房子，使人民住得好。不应该把自己看成是主宰一切、再造乾坤的大师。"梁思成的言传身教，使张锦秋认定了自己的职业方向，她立志设计具有中国意境与情杯的建筑，当一名为人民盖房子的匠人。

1962年，在确定研究生课题方向时，梁思成建议张锦秋随他研习宋《营造法式》，可是，张锦秋更喜欢中国园林，便大胆向梁思成表达了自己的意愿，未曾想到，梁思成不但支持她的选择，还专门让莫宗江教授亲自指导，这一学就是整整三年。莫宗江讲授的"清官式的基本做法"精彩且系统，让张锦秋受用终生。20世纪80年代初，张锦秋还就唐代建筑问题请教莫宗江，这对她开展"新唐风"建筑设计帮助极大。

在求学路上，她得到梁思成、莫宗江的指点，这两位学者都是20世纪三四十年代中国营造学社的学术骨干，是中国建筑史研究的开拓者。张锦秋说："我有幸年轻时光在清华园得到梁思成、莫宗江等恩师教诲，他们使我踏上了继承发扬祖国建筑优秀传统、创造新中国建筑的征途。"

"中而新"之路

"张锦秋对西安古城倾注了心血，让西安百姓有了自信，有了家的感觉。"原西安市规划局局长和红星说，"在西安，她的作品不计其数，都是通过城市复兴的理念营造的，她给这座城市以勃勃生机。"

张锦秋在西安的第一个项目是华清池大门，这是她第一次设计唐代风格的建筑，广获好评。以此为发端，她独树一帜地开创建筑设计的"新唐风"。她指出，建筑的形式不是天上掉下来的，要弄清楚是什么功能、什么性质、什么文化背景，才能构思其形式。

从1966年执业于中国建筑西北设计研究院至今，张锦秋创作主持了数十项获国内大奖的项目。1991年，她是获得我国首批15位全国建筑设计大师称号的唯一女性；1994年，她当选中国工程院首批院士；2001年，她获得首届"梁思成建筑奖"；2005年，她当选亚太经合组织（APEC）建筑师；2009年，在新中国成立60周年全国百家经典工程评选中，她主持设计的陕西省博物馆和延安革命纪念馆榜上有名；2010年10月，她成为获得"何梁何利基金科学与技术成就奖"的首位女科学奖。

在这些荣誉面前，她内心谦和、淡定。她与"三秦"父老、西安这座历史文化名城有着难以割舍的情缘，她的探索是多元的，她是中国罕见的能将中西方"建筑词汇"和谐运用，并以最简洁的技法赋予其建筑生命的文化使者。

她的代表作是陕西历史博物馆。它是国家七五计划重点工程，也是国内规模第二大的博物馆。当时，国家计委的任务书明确要求这个博物馆应该成为陕西悠久历史和灿烂文化的象征。面对这一挑战，张锦秋所在的西北设计院一共出了12个方案，有四合院式建筑、下沉式的现代建筑、窑洞式建筑等，而唯有她创作的一组唐代风格的现代建筑，获得了最终认可。这项设计将现代建筑技术与古代建筑风格融会贯通，既满足了博物馆的功能要求，又成为一处文化地标。她首次成功地采用了宫殿的形象和平面布局，突破了以往民族形式大型公共建筑一般只采用楼阁式造型的设计手法，博物馆整体色彩淡雅，全部色彩未超出白、灰、茶三色，与北京故宫等皇家建筑以亮丽的金红二色为主调的色彩截然相反。

她设计的黄帝陵祭祀大殿体现了"大象无形"的境界，创造出雄伟、庄严、肃穆、古朴的炎黄子孙精神故乡的圣地感，在规划、格局、风格上充分体现了传统与现代的气息，使人与建筑融入山川形胜之中，不仅实现了人、建筑、自然的三位一体，更体现了天、地、人的高度融合。

大唐芙蓉园是张锦秋的另一个代表作。她的这项设计以传承弘扬华夏文化为宗旨，体现了当代中国建筑师对盛唐历史文化发自内心的敬意。面对唐长安早已被毁、曲江芙蓉园已无遗迹可寻的现实，张锦秋硬是靠着自己对唐代建筑文化研究的深厚功力，将大唐芙蓉园的设计基调，定位于再现唐代皇家园林的宏大气势，以古为今用服务当代，使每一

位步入其中的宾客都收获"走进历史、感受文明"的精神享受。

她的建筑设计得到了当地人民的喜爱。21世纪初，西安评选的市民心中"新八景"，张锦秋一人就有三项作品入选。2006年至2013年，张锦秋出版了《长安意匠——张锦秋建筑作品集》，包括《圣殿记》、《大唐芙蓉园》、《现代民居群贤庄》、《物华天宝之馆》、《延安革命纪念馆》、《盛世伽蓝》、《天人古今》七卷，共展现了她的11项代表作品，她探索中而新建筑设计的心路历程，尽在其中。

文化自信的力量

张锦秋的设计高峰，正值中国快速的城镇化进程，她致力于用自己的作品凝聚"乡愁"。她的作品及学术思想是文化寻根的硕果，走进她的建筑作品，人们会产生一种心灵净化的感受，这里包含着一种可贵的"文化自信"。

"乡愁"作为一种心灵景观，存在于每一位游子的心中。对张锦秋说来，她的"乡愁"，既有对西安古城的"眷恋"，也有对建筑文化的执着追求。她以庄重、神圣、善美、个性，并具有中国精神的作品，直面"千城一面"的粗糙"打造"。

她还以其知行合一的努力，来展示建筑文化的"社会观"。1999年，建筑学家吴良镛在世界建筑师大会发表《建筑学的未来》提出："要建构全社会的建筑学，建筑师要担负起社会责任。"正是这种"为民"的设计

观，使张锦秋的作品与理念犹如乡土书写或田园言说。她是积极参加全国"建筑师与文学家"研讨会的专家，她那自觉融入"思与诗光泽"的建筑作品，佳构天成，在清新淡雅中而不失智性，在朴实亲切中更直抵心灵。

她认为，建筑是人居住和活动不可或缺的场所，蕴有丰富的人文内涵；文学饱含最丰富的人文社会精神。"直到现在，我设计一座建筑，除研究功能、技术以外，都要考虑它所处的文化历史背景、它的精神和审美作用。"

张锦秋还用自己的理念创造了城市发展的"和谐观"。她为我们创造的"和谐建筑"分两个层次，其一是"和而不同"，其二是"唱和相应"。在当下国际化的设计风潮中，建筑师一方面要勇于汲取来自国际的先进科技手段及全新的审美意识，另一方面要善于继承并发扬本民族优秀的建筑传统，凸显本土文化，创造出具有中国文化、地域特色和时代精神的和谐建筑。基于和谐建筑之思，张锦秋在群贤庄小区的设计中，邃密思考作为家的容器或载体的住宅，怎样才能承载起神圣的文化使命，她认为这是对建筑师最大的考验。因此，她全面研究生活方式、文化习俗、审美情趣，吸取了中国传统四合院住宅内外有序、动静合宜的布局原则，设计了灵活多样可供不同家庭选择的户型。该项目 1999~2001 年设计，2002 年竣工，成为宜居绿色家园的典范之作。

作为当代中国建筑师的一位代表人物，张锦秋用自己的思考与实践证明，坚持传统与现代相结合、艺术与技术相结合的建筑创作道路，拥有广阔前景，这必将为中国建筑文化的发展注入强大力量。

附 录

张锦秋（出生于 1936 年）

张锦秋学术历程

1960 年	毕业于清华大学建筑系
1966 年	清华大学建筑历史与理论研究生毕业（时无学位制）
1966 年	至今在中国建筑西北设计研究院从事建筑设计
1987 年	任院总建筑师
1988 年	晋升教授级高级建筑师
1991 年	获首批"中国工程建设设计大师"称号
1994 年	当选中国工程院院士
1996 年	被清华大学聘为双聘教授
1997 年	获准为国家特批一级注册建筑师
2001 年	获首届"梁思成建筑奖"
2004 年	获西安市首届科学技术杰出贡献奖
2005 年	当选为亚太经合组织（APEC）建筑师
2010 年	任中国中建设计集团有限公司总建筑师
	获何梁何利科学与技术成就奖
2011 年	获 2010 年度陕西省科学技术最高成就奖
2015 年	国际编号为 210232 小行星命名为"张锦秋星"

张锦秋作品年表

项目名称	设计起始年份（年）	年龄（岁）
华清池大门	1972	36
阿倍仲麻吕纪念碑	1978	42
青龙寺空海纪念碑院	1981	45
陕西历史博物馆	1983	47
大雁塔风景区"三唐"工程	1984	48
扶风法门寺工程	1987	51
华清宫唐代御汤遗址博物馆	1990	54
敦煌国际大酒店	1992	56
北岛——爱丽丝大厦	1993	57
大慈恩寺修建规划、玄奘三藏法师纪念院、大雁塔南广场	1993、1995、2000	57
西安国际会议中心·曲江宾馆	1994	58
西安钟鼓楼广场及地下工程	1995	59
陕西省文体信息中心规划及省图书馆、美术馆	1995	59
西安博物院规划、西安博物馆	1996、2000	60
群贤庄小区	1999	63
中国科学院地球环境研究所	1999	63
黄帝陵祭祀大殿（院）	2002	66
大唐芙蓉园	2003	67
中国佛学院教育学院（后更名中国佛学院普陀山学院）	2004	68
延安革命纪念馆	2004	68
大唐西市	2006	70
曲江池遗址公园	2007	71
华清宫文化广场（后更名大唐华清城）	2008	72
西安世界园艺博览会天人长安塔	2009	73
唐大明宫丹凤门遗址博物馆	2009	73

张锦秋获奖作品

阿倍仲麻吕纪念碑

获 1981 年国家建工总局优秀工程奖

陕西省体育馆

获 1986 年陕西省优秀设计一等奖

陕西历史博物馆

获 1993 年建设部优秀设计二等奖、1993 年国家
优秀勘察 设计铜奖、1993 年中国建筑学会首届
建筑创作奖、1996 年被《96 国际获奖作品集》
（《Award Winning Architecture International
Yearbook 96》）列为优秀作品、1996 年载入《弗
莱邱建筑史》（《Sir Banister Fletcher's A History
of Architecture》）、2009 年新中国成立 60 周年中
国建筑学会建筑创作大奖、2009 年新中国成立 60 周
年百项经典工程大奖

大雁塔风景区 "三唐" 工程

获 1991 年陕西省优秀设计一等奖、1991 年建设
部优秀设计二等奖、1992 年国家优秀设计铜奖、
1996 年载入《弗莱邱建筑史》（《Sir Banister
Fletcher's A History of Architecture》）2009
年新中国成立 60 周年中国建筑学会建筑创作大奖

扶风法门寺工程

获 1991 年陕西省优秀设计二等奖、2009 年新中国

成立 60 周年中国建筑学会建筑创作大奖

大慈恩寺玄奘三藏法师纪念院

获 2001 年 陕西省优秀设计一等奖、2002 年建设部
优秀设计二等奖、2002 年国家优秀勘察设计铜奖

西安国际会议中心 . 曲江宾馆

2003 年陕西省优秀设计一等奖、2003 年建设部优秀设
计三等奖

西安钟鼓楼广场及地下工程

获 1993 年建设部优秀设计二等奖、1993 年国家优
秀勘察设计铜奖、1993 年中国建筑学会首届建筑创
作奖、1996 年被《96 国际获奖作品集》（《Award
Winning Architecture International Yearbook
96》）列为优秀作品、1996 年载入《弗莱邱建筑
史 》（《Sir Banister Fletcher's A History of
Architecture》）、2009 年新中国成立 60 周年中
国建筑学会建筑创作大奖、2009 年新中国成立 60 周
年百项经典工程。

陕西省图书馆、 美术馆

获 2003 年陕西省优秀设计一等奖、获 2003 年建设
部优秀设计二等奖

陕西省图书馆

2004 年全国优秀勘察设计铜奖

群贤庄小区

2002 年 4 月建设部住宅产业化促进中心"AAA"级认证、2003 年建设部优秀设计一等奖、2004 年全国优秀勘察设计金奖、2004 年中国建筑学会建筑创作佳作奖、2009 年新中国成立 60 周年中国建筑学会建筑创作大奖

黄帝陵祭祀大殿（院）

获 2004 年中国建筑学会建筑创作优秀奖、2007 年陕西省优秀设计一等奖、2008 年全国优秀工程勘察设计行业一等奖、2009 年全国优秀工程勘察设计金奖、2009 年新中国成立 60 周年中国建筑学会建筑创作大奖

大唐芙蓉园

获 2005 年陕西省优秀城市规划设计一等奖、2006 年建设部优秀城市规划设计一等奖、2007 年陕西省优秀设计一等奖、2008 年全国优秀工程勘察设计行业一等奖、2009 年全国优秀工程勘察设计银奖、2009 年新中国成立 60 周年中国建筑学会建筑创作大奖，2009年获第二届中国环境艺术奖（设计奖）最佳范例奖

中国佛学院教育学院

2011 年全国优秀城乡规划设计一等奖、2013 年陕西省优秀工程设计一等奖、2013 年全国优秀工程设计一等奖

延安革命纪念馆

获 2009 年新中国成立 60 周年中国建筑学会建筑创作大奖、2009 年新中国成立 60 周年百项经典工程、2011 年陕西省优秀工程设计一等奖、2011 年全国优秀工程勘察设计行业建筑工程二等奖

西安世界园艺博览会天人长安塔

获 2012 年中国建筑学会建筑设计金奖、2013 年陕西省优秀工程设计一等奖、2013 年陕西省住房和建设厅建筑结构专业专项工程设计二等奖（建筑结构）、2011 年中国建筑学会中国建筑设计奖（建筑结构）银奖

唐大明宫丹凤门遗址保护展示工程

获 2011 年第六届中国建筑学会建筑创作佳作奖、获 2009-2011 年度中国建筑优秀勘察设计（建筑结构）

主要参考资料

（以下参考资料均为张锦秋院士著作、论文及发言）

[1]　《苏州留园的建筑空间》建筑学报 .1963.04

[2]　《继承发扬 探索前进——对建筑创作中继承发扬建筑文化民族传统的几点认识》建筑学报 .1986.03.02

[3]　《城市文化孕育着建筑文化》建筑学报 .1988.09.27

[4]　《从传统走向未来——一个建筑师的探索》张锦秋著 . 陕西科学技术出版社 . 1992.02

[5]　《塑造新的城市形象——浅析深圳建筑风貌》建筑学报 .1993.01

[6]　《三唐映古塔时空融一寰——三唐》台湾建筑 .1994.03

[7]　《文化历史名城西安建筑风貌》建筑学报 .1994.01

[8]　《画外余音・陕西历史博物馆创作经验》台湾建筑 .1995.05

[9]　《和而不同的寻求》建筑学报 .1997.02

[10]　《仿古拾零》之一 . 散文 .1997.04

[11]　韩国《PA》建筑杂志 .1998.12

[12]　《俄罗斯城市文化环境一瞥》建筑学报 .2001.10

[13]　《注重城市设计中的地域特征》在中国西安城市特色与建筑风格专家研讨会发言 .2002

[14]　《浅谈城市文化环境的营造》建筑创作 .2002.02.

[15]　《城市设计的理论与实践》在全国市长培训班上的讲课 .2002.05

[16]　《城市设计的理论与实践》城乡建设 .2002.10

[17]　《城市设计与城市特色》城市规划增刊 2003.12.08

[18]　《梁思成建筑创作思想学习笔记梁思成先生百岁诞辰纪念文集》清华大学出版社 .2003.08

[19]　彼得・罗著 . 关晟译《探讨中国近现代建筑的本质与形式》.2004

[20]　《弘扬文化传统、拓展城市特色：访梁思成建筑奖获得者——建筑大师张锦秋》建筑创作 .2004.03.15

[21]　《西安历史文化遗产的保护及环境建设》首届东中亚历史城市保护与规划研讨会上发言 .2004.02

[22]　《传统建筑的空间艺术——传统空间意识与空间美》凤凰卫视《世纪大讲堂》演讲大纲 .2004.04.01

[23]　《大师故里维琴察》建筑的盛宴・建筑师眼中的欧洲建筑之美 .2006.09.15

[24]　《传统建筑的继承与发展》.2004.07.14

[25]　《陕西省图书馆、美术馆》建筑创作 .2005.09

[26]　《"质""量"与"形""势"》大连《建筑细部设计》国际学术会议发言 .2005.10.09

[27]　《西安历史文化遗产的保护与旅游建设》在萨尔斯堡旅游论坛上的发言 .2005.11

[28]　《城市文化环境的营造》规划师 .2005.01

[29]　《长安建筑五千年》在黄陵轩辕庙祭祀大殿建筑创作研讨会上的发言 .2006.02.05

[30]　《长安意匠—张锦秋建筑作品集》中国建筑工业出版社 .2006.03

[31]　《坚持科学理论 抓住古都基点》中国建设报 .2006.04.08 第 001 版

[32]　《序》2006.04.14

[33]　《唐韵盛景 曲水丹青》建筑学报 .2006.07

[34]　《和谐建筑之探索》建筑学报 .2006.09

[35]　《和谐建筑之探索》第十二届亚洲建筑师大会上做主题报告 .2006.09.20

[36]　《探索有特色的和谐建筑》百年建筑 .2006.11

[37]　《西安历史文化名城保护》2006.11.16

[38]　《历史文化名城中的建筑创作之我见》在城市文化国际论坛暨第二届城市规划国际论坛上的发言 .2007.06.08

[39]　《快速城市化浪潮下的文化复兴》在城市规划学会年会分论坛上发言 .2007.11.09

[40]　《我国历史文化名城名镇名村保护面临的课题与对策》(提纲) 陕人大代表专题调研后小结成果之一 .2008.12

[41]　《解读"新焦点"之我见》建筑学报 .2008.08

[42]　《对历史文化名城保护与建设的几点认识》.2008.08

[43]　《西安生态文明的回顾与展望》在西安生态建设学术研讨会上的发言 .2008.11

[44]　《和谐建筑》在陕西省省委常委学习会上的讲课 .2009.03.24

[45]　《联结中日古都的文化使者梁思成》在奈良学术报告会上的发言 .2009.09

[46]　《落实科学发展观》在 全国第十一届三次人代会李长春同志参加的陕西省代表全团大会上的发言 .2010.03.06

[47]　《长安沃土育古今——唐大明宫丹凤门遗址博物馆设计》建筑学报 .2010.11

[48]　《和谐共生的探索——西安城市文化复兴中的规划设计》城市规划 .2011.11

[49]　《三点建议》在十一届全国人大五次会议陕西组的发言 .2012.03

[50]　《形神兼备 文质彬彬》《宝贵的二十五年》张宝贵著 . 辽宁科学技术出版社 .2013.01.06

[51]　《和谐建筑》中央党校干部培训班讲课 .2013.05

[52]　《从中国文化传承与振兴看传统建筑的空间艺术·传统空间意识与空间美》中国当代建筑设计发展战略国际工程科技发
　　　展战略高端论坛 .2013.11.22

[53]　《张锦秋——建筑院士访谈录》中国建筑工业出版社 .2014.06

[54]　《一份向老师的汇报》在清华大学"第二届人居科学国际论坛"上的发言

后 记

2015 年是中国新文化运动发生 100 周年。《新青年》（时为《青年杂志》）作为新文化运动的标志性刊物，以其创造新境界的高度文化自觉、始终拥有新文明憧憬的青春向上气息，今天思来仍依旧鲜活。同样，2015 年也是 1915 年中国科学社与国内《科学》杂志创办百年，它留给我们的思考与启示是，建筑设计与研究从来就充满理性且科学，建筑并非仅仅是艺术，更是体现适用技术的科学文化的结晶体。面对新文化运动的百年，面对树立华夏民族文化自信的新要求，我们在审视中悟到，守正纳新是有社会责任感的中国知识分子的崇尚，同样，中国新型城镇化快速发展也越来越要求建筑师用科学理性重新拥抱文化传统。可喜的是，就是在这有意义的 2015 年，张锦秋院士获得了由中国科学院紫金山天文台发现的、经国际小行星命名委员会批准的"张锦秋星"的命名，它是人类文明对中国建筑师的崇高赞美，它是中国建筑文化风采远胜以往的又一写照。至此，以"经典如幽兰，空谷自芳菲"来形容谦虚的张总很是贴切。

我和中建西北院赵元超总建筑师都是《天地之间》一书的策划者与行动者，因为张锦秋院士的作品与思想，使我们有资格自信、有底气自信。我们商定：该如何向中外建筑界传播这个信息，住建部机关报《中国建设报》的版面编辑在北京等待来自西安盛会上的最新文图信息，正是通过这样的周密安排。2015 年 5 月 11 日（周一）《中国建设报》共刊出两则报道

"张锦秋星"的文章：一版是"张锦秋星命名仪式在西安举行"；四版是"天空中闪烁的中国'建筑星'——张锦秋大师建筑设计思想的启示"特写文章。从寻找中国文化元素、发现中国建筑师的智慧出发，从感受大师心内的风景、何以拥有闲适心境下的创作激情入手，笔者依据多年来对张锦秋大师作品及理念的品读，在"张锦秋星"命名后的一个多月时间先后撰写几篇文章，回答了张总何以成为中国当代建筑界能有文化艺术敏感且可在建筑创作中抒发意趣的卓越建筑师，她展示的文化心象是由其作品的遗产价值所决定的："张锦秋——星空因你而更美"（《中国城市报》2015 年 5 月 18 日六版）；"中国建筑界的文博大家——写在建筑家张锦秋院士获'张锦秋星'命名之际（《中国文物报》2015 年 6 月 9 日三版）；"张锦秋——中国建筑文化之星"（《瞭望》周刊 2015 年 24 期总第 1632 期）；"张锦秋用文化心性滋养作品，表达理念"（《建筑设计管理》2015 年 6 期）……

事实上，还在与赵元超总共同策划张锦秋院士的《天地之间》一书前夕，中国建筑工业出版社社长沈元勤就赠予我已出版了四卷的"建筑院士访谈录"丛书，其中《张锦秋》卷是 2014 年 6 月推出的，我写于 2015 年 2 月的书评文章"中国建筑文化自信的'底心'之作——读《建筑院士访谈录》有感"刊于《建筑师》2015 年 6 月总第 175 期。"一个建筑师与一座城市"是张锦秋建筑创作生涯的生动写照，它描

（作者系中国文物学会 20 世纪建筑遗产委员会副会长、秘书长，《中国建筑文化遗产》《建筑评论》"两刊"总编辑）

绘出张总与西安城市的情缘，一是千年古都西安，丰富的文化积淀与遗产，使她汲取到营养且有用武之地；二是她恰恰靠这片有创作氛围的"热土"，走出文化复兴的新路。这或许就是张总在建筑创作上靠沃土的从容绽放吧。面对文脉久远及历史深厚，她不肯躺在传统文化的功劳簿上，更不甘心已有的文化之旅，而愿感悟现实，从城市那些面貌到精神的遗失中，用作品寻回答案，用设计思想与当代潮流镜像。这就是张总一大批根植于陕西作品，能够在走进现实与历史深处时仍能体现为当代原创性的根基。

《天地之间》是张锦秋院士建筑思想集成研究的一部专著，它不仅建构在张总近六十年的建筑创作丰富历程之上，更离不开她自2005年至2013年出版的《长安意匠——张锦秋建筑作品集》系列（七卷本）。2013年9月《中国建筑文化遗产》总第11期上，我曾写了"和谐造物建构的设计美学：《长安意匠——张锦秋建筑作品集》系列品评"文章，我回忆2004年3月，时任BIAD传媒《建筑创作》主编的我在约请张院士为杂志撰文后，即希望张总编撰作品系列丛书，近八年时光，在《建筑创作》杂志社及中建西北院的积极努力下，张总大气恢宏的建筑作品、严谨耐读的理念与著述、优质建筑摄影及其图文版式品质，使该系列成为迄今中国建筑出版界的"标杆"之作，以至于有些院士、大师在要求我们为其编书时，强调至少要做到张锦秋书的"样式"。对于《长

安意匠——张锦秋建筑作品集》系列我的定位是：它是一套展现东方建筑美学、开创独特创作风格的作品集；它是一套凝聚世界建筑视野、扎根华夏、体现睿智创新理念的学习库；它是一套书写"建筑师与城市"大师佳话的"传记"式教科书。据此，《天地之间》的编撰思路与定位在要有所为、有所不为，贵在理性梳理并在展示中国建筑师的学人风范的基础上有所前进，这个进步就是要让国内外业界知晓，一位在创作上耕耘了近60载的建筑师，她能用实践总括出自己的创作思想，形成了可贵的设计理念。

《天地之间》的立意极其崭新且具有当代性，它不仅要回答"承继与创新"的一系列实践命题，更要展开的是张锦秋院士集成化的建筑思想研究成果，在这方面赵元超总建筑师及其团队做出了扎实的努力。丛书中可读到，他们按张总创作时间印迹的刻度盘，逐一分析并回答了为什么阅读张锦秋，可以找到并确立起中国建筑文化的理论自信。尤其可贵的是，这些理论评述不是原有文稿的堆砌，是一种健康的理性建构，它是建筑在理论、批评、创作齐头并进的基础之上，体现了晚辈建筑师边学习研读、边分析辨识的同舟共济般的局面。在这里没有强势的大师思想的诱导，整个分析评论过程是不同风格的。因为研读者有沉甸甸的责任，评述中不乏尖锐和宽柔的深刻，是充满定力和具有方向性的，愈是不刻意深刻、愈是不刻意哲学、愈是不刻意诗意……愈是能总括张锦秋院士建筑

创作理论的境界与标志。有人说，哲学家解释世界，建筑家改造世界，那我更想说，张总用她的创作实践，在放飞理想中释放着大量珍贵的城市空间记忆。

《天地之间》一书的名字涵义丰富，但它不仅有真性的光芒，更体现朴素的存在，厚重中有凝练，简单中透着多变，体现了张锦秋院士忠于学术之人文精神的情怀。从迄今国内仍属创新意义的 20 年前"建筑与文学研讨会"，从共同与中国营造学社会员、国家文物局原古建专家组组长罗哲文组织为梁思成"二战"期间保护日本京都与奈良古建筑塑铜像，乃至在北京、在西安的场场建筑文化研讨会上，我都感受到了张总是位令人敬重的学者，敬重她，非但因为她的学识与胆识，而是因为在她身上可找到那种朴素的存在与求真勇气之光芒。本来嘛，获得了令世人仰望的"张锦秋星"之命名，是在业界竖起的远山，然而，张总给业界的印象是，她在建筑创作上总是一座山峰一座山峰地攀登，不畏险途，总见山外山，这是何等扎实的文化建树与建筑家的诗魂呀！由张总建筑创作的真性情，让人想到的不仅有作品的自然回归及青山秀水般的和谐，更真切地理解她内心的审美观。一颗在业界闪耀的星，不仅是打开中国建筑文化艺术形式的钥匙，还用作品说话去探讨当代建筑发展的诸多理论问题，为后辈提供了新视野。从我们崇尚做人处事的天下人格与天地人格看，张总都是一位谦逊的拓荒者，如果说，从人格上讲天下与天地之别并非是从空间上论，那么"天地"即可贵的修身之旨、成人之致，靠人的精神实践修养而成，相应的"天下"人格更看重与生命觉醒后修养筑成的恬淡、博大、明澈的本源，无论是天下人格还是天地人格都体现在张总作品、理念及服务社会的责任之中。当今城市化愈是快速向前，人格陶铸之下的国家公民及其建筑师意义就愈发重要，它将有待于一个职业人持之以恒的耐力和持之以恒的定力，因为业界需要大量在人格上内外和谐且高度自觉的建筑师。

《天地之间》的编撰过程得到业内外多位学者的关注与支持，正如同张锦秋院士在作品与理念上坚持现代为体、传统为用一样，整个编撰过程时间虽短暂，但我们牢牢把握住对建筑师创作理念的研究这一主线，因为这一理念不仅有现实性和有效性，更是对当下中国建筑界有自己的创作理论的一个证明；希望本书的推出不再仅呈现为一个个作品集的"模样"，而对丰富中国当代建筑创作理论宝库是个借鉴乃至补充。从此种意义上讲，《天地之间》的编撰更体现融合、创新与挑战。这里还需要说明的是，张锦秋院士是扎根陕西沃土的建筑师，但她的演讲与著述中，是摒弃"地域文化"的，我理解对于建筑实践与研究，若没有情感，没有激情，没有对乡土的热爱，何谈使命意识。然而生于成都的陕西建筑师张总，她没有因"地域之见"而限制学术上的创新，她用作品与理念解读出，她确是梁思成先贤的"后学"，她不仅属于本土，也属于民族；她不仅属于华夏大地，她更属于灿烂的世界建筑星空。

真诚愿《天地之间》一书成为一本让中外建筑界读懂张总建筑设计理论的书，更愿《天地之间》真为中国与世界建筑文化的对话提供一个平台。如果说，文化缺失，历史名城就没有灵魂，那作为编者我们更想抒发的情感是，面对张锦秋院士为业界铺就的建筑学问之道，愿更多的建筑职业来者，在凝神聚力潜心学习中获得力量，创出属于世界的"天地人和"建筑新风格。

金磊

2015 年 9 月

图书在版编目（CIP）数据

天地之间——张锦秋建筑思想集成研究 / 赵元超编著 .

北京：中国建筑工业出版社，2015.10

ISBN 978-7-112-18556-6

Ⅰ . ①天… Ⅱ . ①赵… Ⅲ . ①建筑艺术 – 研究 – 中国

Ⅳ . ① TU-862

中国版本图书馆 CIP 数据核字 (2015) 第 236555 号

责任编辑：王莉慧　费海玲　张幼平

责任校对：姜小莲　关　健

装帧设计：杨淑梅　朱有恒

天地之间

张锦秋建筑思想集成研究

编　著：赵元超

策　划：金　磊

*

中国建筑工业出版社出版、发行（北京西郊百万庄）

各地新华书店、建筑书店经销

北京雅昌艺术印刷有限公司印刷

*

开本：787×1092 毫米 1/12 印张：11¾　字数：232 千字

2016 年 2 月第一版　2016 年 2 月第一次印刷

定价：**195.00** 元

ISBN 978-7-112-18556-6

　　　(27818)

天地之间

执行编辑：高 雁 李 照 苗 淼 李 沉 董晨曦 朱有恒

新闻摄影：李 沉 成 社

建筑摄影：陈 溯 杨超英 成 社 曾 建 等

图纸资料：中国建筑西北设计研究院有限公司华夏所

鸣　　谢：本书图片大部分引自《长安意匠》系列丛书、《从传统走向未来》、《光影大境》、《中国建筑西北设计研究院建筑作品集 1952-2002》、《探索——中国建筑西北设计研究院华夏设计所作品集》，在此一并致谢。